W0064581

Sie sind durchschaut!

Mosaik bei
GOLDMANN

Lillian Glass

Sie sind durchschaut!

Zwei Bücher in einem Band

- Mit mir nie wieder!
- Ich weiß, was Sie denken!

Mosaik bei
GOLDMANN

FSC

Mix
Produktgruppe aus vorbildlich
bewirtschafteten Wäldern und
anderen kontrollierten Herkünften

Zert.-Nr. SGS-COC-1940
www.fsc.org
© 1996 Forest Stewardship Council

Verlagsgruppe Random House FSC-DEU-0100
Das für dieses Buch verwendete FSC-zertifizierte Papier *Munken Print*
liefert Arctic Paper Munkedals AB, Schweden.

Einmalige Sonderausgabe Mai 2008
Wilhelm Goldmann Verlag, München,
in der Verlagsgruppe Random House GmbH
»Mit mir nie wieder!«
© 1996 der deutschsprachigen Ausgabe Oesch Verlag AG, Zürich
© der Originalausgabe by Lillian Glass
Originaltitel: Toxic People, 10 Ways of Dealing with People
Who Make Your Life Miserable
Originalverlag: Simon & Schuster, New York
Alle Rechte vorbehalten.
»Ich weiß, was Sie denken!«
© 2002 der deutschsprachigen Ausgabe Oesch Verlag AG, Zürich
© 2002 by Lillian Glass
Originaltitel: I Know What You're Thinking
Originalverlag: John Wiley & Sons, Inc., New York
Alle Rechte vorbehalten.
Umschlaggestaltung: Eisele Grafik-Design
Satz: Uhl+Massopust, Aalen
Druck und Bindung: GGP Media GmbH, Pößneck
Printed in Germany
WR · Herstellung: IH
ISBN 978-3-442-17015-9

www.mosaik-goldmann.de

Lillian Glass

Mit mir nie wieder!

10 Methoden, mit Menschen umzugehen,
die Ihnen das Leben schwer machen

Aus dem Amerikanischen
von Angelika Bardeleben

Für alle Nervensägen, die ich in meinem Leben gekannt habe: diejenigen, die unhöflich und respektlos zu mir waren, die nicht an meine Ziele glaubten und die versuchten, meine Ziele zu sabotieren: Ich segne euch und lasse euch los. Und ich danke euch, dass ihr mir die Fakten für dieses Buch geliefert habt.

Jetzt bleibt nur noch zu beweisen, dass die Feder wirklich stärker ist als das Schwert!

Inhalt

Einleitung

»Stöcke und Steine können mir die Knochen brechen, aber Wörter können mich nicht verletzen«, sagt man im angelsächsischen Sprachraum. Und »Worte, Worte, nichts als Worte« heißt es auch bei Shakespeare (in *Troilus und Cressida*). Aber sind Worte wirklich so belanglos? Können sie uns tatsächlich nicht verletzen?

Im Laufe der vielen Jahre, die ich als Kommunikationsexpertin und Rede- und Imageberaterin arbeitete, habe ich erfahren, wie unglaublich wichtig Worte sind. Ich habe gesehen, welch zerstörerische Wirkung hässliche Worte, gemeine Handlungen und bösartige Menschen haben können. Ich habe entdeckt, dass wir Menschen unglaublich verletzliche Wesen sind. Wir sind in der Tat so verletzlich, dass wir uns nicht nur an einige sehr hässliche Dinge erinnern, die uns als Kinder zustießen, sondern dass wir dazu neigen, unser Leben entsprechend den Parolen zu leben, die uns in unserer Kindheit eingetrichtert wurden, und entsprechend den Handlungen, deren Zeuge wir in der Kindheit wurden.

Warum wohl begeben so viele von uns sich als Erwachsene in psychotherapeutische Behandlung, wenn nicht, um sich von der mangelhaften Selbstachtung und dem schlechten Selbstbild zu befreien, die uns in unserer Kindheit und Jugend aufgezwungen wurden?

Als ein Mann im mittleren Alter in seinem Job in eine Sackgasse gerät und große Schwierigkeiten hat, wieder herauszufinden, wird ihm plötzlich bewusst, dass es die Worte seines Lehrers waren – »Aus dir wird nie etwas werden« und »Du bist eben nicht gut genug« –, die sich ihm tief ins Bewusstsein eingeprägt haben und ihn auch heute noch hemmen.

Als eine junge Frau wegen einer Essstörung einen Therapeuten aufsucht, entdeckt sie, dass es ihre feindseligen Klassenkameraden waren, die sie auf den gefährlichen Weg der Magersucht schickten, weil sie ihr ständig »fette Kuh« hinterherbrüllten.

Nachdem ein kleines Mädchen Selbstmord begangen hat, findet man heraus, dass es die ständigen Quälereien und das Sticheln ihrer vergiftenden Klassenkameraden waren, die sie zu dieser selbstzerstörerischen Handlung trieben.

Es ist erstaunlich, wie viele dieser negativen Botschaften in unserer Psyche Wurzeln schlagen und unsere Selbstachtung beeinträchtigen. Wie verletzlich wir Menschen doch sind!

Die übel wollenden Menschen, die uns mit Worten attackieren, die uns kränken und manchmal sogar völlig lähmen, haben eine vergiftende Wirkung auf uns; es sind toxische Persönlichkeiten. Es gibt viele solcher toxischen Menschen – ein früherer Klassenkamerad, ein Bruder oder eine Schwester, unser Vater oder unsere Mutter, ein Geliebter oder eine Geliebte, ein Ehemann oder eine Ehefrau, ein Chef oder ein Mitarbeiter.

Ein toxischer Mensch ist jeder, der unser Leben mit seinen Bemerkungen beeinträchtigt und vergiftet, der uns nicht unterstützt, der uns unser geistig-seelisches Wachstum missgönnt, der sich nicht über unseren Erfolg freut und uns nicht mit Wohlwollen entgegentritt. Ein toxischer Mensch wird unsere Anstrengungen, ein glückliches und produktives Leben zu führen, sabotieren.

Viele Psychologen schlagen vor, wir sollten den Menschen loslassen, die Tür zuschlagen und den Kontakt zu ihm völlig abbrechen, sodass wir unsere seelische und geistige Gesundheit zurückgewinnen und auf diese Weise unser Leben unbeeinträchtigt weiterleben können. Dies mag zwar für viele Menschen eine wirkungsvolle Methode sein, aber ich habe herausgefunden, dass es noch viele andere Optionen gibt, und diese werde ich in meinem Buch beschreiben.

Als Kommunikationsexpertin verbrachte ich Tausende von Stunden damit, Hunderten von Menschen im Alter von vier bis vierundachtzig zuzuhören, die mir erzählten, was sie unglücklich macht. Ich fand heraus, dass der wesentliche Grund für das Unglück meiner Klienten darin bestand, dass es bestimmte giftige Menschen gab, die ihnen das Leben zur Hölle machten. Vielleicht hatte der Philosoph Sartre Recht, als er sagte: »Die Hölle, das sind die anderen.«

Während ich zahllosen Berichten zuhörte, entdeckte ich, dass es tatsächlich Personen gibt, die für die geistige, emotionale und körperliche Gesundheit ihrer Mitmenschen eine Gefahr bedeuten. Ich habe Menschen gesehen, die nur noch Haut und Knochen waren, weil sie in einer destruktiven Ehe lebten. Ich habe Menschen gesehen, die mit blutenden Magengeschwüren im Krankenhaus lagen, weil sie für böse, übel wollende Chefs arbeiteten. Ich habe Eltern gesehen, die ihren Arbeitsplatz verloren und finanzielle Rückschläge erlitten, weil sie ein Kind im Teenageralter hatten, das stahl und Drogen nahm. Ich habe gesehen, wie das Leben eines Menschen von einem vergiftenden Freund beherrscht wurde, der fast alle seine konstruktiven Ideen in den Schmutz zog. Ich habe mit eigenen Ohren gehört, wie ein kleines Mädchen sagte: »Ich hoffe, ich werde sterben, denn meine Mami liebt mich nicht.« Die Kleine war tieftraurig, weil ihre Mutter kaum jemals anwesend war. Und wenn sie doch einmal da war, dann schrie sie ihre Tochter fortwährend an und sagte ihr, was für ein böses Mädchen sie doch sei.

Während ich mir diese Geschichten anhörte, begann ich, mir Aufzeichnungen zu machen. Ich entdeckte verschiedene Muster, und ich lernte einige sehr interessante Dinge. Zunächst einmal gibt es verschiedene Typen toxischer Menschen (neunundzwanzig, um genau zu sein). Zweitens: Jemand, der für den einen Menschen giftig ist, braucht es für einen anderen nicht notwendigerweise ebenfalls zu sein. Ich erfuhr auch, dass es verschiedene Möglichkeiten gibt, um mit verschiedenen Typen toxischer Menschen umzugehen. Wenn wir diese Möglichkeiten nutzen, werden wir es schaffen, besser mit unserem Leben – und den betreffenden Menschen – fertig zu werden.

Nachdem ich meinen Klienten gezielte Ratschläge gegeben hatte, auf welche Weise sie mit den toxischen Menschen in ihrem

Leben kommunizieren können, bemerkte ich, dass ihr Leben sich gründlich veränderte. Meine Klienten erkannten, dass die Techniken, die ich sie gelehrt hatte, immer wieder aufs Neue eine positive Wirkung zeigten. Es spielte keine Rolle, wer sich die vergiftende Kränkung erlaubt hatte: eine nörgelnde Mutter, ein eifersüchtiger Ehemann, ein beleidigender Lehrer, ein schikanierender Chef oder ein unhöflicher Kellner, ein überheblicher Arzt oder eine herablassende Verkäuferin. Wer auch immer jene Menschen waren – meine Klienten hatten nun die Mittel an der Hand, mit ihnen umzugehen. Plötzlich waren sie weniger gestresst und weniger deprimiert, sie fühlten sich stärker und mutiger, wenn sie mit der toxischen Person zusammen waren. Ich wandte diese Techniken in meinem eigenen Leben an und entdeckte, dass ich mich immer häufiger glücklich fühlte. Ich brauchte meine Gefühle nicht länger in mir zu verschließen oder mich mit der Frage zu quälen, ob ich das Richtige gesagt hatte oder nicht. Ich brauchte, wenn ein toxischer Mensch mir eine hässliche Bemerkung an den Kopf geworfen hatte, nicht länger darüber nachzugrübeln, was ich »hätte sagen« oder »hätte tun sollen«.

Ich entschied mich, mein Wissen über den Umgang mit toxischen Menschen mit anderen zu teilen. Ich brachte das Thema in meinen Vorträgen zur Sprache und stellte fest, dass *alle* sich davon angesprochen fühlten. Wo auch immer die Menschen lebten, was auch immer sie taten, um ihren Lebensunterhalt zu verdienen, wie reich oder arm sie auch sein mochten – *alle* hatten in ihrem Leben irgendeinen toxischen Menschen, der ihnen zusetzte. In der Frage- und Antwortstunde, die meinen Vorträgen üblicherweise folgt, teilten mir viele meiner Zuhörer ihre Erfahrungen mit und fragten mich, wie sie mit bestimmten toxischen Menschen in ihrem Leben umgehen sollten.

Ich erhielt zahllose Briefe von Menschen überall auf der Welt (einschließlich Australien, Deutschland, Indonesien, Israel, Indien, England, Afrika, Singapur und Saudi-Arabien), in denen diese mir berichteten, wie gut die bei mir erlernten Techniken gewirkt hatten. Die Erkenntnis, dass sie a) nicht selbst das Problem waren und dass sie b) nicht allein standen, tröstete sie. Es erleichterte sie zu wissen, dass es im Leben anderer ebenfalls toxische Menschen gab. Sie fühlten sich gestärkt durch die Erkenntnis, dass sie nicht länger Opfer zu sein brauchten. Sie entdeckten, dass es doch einen Weg gab, um die unangenehme Situation, in der sie sich befanden, zu meistern, und sie berichteten mir, wie froh sie über ihre neu entdeckte Freiheit waren. Bei meinen Recherchen lernte ich vieles über andere Kulturen. Ich erfuhr, dass die Indonesier einen Barong, eine unheimliche hölzerne Maske mit scharfen Zähnen und hervorquellenden Augen über ihre Tür nageln, um ihre Räume von toxischen, bösen Geistern zu befreien. Die Chinesen setzen den Foo-Hund, die Skulptur eines löwenähnlichen Hundes, vor ihre Häuser, um solche Geister abzuwehren. Die Japaner stellen Säulen aus Salz vor dem Eingang ihrer Häuser und Büros auf, um böse Geister zu vertreiben. Um toxische Geister und die Verwünschungen toxischer Menschen abzuwehren, stellt ein Hindu in Indien eine brennende Kerze in seinen Handteller und umkreist damit dreimal sein Gesicht, während er dreimal ausspuckt. Viele Perser brennen ein vertrocknetes Stück Gemüse, genannt *esfand*, über einem offenen Feuer an, um ihr Heim vom bösen Auge oder von der Energie eines toxischen Menschen zu befreien. Und entsprechend zerschneiden Inder eine Rübe und werfen sie fort, um dadurch symbolisch einen toxischen Menschen aus ihrem Leben zu verbannen. Viele Chinesen tragen ein kleines Taschenmesser bei sich, um böse Geister verletzen oder töten zu können, und chinesische Babys bekommen, wenn sie zu laufen beginnen, häufig Glöckchen an die Füße gebunden, die übel wollende Geister erschrecken sollen.

Wenn man gegenüber einem Perser eine toxische Bemerkung gemacht hat, die das »böse Auge« aktivieren könnte, zeigt er auf eine Nadel, die er bei sich trägt, oder er berührt sie. In lateinamerikanischen Ländern steckt man Babys häufig ein Stück Sandstein oder einen schwarzen Onyx an die Windel, um sie vor dem »bösen Blick« zu schützen. In Italien schützt ein kleines Widderhorn, das an einer Kette um den Hals getragen wird, vor dem bösen

Blick *(malocchio)*, während in vielen osteuropäischen Ländern und auch in afrikanischen Kulturen eine Glasperle, die wie ein Auge aussieht, als Amulett getragen wird, mit Hilfe dessen ein toxischer oder neidischer Mensch ferngehalten wird.

In verschiedenen asiatischen Kulturen wird an einer bestimmten Stelle eines Gebäudes ein Spiegel angebracht, um böse Einflüsse abzuwehren. Einige Osteuropäer tragen kleine Beutel mit Salz und Pfeffer bei sich – Salz, um die Augen von jedem, der sie schief anschaut, zu »verbrennen«, und Pfeffer, um alle bösen und toxischen Gedanken »fortzuniesen«. Oder man stellt im Haus rote Gegenstände auf oder trägt einen kleinen, roten Gegenstand am Körper.

Bestimmte arabische Kulturen glauben ebenfalls an die Macht des bösen Blickes. Die Menschen erwähnen niemals, dass sie glücklich gewesen seien, aus Angst, dass der »böse Geist« ihnen ihr Glück fortnehmen könnte. Dies gilt auch für bestimmte jüdische Kreise, wo nach dem Bericht über ein glückliches Ereignis das Wort *kineahora* ausgesprochen wird, um dem bösen Blick zu entgehen.

In Singapur und in Malaysia spricht ein *bomoh* oder Medizinmann eine Reihe von Zaubersprüchen und benutzt verschiedene Kräuter, während in China ein taoistisches Medium und in Mexiko ein *curandero* herangezogen werden, um den Zauber des bösen Blickes zu zerstören, der durch eine toxische Person übertragen wurde.

Viele Afrikaner und viele Bewohner der Karibischen Inseln stecken in der Hoffnung, dass die toxischen Menschen in ihrem Leben den Schmerz spüren, Nadeln in verschiedene Körperteile von Voodoo-Puppen.

Der Buddhismus lehrt, dass böse Dämonen schutzlose Menschen angreifen. Deshalb müssen sie den Zauber abwehren, indem sie verschiedene Talismane tragen oder bestimmte Geheimmittel benutzen.

Aus welchem Kulturkreis auch immer wir kommen mögen, uns *allen* sind, wie die Anthropologen herausfanden, bestimmte

Gefühle gemeinsam: Glück, Trauer, Furcht, Zweifel, Zorn, Überraschung, Langeweile, Liebe. Wir *alle* möchten, dass andere uns mit Wärme und Respekt behandeln. Wir *alle* möchten freundliche Worte hören, die uns helfen, uns unseren Platz auf dieser Erde zu erobern. Aber in unserer nervenaufreibenden, modernen Welt verunmöglichen unsere Unsicherheits- und Minderwertigkeitsgefühle und der Druck, der von der Gesellschaft ausgeht, oft, dass wir einander mit der Achtung und dem Respekt behandeln, die wir alle verdienen.

Zu wissen, wie wir die Gifte, die man uns verbal entgegenschleudert, unschädlich machen können, kann uns helfen, die Aggressionen und die Vorurteile zu beseitigen, mit denen unsere Welt infiziert ist – eine Welt, in der Menschen, die einander Brüder und Schwestern sein sollten, einander oftmals hassen. Nur allzu häufig machen wir die Erfahrung, dass der unangemessene Umgang mit toxischen Menschen in unserem Leben selbstzerstörerische Wirkungen hat.

Von heute an werden Sie *nie* wieder in die Lage kommen, nicht zu wissen, wie Sie mit einem toxischen Menschen umgehen sollen. Sie werden *nie* wieder zur Zielscheibe verbaler Beleidigungen werden. Dieses Buch wird Ihnen helfen herauszufinden, was Sie zu Menschen sagen können, die Ihnen zu nahe treten – und *wie* Sie es sagen.

Mein Buch ist eine Überlebenshilfe – es wird Ihnen nicht nur helfen, mit unangenehmen Menschen in Ihrem Leben zu kommunizieren, sondern auch, der Gefahr zu entgehen, für andere und für sich selbst zu einer toxischen Persönlichkeit zu werden. Das Buch soll zweierlei Zwecken dienen.

Im ersten Abschnitt werden der Fragebogen zum Thema »toxische Menschen« und die Darstellung der neunundzwanzig »toxischen Terror-Typen« Sie befähigen, die toxischen Menschen in Ihrem Leben zu identifizieren und Ideen zu sammeln, wie Sie mit ihnen umgehen können. Sie werden lernen, einige der üblichen giftigen Bemerkungen, die toxische Menschen machen, bewusst zu analysieren und zu verstehen, warum sie sie machen.

Im zweiten Teil des Buches werden Sie zehn effektive Methoden lernen, leicht und erfolgreich mit einem toxischen Menschen fertig zu werden, sodass Sie Ihre Gefühle von Kränkung und Frustration nicht länger hilflos zu ertragen brauchen. Sie werden außerdem lernen, eine toxische Beziehung wieder ins Lot zu bringen – oder die Tür ein für alle Male wieder hinter sich zu schließen.

Vielleicht werden Sie, wenn Sie dieses Buch lesen, gelegentlich lachen – und manchmal sogar ein bisschen weinen, weil Sie sich in den Personen in den Fallbeispielen wiedererkannt haben; ich habe Menschen aus Fleisch und Blut beschrieben, die ich während meiner Reisen interviewt und in meiner privaten Praxis beraten habe.

Sie werden nicht länger unter Magenschmerzen oder Nesselausschlag zu leiden haben, Sie werden Ihren Kummer nicht mehr durch Fressorgien verdrängen müssen, Sie werden auch keine Herzerkrankungen und keinen Krebs zu bekommen brauchen, Sie werden nicht mehr grübeln und keinen Groll oder Hass zu hegen brauchen, weil Ihre Gedanken ständig um einen bestimmten toxischen Menschen in Ihrem Leben kreisen. Ich werde Ihnen die schnellen und effektiven Techniken an die Hand geben, die so vielen meiner Klienten geholfen haben, mit toxischen Menschen umzugehen. Diese Techniken werden von jetzt an auch *Ihnen* helfen, ein glücklicheres und produktiveres Leben zu führen.

Schließlich wurde dieses Buch auch geschrieben, um Ihnen zu helfen, selbst ein angenehmerer Mensch zu werden, der auf andere – oder auch auf Sie selbst – keine toxische Wirkung hat. Wenn Sie lernen, mit negativen Menschen besser fertig zu werden, sich mehr zu öffnen und stressfreier zu leben, werden Sie auch immer fähiger, erfüllte und produktive persönliche und geschäftliche Beziehungen zu entwickeln. In dem Maße, wie Ihre Selbstachtung steigt, werden Sie glücklicher, liebevoller und liebenswerter werden. Vielleicht gelingt es Ihnen darüber hinaus sogar noch, Ihre finanzielle Situation zu verbessern. In dem Maße, wie Sie sich selbst befähigen, mit den Angriffen toxischer Menschen fertig zu werden, werden Sie freier und kreativer. Das wird Sie in die Lage versetzen, häufiger ein Risiko einzugehen und ein erfüllteres Leben zu leben.

Wenn Sie lernen, das Kränkende aus Ihrem Leben fernzuhalten, dann werden wunderbare Dinge geschehen. Sie werden entdecken, dass die Welt reich an Chancen und Möglichkeiten ist. Wenn Sie sich die Hilfsmittel, die in diesem Buch beschrieben werden, wirklich aneignen, werden Sie niemals wieder Opfer eines toxischen Menschen werden.

Kapitel 1

Gibt es einen toxischen Menschen in Ihrem Leben?

Fragebogen zu toxischen Menschen

Um das Nachdenken über toxische Menschen zu beflügeln, habe ich einen Fragebogen zum Thema toxische Menschen entwickelt. Er führt Ihnen das weite Spektrum an Wirkungen vor Augen, die ein toxischer Mensch auf Sie haben kann, und zeigt, in welcher Weise jeder Bereich Ihres Lebens davon betroffen ist. Aber auch, wenn Sie die Fragen nicht im Einzelnen beantworten, werden Sie mit ihrer Hilfe lernen, wie Sie die toxischen Menschen in Ihrem Leben identifizieren können.

Zunächst denken Sie einmal an einen Menschen, den Sie nicht besonders mögen, der Sie in irgendeiner Weise unglücklich macht und mit dem auszukommen Ihnen schwer fällt. Antworten Sie mit *Ja* oder Nein auf die folgenden Fragen, die in vier Kategorien eingeteilt sind: emotionale Symptome, Verhaltenssymptome, körperliche Symptome und Kommunikationssymptome.

Emotionale Symptome

1. Fühlen Sie sich, nachdem Sie mit dieser Person gesprochen haben, wie betäubt?
2. Sind Sie, nachdem Sie mit ihm/ihr zusammen waren, in schlechter Stimmung?
3. Haben Sie das Gefühl, dass dieser Mensch Sie »im Grunde seines Herzens« nicht mag, obwohl er oder sie niemals etwas Böses zu Ihnen sagt?
4. Fühlen Sie sich, nachdem Sie mit diesem Menschen zusammen waren, klein und mickrig?

5. Fühlen Sie sich, nachdem Sie mit diesem Menschen zusammen waren, irgendwie »schmutzig«?

6. Fühlen Sie sich, wenn Sie mit diesem Menschen zusammen sind, emotional leer?

7. Fühlen Sie sich, nachdem Sie mit diesem Menschen gesprochen haben, weniger intelligent oder weniger qualifiziert?

8. Fühlen Sie sich in Gegenwart dieses Menschen oder nachdem Sie mit ihm zusammen waren, häufig traurig oder deprimiert?

9. Fühlen Sie sich plötzlich unattraktiv, nachdem Sie mit der betreffenden Person zusammen waren?

10. Fühlen Sie sich in Gegenwart jenes Menschen angespannt oder nervös?

11. Fühlen Sie sich in Gegenwart jenes Menschen wütend oder gereizt?

12. Fühlen Sie sich wie ausgebrannt, nachdem Sie mit ihm/ihr zusammen waren?

13. Fühlen Sie sich in seiner/ihrer Gegenwart angeekelt?

14. Haben Sie manchmal das Bedürfnis, mit Hilfe von Essen, Alkohol, Drogen oder Sex Ihren Gefühlen zu entfliehen?

15. Haben Sie, als Reaktion auf jene Person, Fressanfälle – oder verschlägt es Ihnen gänzlich den Appetit?

16. Werden Sie von jenem Menschen in Gegenwart anderer ignoriert, sodass Sie das Gefühl haben, nicht zu existieren?

17. Fühlen Sie sich durch jene Person verletzt oder verärgert, weil sie Sie zur Zielscheibe von Witzen macht und dann sagt: »Das war doch nur ein Scherz«?

18. Fühlen Sie sich von jenem Menschen hintergangen und betrogen?

19. Haben Sie das Gefühl, dass er Sie fortwährend kritisiert – dass Sie einfach nichts richtig machen können?

20. Haben Sie das Gefühl, dass er Sie fortwährend zurechtstutzt oder klein macht, vor allem in Gegenwart anderer?

21. Fällt es Ihnen schwer, jenen Menschen zu respektieren – oder mangelt es ihm an Respekt Ihnen gegenüber?

22. Fühlen Sie sich von dem/der Betreffenden emotional missbraucht?

23. Sehen Sie, nachdem Sie mit dem/der Betreffenden zusammen waren, plötzlich alles schwarz?

24. Haben Sie in Gegenwart jener Person häufig das Gefühl, weinen zu müssen?

25 Fühlen Sie sich erleichtert, wenn Sie nicht mit ihm oder ihr zusammen zu sein brauchen?

26. Stellen Sie sich manchmal vor, dass er oder sie leidet oder verletzt ist – und haben ein angenehmes Gefühl dabei?

27. Würden Sie sich freuen, wenn Sie den/die Betreffende/n nie wiedersehen müssten?

Verhaltenssymptome

28. Möchten Sie sich von ihm oder ihr körperlich entfernen?

29. Trinken Sie, nachdem Sie mit dem/der Betreffenden zusammen waren, mehr Alkohol als gewöhnlich – oder nehmen Sie Medikamente/Drogen?

30. Neigen Sie, wenn Sie mit ihm oder ihr zusammen sind oder waren, dazu, zu viel zu essen – oder bekommen Sie plötzlich keinen Bissen mehr herunter?

31. Haben Sie gelegentlich das Bedürfnis, diesem Menschen ins Gesicht zu schlagen oder ihm körperlichen Schaden zuzufügen?

32. Stellen Sie Pläne auf, wie Sie dem/der Betreffenden aus dem Weg gehen können?

33. Versucht er/sie, Sie zu sabotieren, indem er/sie Dinge hinter Ihrem Rücken tut?

34. Geht dieser Mensch mit Ihnen um, als seien Sie ein lebloser Gegenstand, oder gibt er Ihnen das Gefühl, Sie seien nicht wichtig?

35. Behandelt er Sie in der Öffentlichkeit anders als im privaten Bereich?

36. Verhalten Sie sich in seiner Gegenwart in untypischer Weise unterwürfig oder aggressiv?

Körperliche Symptome

37. Bekommen Sie in seiner/ihrer Gegenwart Kopfschmerzen?
38. Verziehen Sie Ihr Gesicht, runzeln Sie die Stirn, oder spannen Sie Ihre Nasenflügel an, wann immer Sie in der Nähe jener Person sind, oder sogar dann, wenn Sie über sie nachdenken?
39. Wird Ihnen übel, wenn Sie mit dem/der Betreffenden zusammen waren oder sind?
40. Machen Sie sich – bewusst oder unbewusst – klein, wann immer Sie in seiner/ihrer Nähe sind?
41. Haben Sie Schwierigkeiten zu atmen?
42. Leiden Sie unter Verspannungen im Nacken und Rücken?
43. Schlägt Ihr Herz schneller, so als hätten Sie einen Angstanfall?
44. Haben Sie, nachdem Sie mit ihm/ihr eine Zeit lang zusammen waren, erheblich zugenommen oder an Gewicht verloren?
45. Beginnen Sie in Gegenwart jenes Menschen stärker zu schwitzen?
46. Haben Sie, wenn Sie mit ihm reden, einen Kloß im Hals?
47. Mangelt es Ihnen, wenn Sie mit ihm/ihr zusammen sind, an Energie, oder fühlen Sie sich körperlich geschwächt?
48. Haben Sie, wenn Sie in seiner/ihrer Nähe sind, ein Kratzen im Hals oder das Bedürfnis zu husten?
49. Bekommen Sie rote Flecken oder Nesselausschlag, wenn Sie mit dem/der Betreffenden zusammen sind?
50. Fühlen Sie sich angewidert oder weichen Sie unwillkürlich zurück, wenn dieser Mensch Sie berührt?
51. Berührt er Sie auf aggressive Weise?
52. Möchten Sie ihn nicht berühren und sich am liebsten nicht in seiner Nähe aufhalten?

53. Leiden Sie, wenn Sie in seiner/ihrer Nähe sind, an nervösem Liderzucken?
54. Ärgern Sie sich über seine/ihre Eigenheiten, oder fühlen Sie sich dadurch angewidert und peinlich berührt?
55. Möchten Sie vor diesem Menschen weglaufen und ihn niemals wiedersehen?

Kommunikationssymptome

56. Haben Sie das Gefühl, durch ein Minenfeld zu gehen, haben Sie Angst, Sie selbst zu sein, und sind Sie, wenn Sie mit dieser Person sprechen, mit Ihrer Wort- und Themenwahl äußerst vorsichtig?
57. Legt der/die Betreffende Ihnen gegenüber ein herablassendes Verhalten an den Tag?
58. Fühlen Sie, wie Ihr Gesicht sich anspannt, wenn Sie mit dem/der Betreffenden reden?
59. Ist er/sie, wenn er/sie mit Ihnen redet, grob oder aggressiv?
60. Werden Sie selbst grob oder aggressiv, wenn Sie mit ihm/ihr reden?
61. Macht die Person hässliche oder kränkende Bemerkungen über Sie?
62. Empfinden Sie seine/ihre Stimme als unangenehm?
63. Werden Sie, wenn Sie mit dem/der Betreffenden reden, verbal aggressiv?
64. Beginnen Sie, wenn Sie in seiner/ihrer Nähe sind, zu stammeln oder zu stottern?
65. Schreien Sie ihn/sie häufig an?
66. Fühlen Sie sich durch die Art, wie er oder sie nonverbal kommuniziert (d.h. durch Gesten, Körperhaltung und Gesichtsausdruck), abgestoßen?
67. Macht der/die Betreffende Ihnen gegenüber negative oder sarkastische Bemerkungen, die er/sie dann mit dem Kommentar »Ich hab doch nur Spaß gemacht« abtut?

68. Fehlen Ihnen, wenn Sie mit jener Person reden, häufig die Worte?
69. Haben Sie keine Lust, sich mit ihm/ihr am Telefon zu unterhalten?
70. Verschließen Sie sich, wenn Sie mit dem/der Betreffenden zusammen sind?
71. Ertappen Sie sich dabei, dass Sie allem, was der/die Betreffende sagt, widersprechen?
72. Widerspricht der/die Betreffende fast allem, was Sie sagen?
73. Sind Sie beruhigt oder erleichtert, wenn Sie mit ihm/ihr eine Zeit lang nicht gesprochen haben?
74. Werden Sie von diesem Menschen beschimpft und/oder verbal angegriffen?
75. Flucht oder schimpft er/sie häufig, wenn er/sie mit Ihnen zusammen ist?
76. Fluchen oder schimpfen Sie häufig, wenn Sie mit ihm/ihr zusammen sind?
77. Haben Sie das Gefühl, dass die Wertvorstellungen dieses Menschen den Ihren diametral entgegengesetzt sind, sodass Sie nicht wirklich mit ihm kommunizieren können?
78. Haben Sie das Gefühl, Sie sprächen zwei verschiedene Sprachen?

Was Ihre Antworten bedeuten

Ein »Ja« auf einige dieser Fragen, selbst wenn es nur wenige sind, bedeutet, dass Sie es mit jemandem zu tun haben, der eine vergiftende Wirkung auf Sie hat.

Wie Sie aus dem Quiz ersehen, können toxische Menschen verschiedene Bereiche Ihres Lebens beeinträchtigen. Es gibt verschiedene Typen von toxischen Menschen; jeder Typ wird Sie auf seine Weise beeinflussen. Diese Menschen können einen starken Einfluss darauf haben, wie Sie sich verhalten und fühlen.

Am obigen Quiz erkennen Sie, dass ein emotionales oder körperliches Unbehagen oftmals daraus resultiert, dass Sie es mit einem toxischen Menschen zu tun haben!

Im nächsten Kapitel werde ich das Verhalten von toxischen Menschen beschreiben und zeigen, auf welche Weise sie auf Sie wirken. Gewiss ist es nicht angenehm, über toxische Menschen nachzudenken. Es ist aber wichtig, sich deren besondere Charakteristika bewusst zu machen. Dabei soll Ihnen das folgende Kapitel helfen.

Kapitel 2

Toxisches Verhalten

Wie Sie aus den Fragen in Kapitel 1 ersehen haben, können toxische Menschen Sie auf der ganzen Linie beeinträchtigen. Zwar kann die vergiftende Wirkung von sehr unterschiedlichen Menschentypen ausgehen, aber sie alle haben bestimmte Gemeinsamkeiten im Verhalten und in der Motivation. In diesem Kapitel werde ich ihr charakteristisches Verhalten und insbesondere ihre toxische Sprache analysieren. In Kapitel 3 werde ich beschreiben, wodurch ihre Handlungen motiviert sind.

Toxische Sprache

»Ich war schockiert.«
»Ich fühlte mich gedemütigt.«
»Ich traute meinen Ohren nicht.«
»Ich war sprachlos.«
»Ich war wie betäubt.«
»Was für ein Trottel!«
»Wie unsensibel!«
»Können Sie sich vorstellen, dass er das tatsächlich gesagt hat?«

Dies sind einige der Sätze, die ich jeden Tag in meiner Praxis zu hören bekomme, nachdem ein Klient oder eine Klientin mir erzählt hat, was ein toxischer Mensch zu ihm oder ihr sagte. In jedem Fall war der Betroffene zutiefst gekränkt und wütend. Und immer war er schockiert darüber, wie unhöflich und unsensibel ein anderer Mensch sich verhalten hatte.

Gewöhnlich versucht der Klient, den Vorfall zu rationalisieren, indem er Dinge sagt wie: »Tja, aber das ist natürlich sein Problem« oder »Er ist eben ein Trottel« oder »Sie ist wahrscheinlich unglücklich« oder »Er ist wahrscheinlich neidisch«. Wie sehr auch immer der Betroffene sich darum bemüht, den negativen Kommentar der toxischen Person zu relativieren – der Pfeil sitzt tief und tut noch immer weh. Die Bemerkung schmerzt auch noch eine lange Zeit, nachdem sie gemacht wurde. Toxische Kommentare haben die Eigenschaft, in unserem Kopf immer wieder aufzutauchen.

Wer sagte: »Stöcke und Steine können mir die Knochen brechen, aber Wörter können mich nicht verletzen«, hatte Unrecht. Negative Wörter und Kommentare verletzen, verstümmeln und zerstören die Seele.

Die siebenjährige Amy Hagadorn aus Fort Wayne, Indiana, schrieb einen Brief an Santa Claus. Sie wurde mit einer Gehirnlähmung geboren und wünschte sich nur das eine: dass die andern Kinder sich nicht länger darüber lustig machten, wie sie gehe und rede.

Dass dieses kleine Mädchen nicht nur unter seiner körperlichen Behinderung zu leiden hatte, sondern auch unter den grausamen und hässlichen verbalen Kränkungen seiner Klassenkameraden, ist zutiefst traurig. Es wünschte sich nichts anderes als das, was alle Menschen sich wünschen und auch verdienen – Akzeptanz und Freundlichkeit.

Feindselige, kränkende Bemerkungen können Sie tiefer und schneller verletzen als ein Schwert. Während die Wunde, die Ihnen durch ein Schwert geschlagen wurde, innerhalb von ein paar Wochen wieder verheilen kann und möglicherweise nur eine kaum sichtbare Narbe zurücklässt, können verbale Wunden sehr viel länger schmerzen und eine tiefe Narbe hinterlassen, die für alle Zeiten spürbar bleibt.

Unhöfliche, hässliche und unsensible Dinge werden aus unterschiedlichen Gründen geäußert – die Menschen sind neidisch, haben einen schlechten Tag, können Sie nicht ausstehen oder sind einfach dumm. Wenn Sie jedoch das Opfer solcher verbaler Gemeinheiten sind, dann werden Sie kaum über die Gründe dafür nachdenken. Stattdessen spüren Sie den Angriff und sind ganz einfach verletzt.

Eine sehr gute Freundin von mir hatte mit zweiundvierzig noch immer nicht den Mann ihrer Träume getroffen. Sie war eine sehr liebevolle und mütterliche Frau, zudem finanziell sehr erfolgreich, und sie wünschte sich ein Kind.

Chloe konnte niemanden finden, mit dem sie ein Kind hätte haben wollen, und wollte allen juristischen Problemen um das Sorgerecht aus dem Weg gehen. Deshalb beschloss sie, sich von einem unbekannten Spender künstlich befruchten zu lassen. Neun Monate später brachte sie ein Baby zur Welt, das inzwischen zu einem intelligenten, selbstbewussten, bezaubernden kleinen Mädchen herangewachsen ist.

Chloe hatte nie Probleme damit, Fragen zu beantworten, die ihre Freunde oder Bekannten ihr im Hinblick auf die möglichen Schwierigkeiten, ein vaterloses Kind großzuziehen, stellten. Womit sie allerdings Probleme hatte, waren Fremde, die ihr, nachdem sie hörten, was sie getan hatte, intime Fragen stellten.

Eines Tages ging sie mit ihrem Freund zu einer Verabredung mit einem anderen Paar. Ihr Freund, der das, was Chloe getan hatte, vorbehaltlos akzeptierte, erzählte dem anderen Paar von der künstlichen Befruchtung. Die Frau äußerte in einem feindseligen und unhöflichen Ton: »Ugh, das könnte ich nie tun – das ist ekelhaft. Was wäre, wenn das Sperma mit Aids infiziert wäre? Und übrigens – was werden Sie Ihrer Tochter erzählen, wenn sie fragt, wer ihr Vater ist?« Sie kicherte und fügte sarkastisch hinzu: »Werden Sie ihr erzählen, dass ihr Vater ein Reagenzglas voller Spermien war?«

Chloe war schockiert – so wie alle anderen am Tisch auch. Am liebsten hätte sie der Betreffenden spontan eine Ohrfeige gegeben. Ihr zweiter Impuls war zu sagen: »Meine Beste, wie wollen Sie Ihrem Kind beibringen, dass Ihre Seele ebenso hässlich ist wie Ihr Äußeres?« Stattdessen äußerte sie in ruhigem Ton: »Wenn meine Tochter alt genug ist, dann werde ich ihr die Wahrheit sagen.«

Und da sie nicht den Bruchteil einer Sekunde länger mit dieser taktlosen und abscheulichen Frau zusammenbleiben wollte, bat sie ihren Begleiter, sie nach Haus zu bringen.

Oft machen Menschen vergiftende Bemerkungen nicht in der Absicht, den anderen wirklich zu verletzen, sondern einfach, weil sie ignorant sind oder meinen, etwas »Amüsantes« sagen zu müssen. Häufig wirken sie dabei nicht humorvoll, sondern gedankenlos und unsensibel. Zwar bin ich der Überzeugung, dass die meisten Menschen nicht beabsichtigen, andere zu verletzen oder unglücklich zu machen. Ich bin aber ebenso sicher, dass sie dann, wenn sie es tun, unter allen Umständen in ihre Schranken verwiesen werden müssen.

Zwar war Chloes unmittelbare Reaktion, der Frau eine Ohrfeige zu versetzen, eine durchaus passende Rachefantasie. Der zweite Impuls, also die Frage, wie diese Frau ihrem Kind wohl erklären würde, dass ihre Seele ebenso hässlich sei wie ihr Äußeres, wäre aber der Situation sehr viel angemessener gewesen.

Bösartige Kommentare toxischer Menschen entschieden zurückzuweisen ist eine Fähigkeit, die Sie später mit Hilfe meiner »Zehn Techniken« lernen werden.

Ständig ins Fettnäpfchen treten

In Chloes Fall hatte die taktlose Frau offensichtlich ein Problem damit, dass eine andere Frau die Entscheidung getroffen hatte, sich künstlich befruchten zu lassen. Die Vorstellung rief eine feindselige Reaktion in ihr hervor.

Die meisten Menschen sind jedoch nicht so offensichtlich aggressiv. Sie sind vielmehr einfach beschränkt und unsensibel und treten deshalb in sämtliche vorhandenen Fettnäpfchen. Sie sagen etwas Dummes, obwohl sie das gar nicht beabsichtigen. Die meiste Zeit sind sie einfach nur neugierig. Sie möchten etwas wissen, aber sie haben nicht das Format oder den Mut, beim Herausfinden der Information entsprechend diplomatisch vorzugehen. Sie sind nicht grundsätzlich schlecht oder bösartig. Sie sind sich lediglich, während sie ihre Gedanken ohne jede Zensur heraussprudeln, der Gefühle ihrer Mitmenschen nicht bewusst. Dass ihre Bemerkungen unhöflich oder unsensibel oder verletzend sein könnten, kommt ihnen überhaupt nicht in den Sinn.

Wenn sie sich schließlich doch bewusst werden, dass das, was sie äußerten, dumm war, dann ist es häufig zu spät. Dies ist den meisten von uns gelegentlich schon einmal passiert. Entweder waren wir es selbst, die ins Fettnäpfchen traten, oder jemand anders hat uns durch eine taktlose Bemerkung gekränkt – so wie es bei Amy der Fall war.

Amy hatte in letzter Zeit zugenommen, weil sie so viel Arbeit hatte, dass sie ihren sehr rigorosen Fitnesstrainingsplan nicht hatte einhalten können. Eines Tages begegnete sie beim Mittagessen Danielle, die sie eine Weile lang nicht gesehen hatte. Anstatt Amy ins Gesicht zu sehen und ihr »Guten Tag« zu sagen, streckte Danielle die Hand aus und klopfte ihr mit den Worten: »Und – wann kommt denn das Baby?« auf den Bauch. Amy war schockiert – wie viel um Himmels willen hatte sie bloß zugenommen, dass Danielle etwas so Schreckliches sagte!

Obwohl Amy tief getroffen war, schaffte sie es zu lächeln, Danielles Hand von ihrem Bauch zu heben und zu erwidern: »Das Baby kommt, wenn ich eines Tages heirate und schwanger werde.« Danielle lief puterrot an. Hätte sie in diesem Moment in ein Mauseloch schlüpfen können, dann hätte sie es bestimmt getan.

Aber das ist den meisten von uns schon einmal passiert: Wir haben eine taktlose Bemerkung gemacht, ohne es zu beabsichtigen.

Roxanne hatte es endlich geschafft, sich einmal mit Rob zu verabreden, in den sie schon seit Jahren verliebt war.

Die Verabredung war von einem gemeinsamen Freund arrangiert worden, nachdem Rob sich von seiner Frau hatte scheiden lassen. Alles lief wunderbar, bis Rob sagte: »Weißt du was, Roxanne – du siehst meiner Schwester unheimlich ähnlich.« Roxanne war über diese Bemerkung nicht gerade begeistert, aber sie lächelte und reckte neugierig den Kopf. Sofort zog Rob ein Foto seiner Schwester hervor, um es ihr zu zeigen. Als sie das Foto sah, platzte Roxanne mit der Bemerkung heraus: »Um Himmels willen, nein – die ist ja furchtbar hässlich.« Robs Gesicht versteinerte sich, und er steckte das Foto rasch in seine Brieftasche zurück. Während er Roxanne nach Haus fuhr, sprach er kaum ein Wort mit ihr. Auf dem ganzen Weg versuchte Roxanne immer wieder, sich zu entschuldigen, aber Rob war überhaupt nicht mehr ansprechbar. Er nahm von dem, was sie sagte, kein einziges Wort auf, und das war das Ende ihrer potenziellen Beziehung.

Hinterhältige Komplimente – was sagen sie wirklich aus, und was bedeuten sie?

Ein Kompliment ist ein Geschenk, ein Schlüssel, der die Tür zur Kommunikation öffnen und ein tiefes Verständnis und einen intensiven Gedankenaustausch zwischen zwei Menschen ermöglichen kann. Wird es in einem freundlichen Ton geäußert, und ist es wirklich ehrlich gemeint, dann kann es der Zement sein, der eine Beziehung zusammenhält. Wird es jedoch mit Sarkasmus, Neid oder Boshaftigkeit geäußert oder folgen auf die freundlichen Worte gar einige grobe verbale Schläge ins Gesicht, dann ist es hinterhältig und gemein.

Einmal war ich in Dallas, Texas, um einen Vortrag zu halten. Der Wagen, der mich zum Vortragssaal bringen sollte, fuhr vor, und meine weibliche Begleiterin und ich wollten gerade einsteigen. Wir bemerkten beide einen Penny, der neben einem Reifen auf der Straße lag.

Meine Begleiterin sagte in ihrem näselnden Dallas-Tonfall: »Sieh, da ist ein Penny. Heb ihn lieber gut auf, er wird dir bestimmt Glück bringen. Und heute hast du mit Sicherheit eine Menge Glück nötig.« Was für eine boshafte Person!, dachte ich. Hätte sie mit freundlicher Stimme gesagt: »Schau, da ist ein Penny. Heb ihn auf – er bringt dir bestimmt Glück!«, dann wäre meine Reaktion ganz anders ausgefallen. Vielleicht hätte ich dann Lust gehabt, mich auf der Fahrt zum Vortrag mit ihr zu unterhalten. Aber da sie mir ein so hinterhältiges Kompliment gemacht hatte, ließ ich sie völlig links liegen.

Jemand kann in einem Atemzug nette Dinge zu Ihnen sagen – »Sie sind unheimlich attraktiv, und Sie kleiden sich immer so schick. Sie sind wirklich eine tolle Erscheinung.« – und dann die Aussage völlig entwerten: »Aber Ihr Haar sieht furchtbar unordentlich aus; Sie sollten es sich wirklich hochstecken.« Eine solche Formulierung ist für hinterhältige Komplimente typisch. Der Sprechende schmiert Ihnen erst Honig um den Bart und gibt Ihnen ein gutes Gefühl, aber dann äußert er etwas Hässliches, was Sie schockiert und kränkt.

Vielleicht denken Sie, er meine es gut mit Ihnen und wolle Ihnen nur einen freundlichen Rat geben, aber in Wirklichkeit drücken diese hinterhältigen Komplimente nichts anderes aus als: »Ich kann Sie nicht ausstehen« oder »Ich bin neidisch auf Sie« oder »Ich mag Sie nicht« oder »Sie haben nicht alle Tassen im Schrank« oder »Was glauben Sie eigentlich, wer Sie sind?« oder »Man muss Sie in Ihre Schranken weisen« oder »Sie sind kein bisschen besser als ich«.

An der Stimme und dem Ton des Sprechenden werden Sie die wahren Gefühle hinter dem Kompliment erkennen. Häufig zeigt sich die Aufrichtigkeit eines Kompliments nicht an dem, was gesagt, sondern daran, wie es gesagt wird. Eine sarkastische, laute oder monotone Stimme drückt meistens feindselige Gefühle aus.

Wie wir uns selbst mit unseren inneren Dialogen vergiften

Manchmal haben wir uns so sehr daran gewöhnt, dass andere uns mit ihren vergiftenden Kommentaren attackieren, dass wir das akzeptieren oder uns sogar dabei wohl fühlen. Also treten wir in die

Fußstapfen unserer verbalen Folterer und sagen schreckliche Dinge zu uns selbst.

Wie oft haben wir zu uns selbst gesagt, dass wir fett, blöd, hässlich oder ekelhaft seien? »Ich habe so etwas Dummes getan – ich bin eben blöd« oder »Ich sehe zum Kotzen aus« und so fort.

Ich nenne diese selbsterniedrigenden Aussagen »vergiftendes Gehirnfutter«. Je häufiger Sie zu sich selbst derart schreckliche Dinge sagen, desto stärker setzen diese sich in Ihrem Kopf fest und werden zu einem Teil dessen, wie Sie über sich selbst denken.

Früher ermahnten uns unsere Großmütter: »Zieh keine Fratze, wenn die Uhr schlägt, sonst bleibt sie dir im Gesicht stehen.« Vielleicht hat Ihre Mutter oder Großmutter das behauptet, um Sie daran zu hindern, Grimassen zu schneiden. Nach einer Weile erkannten Sie, dass das nicht stimmte – die »Fratze« ist niemals »stehen geblieben«, und Sie haben weiterhin lustig Ihre Grimassen geschnitten.

Als Sie jedoch älter wurden, zeigte sich, dass die Warnung doch ihre Berechtigung hatte! Ihr Gesicht wird tatsächlich dadurch geprägt, dass Sie fortwährend die Stirn runzeln oder einen mürrischen Gesichtsausdruck haben. Dies ist einer der Gründe, warum manche Leute sehr viel älter aussehen, als sie wirklich sind.

Und ebenso werden die Menschen, die ein fröhliches Gesicht machen, auf ihre Umgebung im Laufe der Jahre immer angenehmer wirken.

Mag sein, dass Ihre Großmutter Unrecht hatte, als sie sagte, die Fratze würde »stehen bleiben« – aber die Meinung, die Sie über sich selbst haben, und die Sätze, die Sie zu sich selbst sagen, werden sich mit Sicherheit in Ihre Gesichtszüge einprägen.

Wenn Sie sagen: »Das kann ich nicht« oder »Ich bin nicht gut genug«, dann werden Sie es gewiss niemals können, und Sie werden auch niemals gut genug sein.

Und wenn Sie insgeheim meinen: »Ich werde diesen Korb nie treffen«, »Ich werde diesen Golfball niemals richtig schlagen«, »Ich werde es niemals schaffen abzunehmen«, »Ich werde nie eine gute Beziehung haben«, »Ich werde nie reich sein«, »Ich werde nie einen guten Job finden«, dann – das garantiere ich Ihnen – wird ganz bestimmt all das eintreffen. Das, was Sie sich selbst zuflüstern, wird Sie verfolgen und zu einer sich selbst erfüllenden Prophezeiung werden.

Wenn Sie sich ständig selbst kritisieren, werden andere das mitbekommen und es Ihnen gleichtun. Da die toxischen Kommentare aus Ihrem eigenen Munde kommen, müssen sie wohl wahr sein, denn wer weiß besser über Sie Bescheid als Sie selbst? Wenn Sie überall herumposaunen: »Ich bin ein Trottel« oder »Meine Oberschenkel sind so fett« oder »Mein Haar ist so schrecklich dünn«, dann geben Sie anderen damit die Erlaubnis, dasselbe zu sagen und Sie so schlecht zu behandeln, wie Sie selbst es tun.

Als ich noch Internatsschülerin war, gab es in unserem Wohnheim eine goldene Regel: Wenn ein Junge von sich selbst behauptet, er sei blöd, dann solltest du ihm glauben, weil er es wahrscheinlich wirklich ist. Denn wer sollte es besser wissen als er? Diejenigen jungen Damen, die die Selbsteinschätzung dieser »Blödmänner« ignorierten und erwiderten: »Nein, du bist überhaupt nicht blöd. Du bist ein richtig netter Typ«, fanden am Ende stets heraus, dass der Junge doch Recht gehabt hatte.

Manchmal sagen wir negative und toxische Dinge über uns selbst, um bescheiden zu wirken. Aus welchem Kulturkreis wir auch kommen mögen: Unsere Eltern haben uns dazu erzogen, nicht aufzuschneiden und uns immer brav zurückzuhalten. In Wirklichkeit wird unsere Selbstbeschimpfung von anderen durchaus nicht positiv, sondern eher negativ wahrgenommen, und sie bilden sich eine schlechte Meinung über uns.

Eine meiner Freundinnen war entsetzt über den »Kosenamen«, den ihr Freund sich für sie ausgedacht hatte: »Donnerschenkelchen«. »Denn«, so sagte sie, »wenn er mir unaufgefordert sagt, wie schrecklich dick meine Beine sind, dann müssen sie wirklich schlimm aussehen, und wahrscheinlich denken alle anderen das auch.«

»Unaufgefordert?«, fragte ich. Ich wies sie darauf hin, dass sie ständig über ihren Körper jammerte, und vor allem über ihre »fetten« Oberschenkel.

»Wirklich?«, fragte sie. »Mir war gar nicht bewusst, dass ich so häufig darauf zu sprechen komme.«

»Doch, das tust du«, erwiderte ich. »Du redest so viel und so offen über deinen Körper, dass andere sich wahrscheinlich berechtigt fühlen, dasselbe zu tun, und auf diese Weise noch weiter auf deinem Selbstwertgefühl herumtrampeln. Dein Freund will dich wahrscheinlich gar nicht ärgern, sondern nur ein bisschen necken; schließlich öffnest du ihm dafür Tor und Tür.«

Mein Kommentar bewirkte ein böses und zugleich heilsames Erwachen, da sie sich nie zuvor bewusst gewesen war, wie schlecht sie sich selbst behandelte.

Wenn Sie ständig vergiftende Dinge über sich selbst sagen, dann kann das nicht nur Ihre persönlichen, sondern auch Ihre geschäftlichen Beziehungen beeinträchtigen.

Wir müssen erkennen, dass das, was wir über uns selbst sagen, definitiv einen Einfluss darauf hat, wie andere uns wahrnehmen und was sie ihrerseits über uns sagen.

Das »Ich hab doch nur Spaß gemacht«-Syndrom

Ist es Ihnen auch schon einmal passiert, dass jemand etwas Schockierendes oder Bizarres zu Ihnen sagte, dann wartete, bis Sie entsetzt die Augen aufrissen, und schließlich behauptete, er habe doch nur »Spaß gemacht«? Aber Sie standen da und hatten ein Gefühl, als wären Sie von einer Dampfwalze überrollt worden.

Sigmund Freuds Theorie, es gebe keine Witze, sondern nur »die Wahrheit«, trifft genau den Kern der Sache. Menschen, die etwas Boshaftes sagen oder Ihnen etwas Böses antun und hinterher behaupten, sie hätten doch nur »Spaß gemacht«, sagen sehr viel über sich selbst aus. Sie zeigen Ihnen, wie negativ die Gefühle sind, die sie Ihnen gegenüber hegen.

Leute, die sich hinter dem »Ich hab doch nur Spaß gemacht«-Muster verschanzen, möchten häufig Ihre Aufmerksamkeit auf sich lenken oder bei Ihnen eine bestimmte Reaktion hervorrufen. Möglicherweise erreichen sie das auch, aber Sie werden wahrscheinlich so verärgert sein, dass Sie möglichst wenig mit ihnen zu tun haben möchten.

Wenn Ihr Freund Joseph Sie anlächelt und fragt, wie alt Ihr Hund Waldi sei, dann lächeln Sie zurück und sagen: »Fünf.« Wenn er erwidert: »Aber ist das nicht ein Alter, in dem man Hunde einschläfern kann?«, runzeln Sie die Stirn, kneifen die Augen zusammen und fragen entsetzt: »Wie bitte?« Im selben Moment grinst Joseph von einem Ohr zum anderen und versucht, Ihren Zorn zu besänftigen, indem er sagt: »Ich hab doch bloß Spaß gemacht!« In Wirklichkeit kann Joseph den Dackel Waldi nicht ausstehen. Ohne sich dessen bewusst zu sein, wünscht er sich, dass Waldi verschwinden möge, vor allem, wenn er versucht, Sie zu küssen, und der Hund ihn dabei ankläfft. Während er mit Ihnen zu schlafen versucht, springt Waldi natürlich auf dem Bett herum, und Joseph wäre deshalb überhaupt nicht traurig, wenn Ihr süßer Waldi möglichst bald tot umfiele.

Seine boshafte Bemerkung, gefolgt von dem »Ich hab nur Spaß gemacht« spiegelt seine Abneigung gegen Ihren Hund und seine heimliche Weigerung, Ihre Liebe mit dem kleinen Tier teilen zu müssen. Wenn Sie Joseph mit dieser Tatsache konfrontieren, dann versucht er sofort, Sie ins Unrecht zu setzen, und sagt: »Was ist los mit dir, verstehst du denn überhaupt keinen Spaß?« Auf diese Weise flößt er Ihnen Schuldgefühle ein, weil es Ihnen angeblich an Humor mangelt.

Oft lassen wir uns von dem »Ich hab doch nur Spaß gemacht«-Scherzbold in die Defensive drängen. Ein solcher Mensch ist meistens innerlich unsicher und verletzt und unfähig, seine Verletzlichkeit zu artikulieren und seine Gefühle anderen mitzuteilen. Er greift Sie an und stempelt Sie als »Spielverderber« ab, weil Sie seine Unverschämtheit registrierten und sich dagegen wehrten. Schließlich hat er doch nur »Spaß gemacht«. Das war die Situation, in der Ursula herausfand, wie zornig und unsicher Gil im Grunde seines Herzens war. Er erklärte, sie habe eigentlich sexyer ausgesehen, bevor sie sich den Busen habe vergrößern lassen, fügte aber sofort hinzu, er habe doch nur »Spaß gemacht«. Ursula war entsetzt, und nichts, was Gil sagte, konnte seine ursprüngliche Bemerkung wieder entkräften. Zwar protestierte er: »Du hast überhaupt keinen Sinn für Humor – was ist los mit dir?«, aber es gelang ihm nicht, sie in die Defensive zu drängen. Stattdessen kam sie hartnäckig immer wieder auf das Thema zurück, bis sie schließlich in einen heftigen Streit gerieten und Ursula vorschlug, dass sie ihre Verlobung lösen sollten.

Dann, nach stundenlangen Diskussionen, gab Gil zu, dass er Angst hatte, Ursula zu verlieren. Er befürchtete, dass die Männer jetzt, da sie einen größeren Busen hatte und sich sexy kleidete, häufiger nach ihr schauen würden. Gil war zutiefst eifersüchtig und unsicher und hatte Angst, von einem anderen Mann, den Ursula attraktiver fände, verdrängt zu werden. Tatsächlich gefiel ihm ihre neue tolle Figur, aber er fühlte sich durch die Konkurrenz der anderen Männer so bedroht, dass er einen verbalen Dolch in Ursulas Busen stieß und ihn dann mit den Worten: »Ich hab doch bloß Spaß gemacht« abrupt wieder herauszog.

Es war Ursulas Hartnäckigkeit zu verdanken, dass sie es schließlich schafften, die Hintergründe dieser Kränkung zur Sprache zu bringen. So konnte die verbale Stichwunde am Ende doch noch heilen.

Wenn jemand sagt: »Ich hab doch nur Spaß gemacht«, dann sagt er in Wirklichkeit: »Ich mache keinen Spaß: Ich bin voller Ressentiments, fühle mich unsicher oder bin einfach wütend auf dich« – und das ist wahrhaftig kein Spaß.

Hören Sie genau zu

Toxische Menschen verraten sich durch ihre toxischen Kommentare.

Faith, eine meiner Klientinnen, war eine attraktive und talentierte Schauspielerin, die an sich selbst glaubte. Leider war ihr Agent, Jake, durchaus nicht so zuversichtlich wie sie – das wurde durch eine Bemerkung deutlich, die er ihr gegenüber machte. Meine Klientin war zu einem Vorsprechen gegangen, und offensichtlich hatte der Besetzungsagent zu Jake gesagt: »Ich glaube nicht, dass sie überhaupt Talent hat.« Jake erzählte Faith das auf seine typisch undiplomatische Weise sofort weiter, und sie war zunächst völlig sprachlos. Dann sagte sie: »Mensch, Jake, gib mich nicht auf – ich werde denen schon zeigen, was ich kann.« Jake erwiderte: »Nein, mach dir keine Sorgen; ich geb dich nicht auf – noch nicht.« Faith starrte ihn entsetzt an. Die Wahrheit war, obwohl sie sie nicht gerne hörte, am Ende doch ans Licht gekommen.

Positiv an dieser Geschichte ist, dass Faith sich von Jake trennte, bevor er sich von ihr trennte. Sie suchte sich einen von Hollywoods Topagenten, und jetzt klettert sie die Karriereleiter unaufhaltsam hinauf.

Sie sollten sich bemühen, nicht nur das zu hören, was Sie von einer bestimmten Person hören möchten, sondern vielmehr das, was tatsächlich gesagt wird. Wörter sind nicht belanglos. Wörter haben eine große Macht. Wenn Sie aufmerksam auf jedes einzelne Wort achten, können Sie sehr viel Wichtiges erfahren. Sie werden überrascht sein, wie viel verborgene Absichten Sie heraushören können.

Nicht nur Beleidigungen lösen toxische Reaktionen aus

Viele Menschen lösen eine ärgerliche Reaktion aus, obwohl sie nicht einmal etwas unmittelbar Provozierendes sagen. Sie beginnen nur einfach einen Satz mit Worten wie: »Du solltest« oder »Warum hast du nicht«, »Du hättest eigentlich«, »Du solltest lieber« oder »Warum kannst du nicht«, »Ich bin nicht deiner Meinung«, »Auf keinen Fall«, »Ich glaub's nicht« oder »Das ist nicht wahr« und treiben allein dadurch den Blutdruck ihrer Mitmenschen in die Höhe und lösen defensive Reaktionen aus.

Was der Betreffende danach noch sagt, wird dann meist nicht mehr gehört. Sein Gegenüber schaltet oftmals völlig ab oder wird dem Sprecher gegenüber verbal aggressiv.

Wenn jemand seine Sätze mit den oben genannten Worten anfängt, haben Sie es möglicherweise mit einer außerordentlich kritischen und rechthaberischen toxischen Persönlichkeit zu tun. Dies musste auch Christina erfahren. Christina erzählte Mary, dass sie einen neuen spirituellen Weg gefunden habe. Marys Reaktion war: »Nun, wenn du den wahren spirituellen Weg suchst, dann solltest du es mal mit dem Buddhismus versuchen.« Christina reagierte auf diese besserwisserische Belehrung, indem sie den ganzen Abend lang schwieg; sie hatte einfach keine Lust mehr, sich mit einer solchen »Freundin« noch weiter zu unterhalten.

Die Wirkung, die Worte auf uns haben können, wird auch in der Bibel beschrieben, nämlich in den Sprüchen Salomons 18,21: »Leben und Tod stehen in der Macht der Zunge.«

In der Tat werden Menschen, die vergiftende Bemerkungen machten, häufig zu Opfern von Verbrechen. Immer wieder hören wir in den Nachrichten, dass jemand, der etwas Beleidigendes sagte, gewalttätig angegriffen wurde. Heutzutage kann eine vergiftende Äußerung Sie das Leben kosten.

Aber toxische Worte können auch tragische Selbstmorde zur Folge haben. Manchmal sind verbale Quälereien, Beleidigungen und ständige Sticheleien für einen Menschen einfach nicht mehr zu ertragen. Der oder die Angegriffene reagiert dann möglicherweise so wie die fünfzehnjährige Megan Pauley aus New Hampshire. In dem Abschiedsbrief, den Megan nach ihrem Selbstmord hinterließ, hieß es, sie könne die Quälereien ihrer Klassenkameradinnen nicht länger ertragen und habe das Gefühl, es sei besser zu sterben, als sich ständig weiter quälen zu lassen. Leider ist Megans Selbstmord kein Einzelfall. Selbstmorde von Teenagern nehmen überall auf der Welt zu, und dabei sind Quälereien durch Klassenkameraden – und das damit einhergehende mangelnde Selbstwertgefühl des Opfers – die wesentlichen auslösenden Faktoren.

Im Laufe der letzten Jahrzehnte wurde der gesellschaftliche Druck zur Anpassung immer stärker, und die »Strafe« für Menschen, die anders sind – und sei es auch nur, weil sie nicht die »richtigen« Kleidermarken tragen –, ist brutaler denn je zuvor.

Aber nicht nur Teenager leiden, wenn sie das Opfer ständiger Sticheleien werden. Erwachsene fühlen sich dadurch ebenfalls gekränkt – und oftmals sogar dauerhaft verletzt.

Als ich nach meiner Promotion im Forschungsbereich für medizinische Genetik im Harbor UCLA Medical Center arbeitete, hatte ich sehr viel mit Menschen zu tun, die erheblich kleiner sind als der Durchschnitt. Eines Tages begleitete ich eine solche kleine Frau in einen Untersuchungsraum. Während wir durch die Eingangshalle des Krankenhauses gingen, machten zwei Kinder Bemerkungen über sie und begannen hysterisch zu lachen, und auch die Mutter stimmte mit ein. Ich wandte mich zu den dreien um und sagte empört: »Ich bin wirklich erstaunt über Sie. Wie können Sie es wagen, sich über diese Frau lustig zu machen, weil sie klein ist? Es gibt nichts, was an dieser Frau zum Lachen wäre.« Sie verstummten, und die kleine Frau wandte sich mir zu und sagte: »Wissen Sie, Dr. Glass, ich weiß es wirklich zu schätzen, dass Sie für mich eingetreten sind. Aber ich muss Ihnen sagen: Ich bin an so etwas gewöhnt. Ich habe solche Bemerkungen mein ganzes Leben lang gehört.«

Ihre Worte schnitten mir wie Messer ins Herz. Wie kann

jemand sich damit abgefunden haben, dass ihm ständig hässliche Bemerkungen wie der feurige Atem eines Drachen entgegenschlagen? Eine Gesellschaft, die über das Unglück anderer lacht, stellt sich ein moralisches Armutszeugnis aus.

Man kann Menschen nicht ein ganzes Leben lang ärgern, quälen und herabwürdigen und erwarten, dass sie eine solche Behandlung stillschweigend akzeptieren. Entweder nehmen die Opfer solche Attacken einfach hin und werden mit der Zeit immer depressiver, oder sie lenken ihre Wut nach außen – und verlieren dabei oftmals die Beherrschung. Wenn aber eines Tages das Fass durch einen kleinen Tropfen zum Überlaufen gebracht wird, geschieht möglicherweise etwas Entsetzliches.

Kürzlich las ich einen Artikel über einen Mechaniker der Londoner Untergrundbahn, der immer wieder versucht hatte, seine Kollegen davon abzubringen, ihn wegen seines Stotterns zu verspotten. Schließlich griff er einen von ihnen an und verwundete ihn, tötete einen zweiten und beging dann Selbstmord.

Christus sagt im Neuen Testament (Matthäus 15, Vers 11): »Nicht, was in den Mund hineingeht, besudelt den Menschen, sondern das, was aus ihm herauskommt.«

Wenn Sie einem anderen Menschen gegenüber etwas Vergiftendes äußern, dann müssen Sie auch die Verantwortung für die Konsequenzen übernehmen. Sie müssen sich darüber im Klaren sein, dass der andere *Ihre Worte möglicherweise niemals vergisst.*

Mag sein, dass Sie vor Wut fast platzen und das Bedürfnis haben, dem anderen etwas wirklich Gemeines an den Kopf zu werfen. Es steht Ihnen frei, zu brüllen, zu kreischen und die hässlichsten Dinge zu äußern, aber Sie sollten sich dessen bewusst sein, dass Sie dadurch möglicherweise einen Freund verlieren. *Verletzende Worte bleiben im Gedächtnis und können nicht zurückgenommen werden.* Wir *müssen* die Verantwortung für das übernehmen, was wir sagen, und dafür, wie wir unsere verbalen Waffen zum Einsatz bringen. Genau wie wirkliche Geschosse können vergiftende Worte nicht nur verletzen, sondern tatsächlich töten – andere oder uns selbst.

Kapitel 3

Was bringt toxische Menschen dazu, so zu handeln, wie sie handeln?

Neid und Eifersucht – die Wurzeln allen zwischenmenschlichen Gifts

Neid und Eifersucht sind primitive Reaktionen. Warum wohl bellt ein Hund das kleine Kind an, das Sie gerade umarmen und zärtlich streicheln? Warum töten wilde Tiere andere Tiere aus ihrem Rudel, die mehr erbeutet haben als sie selbst? Warum fallen Dreijährige, die bereits sauber waren und sprechen konnten, in die Babysprache zurück und machen ins Höschen, wenn ein neues Baby kommt?

Der Grund dafür sind Gefühle von Neid und Eifersucht, Unzufriedenheit und Minderwertigkeit, die dadurch hervorgerufen werden, dass der andere etwas Besonderes besitzt, Erfolg hat oder geliebt wird – und das Bedürfnis, all das ebenfalls und ganz für sich allein haben zu wollen. Die Reaktionen toxischer Menschen werden oftmals durch Neid ausgelöst; und auch Sie sollten sich darüber klar sein, dass Sie bisweilen Neid empfinden und sich entsprechend toxisch verhalten.

Als ich neun Jahre alt war, beobachtete ich einmal einen solchen Fall von archetypischem Neid. Ich schaute mir eine Fernsehsendung an, in der eine Kinder-Schönheitskönigin gekrönt werden sollte. Zwei kleine Kandidatinnen standen vor den Kameras und hielten sich ängstlich an den Händen, während im Hintergrund ein Trommelwirbel die Proklamation der Siegerin ankündigte. Schließlich kam der große Augenblick, und der Name der Gewinnerin wurde ausgerufen. In diesem Moment ballte die Verliererin die Faust und boxte ihre Rivalin mitten ins Gesicht – vor allen Zuschauern. Die Gewinnerin begann, hysterisch zu kreischen. Die

Verliererin kreischte hysterisch, weil sie verloren hatte. Ich zu Hause begann hysterisch zu lachen, weil ich fand, dass das das Komischste war, was ich je gesehen hatte. Nicht einmal der Showmaster schaffte es, die Mädchen zu trennen, und ihre jeweiligen Mütter begannen, sich anzuschreien und auf den hilflosen Moderator loszugehen.

Die Reaktion der kleinen Verliererin war sehr menschlich: Sie musste zusehen, wie jemand anders das bekam, was sie selbst gern gehabt hätte – und also fiel sie über ihre Konkurrentin her.

Wenn ich als Erwachsene auf diesen Vorfall zurückblicke, dann finde ich ihn überhaupt nicht mehr komisch. Stattdessen sehe ich ihn als ein trauriges Beispiel für jene allzu menschliche Krankheit, von der wir fast alle einmal befallen werden: den Neid.

Einer meiner Klienten, ein gut aussehender, intelligenter und sportlicher Mann, verabredete sich mit einer attraktiven, jungen Frau. Da sie sich zueinander hingezogen fühlten, vereinbarten sie ein zweites Treffen, diesmal um Squash zu spielen. Die Frau, die früher in der Nationalliga gespielt hatte, gewann ständig, und ihr Partner wurde immer ärgerlicher. Als sie ihm einmal den Rücken zuwandte, warf er ihr gezielt den Ball an den Kopf. Zwar stellte er das Ganze als einen Unfall dar und entschuldigte sich überschwänglich, aber insgeheim frohlockte er, dass sie auf Grund der kleinen Verletzung nicht mehr weiterspielen konnte. Als er mir die Geschichte erzählte, kicherte er zufrieden und betonte, dass er froh gewesen sei, verhindert zu haben, sich von »einer Frau« im Sport besiegen zu lassen.

Ich fühlte mich bei seiner Erzählung ziemlich unbehaglich. Dieser schwache Mensch hatte sich von seinen Neidgefühlen auf eine Frau bestimmen lassen, die zufällig eine bessere Sportlerin war als er selbst. Er konnte es nicht akzeptieren, dass sie ihn in den Schatten stellte, und also tat er genau das, was das vierjährige Mädchen getan hatte: Er fügte ihr körperlichen Schaden zu.

Neidische Racheakte gibt es nicht nur auf der körperlichen, sondern auch auf der psychischen Ebene: Demütigungen, grausame Worte und bösartiges Verhalten.

In unserer Gesellschaft gibt es reiche und weniger begüterte Menschen. Viele von uns halten die einen für die Gewinner und die anderen für die Verlierer. Und in jedem Leben gibt es Siege und Niederlagen: Manchmal sind wir die Gewinner und manchmal die Verlierer. Es gibt kein schöneres Gefühl als zu gewinnen – und kein unangenehmeres als zu verlieren. Als Verlierer fühlen wir uns deprimiert, geschlagen und wertlos und fügen uns darüber hinaus oftmals noch selber Schaden zu, indem wir zu viel essen oder trinken oder mit Hilfe von Drogen oder gefährlichen Aktivitäten der Realität zu entfliehen versuchen. Häufig lassen wir unsere Wut und Frustration über unsere Niederlage an anderen aus – gewöhnlich an den Menschen, die uns am nächsten stehen und die wir am meisten lieben. Deren negative Reaktion auf unser Verhalten wiederum bewirkt, dass wir uns noch schlechter fühlen: So setzt sich der Teufelskreis immer weiter fort.

Mit ansehen zu müssen, wie andere »gewinnen«, verstärkt unsere Gefühle von Frustration. Unser Nachbar hat möglicherweise ein großes Haus, eine Tochter, die in Harvard studiert, eine Frau, die ihn liebt, und einen neuen Sportwagen. Er ist gesund und fit, zieht sich gut an, hat eine Menge Geld und macht zweimal im Jahr mit seiner Familie an exotischen Orten Urlaub. Er gibt tolle Partys, zu denen massenhaft Leute eingeladen sind, die ihn wirklich zu mögen scheinen, und er und seine Frau erwecken ständig den Eindruck, als hätten sie eine Menge Spaß am Leben. Er lächelt ständig, und jeder, mit dem Sie über ihn sprechen, scheint ihn zu mögen. Warum nur können wir selbst ihn nicht ausstehen?

Weil er eben *alles* hat – oder zumindest *denken* wir, er habe alles. Anstatt sich *mit* ihm zu freuen und sich motiviert zu fühlen, uns selbst mehr anzustrengen, versuchen wir oftmals, ihm zu schaden.

Vielleicht versuchen wir, ihn mit sarkastischen Bemerkungen zu kränken, oder wir beteuern mit honigsüßer Stimme, wie sehr wir uns über seinen Erfolg freuen. Aber unser Gesicht und unsere Körpersprache verraten unsere wahren Gefühle. Er spürt sehr genau, was wir wirklich empfinden – und fühlt sich verletzt. Vor allem dann, wenn wir ihn angeblich gern haben und ihn als einen Freund betrachten.

Jennifer verriet ihrer besten Freundin, Marilyn, ein Geheimnis: Sie war schwanger. Die beiden Frauen hatten in der Vergangenheit oftmals über ihren Wunsch gesprochen, ein Kind zu haben, und gemeinsam gejammert, dass »ihre biologische Uhr« ticke. Dann endlich wurde Jennifer schwanger. Sie konnte es nicht erwarten, es Marilyn mitzuteilen – und natürlich ging sie davon aus, dass diese sich von Herzen mit ihr freuen würde.

Aber Jennifer erlebte eine böse Überraschung! Anstatt sich zu freuen, schluckte Marilyn ein paarmal gequält und brachte mit steifer Miene und monotoner Stimme hervor: »Das ist aber toll. Ich freue mich für dich!« Ihre Stimme und Körpersprache signalisierten ganz deutlich, dass sie etwas ganz anderes fühlte. Man brauchte nicht Sigmund Freud zu sein, um zu erkennen, dass Marilyn sich ganz und gar nicht darüber freute, dass Jennifer glücklich war und ein Baby bekommen würde. Stattdessen wurde ihr schmerzlich bewusst, dass sie selbst noch immer nicht schwanger war. Marilyn war neidisch auf ihre Freundin – und Jennifer nahm das sehr deutlich wahr. Aber anstatt das zu tun, was die meisten Menschen tun würden – sich verärgert von der Freundin zurückzuziehen –, nahm Jennifer Marilyn liebevoll und tröstend in die Arme.

Gefühle von Neid und Eifersucht treten gewöhnlich dann zutage, wenn wir uns unzulänglich fühlen – wenn uns etwas fehlt oder wir das Gefühl haben, dass jemand anders mehr hat als wir selbst.

Neid und Eifersucht sind die Faktoren, die die meisten Beziehungen zerstören. In einer Umfrage mit hundertfünf Personen, die ich selbst leitete, wurden die Interviewten gefragt: »Was hat Ihre Freundschaft mit einem Menschen, den Sie sehr mochten, am Ende zerstört?« Mehr als 75 Prozent antworteten, es sei die Eifersucht ihres früheren Freundes/ihrer früheren Freundin gewesen. Dies ist besonders offensichtlich in Liebesbeziehungen, in denen einer der beiden Partner fürchtet, vom anderen verlassen zu werden. Er wird besitzergreifend und häufig verbal oder physisch aggressiv.

In vielen Gesprächen mit Psychologen und Ehe- und Familienberatern stellte ich die Frage: »Was ist gewöhnlich der Grund dafür, dass ein Ehepartner den anderen verprügelt?« Die übereinstimmende Meinung lautete, dass der prügelnde Partner gewöhnlich unter Minderwertigkeitsgefühlen leidet, eifersüchtig wird und schließlich zur Gewalt greift, um mehr Kontrolle über die Beziehung zu gewinnen. Manchmal wird der eifersüchtige Partner auch verbal gewalttätig und äußert verletzende Kritik.

Vielleicht ist das der Grund dafür, dass so viele mächtige und einflussreiche Geschäftsleute, die große Firmen mit Tausenden von Angestellten leiten, mit verbal aggressiven Ehefrauen verheiratet sind. Diese Frauen sind ständig damit beschäftigt, an ihren Ehemännern herumzunörgeln, um sie klein zu machen und im häuslichen Bereich so viel Macht wie möglich zu gewinnen.

Kritik kann, wenn sie mit freundlichen Worten und in einem liebevollen, hilfreichen Ton geäußert wird, etwas sehr Positives sein. Wichtig ist dabei, *wer* Sie kritisiert – und warum. Soll die Kritik dazu dienen, dass Sie etwas an sich selbst oder Ihrem Leben verbessern können? Ist sie ehrlich gemeint und in Ihrem besten Interesse? Wenn das der Fall ist, dann werden Sie sie dem Kritiker sicher nicht übel nehmen. Stattdessen werden Sie ihn möglicherweise sogar noch mehr respektieren, weil er Sie mit der Wahrheit konfrontiert hat. Ein wohlwollender Kritiker wird seine Kritik meist in ermutigende Worte kleiden und Ihnen seine Sympathie ausdrücken.

Aber natürlich gibt es auch die Menschen, die Sie kritisieren, weil sie Sie im Grunde nicht mögen oder neidisch auf Sie sind. Sie haben eine hämische Freude daran, Ihnen unter die Nase zu reiben, was alles mit Ihnen nicht in Ordnung ist.

Wer immer kritisch mit dem Finger auf Sie zeigt, muss sich auch an die eigene Nase fassen. Denn schließlich weist zwar ein Finger auf Sie, aber drei Finger weisen auf den Kritiker zurück. Ein Mensch, der Sie kritisiert, muss seine Gründe dafür überprüfen. Wenn er sich selbst gegenüber ehrlich ist, wird er oftmals herausfinden, dass seine Kritik durch Neid motiviert ist – möglicherweise haben Sie etwas, was ihm selbst fehlt.

Warum hassen sie Sie, wenn Sie schön oder erfolgreich sind?

Vor einigen Jahren gab es einen Werbespot für ein Shampoo, in dem die Schauspielerin Kelly LeBrock auftrat. Sie warf ihren Kopf mit dem schön schwingenden Haar von einer Seite zur anderen und sagte:»Hassen Sie mich nicht, weil ich schön bin.« Dann fuhr sie fort, die Vorzüge des Produkts zu beschreiben, das, so behauptete sie, der Grund für ihre Schönheit sei. Nun ja, das Shampoo mag ihr zwar gut getan haben, aber schön war sie ohnehin. Aber immerhin war dies eine sehr effektive Werbekampagne; der Zuschauer empfand Sympathie für die Frau, die eine so ungewöhnliche Aussage machte, und schaute sich den Werbespot gebannt an.

In unserer Gesellschaft wird der äußeren Erscheinung sehr viel Bedeutung beigemessen. Vielleicht hatte diese Einstellung ihren Ursprung in Hollywood, wo »die Reichen und die Schönen« leben, und verbreitete sich dann über die ganze Welt.

In Hollywood ist Schönheit fast alles. Dort herrschen gewiss keine demokratischen Verhältnisse, sondern Sie werden vor allem danach beurteilt, wie Sie aussehen und sprechen und wer Sie sind. Ihr Leben hängt davon ab. Ich habe wunderschöne, üppige Neunzehnjährige gesehen, die hysterisch weinend in mein Büro in Beverly Hills stürzten, weil irgendein Produzent oder Regisseur ihnen gesagt hatte, sie müssten, wenn sie die Rolle haben wollten, erst einmal acht Kilo abnehmen. Vor Wut und Frustration beginnen diese jungen Frauen, unkontrolliert zu essen, und zwingen sich dann, das Essen wieder zu erbrechen. Sie nehmen Abführpillen. Sie lassen sich das Fett absaugen und die Nase operieren. Sie lassen sich die Zähne richten und polieren. Sie lassen sich die Brüste liften und Implantate einsetzen, sie machen eine Schälkur – all das, um schöner zu werden. Wenn sie am Ende das richtige Gewicht, die richtige Nase, die richtigen Zähne und den richtigen Teint haben, dann sind sie ironischerweise oftmals »zu schön« und werden für die Rolle, die sie haben möchten, nicht genommen.

Wer schön ist, erweckt sehr widersprüchliche Gefühle. Ein Mensch, der immer schöner *wird*, erregt häufig Hass und Abneigung. Manche Menschen, die sich äußerlich verändert haben, fühlen sich mit ihrer neu gewonnenen Attraktivität nicht wohl, weil sie im Grunde ihres Herzens unsicher sind.

Die fünfundvierzigjährige Frieda wurde mit einem Wolfsrachen geboren, der niemals operativ geschlossen wurde. Es war schwierig, ihre stark näselnde Sprache zu verstehen. Nachdem sie mich in einer Talkshow gehört hatte, vereinbarte sie einen Termin mit mir. Als sie in mein Büro kam, fiel mir auf, wie ungepflegt sie aussah. Ihre Zähne waren schadhaft, und sie wirkte, als hätte sie lange Zeit kein Bad genommen. Sie hatte langes, strähniges, fettiges Haar und eine schlechte Haut, und sie trug eine altmodische Brille. Zudem war sie stark übergewichtig und trug wenig schmeichelhafte Kleidung.

Ich entschloss mich, mit ihr gemeinsam nicht nur an ihrer Sprache zu arbeiten, sondern ihr zu helfen, ihr gesamtes Image zu verbessern. Sie war Fließbandarbeiterin und hatte keine Rücklagen, um für die Verbesserung ihrer äußeren Erscheinung viel Geld auszugeben. Also rief ich einen Freund, den Schönheitschirurgen Dr. Henry Kawamoto, und einen anderen Freund, den Zahnarzt Dr. Henry Yamada, an, die sich einverstanden erklärten, sie als einen »Modellfall« kostenlos zu behandeln. Nachdem ich auch mit anderen, die ihr helfen konnten, über sie gesprochen hatte, kümmerte sich ein befreundeter Dermatologe um ihre Hautprobleme, ein befreundeter Friseur schnitt ihr eine pflegeleichte, schmeichelhafte Frisur, und mein Optiker überprüfte ihre Sehstärke und stattete sie mit einer attraktiven Brille aus – all das kostenlos. Ich investierte viele Stunden, um ihre Rede- und Kommunikationsfähigkeiten zu verbessern, ganz zu schweigen von den vielen Stunden, in denen ich mit ihr gemeinsam versuchte, ihr Selbstbild zu verbessern, damit sie mehr mit ihrem Leben anfangen und ihre Träume realisieren könne. Ich arbeitete eine gesunde Diät und ein Fitnessprogramm für sie aus und zeigte ihr, wie sie ihr Gesicht mit Make-up verschönern konnte. Schließlich ging ich mit ihr in eine Discount-Designerboutique und zeigte ihr, wie man ein paar hervorragende Kleidungsstücke auswählt, die sich mit anderen kombinieren lassen, und welche Accessoires man dazu trägt.

Frieda sah großartig aus, klang großartig, fühlte sich großartig und war bereit, ein neues Leben zu beginnen.

Einige Monate später bekam ich einen verwirrenden Anruf von Dr. Kawamoto. Frieda war für eine Nachuntersuchung in seine Praxis gekommen; zwar könne sie jetzt ohne Schwierigkeiten sprechen, so sagte er, aber ihre Sprechweise und ihre Kommunikationsfähigkeit hätten sich wieder verschlechtert. Er sagte auch, sie sähe so aus, wie sie vor der Operation ausgesehen hatte – ungepflegt, übergewichtig und schlecht gekleidet –, und fragte sich, was wohl diesen Rückschritt bewirkt haben mochte.

Ich war schockiert, griff zum Telefon und rief Frieda an; sie antwortete mir mit der monotonen, näselnden Stimme, an deren Verbesserung wir so viele Stunden lang gearbeitet hatten. »Frieda, was ist passiert?«, fragte ich sie entsetzt. »Wir haben beide so hart gearbeitet, um dir zu helfen, deine Sprache und dein Image zu verbessern.« Ohne zu zögern, erwiderte sie: »Tja, meine Freunde mochten mich eben lieber so, wie ich vorher war.«

Ich fühlte mich, als hätte man mir den Boden unter den Füßen weggezogen. Nicht nur machte es mich traurig, darüber nachzudenken, wie viele Stunden und wie viel persönliches Engagement einfach vertan worden waren, sondern ich war auch sehr enttäuscht, dass Frieda nicht mutig und stark genug war zu erkennen, dass ihre so genannten Freunde einfach neidisch und missgünstig waren. Offensichtlich fühlten sie sich durch ihre neu gewonnene Attraktivität und ihr Selbstbewusstsein bedroht.

Leider gibt es nur allzu viele Menschen, die sich ähnlich verhalten: Sie fühlen sich durch positive Veränderungen so sehr bedroht, dass sie sämtliche Anstrengungen des Betreffenden sabotieren. Dies ist vor allem dann der Fall, wenn jemand versucht, sich von einer Drogen-, Alkohol- oder Lebensmittelsucht zu befreien.

Auf der anderen Seite gibt es aber auch toxische Menschen, die Sie nur dann mögen, wenn Sie großartig aussehen oder sich großartig fühlen.

Warum mögen sie Sie nur dann, wenn Sie Erfolg haben oder gut aussehen?

Tara hasste den Zweieinhalb-Zentner-Mann, in den Zane sich in den acht Jahren ihrer Ehe verwandelt hatte. Sie fühlte sich von seinem massigen Körper sexuell abgestoßen. Sie konnte kaum atmen, wenn er auf ihr lag, und sein Keuchen, sein heftiges Schwitzen und sein Bauchumfang widerten sie an. Bei jeder Gelegenheit nörgelte sie an ihm herum, er solle abnehmen. Aber sosehr sie auch nörgelte, schmeichelte oder drohte, alle ihre Bemühungen waren fruchtlos. Als er aber eines Tages nicht mehr in sein Auto einsteigen konnte, entschloss er sich zur Teilnahme an einer Gewichtsabnahme-Gruppe, in der er siebzig Kilo verlor.

Als Zane sein Programm beendet hatte, war er sogar noch attraktiver als zu der Zeit, als Tara und er geheiratet hatten. Er hatte sehr viel männlichere Gesichtszüge und wundervoll starkes, graumeliertes Haar. Er trainierte mit Gewichten und wurde unglaublich sexy. Die Frauen begannen, gnadenlos mit ihm zu flirten. Leute, die ihm zuvor keine Minute Zeit hatten widmen wollen, knüpften Gespräche mit ihm an. Freunde luden ihn häufiger ein, und sein Beleuchtungsgeschäft florierte wie nie zuvor.

Zane wurde immer selbstbewusster – und ein bisschen machohaft. »Ich habe ein Monster geschaffen«, begann Tara zu fürchten. Sie wusste nicht, wie sie mit dieser neuen und verbesserten Ausgabe von Zane umgehen sollte. Zunächst umschmeichelte sie ihn und wollte ständig mit ihm schlafen; seine Reaktion war allerdings eher lauwarm. Wütend über diese Zurückweisung verfiel sie erneut in ihre alte Nörgelei – aber diesmal bemängelte sie seine Kleidung, seine Verschwendungssucht und so weiter. Zane hatte nicht vergessen, wie schlecht sie ihn behandelt hatte, als er dick war, und diesmal war er nicht bereit, das ständige Genörgel zu tolerieren. Es ärgerte ihn, dass sie erst jetzt, da er schlank war, Lust hatte, mit ihm zu schlafen. Schließlich reichte er die Scheidung ein.

Wir alle können Zanes Gefühle ein wenig nachempfinden. Die Menschen möchten nicht nur geliebt und gemocht werden, weil sie gut aussehen. Wenn sie entdecken, dass das der Fall ist, dann sind sie gekränkt und verärgert.

In der amerikanischen Sendung *Donahue* wurde einmal beispielhaft deutlich, wie zornig Menschen werden können, wenn jemand nur auf ihr gutes Aussehen anspricht. Die Mitarbeiter der Sendung steckten eine schöne, schlanke Frau in einen Latex-»Dickmacher«-Anzug, zogen ihr Kleidung in Übergröße an und filmten sie, wie sie auf eine anonyme Verabredung hin einen Mann in einem Restaurant traf. Schon nach wenigen Minuten erklärte der Mann, dass die junge Frau ein Fitnesstraining machen und nur bestimmte kalorienarme Lebensmittel essen solle. Sein Benehmen wurde immer unangenehmer; ständig redete er auf die Frau ein und begann sogar, ihr Gewicht zu diskutieren. Er entschied, was sie essen könne und was nicht, und bestellte das Essen für sie.

Am nächsten Tag erschien der Mann in der *Donahue*-Sendung, bei der er, so meinte er, an einer Diskussionsrunde zum Thema »Würden Sie mit einem dicken Menschen ausgehen wollen?« teilnehmen sollte. Er wollte über seine Erfahrungen zu dem Thema berichten und seine persönliche Meinung äußern.

Plötzlich erhob sich eine der Zuschauerinnen, eine schöne, schlanke Frau, und setzte sich neben ihn auf die Bühne. Donahue fragte den Mann, ob dies der Typ Frau sei, mit der er sich gern verabreden würde. Der Mann lächelte und legte besitzergreifend den Arm um sie; die Frau schüttelte ihn wütend ab.

Überflüssig zu sagen, dass diese schlanke Schönheit die Frau war, die den »Dickmacher«-Anzug getragen hatte. Als sie über die

Erfahrungen berichtete, die sie mit dem Mann gemacht hatte, während sie »dick« war, wurde sie immer wütender. Trotzdem versuchte er ständig, seinen Arm um sie zu legen. Schließlich schrie sie ihn an: »Sag dem Kerl, er soll seine Hände wegnehmen, oder ich verlasse sofort die Bühne.«

Der Betreffende war allen, die sich die Show ansahen, äußerst unsympathisch. Es war quälend, beobachten zu müssen, wie jemand einen anderen Menschen allein wegen seines Aussehens unhöflich behandelte, und wie er ihn dann, als er gut aussah, umwarb.

Ärger und Zorn sind in diesem Fall durchaus verständliche Reaktionen: Niemand möchte nur deshalb geliebt werden, weil er gut aussieht. Leider ist dies in unserer Gesellschaft nur allzu häufig der Fall.

Warum hassen sie Sie, wenn Sie keinen Erfolg haben?

In Hollywood wird ein Schauspieler, der es bis an die Spitze geschafft hat, zu allen Prominenten-Partys eingeladen, bekommt einen Platz in den besten Restaurants und wird ständig von Paparazzi fotografiert. Wenn aber dieselbe Person in einer Fernsehserie mitwirkt oder in einem Film, der am Ende kein Erfolg wird, dann wendet sich plötzlich das Blatt. Ein Großteil der Einladungen bleibt aus, die guten Plätze in den Restaurants werden plötzlich rar, und die Paparazzi verlieren das Interesse.

Eine meiner Klientinnen erreichte mit ihrem Song den ersten Platz der Hitparade. Ihre Konzerte waren ausverkauft, und sie bekam zahlreiche Angebote von Film und Fernsehen. Sie war jeden Abend auf einer anderen Party und wurde behandelt wie eine Schönheitskönigin. Ihr nächstes Album allerdings wurde ein Flop, und viele ihrer früheren Bewunderer begannen, sie von einem Tag zum anderen ziemlich unfreundlich zu behandeln. Leider schaffte sie es nicht, noch ein zweites Mal an die Spitze zu kommen. In Hollywood sagt man: Du bist nur so gut wie dein letzter Film.

Wenn du durchfällst, dann werden die Leute dort keine Minute Zeit mehr für dich haben.

Aber auch außerhalb der Filmwelt kann es vorkommen, dass die Leute Sie nur deshalb schlecht behandeln, weil Sie einen Misserfolg hatten. Möglicherweise werden sie Sie sogar, nachdem sie Sie wegen Ihres Erfolgs abgelehnt haben, schließlich wegen Ihres Misserfolgs hassen.

Donald Trump besaß alles – er war reich, berühmt, angesehen, selbstbewusst, intelligent und hatte eine tolle Frau. Die Presse überschüttete ihn mit Lob – bis er eine Affäre mit Marla Maples begann. Sie verlief ganz und gar nicht diskret: Es kam so weit, dass Marla und Ivana, Donalds damalige Frau, sich auf den Skihängen von Aspen lauthals anschrien – vor Donald und dem Rest der Welt.

Nach jenem Vorfall sah es für jedermann so aus, als sei Donalds Stern gestürzt. Plötzlich verwandelte sich nicht mehr alles, was er berührte, in Gold. Er verlor viele Millionen Dollar, seinen guten Ruf und schließlich seine Frau. Ivana ging aus dem Skandal als strahlende Siegerin hervor; sie schuf sich ein Leben in Reichtum und Erfolg, mit massenhaft Kleidung, mit Büchern und Vorträgen, einem aktiven sozialen Leben – und einem neuen Mann. Alle schienen sich auf ihre Seite zu stellen.

Die Leute begannen, Donald zu kritisieren und zu beschimpfen. Er war ihr Held gewesen. Zwar heiratete er »die andere«, aber viele seiner früheren Bewunderer hatten das Gefühl, Marla habe ihn mit ihrer Schwangerschaft dazu gezwungen.

Warum waren so viele Menschen bereit, Donald, als er am Boden lag, auch noch einen Fußtritt zu versetzen? Weil Donald ein Held gewesen war, der den amerikanischen Traum lebte und diesen Traum dann wie eine Seifenblase platzen ließ. Die Menschen, für die er stellvertretend ein glamouröses Leben lebte, fühlten sich enttäuscht. Zunächst hatte er eine Vorbildfunktion gehabt, und dann zeigte sich, dass er genauso war wie wir – und also wurden wir wütend. Wir wollten einen *Helden*.

Wenn Sie einen Misserfolg erleiden, dann kann es sein, dass die

Menschen Sie ablehnen, weil Ihr Misserfolg ihnen einen möglichen eigenen Misserfolg bewusst macht.

Die toxischen Bemerkungen, die die Menschen über ihre obdachlosen, übergewichtigen, arbeitslosen, kranken oder wenig erfolgreichen Mitmenschen machen, sind Ausdruck von Angst. »Das könnte mir genauso passieren«, befürchten sie. Anstatt Mitgefühl zu zeigen und eine hilfreiche Hand auszustrecken, ist es sehr viel bequemer, das Mitgefühl in Feindseligkeit zu verwandeln oder es einfach zu ignorieren. Auf diese Weise verdrängen sie Gefühle von Verletzlichkeit, die in ihnen hochkommen könnten.

Warum hassen sie Sie, nachdem sie Sie wirklich gut kennen?

In den USA sagt man: »Zu große Vertrautheit hat oftmals Verachtung zur Folge.« Eigentlich sollte Vertrautheit Liebe hervorrufen. Warum sind die Menschen, die Sie am besten kennen, am Ende diejenigen, die Sie am schlechtesten behandeln? Warum benehmen Menschen sich gegenüber völlig Fremden so viel besser als gegenüber Menschen, denen sie nahestehen? Am Ende läuft diese ganze Problematik auf einen Mangel an Selbstachtung hinaus.

Der amerikanische Komiker Groucho Marx sagte einmal: »Einem Club, in dem *ich* Mitglied wäre, würde ich bestimmt nicht beitreten.« Jeder, der *ihn* gerne zum Freund hätte, so dachte er, wäre bestimmt kein guter Menschenkenner!

Mag sein, dass wir über seine Bemerkung lachen, aber eigentlich ist sie überhaupt nicht lustig. Mangelndes Selbstwertgefühl ist in vielen Fällen der Grund, warum Familien, Freundschaften und Ehen Schaden nehmen und oftmals zerbrechen.

Wenn Sie sich in Ihrer eigenen Haut nicht wohl fühlen oder meinen, Sie seien es nicht wert, geliebt zu werden – wie können Sie dann einen anderen Menschen lieben? In meiner Praxis habe ich zahlreiche Geschichten über Menschen gehört, die zu Beginn einer Freundschaft oder Beziehung großzügig, liebevoll und offen waren und sich dann in die reinsten Terroristen verwandelten.

Meine Klientin Dolores machte eine solche Jekyll-und-Hyde-Erfahrung mit einem Mann, der sie in ihrer Verlobungszeit wie eine Königin behandelte. Dominic überschüttete sie mit Überraschungsgeschenken. Er führte sie in die schönsten Restaurants aus und las ihr jeden Wunsch von den Augen ab. Er war sehr zärtlich und rief sie fünfmal täglich an, nur um ihr zu sagen, dass er sie liebe. Er ließ ihr das Badewasser einlaufen und überraschte sie mit einem Abendessen bei Kerzenschein.

Nachdem sie geheiratet hatten, änderte sich das gründlich. Dominic wurde egoistisch, mürrisch, pessimistisch und feindselig. Erst nach vielen Stunden Eheberatung erkannte er, dass er das Gefühl hatte, Dolores nicht verdient zu haben. Er hatte ihre Beziehung unbewusst sabotiert, indem er schreckliche und unsensible Dinge tat. Nachdem er sich nach Kräften bemüht hatte, Dolores in sein Leben hineinzuziehen, bemühte er sich nun ebenso intensiv, sie wieder loszuwerden. Mit der zusätzlichen Unterstützung durch eine Einzeltherapie gelang es Dominic schließlich, mehr Selbstachtung und Selbstliebe zu entwickeln und diese positiven Gefühle dann auch auf seine Beziehung zu Dolores zu übertragen.

Dominic und Dolores hatten Glück, dass sie in der Lage waren, ihre Beziehung zu retten, aber in den meisten Fällen kann ein Mensch, dessen Gefühle und Handlungen auf Selbsthass und innerer Unsicherheit basieren, einem anderen Menschen gegenüber keine wirklich positiven Gefühle entwickeln, sei dies nun in einer intimen Beziehung, am Arbeitsplatz oder in der Familie. Dies ist der Grund, warum so viele Familien Nichtfamilienmitglieder mit Respekt und Freundlichkeit behandeln, sich aber im engsten Kreise hässlich, gemein und respektlos verhalten. Sie empfinden gegenüber ihren nächsten Verwandten denselben Hass und dieselbe Verachtung wie für sich selbst. Der Kern des Problems ist ein Mangel an Selbstrespekt, Selbstliebe und Selbstachtung.

Sie können nicht allen gefallen, deshalb ist es wichtig, dass Sie sich selbst gefallen

Toxische Menschen hassen Sie, wenn Sie Erfolg haben und schön sind. Aber sie hassen Sie auch, wenn Sie eine Niederlage erleiden. Was Sie auch machen – in den Augen der anderen ist es meistens falsch. Die Menschen werden Sie wegen Ihres Erfolgs oder Ihrer Niederlagen entweder bewundern oder ablehnen, und es gibt *nichts*, was Sie dagegen tun können.

Der verstorbene Ricky Nelson, ein Teenageridol der 50er Jahre, versuchte in den frühen 70er Jahren ein Comeback und wurde, da er nicht seine altbekannten Lieder sang, im Madison Square Garden ausgebuht. Er hatte die Situation einfach falsch eingeschätzt: Die Zuhörer waren gekommen, um die alten, vertrauten Melodien zu hören. In seinem Kummer komponierte er schließlich über diese Erfahrung einen Song: »The Garden Party«, der zu einem Hit wurde. »You can't please everyone, so you've got to please yourself« (Sie können es nicht jedem recht machen, deshalb müssen Sie es sich selbst recht machen), hieß es in dem Lied. Diese Worte sollte sich jeder einprägen und sie sich immer dann, wenn er sich abgelehnt oder ausgeschlossen fühlt, ins Gedächtnis rufen. Ich werde Ihnen später Techniken zeigen, die Sie in die Lage versetzen, mit toxischen Handlungen umzugehen, die durch Neid oder geringe Selbstachtung motiviert sind.

Viele von uns versuchen, allen zu gefallen und sich bei allen beliebt zu machen, aber wahrscheinlich wird es immer den einen oder anderen Menschen geben, der uns ablehnt. Möglicherweise haben wir auf den Betreffenden aus einem Grund, den wir selbst nicht kennen, eine toxische Wirkung. Und umgekehrt sind seine Handlungen für uns ebenfalls toxisch.

Schon Kinder müssen eines lernen: Solange sie sich selbst, unabhängig von ihrem Aussehen und ihren besonderen Eigenschaften, lieben und akzeptieren, ist es gleichgültig, was andere Menschen über sie sagen oder denken.

Wenn wir uns eine solche innere Einstellung bis in unser Erwachsenenalter hinein bewahren könnten, dann wären wir gewiss sehr viel glücklicher und würden weniger Enttäuschungen erleiden. Es kommt im Leben vor allem darauf an, dass wir uns selbst gefallen.

»Ich kenne nicht den Schlüssel zum Erfolg, aber der Weg zum Misserfolg besteht darin zu versuchen, jedermann zu gefallen«, sagte Bill Cosby einmal. Wie Recht er doch hat!

Kapitel 4

Wie Sie von toxischen Menschen angesteckt werden

Woran Sie erkennen, dass jemand eine toxische Wirkung auf Sie haben kann

Vor einigen Jahren gab ich in Sacramento, Kalifornien, ein Seminar für eine Gruppe von Regierungsangestellten. Unter anderem sagte ich: »Wenn es in Ihrem Alltag Menschen gibt, die Sie nicht unterstützen und Sie nicht mit der Achtung und dem Respekt behandeln, die Sie verdienen, dann werfen Sie sie aus Ihrem Leben hinaus. Lassen Sie es nicht zu, dass diese darin Wurzeln schlagen.«

Nach dem Seminar kam ein großer, gut aussehender Herr mit Tränen in den Augen auf mich zu und sagte: »Dr. Glass, wie können Sie behaupten, dass man solche Menschen aus seinem Leben hinauswerfen soll? Was ist mit meinen Freunden – manche von ihnen habe ich schon seit zwanzig oder dreißig Jahren! Zählt das denn gar nicht?«

Ich konnte seine Gefühle zwar gut nachempfinden, aber ich erwiderte: »Wissen Sie, wenn jemand Sie schlecht behandelt, Sie klein macht und Sie nicht das sein lässt, was Sie eigentlich sein könnten, dann ist jede Sentimentalität fehl am Platze. Ihre Gefühle und Energien sollten Sie sich für Menschen aufsparen, die in Ihrem Leben eine positive Kraft sind und die Sie mit Freundlichkeit, Achtung und Respekt behandeln. Wenn man Sie sabotiert und Ihnen schadet, dann ist Weichheit und Freundlichkeit ganz und gar unangebracht.«

Der Herr versuchte weiterhin, seinen Standpunkt, dass man toxische Menschen nicht loslassen solle, zu verteidigen. Er ließ sich nicht von seiner Meinung abbringen; wenn ein Mensch schon seit langer Zeit eine wichtige Rolle in deinem Leben spielt, so meinte er, dann solltest du ihn nicht einfach gehen lassen.

Ich fragte ihn: »Gibt es irgendjemanden in Ihrem Leben, an den Sie dabei denken?«

»Ja, allerdings«, antwortete er verlegen. »Was ist, wenn es sich bei dieser toxischen Person um meine Frau handelt? Heißt das, dass ich meine Frau loswerden muss? Während Ihres ganzen Vortrags«, so erzählte er mir, während ihm die Tränen die Wangen hinunterliefen, »habe ich an meine Frau gedacht. Seit wir vor zwanzig Jahren heirateten, hat sie ständig an mir herumgenörgelt. Sie erzählt mir immer wieder, was für ein Verlierer ich sei, dass ich nichts richtig machen könne und zwei linke Hände und linke Füße hätte. Ständig keift sie mit mir herum.« Sie hätten praktisch keine sexuelle Beziehung mehr, erzählte er mir weiter, weil sie ihm immer wieder gesagt habe, was für ein schrecklich schlechter Liebhaber er sei. Ständig kritisiere sie ihn, und selbst wenn er irgendetwas Besonderes erreiche, beispielsweise eine Gehaltserhöhung oder einen Preis bekomme, höre er kein anerkennendes Wort von ihr. Stattdessen putze sie ihn ständig herunter und nehme ihm, wann immer er sich freue oder Begeisterung zeige, sofort den Wind aus den Segeln.

Er erzählte mir, dass sie es mit einer Eheberatung versucht hätten, dass seine Frau aber ständig weiter an ihm herumkritisiere. Schließlich entgegnete ich ihm, wenn sämtliche Möglichkeiten zur Rettung seiner Ehe erschöpft seien, dann müsse er sich fragen, ob er noch weitere zwanzig Jahre in einer Atmosphäre derartiger Missachtung und Gehässigkeit leben wolle. Er brauche nicht länger in seiner Opferrolle zu verharren, so versicherte ich ihm. Er habe durchaus Alternativen, und es sei nötig, dass er einiges in seinem Leben endgültig verändere.

Schließlich wurde er hellhörig. Er erkannte, dass seine Frau für ihn keine Verbündete und keine Freundin, sondern vielmehr eine extrem toxische Persönlichkeit war, die ihm das Leben schwer machte und auch noch den Rest von Selbstachtung, der ihm verblieben war, zu zerstören versuchte.

Zum ersten Mal in seinem Leben war dieser Mann sich selbst gegenüber wirklich ehrlich. Das kann eine tief erschütternde, beängstigende Erfahrung sein, vor allem, wenn man sich jahrelang selbst betrogen und die Tatsachen verdrängt hat. Der Realität ins Auge zu sehen und zu erkennen, dass der Mensch, den Sie zu lieben glaubten, möglicherweise eine toxische Wirkung auf Sie hat, ja, dass er sogar eine Gefahr für Ihre geistige, körperliche und emotionale Gesundheit bedeutet – das kann bestürzend sein.

Wer ist toxisch?

Ein toxischer Mensch ist jemand, der versucht, Sie zu zerstören. Ein toxischer Mensch raubt Ihnen Ihre Selbstachtung und Würde und vergiftet den Kern Ihrer Persönlichkeit. Er schwächt Ihre Widerstandsfähigkeit und kann Sie geistig oder körperlich krank machen. Toxischen Menschen fehlt es an unterstützenden, aufbauenden Kräften. Sie sehen nur Ihre Mängel. Sie sind eifersüchtig und neidisch und missgönnen Ihnen Ihren Erfolg. Wenn Ihnen etwas gelingt, dann registrieren sie das mit Feindseligkeit; und ihre Unsicherheit und Minderwertigkeitsgefühle führen sie dazu, dass sie Ihre Bemühungen sabotieren, ein glückliches und produktives Leben zu führen.

Toxische Menschen kommen in vielerlei Gestalt daher und üben ihre Wirkung auf unterschiedliche Weise aus.

Jeder kann ein toxischer Mensch sein. Die Zugehörigkeit zu einer sozioökonomischen Gruppe oder einer bestimmten Altersgruppe, einem bestimmten Kulturkreis, einer Religion oder auch ein bestimmter Bildungsstand sind dabei nicht ausschlaggebend. Auch nicht der IQ. Auch ein Genie kann ein toxischer Mensch sein.

Toxische Menschen können in jedem Bereich Ihres Lebens auftauchen – vielleicht in Ihrer Familie oder an Ihrem Arbeitsplatz.

Einige sind Ihnen gegenüber vielleicht unverblümt feindselig, während andere versuchen, Ihnen hinter Ihrem Rücken zu schaden. Wiederum andere verhalten sich möglicherweise honigsüß und freundlich und sagen Ihnen schmeichelhafte, positive Dinge, während sie Sie zugleich neidisch und giftig anfunkeln.

Wir können sehr viel von dem großen Philosophen Konfuzius lernen, dessen Lehren die Entwicklung Chinas tiefgreifend beeinflussten. Schon im fünften Jahrhundert vor Christi sagte er: »Wenn unsere Freunde anmaßend, falsch oder opportunistisch sind, dann schaden sie uns.« Dies ist eine wichtige Definition toxischer Menschen.

So wie viele der konfuzianischen Wahrheiten ist auch diese auf unsere Zeit und unseren Kulturkreis anwendbar. Toxische Menschen waren bereits vor zweieinhalbtausend Jahren schädlich, und sie sind es auch heute noch – in jedem Bereich unseres Lebens.

Warum gibt es toxische Menschen?

Ich bin der Überzeugung, dass die meisten Menschen gut, nicht böse sind. Wir Menschen kommen als unschuldige, süße, liebevolle, glückliche, wissbegierige und sanftmütige Wesen zur Welt. In wissenschaftlichen Untersuchungen wurde nachgewiesen, dass Babys Gefühle von Hass und Neid nicht kennen.

Wir werden nie mit Gewissheit sagen können, ob Menschen auf Grund von Umwelteinflüssen (beispielsweise ihrer Erziehung), ihrer spezifischen biologischen Struktur (ihrer Gene) oder durch ein Zusammenspiel verschiedener Faktoren »toxisch« werden. Wir werden nie genau erfahren, warum der eine Mensch »toxisch« wird und der andere nicht.

Bernie, ein Produzent aus Hollywood, wuchs in einem sehr schwierigen Elternhaus auf. Sein Vater quälte ihn seelisch und körperlich und landete schließlich wegen Mordes an einem Nachbarn im Gefängnis. Seine Mutter, von Bernies Vater ständig misshandelt, war das ewige Opfer. Die Folge war, dass Bernie niemals lernte, Frauen – oder sonst irgendjemanden – zu respektieren.

Zwar machte er sich im Showbusiness einen Namen, stieß aber praktisch jeden, dem er im Laufe seiner Karriere begegnete, vor den Kopf. Er verbrannte Brücken, betrog Leute um Zigtausende Dollar und zahlte seine Schulden nie zurück. Er war ein erbärmlicher Vater und ein Schrecken erregender Ehemann und misshandelte seine Familie verbal, emotional und körperlich.

Als er vor kurzem an Magenkrebs starb, hinterließ Bernie nicht nur eine Menge Schulden, sondern auch sehr viele Feinde. An dem Tag, als er das Zeitliche segnete, rief seine Sekretärin verschiedene Berühmtheiten an, die Bernie gekannt hatten, und bat sie, die Grabrede zu halten. Alle lehnten ab. Tatsächlich gab es niemanden, der sich überhaupt bereit erklärte, zur Beerdigung zu kommen.

Seine Kinder freuten sich, dass sie endlich von ihm befreit waren, und seine Exfrau war froh, dass er endlich seinen Frieden gefunden hatte. Auch seine Sekretärin war erleichtert, da sie seinen Schikanen nicht länger ausgesetzt war. Der einzige Wermutstropfen war die Tatsache, dass sie sich jetzt einen neuen Job suchen musste.

Bernies Sekretärin erzählte mir, dass sie nach über zweihundertfünfzig Anrufen hatte feststellen müssen, dass es keinen einzigen Menschen gab, der bereit war, zum Beerdigungsgottesdienst ihres Chefs zu kommen. Sie selbst meinte, es sei ein Segen, dass der »Idiot endlich unter der Erde sei«, und niemand sei bereit, einen weiteren Gedanken an ihn zu verschwenden.

Wenn ein Mensch stirbt, dann sollten wir uns eigentlich mit Wärme an das positive, segensreiche Wirken zu seinen Lebzeiten erinnern können. Bernie dagegen hinterließ nichts anderes als ein Arsenal von Giften, die das Leben aller Menschen, mit denen er in Berührung gekommen war, verseucht hatten.

Ob nun ein Mensch deshalb toxisch ist, weil er unter schrecklichen Verhältnissen und einem Mangel an elterlicher Liebe aufwuchs, sollte für Sie persönlich keine Rolle spielen. Was wirklich eine Rolle spielt, ist, ob jener Mensch auf Sie eine vergiftende Wirkung hat. Wie auch immer der Ruf dieses Menschen sein und welche Wirkung auch immer er auf andere haben mag – für Sie ist einzig und allein wichtig, dass Sie mit der Achtung und dem Respekt behandelt werden, die Sie verdienen.

Toxische Menschen und Krankheit

Wenn Sie lange Zeit mit einem toxischen Menschen zu tun haben und es zulassen, dass Sie allmählich von ihm vergiftet werden, dann kann es leicht geschehen, dass Sie krank werden. Sein negativer Einfluss kann Ihre körperliche Widerstandsfähigkeit schwächen. Wenn Sie nicht einige der Techniken anwenden, die ich später beschreiben werde, wenn Sie Ihren Ärger verdrängen und sich mit dem toxischen Menschen nicht auseinandersetzen, dann kann es sein, dass Sie eine schwere oder sogar tödliche Krankheit entwickeln.

Ärger und Feindseligkeit beeinflussen die Produktion des Hormons Norepinephrin. Jemand, der ständig Stress und Feindseligkeit spürt, wird dieses Hormon möglicherweise im Übermaß produzieren; dies führt zu erhöhtem Blutdruck und/oder zu Blockaden, die Herzattacken oder Schlaganfälle zur Folge haben. Wissenschaftler haben herausgefunden, dass bei Krebs- und Herz-Kreislauf-Erkrankungen eine hohe Korrelation zur Verdrängung negativer Gefühle besteht.

Dr. Deepak Chopra beschreibt in seinem Buch *Ageless Body, Timeless Mind,* dass die Überlebenschance bei Krebs und Herzkrankheiten für Menschen, die unter emotionalen Belastungen leiden, wesentlich niedriger als normal ist. Kürzlich las ich ein Zitat des Komikers Woody Allen: »Eines meiner Probleme besteht darin, dass ich alles in mich hineinfresse. Ich kann Wut einfach nicht herauslassen – stattdessen entwickle ich einen Tumor.« Ich konnte darüber wahrhaftig nicht lachen. Seine Worte beschreiben eine allzu traurige Wahrheit und erinnern mich an meine Klientin Madelyn, eine frühere Maskenbildnerin. Ich glaube, dass Madelyns Tendenz, Ärger nicht auszudrücken, dazu beitrug, dass sie einen

Gehirntumor entwickelte. Sie suchte mich wegen einer Sprechtherapie auf, da nach der Entfernung des Tumors ihre Zunge und ihre Stimmbänder gelähmt waren. In einer unserer Sitzungen fragte ich sie, wie ihr Leben verlaufen war, bevor der Gehirntumor entdeckt wurde.

Sie habe immer alles für sich behalten, antwortete sie; wenn sie wütend oder verletzt gewesen sei, habe sie mit niemandem darüber gesprochen. Sie hatte ihren Ärger und ihre Wut ständig verleugnet, weil sie sich schuldig fühlte und niemanden verletzen wollte.

»Wissen Sie, Dr. Glass«, sagte sie eines Tages, »ich habe unglaublich viel aus dieser Erfahrung gelernt. Ich werde niemals wieder so feige sein und es den Leuten nicht sagen, wenn sie mir auf die Nerven fallen. Ich bin wütend, und zum ersten Mal in meinem Leben gebe ich mir die Erlaubnis, wütend zu sein. Ich brauche nicht länger das brave, stille kleine Mädchen zu sein. Am liebsten möchte ich diese Szene in dem Film *Network* nachspielen, in der Peter Finch aus dem Fenster brüllt: »Ich bin stinkwütend, und ich werde es nicht länger ertragen.«

Madelyn fuhr fort: »Ich bin stinkwütend auf meinen Vater, der sich nicht um mich kümmerte und mir niemals Liebe oder Zuneigung zeigte. Ich bin wütend auf meine beste Freundin, die immer meint, sie müsste mit mir rivalisieren, vor allem, wenn Männer in der Nähe sind. Und ich bin wütend auf meinen Freund, der, als ich krank war, nie Zeit für mich hatte. Das Einzige, woran er Interesse hat, ist er selbst.«

Plötzlich begann sie, heftig zu schluchzen. Sie habe sich nie zuvor so erleichtert gefühlt, brach es aus ihr heraus. Zum ersten Mal in ihrem Leben war Madelyn fähig, ihre Gefühle herauszulassen, vor allem ihren Ärger. Wie traurig, dass es eines Gehirntumors bedurfte, bis Madelyn endlich ihre Wut auf die toxischen Menschen in ihrem Leben spüren konnte.

Das Zusammensein mit einem toxischen Menschen kann zu verschiedenen psychosomatischen Krankheiten führen: Die Betroffenen leiden möglicherweise unter Kopfschmerzen, Übelkeit,

Rückenschmerzen, einem Kloß im Hals, Hautproblemen, Asthma und allergischem Husten, wann immer sie sich in der Nähe jenes Menschen aufhalten. Oder sie zeigen psychische Reaktionen, beispielsweise Antriebslosigkeit oder Depression. Wenn Sie mit einem toxischen Vampir zusammen waren, dann haben Sie oftmals das Gefühl, man habe Sie all Ihrer Energie beraubt. Diese Zustände emotionaler Schwächung können zu verschiedenen selbstdestruktiven Verhaltensweisen führen: Lebensmittelmissbrauch, Bulimie, Anorexie oder Alkohol- oder Drogenmissbrauch.

Vielleicht möchten Sie kein Unruhestifter sein oder sich mit der Situation nicht auseinandersetzen. Möglicherweise sagen Sie: »O nein, es ist nichts – es berührt mich gar nicht«, zeigen aber am Ende dennoch eine selbstzerstörerische Reaktion, um mit Ihrem seelischen Schmerz fertig zu werden.

Roger flog zur Weihnachtszeit mit seiner Verlobten an die Ostküste, um seine Eltern zu besuchen, die er mehrere Jahre lang nicht gesehen hatte. Nach einem köstlichen Abendessen im Kreise der Familie gingen Roger, seine Verlobte, seine Eltern und alle seine Brüder und Schwestern zum Weihnachtsbaum und tauschten ihre Geschenke aus. Roger, der wusste, dass sein Vater ein großer Golffan war, hatte für ihn einen sehr teuren Golfpullover aus Cashmere ausgesucht. Als er ihm das Geschenk überreichte, riss sein Vater das Einwickelpapier auf, musterte den Pullover und gab ihn Roger mit den Worten »Das brauche ich nicht« wieder zurück. Roger nahm sein Geschenk sprachlos wieder in Empfang, und während des ganzen Abends wechselten die beiden Männer kein weiteres Wort. Niemand zeigte irgendwelche Gefühle, und der Vorfall schien vergessen zu sein.

Später an jenem Abend sagte Darlene, Rogers Verlobte: »Ich kann es nicht fassen, wie schrecklich schlecht dein Vater dich behandelt hat! Bist du nicht wütend? Oder verärgert? Hat dich das, was er gemacht hat, denn überhaupt nicht verletzt?«

»Nein«, sagte Roger. »Das ist kein Problem. Ich bin nicht wütend. So ist er eben. Es hat mich überhaupt nicht gestört.« Darlene war überrascht und entsetzt zugleich; sie war wütend auf

Rogers Vater, der seinen Sohn so schlecht behandelte, und zugleich wütend auf Roger, der seine Gefühle so einfach verdrängte.

Das Ereignis warf seine Schatten auf andere, ähnliche Situationen voraus. Wann immer Darlene und Roger einen Konflikt hatten, entzog sich Roger ihr; er brachte nie seine Gefühle zum Ausdruck, sondern ging einfach fort. Sie begann, darüber nachzudenken, ob sie Roger tatsächlich heiraten und sich mit diesem Mangel an Kommunikation abfinden wolle. Auch nach monatelangem Drängen und Bitten weigerte sich Roger, mit ihr zusammen eine Paartherapie zu machen, in der sie hätten lernen können, miteinander zu kommunizieren. Er leugnete, dass es überhaupt ein Problem gab, und bestand darauf, dass mit ihm alles in Ordnung sei. Schließlich fasste Darlene den vernünftigen Entschluss, die Beziehung nicht weiter fortzusetzen. Sie empfand Roger als toxisch, weil er sich weigerte, sie wissen zu lassen, wie er sich fühlte.

Als Darlene eines Tages einen Anruf bekam, dass Roger mit achtunddreißig Jahren wegen eines Herzanfalls ins Krankenhaus eingeliefert worden war, war sie nicht überrascht. Von unausgedrücktem Zorn und Schmerz ermüdet, hatte sein Herz vorzeitig zu schlagen aufgehört. Roger war – im *Grunde seines Herzens* – ein zorniger Mann gewesen. Er war zornig auf seinen Vater. Er war zornig auf Darlene, weil sie ihn verlassen hatte. Aber vor allem war er zornig auf sich selbst, weil er nicht fähig war, seinem Zorn Ausdruck zu verleihen – bis es zu spät war.

Wenn Sie Zorn, Schmerz oder ein Gefühl der Demütigung in sich hineinfressen und diese Gefühle anderen nicht mitteilen, dann kann das sehr ernste körperliche Störungen zur Folge haben.

Toxische Stimmungen sind ansteckend

Waren Sie schon einmal in schlechter Stimmung, ohne zu wissen, warum? Vielleicht hatten Sie es mit einem toxischen Menschen zu tun. Sensible Menschen imitieren bisweilen die Stimmung, die

Körperhaltung und den Gesichtsausdruck – und damit auch einige charakterliche Merkmale – eines toxischen Menschen.

In Amerika sagt man: Wer mit Hunden ins Bett geht, kriegt Flöhe. Nun, dasselbe gilt für die ansteckende Wirkung negativer Stimmungen. Wenn Sie mit jemandem zusammen sind, der ständig schlechte Laune hat, dann werden Sie selbst am Ende schlecht gelaunt sein und diese schlechte Laune Ihrerseits auf andere übertragen. Genau das geschah bei Alex und seinem Bruder Walt.

Walt, ein sehr gut verdienender und erfolgreicher Mann, machte Bankrott, und seine Frau verließ ihn. Er zog von New York nach Kalifornien, um in der Zeit, bis er wieder auf die Füße kommen würde, bei seinem Bruder zu leben. Leider brachte er nicht nur seinen Besitz, sondern auch seine negativen Energien und schlechten Stimmungen mit.

»Seitdem er bei uns wohnt, läuft alles schief«, gestand mir Alex. »Ich bin fast immer deprimiert und schlecht gelaunt. Meine Frau und ich streiten uns ständig. Ich bin nervös, unglücklich und niedergeschlagen. Gewöhnlich habe ich sehr viel Energie, aber jetzt fühle ich mich wie ausgebrannt, zornig und müde. Ich leide unter Schlafstörungen und esse zu viel. Gestern Morgen stieg ich auf die Waage und musste feststellen, dass ich, seitdem Walt bei uns eingezogen ist, neun Kilo zugenommen habe. Und das in sieben Wochen!«

Als Alex mir diese Geschichte erzählte, fragte ich ihn, warum Walt nicht irgendwo anders wohnen könne. Er antwortete, er wolle Walt nicht verletzen und bekäme gewiss Schuldgefühle, wenn er ihn einfach vor die Tür setzte. Daraufhin fragte ich Alex, wie er sich wohl fühlen würde, wenn seine Ehe zerbräche, seine Arbeit litte und er sein Heim und alles, wofür er so hart gearbeitet hatte, verlöre.

Er verstand, worauf ich hinauswollte, und sagte: »Na ja, ein paar Schuldgefühle werde ich wohl noch verkraften.« Als er von unserem Beratungsgespräch nach Hause zurückkam, setzte er sich mit Walt zusammen. Er gab ihm etwas Geld und erklärte ihm, er müsse ausziehen und allein leben. Überraschenderweise schien Walt nur allzu glücklich zu sein, diesem Wunsch nachzukommen.

Nachdem Walt ausgezogen war, kam es Alex vor, als sei eine schwarze Wolke, die ihn zuvor eingehüllt hatte, endlich davongezogen. Er bemerkte, dass auch seine Frau und seine Kinder plötzlich besser gelaunt waren. Die ganze Stimmung in seinem Haus war fröhlicher und energischer. Da sein Energiepegel anstieg, konnte Alex wieder produktivere Arbeit leisten. Er setzte sich jeden Morgen auf seinen Heimtrainer und hatte die neun Kilo Übergewicht bald wieder verloren.

Aber wenn Walt ihn anrief, fühlte Alex sich erneut deprimiert und lustlos. Da er inzwischen überzeugt war, dass Walt ihn mit seiner finsteren Stimmung ansteckte, traf er die bewusste Entscheidung, die Kommunikation mit seinem Bruder stark einzuschränken; er wollte einfach nicht mehr länger für ihn sorgen und ihm ständig aus der Patsche helfen, so wie er es sein ganzes Leben lang getan hatte. Er war entschlossen, sich nicht mehr durch Walts negative Energien zum Opfer machen zu lassen.

Wenn Sie wie Alex das Gefühl haben, durch einen toxischen Menschen in eine schlechte Stimmung hineingezogen zu werden, dann sollten Sie sich so weit wie möglich von diesem Menschen fernhalten. Sie werden, genau wie Alex, entdecken, dass Sie häufiger lachen, häufiger singen und dem Leben insgesamt positiver gegenüberstehen.

Wie Ihre schlechtesten Seiten ans Licht kommen

Wenn Sie es mit einem toxischen Menschen zu tun haben, treten häufig Ihre am wenigsten sympathischen Seiten zutage. So machen Sie beispielsweise kaum noch den Mund auf oder reagieren gereizt, fühlen sich von allem, was der Betreffende sagt, brüskiert, werden plötzlich aggressiv oder machen ihm gegenüber kränkende Bemerkungen.

Carla und Peter waren Kollegen. Sie teilten sich ein Büro, und jeder wusste vom anderen, was dieser gerade tat. Carla war gewöhnlich gut gelaunt, außer wenn sie einen Anruf von ihrem toxischen Exfreund Larry bekam, mit dem sie schon mehrfach »Schluss gemacht« hatte. Larry war hartnäckig bemüht, Carlas Zuneigung zurückzugewinnen. Sie entschloss sich, seine Anrufe nicht mehr zu erwidern, und trug ihrer Sekretärin auf, seine Anrufe nicht mehr durchzustellen und eventuelle Botschaften nur aufzuschreiben. Gelegentlich schaffte es Larry jedoch, Carla direkt an den Apparat zu bekommen.

Wann immer einer dieser unangenehmen Anrufe kam, wusste Peter sofort, wer am anderen Ende der Leitung war. Carlas Gesicht verfinsterte sich, sie runzelte die Stirn und presste die Lippen zusammen.

Wahrscheinlich haben auch Sie diese Reaktion schon einmal beobachtet – bei Freunden oder Kollegen, die einen Anruf von jemandem bekamen, den sie nicht mochten oder mit dem sie nicht sprechen wollten. Auch wenn der Angerufene ruhig und freundlich reagiert, sieht man, wie seine Gesichtszüge sich anspannen, wie er die Lippen schürzt, die Augen rollt, die Stirn runzelt, mit dem Kopf nickt oder mit irgendeiner Geste ausdrückt: »Bringen wir's hinter uns.« Vielleicht spricht der Angerufene mit ironischer Stimme und demonstriert dadurch, dass er nur ungern mit dem Anrufer zu tun hat.

Peter war immer schockiert, wenn er mit anhören musste, wie seine freundliche und fröhliche Kollegin Carla ihrem verflossenen Freund kaltschnäuzig erklärte, er sei ein Verlierer und sie habe die Nase voll von ihm. Ebenso überraschend war das »Du kannst mich mal …«, das plötzlich über ihre zarten Lippen kam. Gott sei Dank schlug sie diese Töne niemals bei jemand anders an.

Larry förderte Carlas schlechteste Seite zutage und rief Reaktionen hervor, die für sie ganz und gar untypisch waren. Carla war über ihre eigene Grobheit selbst nicht glücklich, aber sie schaffte es nicht, sich zurückzuhalten; Larry reizte sie einfach über alle Maßen.

Sie können ein wunderbarer Mensch sein, eine freundliche, sensible, fürsorgliche, sanfte Seele – aber wenn Sie mit einer toxischen Persönlichkeit zusammen sind, erkennen Sie sich möglicherweise selbst nicht mehr. Deshalb ist es wichtig zu wissen, dass es Menschen gibt, die das Schlechteste in Ihnen herausbringen können – und es auch tatsächlich tun. Möglicherweise werden Sie sich dann sogar zu Handlungen hinreißen lassen, deren Sie sich am Ende selber schämen.

Der Freund des einen ist des anderen Giftschrank

Ein Mensch, der auf Sie eine toxische Wirkung hat, ist nicht notwendigerweise für alle anderen Menschen ebenfalls toxisch. Vielleicht entsteht das Gift nur durch das Zusammentreffen Ihrer beider Persönlichkeiten. Möglicherweise gibt es bestimmte Leute, die Ihnen, abhängig von Ihrer besonderen, individuellen Persönlichkeit, »gegen den Strich« gehen. Vielleicht haben Sie vor allem Schwierigkeiten mit Angebern und besonders dominanten Menschen. Ihre beste Freundin dagegen hasst vor allem die Zugeknöpften und die Rechthaber, hat aber keine Schwierigkeiten mit den Angebern und den Dominanten.

Bei dem im Folgenden geschilderten Szenario können Sie deutlich erkennen, wie ein toxischer Mensch, abhängig vom Standpunkt des Betrachters, auf unterschiedliche Weise wahrgenommen wird. Drei meiner Freundinnen, Shoshana, Nancy und Alicia, und ich saßen zusammen beim Mittagessen, als Shoshana uns erzählte, wie sehr ihr vor dem bevorstehenden Besuch ihrer Schwägerin graue. Ich reagierte darauf mit der Frage: »Was ist sie für ein Mensch – in sich gekehrt, mürrisch und launisch?« Alicia warf ein: »Sie ist wahrscheinlich eher schrill und eine richtige Nervensäge, oder?« Nancy dagegen wollte wissen: »Ist sie egoistisch und hinterhältig?«

Nach dem Gespräch teilte ich meinen Freundinnen meine Beobachtungen mit. Das, was ich als typisch »toxisch« empfand (»in sich gekehrt, mürrisch und launisch«), unterschied sich völlig von dem, was auf Alicia toxisch wirkte (»schrill und eine Nervensäge«), und das wiederum unterschied sich von einigen Charakteristika, die Shoshana und Nancy auf die Nerven gingen (»egoistisch und hinterhältig«). Alle gaben mir lächelnd Recht. Zwar empfinden wir alle bestimmte Charaktereigenschaften als toxisch, aber jeder erlebt einige Eigenschaften als noch toxischer als andere.

»Was dem einen seine Eule, ist dem anderen seine Nachtigall«, sagt man in Norddeutschland. Und was für den einen verstaubtes Gerümpel sein mag, ist für den anderen vielleicht eine wertvolle Antiquität.

Es ist wichtig zu erkennen, dass das, was für Sie persönlich toxisch ist, für Ihre Mitmenschen durchaus nicht notwendigerweise toxisch zu sein braucht.

In den Augen ihrer Freunde und Bekannten sind Larry und Carla wunderbare Menschen. Wenn Sie Carlas Freunde fragten, ob sie ein toxischer Mensch sei, dann würden diese Sie wahrscheinlich auslachen und sagen: »Nein, überhaupt nicht. Carla ist die liebste, freundlichste, großzügigste Frau der Welt.« Und wenn Sie Larrys Freunde fragten, ob er ein toxischer Mensch sei, dann würden sie Ihnen sagen, er sei »ein unheimlich netter, warmherziger Typ mit einem großen Herzen und einem wunderbaren Sinn für Humor.«

Wenn aber Carla und Larry zusammentreffen, dann bringen sie aneinander die unangenehmsten Seiten hervor. In Carlas Augen ist Larry dominant, respektlos, vulgär und schleimig. Carla verhält sich Larry gegenüber schroff, verletzend und feindselig und bringt auf diese Weise in *ihm* die schlechteste Seite hervor. Diese beiden anscheinend so wunderbaren Menschen sind füreinander außerordentlich toxisch und sollten sich, wenn sie ihrer Selbstachtung keinen Schaden zufügen wollen, so weit wie möglich voneinander fernhalten.

Die Tatsache, dass bestimmte Charakterzüge für einige Menschen toxisch sind und für andere nicht, wurde mir vielleicht am deutlichsten während meiner Vortragsreise nach Australien bewusst, auf der ich mein Buch *He Says, She Says, Closing the Communication Gap Between the Sexes* [dt. etwa: Er sagt – sie sagt. Für eine bessere Kommunikation zwischen den Geschlechtern] vorstellte.

Nachdem ich eines Morgens vor mehr als dreihundert Menschen in Brisbane einen Vortrag gehalten hatte, kam eine Frau auf mich und die australische PR-Agentin zu, die mich im Auftrag meines australischen Verlegers begleitete. Sie holte tief Luft und begann, mir anhand mehrerer Horrorgeschichten zu schildern, wie »schrecklich« Männer seien. Sie hatte verkniffene Gesichtszüge, eine starre Körperhaltung, und sie bewegte beim Sprechen kaum die Lippen. Mein erster Gedanke war: Was für eine verklemmte, kleinliche Frau. Ich war versucht zu sagen: »Warum so finster, Lady? Wenn Sie sich ein bisschen entspannten und sich selbst nicht so fürchterlich ernst nähmen dann würden die Männer Sie vielleicht attraktiver finden und Sie hätten nicht so viele Horrorgeschichten über sie zu erzählen.«

Da ich keine Lust hatte, ihr länger zuzuhören, ging ich nach draußen, um ein wenig frische Luft zu schöpfen, und überließ sie meiner PR-Agentin. Als diese sich ein paar Minuten später zu mir gesellte, erwähnte ich, dass die Frau eine toxische Wirkung auf mich gehabt hatte. Die Reaktion der Agentin überraschte mich. »Nun, *ich* fand sie sehr nett«, sagte sie. »Wir haben sogar unsere Telefonnummern ausgetauscht und wollen uns mal zum Mittagessen treffen, wenn ich wieder zu Hause bin.«

Während meiner gesamten Australien-Tour beschrieb mir die PR-Agentin die verschiedenen Journalisten, mit denen ich zu tun haben würde und was ich von ihnen zu erwarten hätte. Seltsamerweise kam ich am Ende immer besonders gut mit denen zurecht, über die sie sich negativ geäußert hatte. Sie charakterisierte eine bestimmte Rundfunkjournalistin in Sydney als eine »Exzentrikerin«, die pausenlos redete, eine Frau, die ich wahrscheinlich abscheulich finden würde. Als ich die Journalistin dann kennen gelernt hatte, fand ich sie großartig. Ich sah sie ganz und gar nicht so, wie meine PR-Agentin sie beschrieben hatte, sondern empfand sie als einen hochintelligenten, wunderbar sensiblen und spirituellen Menschen. Wir verstanden uns so gut, dass sie mich einlud, das nächste Mal, wenn ich nach Sydney käme, mit ihr auf ihrem Boot zu Mittag zu essen.

Beim Radiosender sollten wir ein Interview mit einem Ureinwohner Australiens machen. Ich hatte noch nie zuvor Aborigines gesehen, und die PR-Agentin versuchte, mich darüber »aufzuklären«, wie ungebildet und selbstdestruktiv diese Menschen seien. Nach einem kurzen Gespräch waren dieser Mann, ein Gitarrist in einer Band von Aborigines, und ich uns sofort sympathisch und tauschten unsere Adressen aus, sodass ich ihm mein Buch und er mir sein Album senden konnte.

Aus diesen Erfahrungen schloss ich, dass ich jeden, über den die PR-Agentin etwas Negatives sagte, am Ende besonders sympathisch finden würde. Das war eine weitere Bestätigung der Tatsache, dass das, was für den einen Menschen toxisch ist, es für den anderen nicht notwendigerweise auch sein muss.

In jedem Fall müssen Sie, wenn jemand über einen anderen Menschen etwas Negatives sagt, sich ein eigenes Urteil vorbehalten. Dass der andere jenen Menschen nicht mag, bedeutet durchaus nicht, dass Sie ihn auch nicht mögen werden. Nehmen Sie eine negative Äußerung, die über jemanden gemacht wurde, nicht als Evangelium. Ein angeblich toxischer Mensch könnte Ihr bester Freund werden!

Toxische Menschen aus Ihrer Vergangenheit

Im Laufe Ihres Lebens haben Sie immer wieder Menschen getroffen, die Sie nicht besonders mochten. Möglicherweise gibt es sogar Personen, die Ihnen so zuwider sind, dass Ihnen übel wird, wenn Sie nur an sie denken. Zwar hat man uns beigebracht, dass wir einander lieben und große Toleranz füreinander aufbringen sollten, aber das ist nicht die Realität. Die Realität ist vielmehr, dass es bestimmte Kategorien von Menschen gibt, die auf Sie ganz persönlich eine toxische Wirkung haben. Möglicherweise werden Sie entdecken, dass Sie im Laufe Ihres Lebens immer wieder an denselben Menschentypus geraten.

Chuck ist zwar viermal mit vier verschiedenen Frauen – Lori, Mandy, Tawny und Lisa – verheiratet gewesen, aber seine Freunde meinen, er habe im Grunde jedesmal dieselbe Frau geheiratet: Die eine war ebenso selbstsüchtig und egozentrisch wie die andere.

Vielleicht haben Sie niemals ernsthaft darüber nachgedacht, aber es gibt durchaus Gründe dafür, warum Sie bestimmte Menschen nicht leiden können. Im Laufe Ihres Lebens werden Sie möglicherweise entdecken, dass gerade diese Menschen auf Sie eine zerstörerische Wirkung haben.

Um herauszufinden, welche Menschen für Sie ganz persönlich toxisch sind, machen Sie bitte die folgende Übung:

Wer hat eine toxische Wirkung auf mich?

1. Stellen Sie eine Liste von fünf Männern und fünf Frauen auf, die Ihnen im Laufe der Zeit das Leben immer wieder schwer gemacht haben. Versuchen Sie, jeden dieser Menschen zu charakterisieren.
2. Überlegen Sie, warum Sie mit diesen Menschen Schwierigkeiten haben. Schreiben Sie neben den entsprechenden Namen drei oder vier negative Eigenschaften. Wenn es Ihnen schwer fällt, die Eigenschaften zu definieren, dann schauen Sie sich die folgende Liste an.
3. Vergleichen Sie die Listen, und schauen Sie nach, wie viele negative Charakterzüge diese Menschen gemeinsam haben.

aalglatt
abergläubisch
abstoßend
aggressiv
allwissend
altmodisch
anklagend
anklammernd
anmaßend
anspruchsvoll
arrogant
asozial
auffallend
aufrührerisch
ausdruckslos
ausweichend
bedrohlich
bedroht
bedrückt
beherrschend
beherrscht
beschränkt
bitter
bösartig
böse
deprimiert
derb
distanziert
dogmatisch
doppelzüngig
dumm
egoistisch
egomanisch
einfältig
eingeschüchtert
einschüchternd
einzelgängerisch
emotionslos
ermüdend
ernst

exaltiert
falsch
fanatisch
fantasielos
feige
feindselig
fluchend
fordernd
fragwürdig
Furcht erregend
furchtsam
gefühlsduselig
geheimniskrämerisch
geil
geizig
geltungsbedürftig
gemein
geschwätzig
gesellig
gesetzlos
gewalttätig
gleichgültig
grausam
grob
halsstarrig
harsch
hartnäckig
hastig
hasserfüllt
heiliger als der Papst
herablassend
herrisch
heuchlerisch
hilflos
hinterhältig
hinterlistig
honigsüß
hyperaktiv
ignorant
illoyal

indirekt
indiskret
infantil
innerlich unsicher
instabil
intrigant
irrational
jammernd
jovial
kalt
kampfeslustig
kann nicht allein sein
klatschsüchtig
kleinlich
konservativ
kopflastig
kriecherisch
kritiksüchtig
kritisch
künstlich
langsam
langweilig
launisch
laut
leblos
leer
lethargisch
liberal
machohaft
makaber
manipulativ
manisch
märtyrerhaft
masochistisch
misstrauisch
moralisierend
mürrisch
narzisstisch
negativ
neidisch

neugierig
neurotisch
nicht vertrauens-
    würdig
oberflächlich
obszön
ohne Selbstwertgefühl
opportunistisch
ordinär
paranoid
passiv
peinlich genau
perfektionistisch
pessimistisch
pingelig
promiskuitiv
provokativ
prüde
rätselhaft
rebellisch
rechthaberisch
reizbar
respektlos
rigide
rivalisierend
rückgratlos
rückschrittlich
rücksichtslos
sadistisch
saft- und kraftlos
sarkastisch
schamlos
scharf
scharfzüngig
schlagfertig
schlampig
schlau
schmutzig
schrill
schüchtern

schwach
schwierig
selbstzerstörerisch
selbstgerecht
sentimental
sexy
skeptisch
sklavisch
snobistisch
sonnig
spießig
spöttisch
sprunghaft
ständig beleidigt
ständig in Bewegung
ständig in Opposition
stark
still
streitlustig
taktlos
tollkühn
trotzig
überangepasst
überempfindlich
übergenau
überheblich
überschwänglich
übertrieben
    optimistisch
unabhängig
unberechenbar
undankbar
undurchschaubar
unehrlich
uneinsichtig
unerbittlich
unernst
unfreundlich
ungehobelt
ungepflegt

unglaubwürdig
unkommunikativ
unmännlich
unmoralisch
unordentlich
unrealistisch
unreif
unsauber
unscheinbar
unsensibel
unterwürfig
unvernünftig
unverschämt
unweiblich
unzufrieden
verführerisch
verklemmt
verletzend
verlogen
vernünftig
verrückt
verschwiegen
verschwörerisch
verzweifelt
voller Schuldgefühle
voller Vorurteile
vulgär
wahnsinnig
weinerlich
witzelnd
wuterfüllt
zänkisch
zerbrechlich
zudringlich
zwielichtig

Möglicherweise sind Sie erstaunt, wie viele negative Charakterzüge die Menschen, die Sie als toxisch empfinden, gemeinsam haben.

Ich bat eine meiner Klientinnen, Jessica, diese Übung zu machen, und die Ergebnisse waren äußerst aufschlussreich.

Hier ist die Liste toxischer Frauen und toxischer Männer, die ihr im Laufe ihres Lebens bisher am meisten Kummer bereiteten.

Frauen, die Jessica nicht mochte,
und ihre negativen Charaktereigenschaften

1. Sheri (Projektberaterin in ihrer Firma) – hart, hinterhältig, heuchlerisch, neidisch
2. Sharon (ihre Zimmergenossin im College) – hinterhältig, hart, verklemmt, rechthaberisch
3. Jan (ihre Jugendfreundin) – negativ, hart, rechthaberisch
4. Susan (eine Arbeitskollegin) – negativ, hart, neidisch
5. Diane (ihre Rechtsanwältin) – heuchlerisch, dogmatisch, hart, selbstgerecht

Männer, die Jessica nicht mochte,
und ihre negativen Charaktereigenschaften

1. Gerald (einer ihrer Lehrer am College) – schwach, saft- und kraftlos, heuchlerisch, ein Verlierer
2. Charles (der Abteilungsleiter bei ihrer ersten Stelle) – kalt, gefühllos, verschwörerisch, geheimniskrämerisch
3. Mark (ihr Cousin) – schwach, rückgratlos, heuchlerisch, ein Verlierer
4. Stephen (ihr erster Freund) – schwach, saft- und kraftlos, geizig, ängstlich, ein Verlierer
5. Barry (ihr Vorgesetzter) – schwach, saft- und kraftlos, ein Verlierer

Offensichtlich spielen also bestimmte Eigenschaften, die Jessica bei Männern als toxisch empfindet, bei ihrer Charakterisierung toxischer Frauen keine Rolle. Deshalb ist es wichtig, dass Sie für Männer und Frauen verschiedene Listen aufstellen.

Jessica kann hinterhältige, harte, neidische und selbstgerechte Frauen nicht ausstehen, und sie hat wenig Sympathie für schwache, saft- und kraftlose Männer. In ihrer Frauenliste sind Sharon und Diane sowie Jan und Susan austauschbar. Aber alle Frauen haben bestimmte negative Charakteristika gemeinsam. Dasselbe gilt für Jessicas Männerliste. Die Negativeigenschaften von Gerald und Barry sind sogar identisch, und die Negativeigenschaften aller von Jessica genannten Männer ähneln sich weitgehend.

Nachdem Sie diese Liste aufgestellt haben, schauen Sie sich einmal an, welche Negativeigenschaften die von Ihnen genannten Männer und Frauen gemeinsam haben. Gibt es bestimmte Muster? Sind die Eigenschaften bestimmter Menschen nahezu identisch?

Mit Hilfe dieser Übung können Sie verschiedene Charakterzüge identifizieren, die darauf hinweisen, dass ein bestimmter Mensch eine toxische Wirkung auf Sie haben und Ihnen eine Menge Kummer bereiten könnte.

Jetzt, da Sie die Charaktereigenschaften der für Sie toxischen Personen identifiziert haben, können Sie bei Menschen, die Sie neu kennen lernen, darauf achten. Halten Sie sich von dieser Art Menschen fern, oder, wenn das nicht möglich ist, wenden Sie die zehn Techniken (s. Kapitel 6) an.

Wie diese Übung deutlich zeigt, ist es in Ordnung, nicht alle Menschen zu mögen, beispielsweise dann, wenn Sie sich mit ihnen nicht wohl fühlen und sie Ihnen nicht guttun. Es ist in Ordnung, nicht jedermann in Ihr Leben hineinzulassen. Schon Konfuzius riet: »Tun Sie sich nicht mit Menschen zusammen, die nicht so gut sind wie Sie selbst.« Möglicherweise empfinden Sie diesen Satz als ziemlich undemokratisch, aber es ist leicht, ihn in einer Weise umzuformulieren, die der heutigen Zeit entspricht: Wir sollten uns mit Menschen umgeben, die gut *für* uns sind.

Die Vorstellung, dass wir alle lieben und von allen geliebt werden sollen, ist sehr naiv, auch wenn viele von uns in diesem Sinne erzogen wurden. Es ist viel wahrscheinlicher, dass nicht alle Menschen Sie mögen, und auch Sie werden nicht alle Menschen sympathisch finden. Auch wenn ich mich selbst für eine angenehme Persönlichkeit halte und auch wenn die meisten Menschen, denen ich begegne, dasselbe zu empfinden scheinen, bedeutet das nicht, dass jedermann mich mag – ja, noch nicht einmal, dass jeder gern mit mir zusammen ist. Ich weiß, dass die Energie, die ich ausstrahle, meine Art, zehn Dinge auf einmal zu machen, und meine Emotionalität möglicherweise einige Menschen abstoßen – ebenso wie sie auf viele Menschen anziehend wirken.

Selbst wenn Sie das Herz auf dem rechten Fleck haben, wenn Ihre Absichten ehrbar sind und Sie sich nach Kräften bemühen, Ihr Bestes zu geben, können Sie aus allen möglichen schwer definierbaren Gründen noch immer eine toxische Wirkung auf jemanden haben. Sie müssen erkennen, dass es da draußen Menschen gibt, die Sie nicht mögen, und dass Sie kaum etwas dagegen tun können.

Wenn Sie – widerwillig oder auch nicht – diese Tatsache akzeptieren, dass nicht jedermann Sie mögen wird und dass auch Sie nicht alle Menschen mögen, dann werden Sie es sehr viel einfacher finden, mit den toxischen Menschen in Ihrem Leben umzugehen.

Kapitel 5

Die 29 toxischen Terror-Typen

Kommen Ihnen diese Typen bekannt vor? Woher kommt es, dass einige Tiere zu bestimmten Menschen hinlaufen, mit dem Schwanz wedeln, sie anspringen und abschlecken, während sie sich von anderen Menschen zurückziehen, sie anknurren, die Zähne fletschen oder sie ignorieren?

Auf einer sehr elementaren Ebene wissen Katzen, Hunde und andere Tiere instinktiv, wen sie mögen und wen nicht – wer ihnen guttut und wer nicht, wer eine Bedrohung ist und wer nicht, wer Angst vor ihnen hat und wer nicht.

Auch wir sind animalische Wesen – wenn auch ein wenig weiterentwickelte. Auch wir wissen instinktiv, wen wir mögen und wen wir nicht ausstehen können. Vielleicht sind wir noch nicht einmal fähig, in Worte zu fassen, warum wir jemanden nicht besonders mögen – es kann einfach »nur so ein Gefühl« sein.

In meiner Praxis als Kommunikationsexpertin habe ich Tausende von Stunden damit verbracht, mir Geschichten über »giftige« Menschen anzuhören. Nach einer Weile kristallisierten sich für mich neunundzwanzig toxische Persönlichkeiten heraus, die ich die »toxischen Terror-Typen« genannt habe. Diese toxischen Terror-Typen wissen ganz bestimmt nicht, wie man Freunde gewinnt. Tatsächlich sind viele ihrer Charakterzüge so abstoßend, dass andere Menschen es hassen, mit ihnen zusammen zu sein.

Wenn Sie die Beschreibungen der toxischen Terror-Typen lesen, dann sind Sie möglicherweise überrascht, in den verschiedenen Kategorien viele Leute wiederzufinden, mit denen Sie vielleicht ebenfalls Schwierigkeiten haben. Ich habe einige ihrer Eigenschaften in der »Wer ist toxisch für mich?«-Übung aufgelistet, sodass Sie sehen können, wem Sie vor allem aus dem Weg gehen müssen. Vielleicht entdecken Sie, dass einige toxische Menschen in mehrere dieser Kategorien fallen. Und vielleicht sind Sie erschrocken und erstaunt, sich selbst in einigen dieser Kategorien wiederzufinden.

Wenn das tatsächlich der Fall sein sollte, dann ärgern Sie sich nicht. Vergessen Sie nicht: Wissen ist Macht. Die Erkenntnis, dass auch Sie ein bestimmtes toxisches Verhalten an den Tag legen, wird Sie befähigen, Ihre toxischen Charakterzüge zu verändern. Auf welche Weise Sie das tun können, werden Sie später in diesem Buch erfahren.

Das Lästermaul

- Seine Freunde sind alle kahl – er hat kein gutes Haar an ihnen gelassen.
- In seiner Umgebung gibt es niemanden mehr, der aufrecht stehen kann – er macht alle Menschen nieder.
- Mit ihrer scharfen Zunge könnten Sie eine Gans tranchieren oder eine Hecke stutzen.

Das Lästermaul ist arrogant, bösartig, gemein, hasserfüllt, rechthaberisch, herablassend, ängstlich, unsicher, verletzend, überkritisch, sarkastisch, respektlos, hinterhältig und ständig auf der Suche nach den Fehlern der andern.

Lästermäuler haben so wenig Selbstachtung, dass sie an Ihnen ständig etwas auszusetzen haben – und natürlich auch an allen anderen Menschen, denen sie begegnen. Es macht ihnen Spaß, andere zu provozieren und herunterzuputzen. Sie lieben es, sich über ihre Mitmenschen, vor allem Fremde, lustig zu machen. Wenn Sie mit einem Lästermaul irgendwo in einem Restaurant oder am Flughafen sitzen, dann hören Sie wahrscheinlich ständig Kommentare wie: »Guck doch bloß mal, wie fett die ist!« oder »Was für ein hässlicher Typ!« – und natürlich sind auch Sie selbst Objekt ihrer harschen und sarkastischen Kritik.

Lästermäuler machen Ihnen häufig recht hinterhältige Komplimente. Sie sagen etwas Schmeichelhaftes, was aber im Grunde eher beleidigend ist, beispielsweise:»In dem Kleid da siehst du überhaupt nicht dick aus.« Natürlich fragen Sie sich sofort, ob Sie sonst wohl dick aussehen. Das Lästermaul ist derjenige, der Ihnen, wenn Sie eine Gehaltserhöhung bekommen, sagt, wie großzügig die Firma doch sei, ihren Angestellten als eine Form des Leistungsansporns automatisch das Gehalt zu erhöhen. Wenn Sie während einer strengen Diät abnehmen, dann wird das Lästermaul sagen:»Du solltest nicht zu viel abnehmen, du bist schon ganz spitz im Gesicht.« Für einen solchen Menschen ist nichts jemals gut genug; er findet mit Sicherheit in jeder Suppe ein Haar.

Lästermäuler stehen unter dem Zwang, andere herunterzuputzen, damit sie selbst größer erscheinen. Diese Menschen, die unsicher und voller Selbsthass sind, fühlen sich durch ihre Mitmenschen ständig bedroht. Ein Lästermaul glaubt, um den Kopf oben tragen zu können, müsse es seinen Mitmenschen den ihren erst einmal abreißen. Ein solcher Mensch sucht nach Fehlern, die Sie und andere haben könnten, weil er, wie mein Freund Yogi Bikram Choudhury einmal sagte, die ganze Welt durch eine »Zerrbrille« sieht.

Ken ist das personifizierte Lästermaul. Mit ihm zu Abend zu essen kann ein so unangenehmes Erlebnis sein, dass Ihnen der Appetit vergeht. Er sagt:»Sieh mal – der Mann da frisst wie ein Schwein« oder »die Kellnerin da hat einen Arsch wie ein Pferd« oder »Siehst du die Frau da drüben. Ihre Titten sind bestimmt nicht echt – die werden bestimmt gleich explodieren.« Kens Sätze enden meist in einem hysterischen Gelächter, und seine Kommentare werden von Minute zu Minute geschmackloser und feindseliger.

Die Quasselstrippe

- Sie bräuchte dringend eine Maulsperre.
- Er kauft Dutzende von Büchern zum Thema *Wie man eine Rede hält* – aber was er braucht, wäre eines zum Thema *Wie man den Mund hält.*
- Wenn sie redet, würde ich mir am liebsten Watte in die Ohren stopfen.
- »Warum haben Sie seit Wochen nicht mit ihm gesprochen?« – »Es war nicht möglich, ihn auch nur eine Sekunde lang zu unterbrechen.«
- Er braucht zwei Stunden, um Ihnen mitzuteilen, dass er nicht viele Worte machen will.

Die Quasselstrippe ist auf eine nervtötende Weise geschwätzig; ein solcher Mensch ist ignorant, egoistisch, unsensibel für die Bedürfnisse anderer, narzisstisch, respektlos, unkommunikativ und langweilig.

Quasselstrippen sind »Talkaholics«, die einfach den Mund nicht halten können. Diese gedankenlosen Menschen belästigen alle, die zufällig in ihrer Nähe sind, mit allem, was ihnen gerade durch den Kopf geht, wobei das selten besonders tiefsinnig ist. Sie greifen zum Telefonhörer, rufen jemanden an und hören einfach nicht auf zu reden. Es ist, als würden diese Menschen sich ständig mit sich selbst unterhalten; ihre Zuhörer existieren für sie nicht. Quasselstrippen reden über alles und jeden. Es sind chronische Schwätzer, die unter »Munddiarrhöe« leiden und sich über alles Mögliche verbreiten: ihr Leben, das Leben ihrer Familien oder das Leben Fremder, die Sie nicht kennen und nicht einmal gern kennen lernen würden. Ihre bedeutungslosen, endlos langen Geschichten sind für ihre Mitmenschen kaum von Interesse. Sie verwenden vielleicht eine Viertelstunde darauf, genauestens zu beschreiben, was sie in einem Lebensmittelgeschäft eingekauft haben. Da es ihnen an sozialer Sensibilität mangelt, achten sie kaum oder nur unzureichend auf Blicke, Ungeduld oder Ablehnung. Quasselstrippen sind zu egoistisch, um das Recht eines anderen Menschen, auch einmal zu Wort zu kommen, anzuerkennen. Durch ihr ständiges Reden schafft es die Quasselstrippe, Sie zu zwingen, das zu tun, was Sie eigentlich *nicht* tun möchten: ihr zuzuhören.

Der Selbstzerstörer

- Sein Leben hat nur diesen einen Sinn: anderen ein abschreckendes Beispiel zu sein.
- Jedes Mal wenn ein beunruhigender Bericht über das Zigarettenrauchen veröffentlicht wird, kauft sie sich eine Schachtel mehr.
- Wenn er von einem bestimmten Lebensmittel erfährt, es sei gesundheitsschädigend, isst er garantiert noch mehr davon.

Der Selbstzerstörer ist ein ständiges Opfer; er ist unrealistisch, schwach, instabil, destruktiv, zurückweisend, negativ, verängstigt, egoistisch, leblos, verzweifelt, undankbar, makaber, deprimiert, trotzig, rebellisch und hilflos.

Selbstzerstörer hassen sich selbst so sehr, dass sie sich ständig niedermachen. Sie reden unablässig über das, was an ihnen nicht in Ordnung ist, und streuen sich fortwährend Asche aufs Haupt. Oft sagen sie Dinge wie: »Ich bin einfach zu blöd«, »Das war total unmöglich von mir« oder »Ich bin wirklich das Allerletzte«. Selbstzerstörer bemühen sich, sich herunterzuputzen, bevor irgend jemand anders es tun kann. Sie akzeptieren keine Komplimente und weisen jedes freundliche Wort zurück. Oft sind sie so voller Selbsthass, dass sie von Alkohol, Lebensmitteln, Drogen oder Sex abhängig werden. Selbstzerstörer glauben nicht, dass sie etwas Gutes und Positives in ihrem Leben verdienen. Ihre Selbstachtung ist ständig am Boden.

Das Ergebnis dieses selbstzerstörerischen Lebensstils ist häufig ein früher Tod, wie es bei dem jungen Schauspieler River Phoenix der Fall war. Die ganze Welt stand Phoenix offen, aber es gelang ihm nicht, sein Leben in den Griff zu bekommen. Schließlich nahm er eine Überdosis Heroin und Kokain und starb auf dem Gehweg vor einem Nachtklub, während die Passanten über ihn hinwegstiegen.

Wenn im Leben eines solchen Menschen etwas schiefläuft, dann beginnt er, sich selbst zu zerfleischen. In tiefster Seele sehnt er sich nach dem Tod. Es ist quälend, mit einem Selbstzerstörer zusammen zu sein und zu beobachten, wie er sich vor den Augen seiner Mitmenschen ruiniert. Diese Erfahrung machte auch Bernadette.

Bernadette hatte über ein Jahr lang mit Theodor ein Verhältnis. Sie hatte ihn kennen gelernt, als er in einer tiefen Krise steckte: Er ließ sich gerade scheiden und war dabei, den Arbeitsplatz zu wechseln. Sie unterstützte ihn nach Kräften und war in schwierigen Augenblicken immer für ihn da. Die beiden verstanden sich sehr gut; allerdings machte Bernadette sich häufig Sorgen, weil er zu viel aß, zu viel trank und eine Zigarette nach der anderen rauchte. Deshalb zögerte sie, als Theodor sie schließlich fragte, ob sie ihn heiraten wolle.

Bernadette hatte bemerkt, dass Theodor immer etwas Selbstzerstörerisches tat, wenn irgendetwas in seinem Leben fehlschlug oder wenn er nur ein wenig unter Stress geriet. So trank er beispielsweise manchmal eine ganze Flasche Bourbon oder stopfte wahllos irgendwelche Lebensmittel in sich hinein: fünf doppelte Scheiben Toastbrot mit Erdnussbutter und Marmeladengelee, Kartoffelchips, Salzbrezel, Schokoriegel und Erdnüsse. Darüber hinaus rauchte er zwei oder drei Packungen Zigaretten am Tag.

Bernadette riet ihm, seine Ängste im Fitnessstudio abzuarbeiten oder einen langen Spaziergang zu machen und anstelle der wertlosen Dickmacher einen gesunden Salat zu essen. Sie bot ihm an, sich nach einer Kur zu erkundigen, in der er sich sein übermäßiges Rauchen und Trinken abgewöhnen könnte. »Ich möchte dich *heiraten* – und dich nicht zu Grabe tragen«, sagte sie zu Theodor, denn sie liebte ihn und war um seine Gesundheit besorgt. Sie weigerte sich, in eine Ehe einzuwilligen, bevor er seine destruktiven Gewohnheiten nicht abgelegt hätte.

Er suchte sich einen Therapeuten, einen Sporttrainer, stellte das Rauchen und Trinken ein und informierte sich über gesunde Ernährung – dies alles hatte Bernadette ihm zur Bedingung gemacht. Ein halbes Jahr lang bemühte er sich, seine selbstzerstörerischen Gewohnheiten abzulegen – allerdings ohne Erfolg.

Eines Tages erhielt Bernadette einen Anruf aus der Notaufnahmestation des örtlichen Krankenhauses. Theodor hatte mit zweiundvierzig Jahren einen tödlichen Herzanfall erlitten.

Selbstzerstörerisches Verhalten ist nicht nur tragisch für den Betroffenen, sondern es kann auch das Leben und die Gefühle der Menschen, die ihm nahestehen, stark beeinträchtigen.

Der Wegtaucher

- **Er ist der Mensch, den Sie bitten zu bleiben, wenn Sie allein sein möchten.**
- **Sie ist ständig in Ihrer Nähe, bis Sie versuchen, ihr nahezukommen.**
- **Sobald Sie versuchen, ihren Standpunkt darzulegen, schaltet er sein Hörgerät ab.**

Der Wegtaucher schafft es nicht, sich mit den Tatsachen auseinanderzusetzen, er ist saft- und kraftlos, ständig in der Defensive, feige, unkommunikativ, verängstigt, unehrlich, illoyal, respektlos, sprunghaft, unmännlich, unweiblich, unzuverlässig, isoliert und sozial unangepasst.

Der Wegtaucher hat nur eine Möglichkeit, mit Stress fertig zu werden: vor ihm davonzulaufen. Unfähig, sein Leben in den Griff zu bekommen, läuft er vor ihm davon – so wie Gus es tat.

Beim Joggen blieb Gus an einer Ampel stehen und wartete darauf, dass sie grün wurde. Plötzlich bemerkte er, dass der Mann, der neben ihm gestanden hatte, in sich zusammensackte – offensichtlich hatte er einen Herzanfall erlitten. Anstatt Hilfe zu holen und dem Kranken in irgendeiner Weise beizustehen, lief Gus einfach weiter – ihm fiel nichts Besseres ein, als der Situation so schnell wie möglich zu entfliehen. Gus war kein kaltherziger Mensch; er war nur so verängstigt, dass er mit der Situation nicht fertig wurde und einfach davonrannte.

Der Wegtaucher schafft es nicht, sich in irgendeiner Hinsicht festzulegen, er ist so schwach, dass er nicht einmal mit einem Minimum an Stress fertig wird.

Nachdem sie drei Jahre lang mit Dick ein Verhältnis gehabt hatte, erklärte Bree, sie wolle gern heiraten, und stellte ihm ein Ultimatum. Er verlor völlig den Kopf und tat das, was er am besten konnte, er tauchte irgendwohin ab, und Bree hörte nie wieder ein Wort von ihm.

Brees erste Reaktion war es, sich die Schuld dafür zuzuschieben, dass sie das Thema Ehe überhaupt zur Sprache gebracht hatte. Ich hielt ihr entgegen, Dick würde wahrscheinlich jedes Mal, wenn er mit einer schwierigen oder entscheidenden Situation konfrontiert würde, fortlaufen und sich weigern, sich mit ihr auseinanderzusetzen, deshalb wäre sie sehr viel besser dran, wenn sie überhaupt nichts mehr mit ihm zu tun hätte. Zwar gab sie mir Recht, aber sie fühlte sich noch immer tief gekränkt.

Da Wegtaucher sich vor jedem Konflikt drücken, erkennen sie nie, wie viel Unheil sie durch ihr ständiges Davonlaufen verursachen.

Der langsame Brüter

- Er hat ihr jahrelang keine Aufmerksamkeit geschenkt – aber er würde jeden Mann, der das täte, erschießen.
- Sie tut so, als sei sie wieder versöhnt, während es unterschwellig noch immer in ihr brodelt.
- Die Zeit verweht alle Spuren – aber er wird mit Sicherheit welche zurücklassen.

Der langsame Brüter ist instabil, unkommunikativ, intrigant, kritiksüchtig, unzuverlässig, schwach, undurchschaubar, hinterlistig, irrational, sprunghaft, voller Groll, schwach und unkontrolliert.

Diese Menschen gehören zu den unangenehmsten, da man nie weiß, woran man mit ihnen ist. Im Grunde sind es wandelnde Zeitbomben. Der langsame Brüter hat die Situation oberflächlich möglicherweise unter Kontrolle; er lächelt, ist ruhig und beherrscht und außerordentlich freundlich. Er wird Ihnen niemals sagen, dass er unzufrieden ist oder dass er sich über jemanden oder etwas geärgert hat. Nie wird er Ihnen deutlich sagen, Sie hätten seiner Meinung nach etwas Falsches getan. Diese Menschen erscheinen oberflächlich wie Brüder und Schwestern der Mutter Teresa, denen es niemals in den Sinn käme, auch nur einer Fliege etwas zuleide zu tun.

Aber dann plötzlich platzt die Bombe – möglicherweise gerade dann, wenn Sie ihm nur einfach guten Tag sagen oder ihn nicht wie gewohnt anschauen. Plötzlich überkommt ihn eine gewaltige Wut; er schreit Sie an und macht Sie für alles verantwortlich, was jemals in seinem Leben schiefgelaufen ist. Dieses Verhalten ist nicht nur schockierend, sondern auch äußerst bedrohlich.

Dr. Rearden, ein prominenter Wissenschaftler, hatte ein derartiges Erlebnis mit einer Assistentin, die drei Jahre lang für ihn gearbeitet hatte. Linda war still und sanft, eine hübsche, zierliche Frau, die sehr zurückhaltend war und ihre Arbeit sehr ernst nahm. Sie verhielt sich stets unauffällig und scheute den Kontakt mit ihren Mitarbeitern. Alle, denen sie begegnete, grüßte sie freundlich, auch wenn es ihr nicht leicht fiel.

Dr. Rearden war ein anspruchsvoller, energischer, optimistischer Mensch mit einem Schreibtisch voller Arbeit, die oftmals keinen Aufschub duldete. Häufig rief er seiner Assistentin aus seinem Büro zu: »Suchen Sie mir sofort die Nummer raus« oder »Bringen Sie mir sofort den Bericht« oder »Rufen Sie sofort die Gesundheitsbehörde an« oder »Machen Sie das bitte gleich«. Linda schien dieser Befehlston nichts auszumachen; drei Jahre lang tat sie widerspruchslos alles, was Dr. Rearden ihr auftrug. Als er eines Tages jedoch wieder einmal in seiner gewohnten Art rief: »Hey, Linda, ich brauche diesen Bericht sofort. Lassen Sie alles andere liegen«, da stürmte Linda mit einem Blick wie ein wildes Tier in sein Büro. Mit hochrotem Gesicht schrie sie ihn an: »Ich habe von diesem Saftladen hier die Nase voll – und von Ihnen auch. Für wen halten Sie sich eigentlich! Nur weil Sie gelegentlich in der *Newsweek* erscheinen, sind Sie noch lange nicht der liebe Gott. Mich können Sie damit nicht beeindrucken! Ich hasse Sie wie die Pest!« Nachdem sie sämtliche Papiere vom Tisch des Arztes hinuntergefegt und dem Papierkorb einen Fußtritt versetzt hatte, stürmte sie hinaus – und wurde nie wieder gesehen.

Alle Mitarbeiter des Büros waren wie vor den Kopf geschlagen. Der fassungslose Dr. Rearden machte sich furchtbare Sorgen: nicht nur um sein eigenes Leben, sondern auch um das von Linda und allen Menschen, die ihren Weg kreuzten.

Der langsame Brüter ist so erfüllt von Wut, dass Sie Angst haben müssen, körperlich zu Schaden zu kommen – eine Gefahr, die man wahrhaftig nicht unterschätzen sollte. In extremen Fällen werden solche Menschen zu Amokläufern und töten scheinbar völlig grundlos unschuldige Menschen. Wenn Freunde und Bekannte nach einem solchen Blutbad im Fernsehen interviewt werden, dann hört man immer dieselben Kommentare: »Er war immer so nett« »Niemand hätte je vermutet, dass er so etwas Entsetzliches tun würde« »Sie war immer so lieb und sanft«.

Der langsame Brüter ist von allen toxischen Persönlichkeiten die unheimlichste. Langsame Brüter führen ständig ein mentales Verzeichnis über alles, was sie ärgert oder ihre Gefühle verletzt, und stauen ihre Gefühle in sich auf.

Das Klatschmaul

* Er ist ständig damit beschäftigt, die Katze aus dem Sack zu lassen.
* Sie schafft es, mit ihrem Telefon mehr Schmutz aufzusaugen als mit ihrem Staubsauger.
* Er ist ein begnadeter Koch – in der Gerüchteküche.

Das Klatschmaul ist indiskret, unsicher, kritiksüchtig, falsch, doppelzüngig, herablassend, ein Meister in der Schuldzuweisung, unverschämt, hinterhältig, rivalisierend, verletzend, selbstgerecht, oberflächlich, scharfzüngig, skeptisch, unaufrichtig, geltungsbedürftig, feindselig, intrigant, kritisch, illoyal, zudringlich, bösartig, aggressiv und wütend.

Das Klatschmaul liebt es, Geschichten zu verbreiten – sie sogar wunderbar auszuschmücken –, und manchmal ist das, was ein solcher Mensch erzählt, sogar völlig aus der Luft gegriffen.

Dies sind im Grunde fürchterlich neugierige Menschen, die Spaß daran haben, Ihnen etwas über das Unglück anderer zu erzählen. Sie haben Spaß daran, Ihnen darüber zu berichten, wie der Mann einer gemeinsamen Freundin beim Ehebruch erwischt wurde. Die Klatschbase erzählt Ihnen mit einem Lachen, wie ihre Freundin ihrem Mann eine Lampe an den Kopf warf und er eine Platzwunde davontrug.

Im Leben von Klatschmäulern spielt sich gewöhnlich wenig Interessantes ab. Sie haben vor allem das Bedürfnis, akzeptiert zu werden. Sie hoffen, dadurch, dass sie Ihnen solche besonderen Informationen zukommen lassen, Ihre Sympathien zu gewinnen.

Eine meiner Klientinnen, eine Klatschbase, wie sie im Buche steht, gab offen zu, dass sie das Klatschen deshalb so besonders liebt, weil es ihr ein Gefühl von Wichtigkeit verleiht. Ihre Freunde freuen sich auf ihren allwöchentlichen »Schmutz«-Report und ermutigen sie dazu, ihre Geschichten weiterzuverbreiten.

Klatschmäuler genießen es, die schmutzige Wäsche anderer Leute ans Licht zu zerren, aber sie würden niemals etwas über sich selbst preisgeben. Das einzige Thema, das sie tatsächlich mit Diskretion behandeln, ist ihr eigenes Leben. Diese hinterhältigen Menschen ziehen Sie mit ihrem Charme und ihrer Herzlichkeit in ihren Bann und geben Ihnen, während sie Ihnen geschickt die Informationen aus der Nase ziehen, das Gefühl, dass Sie ihr bester Freund seien. Von sich selbst geben sie allerdings niemals etwas preis: Sie fürchten, dass auch sie zum Thema von Klatsch und Tratsch werden könnten.

Lynnettes Beruf bringt es mit sich, dass sie über das Kommen und Gehen vieler reicher und berühmter Leute Bescheid weiß. Sie benutzt dieses Wissen, um sich selbst ein Gefühl von Wichtigkeit zu geben. Zunächst einmal ist sie sehr entgegenkommend und interessiert sich rührend für alles, was Sie erleben. Sie scheint eine aufrichtige Freundin zu sein. Aber später stellen Sie entsetzt fest, dass Lynnette ihre heimliche Feindin ist – eine Schlange, die nur darauf wartet, Ihnen wertvolle Informationen zu entlocken, die sie an jeden, mit dem sie spricht, weitergeben kann.

Sie beginnt damit, dass sie Ihnen unter dem Siegel der Verschwiegenheit intime Klatschgeschichten über Menschen erzählt, die Sie beide kennen, oder sogar Geschichten über ihre reichen und berühmten Freunde. Also beginnen Sie ebenfalls, sich zu öffnen. Sie glauben, Sie seien die Einzige, der sie diese sehr privaten Dinge erzählt, weil sie Sie mag, respektiert und Ihnen vertraut und Sie für einen ganz besonderen Menschen hält.

Und raten Sie mal, was dann passiert? Nicht nur, dass Lynnette das, was sie Ihnen mitgeteilt hat, allen anderen ebenfalls erzählt; sie wird auch allen anderen weitersagen, was Sie ihr anvertraut haben – wobei sie ein paar scharfe Gewürze aus ihrer Gerüchteküche hinzufügt.

Wenn Sie es mit einem Klatschmaul zu tun haben, dann dürfen Sie vor allem eines nicht vergessen: Der, der Ihnen etwas bringt, wird auch etwas weitertragen. Das heißt, dass jeder, der Ihnen Informationen über andere zuträgt, gewiss auch Informationen über Sie an andere weitergeben wird. Also sollten Sie auf der Hut sein.

Der wutschnaubende Stier

- Diese Menschen sind so unangenehm, dass selbst ihre eigenen Schatten sie nicht ausstehen können.
- Er hat drei Telefone, damit er möglichst häufig den Hörer aufknallen kann.
- Er geht an die Dinge heran wie der Bohrer an den Zahn.

Der wutschnaubende Stier ist schwierig, respektlos, kontrollierend, streitlustig, hasserfüllt, arrogant, angriffslustig, gehässig, harsch, rücksichtslos, verletzend, verkrampft, einschüchternd, sadistisch, scharfzüngig, unbeständig, machohaft, ohne Überblick, manisch, dickköpfig, selbstzerstörerisch, roh, gesetzlos, laut, unkommunikativ, bedrohlich, verletzend und deprimiert.

Wutschnaubende Stiere fühlen sich ständig angegriffen; sie sind permanent streitlustig – bereit zu einem Kampf oder einer Auseinandersetzung.

Sie lieben es, den Anwalt des Teufels zu spielen, selbst wenn sie mit Ihnen einer Meinung sind. Was auch immer Sie sagen – sie behaupten das Gegenteil.

Sie sind fortwährend damit beschäftigt, andere Menschen zu provozieren – aus keinem ersichtlichen Grund. Ihre eigene Unsicherheit und ihr verzweifeltes Bedürfnis zu demonstrieren, wie wichtig oder wie intelligent sie sind, bewirkt, dass sie ständig in Streitereien verwickelt werden.

Es gibt nichts, was ihnen nicht auf die Nerven geht. Es gibt nichts, was sie nicht kritisieren. Diese Menschen werden häufig gewalttätig und schlagen Dellen oder gar Löcher in Wände oder Türen.

Wutschnaubende Stiere sind ständig grundlos aufgebracht, selbst wenn Sie genau das tun, was sie möchten. Sie finden mit Sicherheit etwas zu kritisieren und greifen Sie an, bevor sie von Ihnen angegriffen werden. Sie haben vor allem Angst davor, dass Sie etwas tun oder sagen könnten, was ihnen ein Gefühl der Minderwertigkeit gibt. Deshalb brechen sie ständig Streitereien vom

Zaun; sie hoffen, die Situation dadurch so weitgehend wie möglich unter Kontrolle zu bekommen.

Wutschnaubende Stiere haben oft eine sehr schwierige Kindheit gehabt. Als Erwachsene haben sie meist das Gefühl, das Leben spiele ihnen ständig übel mit. Ihre forsche, angriffslustige Art ist nur eine Maske für ihre Überempfindlichkeit.

Eine bestimmte Schauspielerin, begabt und schön, ist niemals zu dem Star geworden, der sie hätte werden können, weil sie mit allen Menschen Schwierigkeiten hat. Sie ist ihre eigene schlimmste Feindin – alle haben einen Horror davor, mit ihr zusammenzuarbeiten. Die Regisseure, ihre Kollegen und Kolleginnen und selbst die Produktionsfirmen können sie nicht ausstehen.

Warum? Weil sie ständig streitlustig ist. Sie ist ständig bereit, ohne Grund über jemanden herzufallen und sich allen Menschen, die Macht und Autorität haben, zu widersetzen. Auf diese Weise sabotierte sie ihre anfangs sehr viel versprechende Karriere.

Wutschnaubende Stiere sind respektlos und rebellisch. Sie provozieren Sie und arbeiten Ihren Zielen entgegen, nur um zu zeigen, dass sie Recht haben – und zwar selbst dann, wenn sie nicht einmal wissen, wovon die Rede ist.

Das ewige Opfer

- Er prophezeit ständig die entsetzlichsten Katastrophen.
- Sie liebt das Unglück so sehr, dass sie ihm den halben Weg entgegenläuft.
- Sie brauchen sie gar nicht erst zu fragen, wie es ihr geht, denn es geht ihr immer schlecht.
- Er findet in jeder Suppe ein Haar.
- Für ihn ist selbst das Paradies die reinste Hölle.

Das ewige Opfer ist masochistisch, voller Schuldgefühle, von Sorgen geplagt, zerstörerisch, feindselig, rigide, egoistisch, unfreundlich, traurig, negativ, kleinlich, kritisch, paranoid, dickköpfig,

störrisch, weinerlich, schwach, pessimistisch, fantasielos, selbstzerstörerisch, ängstlich, düster, feige, skeptisch, undankbar, misstrauisch, schmollend, leblos, lethargisch, lustlos, defensiv und deprimiert.

Der Umgang mit einem solchen »Opfer« hat etwas Deprimie-
rendes. Während dieser Mensch Ihnen ausmalt, wie schrecklich
sein Leben ist und immer sein wird, spüren Sie deutlich, wie Ihre
Energie den Bach hinuntergeht. Er bemüht sich, Ihr Mitleid zu erregen, hat aber nicht das geringste Interesse an Ihren Ratschlägen.

Er liebt es, in Selbstmitleid zu waten, und ist sicher, dass die
Welt und alle Menschen ihm Unrecht getan haben. In seinem
Leben läuft alles schief – vielleicht nur deshalb, weil er immer nur
das halb leere, niemals das halb volle Glas sieht.

Wenn etwas in seinem Leben misslingt, dann wird das ewige
Opfer, ähnlich wie der wutschnaubende Stier, alle anderen, nur
nicht sich selbst, dafür verantwortlich machen.

Was ihre Gefühle von Unzulänglichkeit und ihre Überzeugung,
dass das Leben ungerecht sei, angeht, so haben diese Menschen in
der Tat eine sehr große Ähnlichkeit mit den wutschnaubenden
Stieren. Aber anstatt sich mit Fäusten und einer scharfen Zunge
für die angeblichen Ungerechtigkeiten zu rächen, schwimmen sie
ständig in Tränen und tragen eine Leichenbittermiene zur Schau.
Sie schieben die Verantwortung auf das Wetter, ihr Privatleben,
ihr berufliches Leben, ihre Kindheit. Sie sind ständig in der Opferrolle, genießen ihr Selbstmitleid und versuchen, durch ihre
Hilflosigkeit bei anderen Mitleid zu erregen.

Die ewigen Opfer sind ständig damit beschäftigt, sich Sorgen
zu machen. Sie malen sich alles in den düstersten Farben aus. Beispielsweise sind sie, noch bevor sie das Haus überhaupt verlassen
haben, sicher, dass sie sich auf der Party kein bisschen amüsieren
werden, dass niemand ein Wort mit ihnen reden und dass alles
schieflaufen wird.

Wenn Sie mit einem solchen Menschen eine kurze Zeit zusammen waren, dann werden Sie sich garantiert deprimiert und er-

schöpft fühlen, da er Sie all Ihrer Energie beraubt. Jeder Ratschlag, den Sie ihm zu geben versuchen, zielt ins Leere; das ewige Opfer sagt ständig »Ja, ja« und fährt dann fort, Ihnen etwas vorzujammern. Es sieht ständig nur die hoffnungslose Seite der Dinge, und nichts, was Sie sagen oder tun, kann daran etwas ändern.

Der Verräter

- **Wenn Sie ihn zum Freund haben, dann brauchen Sie keine Feinde mehr.**
- **Er rollt an einem Tag vor Ihnen den Teppich aus und zieht ihn Ihnen am nächsten Tag wieder unter den Füßen weg.**
- **Sie gehört zu den Leuten, die sich Ihre Pfanne leihen und die Gans darin braten, die sie Ihnen gestohlen hat.**

Der Verräter ist verschlossen, hinterlistig, aalglatt, geheimniskrämerisch, unkommunikativ, unehrlich, honigsüß, destruktiv, egoistisch, falsch, doppelzüngig, undurchschaubar, unehrlich, intrigant, rückgratlos, heuchlerisch, verlogen, bösartig, zudringlich, oberflächlich, feige, nicht vertrauenswürdig und opportunistisch.

Für die meisten von uns ist der Verräter die toxischste aller Schreckensgestalten. In der Tat: In Dantes Inferno ist der letzte Kreis der Hölle für Menschen reserviert, die die abscheulichste aller Sünden begingen: Verrat. Nichts schmerzt mehr, als zu erfahren, dass jemand, dem Sie vertrauten, Sie hintergangen hat. Dies ist das ganz persönliche Hobby eines Verräters.

Diese toxischen Menschen sind auf eine aggressive Weise passiv; sie lächeln scheinheilig und tun so, als wären Sie ihr bester Freund, während sie Ihnen hinterrücks ein Messer zwischen die Rippen stoßen. Konfuzius, eine Autorität zum Thema »Umgang mit Menschen«, sagte: »Es ist schändlich, mit jemandem, gegen den man einen geheimen Groll hegt, freundschaftlichen Umgang zu pflegen.«

Diese chamäleonhaften, toxischen Menschen sind so beängstigend, weil sie sich ständig ihrer Umgebung und dem, was die Leute angeblich hören wollen, anpassen. Sie sind bereit, alles zu tun, was nötig ist, um das zu bekommen, was sie wollen.

Sharon und Laura gingen zusammen zur Hochschule und machten ihren Abschluss als Grafikerinnen. Sie waren anscheinend die dicksten Freundinnen. Nachdem sie ihre Ausbildung beendet hatten, erzählte Laura ihrer Freundin von einer bestimmten Stelle, auf die sie sich beworben hatte. Sie sagte auch, wer bei der Jobvergabe eine Rolle spielte und wie sie vorgehen wollte. Sharon, Lauras Vertraute, stellte detaillierte Fragen, um zu demonstrieren, dass sie am Fortkommen ihrer Freundin interessiert sei. Aber in Wirklichkeit sammelte sie Informationen für sich selbst. Schließlich stellte sie sich hinter Lauras Rücken bei der Firma vor und bekam den Job. Als Laura das herausfand, war sie am Boden zerstört. Sharon schien Lauras Kummer nicht weiter zu berühren. Sie fuhr fort, scheinheilig zu lächeln, und bereute das, was sie Laura angetan hatte, nicht im Geringsten.

Sie dürfen einem solchen hinterhältigen Menschen niemals vertrauen. Mit Sicherheit wird er das, was Sie ihm unter dem Siegel der Verschwiegenheit erzählt haben, gerade dann, wenn Sie es am wenigsten erwarten, gegen Sie verwenden. Solche Menschen sind Intriganten, die ständig versuchen, Sie an die Wand zu drängen. Im Grunde ihres Herzens mögen sie Sie nicht, oder sie haben nicht den Mut, einzugestehen, dass sie verärgert oder neidisch sind.

Der Verräter ist verschlossen und wird Ihnen niemals sagen, was er wirklich denkt. Er redet Ihnen häufig nach dem Munde; in diesem Punkt ähnelt er dem Klatschmaul.

Verräter sind Menschen, die mit ihren Blicken Gift versprühen und dabei honigsüß lächeln. Sie sagen schmeichelhafte Dinge, sind aber in Wirklichkeit gnadenlose Giftschlangen.

Das Weichei

- Er ist ständig bemüht, keinen Anstoß zu erregen.
- Er ist so mutig wie ein Hase.
- Sie ist so unentschlossen, dass ihre dreijährige Tochter noch immer keinen Namen hat.
- Sie sagt immer ihre Meinung – nachdem sie herausgefunden hat, was der andere denkt.
- Er ist so vorsichtig wie zwei Stachelschweine bei der Liebe.

Das Weichei ist auf passive Weise aggressiv, schwach, still, unterwürfig, unkommunikativ, abhängig, indirekt, eingeschüchtert, kriecherisch, furchtsam, unsicher, nicht vertrauenswürdig, geheimniskrämerisch, verängstigt, trottelig, voller Schuldgefühle, unentschlossen, konservativ, illoyal, unfähig, feige, reaktionär, ein Verlierer und ewiger Jasager.

Weicheier sind hinterhältige, aggressive Menschen, denen es an Mut und Rückgrat fehlt. Sie hängen ihr Fähnchen ständig nach dem Wind und haben Schwierigkeiten, auch nur die kleinste Entscheidung zu treffen. Sie wirken häufig sehr ruhig und angenehm und erscheinen deshalb auf den ersten Blick eher liebenswert. Später jedoch, wenn deutlich wird, dass ihr »Ja« eigentlich ein »Nein« bedeutet, fühlt man sich von ihnen eher abgestoßen. Möglicherweise sagen sie an einem Tag das eine und am nächsten genau das Gegenteil. Im Grunde wissen sie nicht, wer sie sind und was sie tun – und die anderen wissen es auch nicht. Dadurch wird es außerordentlich schwierig und frustrierend, mit ihnen zusammenzuarbeiten.

Mark ist der Prototyp eines Weicheis. Nachdem er zum Abteilungsleiter befördert worden war, wurde er nach wenigen Wochen gefeuert, weil er unfähig war, irgendeine Entscheidung zu treffen. Er hörte sich ständig Argumente und Gegenargumente an, wurde aber niemals aktiv.

Wenn sie ihre Probleme lange genug vor sich herschieben, so denken diese Menschen, dann werden sie sich von selbst lösen, oder die Entscheidung wird ihnen abgenommen werden. Weich-eiern fehlt es an Substanz, und sie sind unfähig, sich für irgend-etwas oder irgendjemanden einzusetzen – sie selbst eingeschlos-sen. Sie verschwenden eine Menge Zeit, weil sie sich ihrer Fähig-keiten so wenig sicher sind, dass sie das Risiko, einen Fehler zu machen, nicht eingehen können. Wenn man sie zwingt, eine Entscheidung zu treffen, dann werden sie wütend.

Wenn ein Weichei eine Leistung erbringen muss, dann ist es vor Furcht und Angst wie gelähmt. Möglicherweise wird ein solcher Mensch selbst dann nicht aktiv, wenn es darum geht, einem ande-ren das Leben zu retten.

Weicheier vermeiden jede Konfrontation. Sie betrachten sich selbst als Opfer und wollen keinesfalls Unruhe oder Schwierig-keiten verursachen. Sie suchen ständig Trost und Sicherheit und laufen vor allen Schwierigkeiten davon.

Der Ausnutzer

- Wenn er Sie braucht, ist er immer zur Stelle.
- Sie wird Ihnen das letzte Hemd wegnehmen und Ihnen dann noch das Unterhemd klauen.
- Sobald Sie kein Geld mehr haben, macht er sich aus dem Staub.

Der Ausnutzer ist egoistisch, zudringlich, manipulativ, hinterhäl-tig, kriecherisch, nicht offen, indirekt, ein Schleimer, illoyal, intri-gant, unehrlich, hinterlistig, undankbar, hartnäckig und honig-süß.

Ein klassisches Fallbeispiel bietet die Geschichte von einem Arzt in Beverly Hills und einer verwitweten Dame der Gesell-schaft. Zwar war der Ehemann dieser Dame der Gesellschaft frü-her Multimillionär gewesen, aber als er starb, entdeckte sie, dass er ihr nur Schulden hinterlassen hatte. Plötzlich war sie arm wie eine Kirchenmaus, obwohl es so schien, als wäre sie die reichste Prinzessin der Stadt.

Um den Lebensstandard, an den sie gewöhnt war, aufrechtzuerhalten, suchte sie systematisch nach einem reichen Mann und fand auch bald einen Arzt in Beverly Hills, von dem sie annahm, dass er reich sei.

Der Arzt suchte ebenfalls eine reiche Partnerin – jemanden, der ihm das Geld für seine acht Strafverfahren wegen Vernachlässigung der beruflichen Sorgfalt zur Verfügung stellen würde und darüber hinaus auch noch die ausstehenden Summen für defizitäre Investitionen und Versicherungsbetrug. Zudem lief seine Praxis nicht mehr gut, da sein Ruf allmählich Schaden gelitten hatte. Er hatte gehört, dass Emily unverschämt reich sei – was sie automatisch zur Frau seiner Träume machte.

Als sie einander in einem Raum, in dem sich eine Menge Leute drängten, zum ersten Mal begegneten, war es Liebe auf den ersten Blick, denn der Ruf, steinreich zu sein, war dem Arzt ebenso wie Emily vorausgeeilt. Als sie einen Monat später zum Traualtar schritten, hatten beide die Vorstellung, von nun an ein Leben in Saus und Braus führen zu können. Ich bin sicher, dass beide sich ins Fäustchen lachten, als der Pfarrer die Worte »in guten wie in schlechten Tagen« sprach.

Die Überraschung ließ nicht lange auf sich warten: Nach ein paar Monaten wurde offensichtlich, dass jeder von ihnen eine Menge Schulden hatte. Es kam zu gegenseitigen Vorwürfen und Wutanfällen, und die Ehe endete so schnell, wie sie begonnen hatte.

Ausnutzern geht es ausschließlich um ihre eigenen Interessen. Diese Menschen freunden sich nur dann mit Ihnen an, wenn sie von Ihnen profitieren können. Diese Menschen werden alles tun, um voranzukommen. Wenn sie einen Menschen nicht länger ausnutzen können, dann lassen sie ihn ohne mit der Wimper zu zucken wie eine heiße Kartoffel fallen.

Der zähnefletschende Tyrann

- Wenn er Ihre Meinung wissen will, dann schreibt er sie Ihnen ganz genau vor.
- Er ist so arrogant wie ein Hahn auf dem Hühnerhof.
- Er ist wie ein Krokodil: Wenn er den Mund öffnet, dann müssen Sie damit rechnen, dass er Sie verschlingt.

Der zähnefletschende Tyrann ist verletzend, kleinlich, ein Stinkstiefel, unkontrolliert, wütend, streitsüchtig, harsch, unfreundlich, unhöflich, nörglerisch, anspruchsvoll, gehässig, irrational, sadistisch, grausam, schwierig, trotzig, grob, arrogant, infantil, einschüchternd, roh, kritiksüchtig, kampflustig, machohaft, bedrängend, beleidigend, übellaunig, manisch, laut, asozial, bedrohlich, herablassend, unkommunikativ, reizbar und dickköpfig.

Der zähnefletschende Tyrann ist ein verbaler Terrorist, ein lauter, lästiger, unhöflicher, fordernder, dickköpfiger Besserwisser. Ein solcher Mensch ist ständig gereizt und bekommt völlig unvorhersehbare Wutanfälle. Er ist nur dann zufrieden, wenn er im Zentrum der Aufmerksamkeit steht.

Dr. Levack, ein Universitätsprofessor, ist das perfekte Beispiel für einen zähnefletschenden Tyrannen. Er kommandiert seine Sekretärin und seine Studenten herum und verlangt, dass alles immer »sofort« und genau so, wie er es sich vorstellt, gemacht wird. Wenn jemandem ein kleiner Fehler unterlaufen ist, dann brüllt er herum wie ein Stier. Wenn er einen Raum betritt, fangen bestimmt ein paar der Anwesenden an zu zittern. Er regt sich über alles schrecklich auf. Er ist permanent schlecht gelaunt und schreibt den Leuten mit seiner lauten, aggressiven Stimme nicht nur vor, was, sondern auch, wie sie es tun sollen.

Als Dr. Levack nach einem Herzanfall im Krankenhaus lag, waren alle Mitarbeiter seiner Abteilung so froh, dass sie spontan eine Party feierten.

Zähnefletschende Tyrannen müssen unbedingt alles kontrollieren, ähnlich wie die Kontrollfreaks (s. S. 128), nur auf bösartigere Weise, da sie auch grausame und sadistische Tendenzen haben. Solchen Menschen ist vor allem daran gelegen, dass andere sich vor ihnen ducken. Sie haben Spaß daran, Menschen zu quälen und dann zuzusehen, wie diese sich wie geprügelte kleine Hunde winden.

Sie sind glücklich, wenn sie Sie zur Schnecke machen können. Im Umgang mit diesen Menschen kann man sehr leicht ein Magengeschwür bekommen. Sie sind die klassischen emotionalen Missbraucher; niemand wird von so vielen Menschen so intensiv gehasst wie sie. Konfuzius sagt: »Auch dann, wenn ein Tyrann einen strengen Befehl erteilt, gibt es meist niemanden, der ihm gehorcht.« Mag sein, dass diese Menschen gefürchtet und gehasst sind, aber nichts kann andere dazu bewegen, ihren Befehlen freiwillig zu gehorchen.

Der Scherzkeks

- Seine Witze werden häufig mit einem gewaltigen Schweigen aufgenommen.
- Wenn er eine Party verlässt, sind die Anwesenden immer so komisch erleichtert.
- Sie haben ein Repertoire von drei Witzen, die sie immer und immer und immer wieder erzählen.

Der Scherzkeks ist lästig, innerlich unsicher, schwach, eine Nervensäge, niemals ernst, egoistisch, langweilig, verletzend, sarkastisch, sozial ungeschickt, derb, roh, verzweifelt um Aufmerksamkeit bemüht, oberflächlich, respektlos, laut, hartnäckig und unsensibel.

Es gibt nichts, was der Scherzkeks wirklich ernst nimmt. Er beginnt jedes Gespräch mit einem Witz. »Hast du schon den letzten Witz über Sowieso gehört?«, fragt er als Erstes.

Er schafft es, seine Mitmenschen zu schockieren, indem er sarkastische Witze macht und so tut, als wären diese verbalen Dolche nichts anderes als kleine Späßchen. Er reagiert auf Ihre Empörung, indem er vorwurfsvoll fragt: »Hast du denn überhaupt keinen Humor? Alle anderen haben darüber gelacht – was ist denn bloß los mit dir?« Sein Humor kann eine Waffe sein, mit der er seine untergründige Feindseligkeit zum Ausdruck bringt.

Bei einem gemeinsamen Frühstück sagt er vielleicht: »Hier, nimm noch eins von diesen Schinkenröllchen – die passen so gut zu dir« – eine ziemlich plumpe Anspielung. Wenn Sie Ihr Befremden ausdrücken, dann kichert er und sagt: »Mensch, hast du denn gar keinen Humor? Ich hab doch nur Spaß gemacht.« Seine Feindseligkeit zeigt er nur indirekt, weil er zu feige ist, Ihnen offen zu sagen, was ihn stört.

Wenn Sie etwas ernsthaft diskutieren möchten, dann beginnt er vielleicht zu kichern, weil es ihm Unbehagen bereitet, mit schwierigen Themen umzugehen.

Konfuzius meinte genau dieses Phänomen, als er sagte: »Wenn ich den ganzen Tag lang mit einer Gruppe von Menschen zusammen bin und die Gespräche beschränken sich nur auf kleine, geistreiche Plänkeleien, so ist mir das zuwider.« So wie dem weisen Konfuzius ist den meisten von uns das Zusammensein mit einem Scherzkeks eher unangenehm. Unser Zorn wird unausweichlich mit einem Grinsen quittiert, da der Scherzkeks unfähig ist, mit starken Gefühlen umzugehen. Wenn er über irgendetwas verärgert ist, dann wird er es Sie niemals wissen lassen, sondern seine Verletztheit und seinen Ärger mit spaßigen Bemerkungen kaschieren. Der Scherzkeks umgibt sich mit einem schützenden Panzer von witzigem Geplänkel.

Jerry fiel zu jedem Anlass ein Witz ein. Zwar waren die Leute gelegentlich durchaus amüsiert, aber meistens fiel Jerry ihnen schrecklich auf die Nerven, weil er nicht wusste, wann es Zeit war, mit dem Herumwitzeln aufzuhören. Er konnte niemals etwas ernst nehmen, und er begann jedes Gespräch mit: »Mensch, hast du den schon gehört ...« Wenn man etwas Ernstes sagte, lachte er und kramte dann irgendeine dumme Geschichte hervor, die ihm im Gedächtnis haften geblieben war. Wenn die Leute Jerry von weitem sahen, wechselten sie meist auf die andere Straßenseite hinüber.

Eines Tages saß Jerrys Mitarbeiterin Catherine in ihrem Büro und weinte. Sie hatte sich am Abend zuvor endgültig von ihrem Freund getrennt, und an jenem Tag erschien ihr alles nur grau in grau. Jerry, der bemerkt hatte, dass sie deprimiert war, versuchte, ihren Kummer herunterzuspielen. Catherine fühlte sich dadurch durchaus nicht getröstet, sondern begann, nur noch heftiger zu weinen. Schließlich schrie sie Jerry an, er solle sofort ihr Büro verlassen, sie könne ihn nicht länger ertragen, da er sich so unsensibel verhalte.

Scherzkekse wie Jerry sind im Grunde ihres Herzens unsicher und haben nur sehr wenig Selbstachtung. Sie sehnen sich so sehr danach, gemocht und akzeptiert zu werden, dass sie das Gefühl haben, sie müssten sich Ihren Respekt verdienen, indem sie sich wie ein Clown aufführen.

Arthur Miller sagte: »Jeder mag einen Witzbold, aber niemand würde ihm Geld leihen« – und meinte damit, dass niemand einen solchen Menschen respektiert.

Jerrys verzweifeltes Witzereißen trug ihm keine Sympathien ein. Am Ende fiel er allen Leuten auf die Nerven, weil er niemals fähig war, etwas ernst zu nehmen.

Der Trampel

- Nachdenken bedeutet für ihn, dass er erst danach anfängt zu denken.
- Sie sagt nur wenig, aber das, was sie sagt, hat selten Hand und Fuß.
- Wenn er irgendwo hintritt, dann meistens ins Fettnäpfchen.

Der Trampel ist unsensibel, unzuverlässig, grob, enervierend, blöd, verletzend, ausdruckslos, fantasielos, nicht vertrauenswürdig, ungepflegt, unverschämt, rechthaberisch, schlampig, sozial ungeschickt, begriffsstutzig, distanzlos und unreif.

Der Trampel hat keine Ahnung von dem, was läuft. Diese Menschen sind gefühllose Klötze, die sich ihrer selbst und ihrer Umgebung nicht im Geringsten bewusst sind und sehr häufig unhöfliche, kränkende Bemerkungen machen. Gewöhnlich halten sie kaum Blickkontakt, haben eine schlechte Körperhaltung, schütteln Ihnen nicht richtig die Hand und haben eine flache, tonlose Stimme. Ihre sozialen Fähigkeiten sind mehr als mangelhaft.

Im Wesentlichen sind dies unterentwickelte Geschöpfe, die sich wie Vierjährige der Gefühle ihrer Mitmenschen nicht bewusst sind und mit allem, was ihnen durch den Kopf geht, einfach herausplatzen. Sie sagen ständig das Falsche. Auch wenn sie zufällig intelligent sind und etwas von ihrer Arbeit verstehen, mangelt es ihnen an Respekt und Höflichkeit, und oftmals sind sie nachlässig und schlampig.

In der Oberstufe ging Gordon in eine Privatschule für besonders Intelligente. Er war zwar intellektuell überdurchschnittlich begabt, aber es mangelte ihm völlig an sozialen Fähigkeiten. Als er seinen ersten Job als Computerprogrammierer bekam, beging er einen Fauxpas nach dem anderen und stieß damit jeden, mit dem er zu tun hatte, vor den Kopf. Er wechselte mehrfach den Arbeitsplatz, weil er immer wieder irgendjemandem auf die Zehen getreten war und dann gefeuert wurde. Er schien auf einem anderen Planeten oder zumindest in einem dichten Nebel zu leben. Auch nachdem er hintereinander an fünf verschiedenen Arbeitsstellen gefeuert worden war, hatte er noch immer keine Ahnung, wo sein Problem lag. Häufig ist der Trampel irgendein Fremder, der sich Ihnen unerwartet nähert und etwas völlig Bizarres äußert. Sie schauen ihn verblüfft an und fragen sich: »Wie kommt er nur darauf?« Aber glauben Sie mir, Trampel sagen ständig sehr seltsame Dinge.

Der notorische Lügner

- Er verkauft sich ständig, aber er sagt nie genau, welche Qualität die Ware tatsächlich hat.
- Sie übertreibt nicht, sondern sie hat die Sache nur übertrieben im Gedächtnis behalten.
- Sie können die Hälfte dessen, was er Ihnen erzählt, durchaus glauben. Die Frage ist nur, welche Hälfte.

Der notorische Lügner ist nicht vertrauenswürdig, unverschämt, falsch, ein Schleimer, ein Heimlichtuer, er ist unehrlich, distanzlos, besserwisserisch, schamlos, überschwänglich, undurchschaubar, kritiksüchtig, manipulativ, eine Nervensäge, klatschsüchtig, unberechenbar, unzuverlässig, schwach, unrealistisch, ein Attentäter aus dem Hinterhalt, doppelzüngig, egoistisch und unehrlich.

Notorische Lügner wissen nicht, ob sie lügen oder die Wahrheit sagen. Um ihr mangelndes Selbstwertgefühl zu kaschieren, haben diese Menschen in ihrem Leben so viel gelogen, dass sie ihre eigenen Lügen am Ende auch noch glauben. Sie würden mit Überzeugung auf die Bibel schwören, auch wenn ihr Gegenüber ganz genau weiß, dass sie nicht die Wahrheit sagen. Solche Menschen sind die Manipulatoren par excellence.

Besonders verwirrend ist die Tatsache, dass notorische Lügner Dinge sagen, in denen ein Fünkchen Wahrheit enthalten sein mag. Denn um Sie zu verwirren, mischen sie ihren Lügen bisweilen ein Körnchen Wahrheit bei. Möglicherweise enthält der notorische Lügner Ihnen auch nur einen wesentlichen Teil der Wahrheit vor, und wenn Sie ihn mit dieser Tatsache konfrontieren, dann besteht er darauf, Sie niemals angelogen zu haben.

Es mit einem Menschen zu tun zu haben, dem Sie nicht wirklich trauen und mit dem Sie niemals wirklich kommunizieren können, ist sehr frustrierend. Da Vertrauen die Grundlage jeder Kommunikation ist, ist es praktisch unmöglich, einen Lügner zu respektieren oder ehrlich und offen mit ihm zu reden.

Sharlene hatte ein Verhältnis mit Price und fand erst später heraus, dass er verheiratet war. Price bestand darauf, sie nicht angelogen zu haben; er hatte ihr gesagt, er sei »augenblicklich nicht mit seiner Frau zusammen«. Im technischen Sinne hatte Price tatsächlich *nicht* gelogen. Er hatte ihr nur eine äußerst unvollständige Information gegeben.

Cowboys haben ein Sprichwort: »Ein Mann, der dich anlügt, wird dich auch bestehlen.« Sharlene musste die Wahrheit dieser Redensart einsehen, da Price ihr nicht nur ihre wertvolle Zeit, sondern auch ihre Würde und Selbstachtung stahl.

In Hollywood gibt es eine überproportional hohe Anzahl von Lügnern, die Ihnen die reinsten Fantasiegeschichten über sich und ihre Projekte erzählen. Der Grund dafür mag sein, dass sie in einer Branche arbeiten, in der man fortwährend mit Zurückweisung und Enttäuschungen rechnen muss, sodass die Selbstachtung ständig in Gefahr ist. Viele Schauspieler lügen, um sich selbst in einem guten Licht darzustellen und sich ein Gefühl der Wichtigkeit zu geben. Gewöhnlich übertreiben sie das Positive und unterschlagen das Negative. Solche Lügner sind gewöhnlich harmlos – sie lügen, um andere zu beeindrucken und ihren Wert herauszustreichen –, im Gegensatz zu Sharlenes verheiratetem Liebhaber, der log, um sie zu manipulieren. Notorische Lügner wie Price richten oftmals großes Unheil an: Sie zerstören das Leben derer, die sie anlügen.

Notorische Lügner halten möglicherweise verbissen an ihrer Lügengeschichte fest, obwohl es massenhaft Beweise dafür gibt, dass sie nicht die Wahrheit sagen. Viele von ihnen haben es geschafft, ihren eigenen Verstand so sehr zu vergiften, dass sie ihre eigenen Lügengeschichten für wahr halten.

Der Einmischer

• Ihr Schönheitschirurg konnte mit ihrer Nase alles machen – nur nicht sie daran hindern, sie in anderer Leute Angelegenheiten zu stecken.

• Er kümmert sich vor allem um das, was ihn nichts angeht.

Der Einmischer erlaubt sich ständig Übergriffe, ist unverschämt, voller Vorurteile, frech, unsensibel, kontrollierend, intrigant, selbstgerecht, neidisch, schamlos, scharfzüngig, hinterlistig, klatschsüchtig, dogmatisch, überkritisch, zweifelnd, indiskret, geltungsbedürftig, sadistisch, verletzend, neugierig, ohne Überblick, unhöflich, lästig, hinterhältig, aggressiv und destruktiv.

Einmischer sind eine Mischung aus Klatschmaul und Aufhetzer (s. S. 135), nur noch toxischer. Sie stecken ihre Nase in Ihr (persönliches und berufliches) Leben und machen es Ihnen in vielen Fällen zur Hölle. Einmischer reden mit anderen so hässlich über Sie wie das Klatschmaul und hetzen andere gegen Sie auf wie der Aufhetzer. Zudem greifen sie konkret in Ihr Leben ein, indem sie mit Ihren Bekannten telefonieren oder Treffen mit ihnen verabreden, um über Sie zu sprechen.

In jeder Seifenoper kommt solch ein intriganter Einmischer oder eine Einmischerin vor, eine Frau, die versucht, jemandes Ehemann zu verführen oder jemandem das Kind wegzunehmen. Der Einmischer ist ständig damit beschäftigt, Menschen in Schwierigkeiten zu bringen oder ihr Leben zu ruinieren.

Da diese Menschen oftmals wenig erleben, versuchen sie, das Leben der andern zu leben, indem sie sich einmischen.

Jerome, Glorias Wohnungsnachbar, ist ein solcher typischer Einmischer. Wenn Gloria ihre Tür einen Spaltbreit offen lässt, dann steckt Jerome seine Nase hinein und fragt sie, was sie macht, wer gerade bei ihr ist und was sie gerade kocht. Häufig kommt er vorbei, ohne eingeladen worden zu sein, und versucht, sich in ihre Angelegenheiten einzumischen.

Eines Tages hatte Gloria am Swimmingpool eine hitzige Diskussion mit ihrer Freundin. Jerome schwamm zu den beiden Frauen hinüber, erklärte Gloria, dass sie im Unrecht sei, und unterstützte die Ansicht ihrer Freundin. Ein anderes Mal erhielt Gloria von der Hausverwaltung eine Rechnung über einhundert Dollar, weil ein Nachbar gemeldet hatte, dass Glorias Hund auf den Rasen der Anlage gepinkelt hatte. Sie war nicht überrascht zu erfahren, dass es Jerome gewesen war – und ebenso wenig erstaunte es sie, dass er es gewesen war, der die Polizei rief, als sie einmal eine »laute« Party feierte.

Jerome, ein Schauspieler ohne Engagement, der praktisch kein eigenes Leben führte – außer dass er seine Nase in anderer Leute Angelegenheiten steckte –, war erfüllt von Neid auf die Menschen, die ein aktives, aufregendes und produktives Leben führten.

Der Geizhals

- Er liebt es, wenn eine Frau teure Kleidung trägt – außer natürlich, wenn es sich um seine eigene Frau handelt.
- Er kommt nur dann, wenn es etwas umsonst gibt.
- Er hat meistens volle Taschen und leere Hände.

Der Geizhals ist egoistisch, kleinlich, rigide, voller Schuldgefühle und ein Pfennigfuchser; er ist kontrollierend, engstirnig, beschränkt, fantasielos, ängstlich, halsstarrig, gehemmt, dickköpfig, innerlich leer, furchtsam, skeptisch, unreif, unsicher, schwach, rückgratlos, intrigant, neurotisch und ein ständiges Opfer.

Geizhälse haben eine so schlechte Meinung von sich, dass sie glauben, nur was billig oder umsonst ist, stehe ihnen zu. Sie geizen nicht nur mit ihrem Geld, sondern auch mit Komplimenten und mit Liebe und Zärtlichkeit. Ihre Gespräche kreisen häufig um Geld, um die Frage, wie viel sie für bestimmte Dinge bezahlt haben und wie sie es schafften, etwas herunterzuhandeln. Beim Handeln und Schachern sind sie von ihrer eigenen Schlauheit beeindruckt.

Diese engstirnigen Menschen sind so kleinkariert, dass sie oftmals den Wald vor lauter Bäumen nicht sehen. Sie sind so sehr damit beschäftigt, sich über Pfennigbeträge Sorgen zu machen, dass sie ein äußerst eingeschränktes Leben führen.

Geizhälse sind häufig die Letzten, die in einem Restaurant nach der Rechnung greifen. Und wenn sie dann tatsächlich bezahlen, überprüfen sie jeden einzelnen Posten ganz genau und beginnen, mit dem Kellner herumzustreiten, selbst wenn es nur um ein paar Cent geht.

Geizhälse stoßen am Ende jedermann vor den Kopf – wie im Falle von Jay sehr deutlich wird.

Jay bekam in einer neuen Firma einen führenden Posten und begann, jeden Tag jemand anderen zum Mittagessen mitzunehmen. Nach einer Weile hatte niemand mehr Lust, ihn zu begleiten. Schließlich fragte Jay einen seiner Mitarbeiter, warum er nicht mehr mitkommen wolle. Der Mann sagte ihm die Wahrheit: »Weil Sie so geizig sind und niemals die Rechnung übernehmen.«

Die Antwort dieses Kollegen machte Jay sehr betroffen. Endlich verstand er, warum Tina, seine frühere Freundin, sich von ihm getrennt hatte. Zwar hatte sie ihm seinen Geiz niemals direkt vorgeworfen, aber sie hatte dauernd Andeutungen gemacht, dass sie diese und jene Wünsche habe: einen Blumenstrauß, ein hübsches Schmuckstück oder ein schönes Kleid. Als ich mit Tina sprach, gestand sie mir, dass Jay sogar im Bett mit seinen Zärtlichkeiten gegeizt hatte.

Ein solcher Mensch mag viele gute Eigenschaften haben, aber sie werden, wie Konfuzius bestätigt, durch seinen Geiz völlig entwertet. »Mit einem Geizigen befreundet zu sein«, so sagt er, »ist nicht einmal eine Überlegung wert.«

Der Fanatiker

- Er ähnelt einer Sommergrippe – man kann ihn einfach nicht loswerden.
- Er ist der moderne Sklave – nämlich der Sklave seiner eigenen Überzeugungen.

Der Fanatiker ist dogmatisch, verbohrt, enervierend, kontrollierend, anklammernd, angriffslustig, engstirnig, intrigant, irrational, einschüchternd, oberflächlich, selbstgerecht, unsozial, neurotisch, fordernd, tollkühn, erschreckend, verletzend, lästig, kleinlich, unberechenbar, ein Drängler, ein ewiger Kämpfer, unrealistisch, unfreundlich, unvernünftig, voller Vorurteile, respektlos und defensiv.

Der Fanatiker ist ein Sklave, der mit Haut und Haaren an jemanden oder an etwas glaubt, ohne abweichende Gesichtspunkte auch nur in Erwägung zu ziehen. Wie der zähnefletschende Tyrann oder der Kontrollfreak steht er unter dem Zwang, ständig seine Meinung durchsetzen zu müssen. Seine Ansichten vertritt er mit Leidenschaft, und er stößt jedermann zurück, der sich seinen Meinungen nicht unterwirft. Fanatiker sind permanent darauf bedacht, Sie zu bekehren. Sollten Sie eine eigene Meinung haben oder mit ihm – und sei es auch nur in unwesentlichen Punkten – nicht übereinstimmen, dann wird er wütend, erklärt Ihnen, dass Sie völlig falsch liegen, und betrachtet Sie als einen Verräter. Sie können mit ihm kein vernünftiges Gespräch führen, weil ihn nur sein eigener Standpunkt interessiert, und er nicht bereit ist, Ihnen wirklich zuzuhören. Er scheint alle Antworten zu wissen und will jedes Gespräch beherrschen. Er ist unflexibel und voller Vorurteile, und dadurch wird es praktisch unmöglich, mit ihm einen Dialog zu führen, in dem es um einen wirklichen Meinungsaustausch geht.

Fanatiker sind wie Hunde, denen man einen Knochen vorgeworfen hat: Sie lassen niemals locker.

Edith versuchte, ein Leben entsprechend der christlichen Lehre zu führen, aber sie ging nur sehr selten in die Kirche, las selten die Bibel und verzichtete auf religiöse Reden. Maggie, die genau das Gegenteil tat, warf Edith vor, sie sei keine wahre Christin, wenn sie sich nicht genauso verhalte wie sie. Zwar versuchte Edith, ihr ihre persönliche Sichtweise zu erklären, aber ohne Erfolg: Maggies Stimme wurde immer lauter, und sie begann, Bibelsprüche zu zitieren.

Eines der eindrucksvollsten Beispiele für eine Fanatikerin wurde in dem Film *Fatal Attraction* gezeigt, in dem die Frau, die von Glenn Close gespielt wurde, ihren verheirateten Liebhaber ständig verfolgt und sich weigert, ihre Fantasie von einem gemeinsamen Leben aufzugeben – bis sie am Ende zu Tode kommt.

Der Narzisst

- **Ihm gefallen die Menschen, die sagen, was sie denken – solange ihre Gedanken mit seinen Ansichten übereinstimmen.**
- **Es gibt nur eins, was sie im Leben wirklich begehrt – sich selbst.**
- **Jedes Mal, wenn er in den Spiegel sieht, macht er eine Verbeugung.**

Der Narzisst ist egoistisch und egomanisch. Es mangelt ihm an Selbstvertrauen, er ist oberflächlich, innerlich unsicher, arrogant, langweilig, beschränkt, unsozial, ermüdend, lästig, schrill, egozentrisch, indiskret, ein Prahlhans und ein Angeber.

Narzissten haben nur ein Thema: sich selbst. Sie sind die egozentrischsten Menschen, denen Sie je begegnen werden; sie wollen nur über das reden, was unmittelbar mit ihnen selbst zu tun hat, und sie wollen nur das tun, was ihnen selbst nützt. Das, was Sie betrifft, ist für einen Narzissten nur dann interessant, wenn er selbst davon betroffen ist. Wenn er redet, dann hört man ständig die Wörter »ich«, »mein« und »mir«. Eine Unterhaltung mit einem Narzissten kann eine ziemlich frustrierende Sache sein, weil er im Grunde ständig monologisiert.

Die Geschenke, die diese Menschen am meisten schätzen, sind ein Spiegel und ein Tonbandgerät, denn sie lieben es, sich selbst zu betrachten und sich selbst reden zu hören. Es ist schwierig, zu einem Narzissten eine wirkliche Beziehung aufzubauen, es sei denn, Sie wären bereit, ihm in jeder Hinsicht zu schmeicheln. Narzissten tun nur Dinge, die unmittelbar mit ihnen selbst zu tun haben – alles andere interessiert sie nicht.

Der berühmte Hollywoodwitz über den Schauspieler, der sich auf einer Party mit einer Frau unterhält, die er eben erst kennen gelernt hat, beschreibt dieses Verhalten perfekt. Nachdem er sich endlich bewusst geworden war, dass er volle zwei Stunden damit zugebracht hatte, seine vergangenen, seine gegenwärtigen und seine zukünftigen Projekte zu schildern und seiner Gesprächspartnerin zu versichern, was für ein großartiger Schauspieler er sei, sagte er schließlich: »Oh, Verzeihung, ich bin wohl furchtbar unhöflich. Ich habe die ganzen zwei Stunden nur über mich selbst geredet. Jetzt wollen wir aber mal über *Sie* sprechen. Wie *finden* Sie mich?« Dieser Mann ist der Inbegriff des Narzissten.

Es ist kaum möglich, mit jemandem in Kontakt zu kommen, der ständig über sich selbst, *sein* Kind, *ihren* Ehemann, *seine* Karriere und *ihren* Erfolg redet. Ein solcher Mensch hält sich offensichtlich für den Nabel der Welt, und alle anderen fühlen sich durch sein Gebaren entnervt oder gar abgestoßen. Wer so sehr mit sich selbst beschäftigt ist, wird unweigerlich zu einem Langweiler; er hat die unreife und egozentrische Weltsicht eines Zweijährigen.

Der Schmeichler

- Wenn Sie längere Zeit mit ihr zusammen sind, können Sie durch ihr honigsüßes Gerede leicht Diabetes oder einen Insulinschock bekommen.
- Seine Schmeicheleien geben Ihnen das Gefühl, ein Pfannkuchen zu sein, über dem man gerade das Honigglas entleert.

Der Schmeichler ist hinterhältig, verlogen, falsch, ein Schwafler, überschwänglich, unterwürfig, intrigant, doppelzüngig, heuchlerisch, zwielichtig, schamlos, hinterlistig, lästig, kriecherisch, honigsüß, zweideutig, neugierig, klatschsüchtig, prätentiös, enervierend, zudringlich, manipulativ, oberflächlich, kontrollierend, unehrlich, illoyal, opportunistisch und ein Ausnutzer.

Der Schmeichler ist der Manipulator par excellence – er geht Ihnen ständig um den Bart, aber nur, um das zu bekommen, was er möchte. Er überschüttet Sie mit überschwänglichem Lob und behandelt Sie so, als wären Sie sein bester Freund, und er wäre bereit, alles für Sie zu tun.

Im Grunde seines Herzens findet der Schmeichler Sie möglicherweise nicht einmal besonders sympathisch, aber das wird er Ihnen natürlich niemals sagen. Er überschüttet Sie mit seinen Komplimenten, und wenn Sie versuchen, ihn daran zu hindern, dann wird er ungehalten und erklärt, Sie seien der schönste, beste und intelligenteste Mensch der Welt. Sie beginnen unwillkürlich zu lächeln, da Sie seine Komplimente natürlich gern glauben würden. Jetzt weiß er, dass er sein Ziel erreicht hat: nämlich Sie – wie so manchen anderen auch – in die Tasche zu stecken. Wenn Sie ihn durchschauen, dann fühlen Sie sich abgestoßen, da Sie deutlich erkennen, wie falsch er ist und wie er jeden, der ihm nicht nützen kann, abblitzen lässt.

Der Oberlehrer

- Er ist strenger als der strengste Winter und unfreundlicher als der schlimmste Regentag.
- Zu seiner persönlichen Vollkommenheit fehlen ihm nur noch ein paar unangenehme Charakterzüge.

Der Oberlehrer ist dickköpfig, kontrollierend, dogmatisch, voller Vorurteile, rigide, heuchlerisch, herablassend, unkommunikativ, langweilig, überkritisch, altmodisch, snobistisch, prätentiös, unreif, unvernünftig, negativ, hartnäckig, kritisch, taktlos, kleinlich und besserwisserisch.

Oberlehrer halten sich für perfekt. Sie sitzen ständig auf einem hohen Ross und sehen auf ihre Mitmenschen hinab. Dies sind rigide, verklemmte Menschen voller Vorurteile, die von anderen erwarten, dass sie ihre strengen Moralvorstellungen teilen. Sie schauen beispielsweise auf jeden herab, der raucht, trinkt, flucht, Sex vor der Ehe hat oder nicht so gepflegt angezogen oder so gut organisiert ist wie sie selbst. Gewöhnlich sind sie erfüllt von Zorn und Verachtung und anderen Menschen gegenüber wenig tolerant. Diese Menschen, die typischen Perfektionisten, sind übertrieben genau und wählerisch; es gibt nur Weniges, was ihren Anforderungen genügt. Ihre innere Einstellung ähnelt sehr stark der des Fanatikers, des zähnefletschenden Tyrannen und Kontrollfreaks, insofern, als alles nach ihrer Nase gehen muss.

Es ist sehr schwierig, mit einem Oberlehrer Umgang zu haben, und natürlich noch schwieriger, mit ihm zu leben, da nur sehr wenige Menschen seinen Erwartungen entsprechen. Im Grunde genommen ist sein Leben sehr arm; er kann niemals loslassen, das Leben genießen und sich einfach am Duft der Rosen freuen.

Seine Strenge und Unnachgiebigkeit sollen dazu dienen, die Tatsache zu verschleiern, dass er nicht perfekt ist. Da er schließlich auch ein Mensch ist und deshalb Irrtümern und Bedürfnissen unterworfen, die mit seinen Moralvorstellungen möglicherweise nicht übereinstimmen, empfindet er sich am Ende selbst als Heuchler und entwickelt zwiespältige Gefühle sich selbst gegenüber; sein Selbstwertgefühl sinkt dadurch erheblich.

Der Snob

- Er mag Sie nur, wenn Sie dieselben Leute nicht mögen, die er auch nicht mag.
- Er will nur die Menschen kennen lernen, die ihn nicht kennen lernen möchten.

- Sie braucht einen Schönheitschirurgen, der sie endlich von ihrer Hochnäsigkeit befreit.
- Er trägt den Kopf so hoch, dass sich in seinem Nacken ein Doppelkinn gebildet hat.

Der Snob ist prätentiös, selbstgerecht, arrogant, herablassend, kritiksüchtig, überheblich, innerlich unsicher, schwach, gehässig, unkommunikativ, egoistisch, voller Vorurteile, kleinlich, unfreundlich, rigide, unvernünftig, respektlos, kleinkariert, unhöflich, oberflächlich und päpstlicher als der Papst.

Diese arroganten Menschen tun so, als wären sie allen anderen überlegen. Immerhin verleiht ihnen das ein Gefühl von Wichtigkeit, denn im Grunde ihres Herzens zittern sie vor Unsicherheit. Sie führen ständig die Namen von »wichtigen« Leuten im Mund und gehen, um sich selbst als wertvoll empfinden zu können, ausschließlich in die teuersten und schicksten Restaurants. Wenn Sie *nicht* zu den »wichtigen« Leuten gehören, dann wird ein Snob sich nicht einmal die Mühe machen, Ihnen »guten Tag« zu sagen. Er reckt die Nase in die Luft und redet nur dann mit Ihnen, wenn Sie »cool« und »in« sind. Er ist fürchterlich herablassend. Snobs findet man häufig in Klubs, in denen man nur dann Mitglied werden kann, wenn man beliebt ist, das richtige Aussehen oder genügend Geld hat, um den Türsteher damit zu bestechen. Um sich überhaupt als funktionierende menschliche Wesen zu empfinden, brauchen diese Menschen die Mitgliedschaft in einem solchen Klub.

Snobs sind sehr extravagant und bestehen häufig darauf, eine Sonderbehandlung zu bekommen. Sie drängeln sich in jeder Warteschlange vor und benehmen sich wie verwöhnte Kinder, die ständig beachtet werden wollen. Ihre arrogante Haltung maskiert ihre Überzeugung, dass sie im Grunde weniger wert sind als andere. Sie sind extrem unsicher und äußerst verletzlich.

Manchmal sind Snobs selbst wenig begütert, dafür aber in Positionen, in denen sie mit den Reichen und Berühmten in Kontakt kommen. Dies zeigt sich vor allem in Gegenden wie Beverly Hills, wo der Assistent oder die Assistentin einer Berühmtheit oftmals eine solche »Ich bin besser als du«-Haltung zur Schau trägt.

Arrogantes Verhalten wird beispielsweise in dem Film *Pretty Woman* gezeigt, in dem Julia Roberts mit schäbiger Kleidung in einen Laden in der Rodeo Drive in Beverly Hills geht. Die snobistischen Verkäuferinnen behandeln sie wie den letzten Dreck, da sie annehmen, sie habe kein Geld. Ich selbst habe in Beverly Hills Ähnliches erlebt und muss sagen, dass diese fiktive Situation leider nur allzu häufig der Wahrheit entspricht.

Obwohl diese Verkäuferinnen sich selbst in ihren kühnsten Träumen nicht die Kleidung der Leute leisten könnten, die sie bedienen, sind sie unerträglich arrogant und machen sich dadurch überall unbeliebt.

Der Berufsrivale

- Seit Jahren hat er um Überlegenheit gekämpft, jetzt ist es Zeit, dass er die Waffen endlich einmal niederlegt.
- Er würde niemals einen Mann verprügeln, der bereits am Boden liegt – stattdessen versetzt er ihm einen ordentlichen Fußtritt.
- Sie ist nur an den Freunden interessiert, deren Unterlegenheit ihr ein gutes Gefühl gibt.
- Er kann sich nicht großartig fühlen, wenn er nicht zugleich jemand anderen klein machen kann.

Der Berufsrivale ist provozierend, fanatisch, unangenehm, paranoid, verletzend, ein Drängler, aggressiv, voller Groll, ein Saboteur, ein Intrigant, verkrampft, eingeschüchtert, ständig in Abwehrhaltung, ein Polemiker, bedrohlich, unzuverlässig, innerlich unsicher und ständig streitlustig.

Berufsrivalen betrachten jede Situation als eine Gelegenheit, Sie zu überflügeln oder intellektuell in den Schatten zu stellen. Für sie wird alles zu einem Wettkampf, ob es sich nun darum handelt, einen Job zu bekommen oder jemandem den Freund oder die Ehefrau wegzunehmen. Wenn Sie einem solchen Menschen von Ihrem Hund erzählen, dann erwidert er Ihnen, sein Hund sei aber viel größer, besser und intelligenter. Wenn Sie ihm berichten, wie viel und wie hart Sie heute gearbeitet haben, dann wird er behaupten, er selbst habe immer einen 18-Stunden-Tag.

Im Zusammensein mit einem Berufsrivalen können Sie sich niemals entspannen. Sie haben ständig das Gefühl, in einen Wettkampf verwickelt zu sein. Gewöhnlich hat ein solcher Mensch anderen gegenüber eine feindselige Einstellung, da er ständig mit ihnen rivalisiert. Wenn Sie beispielsweise über eine gemeinsame Freundin sagen, sie sähe gut aus, dann wird der Berufsrivale erwidern: »Eigentlich hat sie schon besser ausgesehen. Ich finde, sie macht einen erschöpften Eindruck. Schau dir doch nur mal ihre Tränensäcke an.«

Ewige Rivalen sind Angeber, die ständig mit ihren Leistungen, den gegenwärtigen wie den vergangenen, prahlen. Sie versuchen permanent, Ihnen zu vermitteln, sie seien sehr viel besser als Sie. In Wahrheit haben sie so wenig Selbstachtung, dass sie nur mit Ihnen in Kontakt treten können, indem sie ständig mit Ihnen rivalisieren.

Der Kontrollfreak

- Sie nennen ihn »Herr General«, weil er ständig Befehle erteilt.
- Er heiratete seine Sekretärin in der Hoffnung, ihr alles diktieren zu können.
- Sie glaubt an Gesetz und Ordnung – solange sie die Gesetze und die Ordnung selbst definieren kann.

Der Kontrollfreak ist zudringlich, destruktiv, rigide, manipulativ, arrogant, aggressiv, hinterhältig, unsensibel, selbstgerecht, streitlustig, dogmatisch, egoistisch, ein Drängler, unvernünftig, selbstsüchtig, ängstlich, bedrohlich, respektlos, unkommunikativ, dick-köpfig, verbissen und unreif.

Kontrollfreaks können niemals loslassen. Ähnlich wie der zäh-nefletschende Tyrann fühlen sie sich wie gelähmt, wenn sie nicht ständig alles im Griff haben. Im Gegensatz zum zähnefletschen-den Tyrannen versuchen sie jedoch nicht unbedingt, ihre Ziele durch Zwang und Einschüchterung durchzusetzen. Kontrollfreaks versuchen ihre Ziele oft auch dadurch zu erreichen, dass sie ihren Mitmenschen schmeicheln.

Kontrollfreaks haben Schwierigkeiten, in einem Team zu ar-beiten und Aufgaben zu delegieren, da sie sämtliche Fäden selbst in der Hand behalten wollen. Wenn die Dinge anders laufen, als sie es sich vorstellen, werden sie wütend oder verlieren das Inter-esse. Ihr Leben ist voller Frustration und Enttäuschungen, da sie niemals lockerlassen können. Sie versuchen, alles zu erzwingen, und wenn die Dinge nicht so laufen, wie sie es sich gewünscht haben, geraten sie entweder in Panik oder werden sogar noch wütender und noch kontrollbesessener.

John unternahm zusammen mit seiner Freundin Jill eine Indo-nesienreise; aber in jenem exotischen Land lief nichts so, wie er es sich vorgestellt hatte. Je stärker er versuchte, die Dinge zu kon-trollieren, desto mehr entglitten sie ihm. Flugzeugreservierungen, Läden, Hotels, das Essen, das Wetter – all das fiel ihm auf die Ner-ven, da so vieles nicht dem entsprach, was er gewohnt war. Er war nicht bereit, sich auf die fremde Kultur mit ihren anderen Werten und Verhaltensnormen einzustellen.

Wenn er die Dinge, wie belanglos sie auch sein mögen, nicht kontrollieren kann, dann verliert der Kontrollfreak völlig die Nerven. Eine meiner Klientinnen, Anita, ließ sich schließlich von ihrem Mann, einem typischen Kontrollfreak, scheiden, da er offenbar nicht einmal die einfachsten Probleme in den Griff be-kam.

Eines Tages machten Anita und Phil eine zweistündige Auto-fahrt in die Wüste und hörten dabei Radio. Plötzlich gab der Ap-parat keinen Ton mehr von sich, und Phil schaffte es nicht, ihn zu reparieren. Nach einigen Minuten trat Phil wild auf die Bremse, sprang aus dem Wagen, riss ein Brecheisen aus dem Kofferraum, hebelte das Radio aus der Fassung, warf es auf die Erde und begann, mit dem Brecheisen darauf einzuschlagen.

Anita traute ihren Augen nicht. Sie war wie betäubt und wagte es nicht, irgendetwas zu sagen, da sie fürchtete, selbst Opfer seiner Zerstörungswut zu werden.

Ironischerweise sind Kontrollfreaks nicht fähig, sich selbst zu kontrollieren. Wenn sie einen Menschen, eine Situation oder sogar eine Sache – wie das Radio – nicht in den Griff bekommen, dann verlieren sie völlig die Beherrschung. Dies sind Menschen, die, wenn nicht alles nach ihrer Nase läuft, mit den Fäusten ein Loch in die Wand schlagen.

Man darf einen Menschen nicht derart rigide kontrollieren, dass er keine Bewegungsfreiheit mehr hat. Wenn man es doch tut, dann wird er emotional oder körperlich Schaden nehmen. Denken Sie an einen Schmetterling: Wenn Sie ihn festzuhalten versuchen, dann werden seine Flügel beschädigt und seine Schönheit und sein Leben zerstört.

Der Kritikaster

- Er ist die meiste Zeit damit beschäftigt, sich zu beschweren.
- In seinen Augen ist selbst der liebe Gott ein unzulängliches Wesen.

Der Kritikaster ist ewig unzufrieden; er schüchtert andere ein, findet immer ein Haar in der Suppe, ist gehässig, grob, weinerlich, unkommunikativ, hasserfüllt, ein Aufhetzer, er ist irrational, neidisch, ein Besserwisser, ein Sadist, er ist selbstgerecht, scharfzüngig, schamlos, verletzend, verbittert, lästig, unangenehm, unfreundlich, rigide, dogmatisch, emotional labil, pessimistisch, unvernünftig, voller Zweifel, streitlustig, unrealistisch, kleinlich, unzufrieden, gereizt, rebellisch, herablassend, kontrollierend, respektlos, zudringlich, verängstigt, bedrohlich, misstrauisch, schlecht gelaunt und ein Perfektionist.

Kritikaster müssen Ihnen, um sich selbst wohl zu fühlen, ständig das Gefühl geben, dass Sie nicht in Ordnung sind. Sie kritisieren Sie unablässig und versuchen, Sie zu überzeugen, dass Sie eigentlich den Kriterien, zur Spezies Mensch zu gehören, nicht genügen. Es gibt nichts, was Sie dem Kritikaster recht machen können, deshalb fühlen Sie sich in seiner Gegenwart ständig unwohl. Er ist wie ein schlechter Vater, der seine Kinder dauernd ermahnt und kritisiert, auch wenn sie es gar nicht verdient haben.

Anstatt Sie um etwas zu *bitten, beschuldigt* er Sie. Das tut er, um Macht und Kontrolle über Sie zu gewinnen – ganz ähnlich wie der Kontrollfreak. Er meint, es sei seine Pflicht, etwas zu finden, was an Ihnen nicht in Ordnung ist – und was er dann mit scharfen Worten kritisieren kann. Ständig klagt er Sie an, etwa mit den Worten: »Du bist schuld daran, dass wir zu spät kommen« oder »Du hast den Job deshalb nicht bekommen, weil du so fürchterlich verkrampft bist.«

Eines Abends wurde ich in einem Restaurant Zeugin des folgenden Gesprächs:

Er: Du bist schuld daran, dass wir zu spät gekommen sind.
Sie: Nein, du bist es.
Er: Nein, du und dein verdammtes Schminken.
Sie: Nein, du und deine blöden Telefongespräche.
Er: Du kommst immer zu spät, in deiner Familie kommen alle ständig zu spät. Hat dir nie jemand beigebracht, pünktlich zu sein?

Diese beiden Personen waren typische Ankläger und Kritikaster. Zwar war es der Mann, der mit dem Kritisieren anfing, aber beide versuchten, das Gespräch dafür zu nutzen, dem anderen seine angebliche Unzulänglichkeit vor Augen zu führen.

Kritikaster streben so verbissen nach Perfektion, dass sie niemals zufrieden sind. Ähnlich wie der Oberlehrer ist der Kritikaster ständig frustriert, weil es ihm nicht gelingt, eine unvollkommene Welt vollkommen zu machen. Deshalb nörgelt er ständig an allem herum und findet immer ein Haar in der Suppe – und sei es auch nur, dass Sie zum Fisch nicht den richtigen Wein gewählt haben.

Wer ständig mit einem solchen Menschen zusammen ist, wird früher oder später körperlich krank werden, da die ständige Kritik einfach nicht auszuhalten ist.

Kritikaster sind kleinliche Menschen, die auf Dauer jede Beziehung zerstören. Leider gibt es viele Ehen, die durch solche Kritik unausweichlich zermürbt werden – möglicherweise ist das einer der Gründe für die hohen Scheidungsraten.

Der Besserwisser

- Sie ist hochintelligent – ein wandelndes Lexikon. Aber sie weiß nicht, dass Lexika niemals zum Essen eingeladen werden.
- Sie weiß alle Antworten, aber niemand stellt ihr die Fragen.
- Wenn er nicht damit prahlen kann, etwas zu wissen, dann prahlt er damit, etwas nicht zu wissen.

Der Besserwisser ist anmaßend, streitsüchtig, innerlich unsicher, sozial unangepasst, ermüdend, ein Manipulator, ein Pedant, beschränkt, unkommunikativ, voller Vorurteile, egoistisch, selbstgerecht, ein Drängler, unfreundlich, lästig, rigide, unsensibel, verbissen, herablassend, sarkastisch, kontrollierend, verletzend, ein Schwätzer und ewiger Kritiker.

Aber etwas weiß der Besserwisser ganz bestimmt nicht: wie man mit Menschen umgeht. Zwar mag er den Eindruck erwecken, alles zu wissen und ein unglaublich starkes Selbstbewusstsein zu haben, aber im Grunde seines Herzens ist er unsicher. Sonst hätte er es nicht nötig, jedermann wissen zu lassen, wie intelligent er ist und wie viele Informationen er in seinem Hirn gespeichert hat.

Besserwisser reden gewöhnlich nicht mit Ihnen, sondern sie reden auf Sie ein. Häufig tun sie so, als würden sie Ihnen einen großen Gefallen tun, sich überhaupt zu einem Gespräch mit Ihnen herabzulassen. Sie genießen es, den Mund weit aufzureißen und die Ideen und Gedanken anderer blitzschnell abzuqualifizieren. Der typisch herablassende Ton des Besserwissers gibt Ihnen ständig das Gefühl, ein Trottel zu sein – was ihn selbst natürlich außerordentlich befriedigt.

Eine andere Taktik des Besserwissers besteht darin, Sie mit Daten und Informationen zu überschütten. Sie haben keine Chance, mit ihm in Konkurrenz zu treten – und noch weniger, sich mit ihm auf intelligente Weise zu unterhalten. Da er alles weiß, wird er nie etwas dazulernen – vor allem nicht im Gespräch mit Ihnen.

Der emotionale Eisbeutel

- **Er hat das Temperament eines feuchten Knäckebrots.**
- **Wenn er einem anderen Menschen Blut spendet, dann wird dieser Ärmste von dem vielen Eiswasser wahrscheinlich eine Lungenentzündung bekommen.**

Der emotionale Eisbeutel ist kalt, ruhig, distanziert, gefühllos, verschlossen, starr, unehrlich, gleichgültig, eingeschüchtert, beschränkt, innerlich unsicher, unzuverlässig, furchtsam, feindselig, unreif, rätselhaft, unkommunikativ, feige, unberechenbar, misstrauisch und depressiv.

Beim Zusammensein mit einem emotionalen Eisbeutel spüren wir vor allem eines – seine Distanziertheit. Er setzt sein kaltes Schweigen auf ähnliche Weise ein wie der zähnefletschende Tyrann seine Drohungen. Er ist reserviert und verschlossen, ganz ähnlich wie der langsame Brüter – mit dem einen Unterschied, dass ein emotionaler Eisbeutel nie einen Gefühlsausbruch hat.

Sie wissen nicht, was dieser Mensch wirklich fühlt, da seine Stimme und seine Körpersprache völlig ausdruckslos sind. Sie können nicht erkennen, ob er glücklich oder traurig ist. Gewöhnlich ist sein Blick trübe oder leer, und er bringt seine Gefühle nur selten zum Ausdruck.

Möglicherweise sind diese Menschen in ihrem Job sehr erfolgreich, aber jeder, der auf einer persönlichen Ebene mit ihnen zu tun hat, fühlt sich enttäuscht und frustriert. Er geht emotional so wenig auf seine Mitmenschen ein, dass es quälend ist, mit ihm zusammen zu sein. Er weigert sich, Ihnen zu sagen, was nicht in Ordnung ist oder warum er so schweigsam ist. Häufig benutzt er sein Schweigen als ein Mittel der Manipulation, vor allem, um Sie einzuschüchtern. Es macht ihm Spaß zu beobachten, wie unwohl sie sich angesichts dieses Schweigens fühlen.

Vielleicht empfindet er dasselbe wie Sie, aber Ihnen das mitzuteilen würde ihm das Gefühl geben, seine Macht über Sie verloren zu haben. Er schafft es, Sie ständig über das im Unklaren zu lassen, was in ihm vorgeht.

Der Paranoiker

- **Sie können ihm nicht sagen, dass er übermäßig misstrauisch oder paranoid ist, da er Ihnen ohnehin nicht glauben wird.**
- **Er denkt, die Welt sei gegen ihn – und er hat Recht.**

Der Paranoiker ist eingeschüchtert, rückgratlos, pessimistisch, furchtsam, ein Jammerlappen, selbstzerstörerisch, depressiv, irrational, voller Vorurteile, beschränkt, schüchtern, grüblerisch, voller Groll, dogmatisch, geltungsbedürftig, innerlich unsicher, masochistisch, ein ewiges Opfer, einer, der immer ein Haar in der Suppe findet, feindselig, rigide, verstört, ängstlich, schwach, instabil, unrealistisch, misstrauisch, ständig in Opposition, voller Zweifel und ohne Vertrauen.

Der Paranoiker glaubt kein Wort von dem, was Sie ihm erzählen, es sei denn, Sie hätten Beweise dafür – aber selbst dann hat er seine Zweifel. Häufig hat er einen misstrauischen Gesichtsausdruck und versteht es, Ihre Ideen sofort abzuschmettern und Ihre Begeisterung zum Erkalten zu bringen. Er ist der typische Zauderer.

Paranoiker sind äußerst pessimistische und misstrauische Menschen. Bevor etwas überhaupt in Gang gekommen ist, sind sie überzeugt, dass es *niemals* klappen wird – ganz ähnlich wie das ewige Opfer. Es ist sehr schwierig, mit diesen Menschen Umgang zu haben, weil sie so voller Zweifel und Misstrauen sind. Vertrauen ist jedenfalls nicht ihre Stärke.

Einem Paranoiker nahezukommen ist fast unmöglich: Ständig zieht er Ihre Absichten und Ihre Ehrlichkeit in Zweifel. Im Grunde seines Herzens glaubt er, Sie würden hinter seinem Rücken gegen ihn intrigieren.

Der Aufhetzer

- Klatschgeschichten erzählt er weiter, aber ganz anders, als er sie gehört hat.
- Wenn etwas schon schlimm genug ist, dann versucht er, es noch schlimmer zu machen.
- Sie leidet unter akuter Indiskretion.

Der Aufhetzer ist zerstörerisch, zudringlich, kontrollierend, indiskret, sadistisch, pessimistisch, wütend, feindselig, hinterhältig, voller Vorurteile, überkritisch, ein Schnüffler, verletzend, neidisch, rückgratlos, ein Drängler, unzuverlässig, nicht vertrauenswürdig, kleinlich, verlogen, verletzend, manipulativ, respektlos, streitsüchtig, kritisch, ein Streithammel und ein doppelzüngiger Mensch.

Aufhetzer sind Menschen, die sich einmischen, um anderen das Leben schwer zu machen. Sie möchten, dass Sie den Kopf vorrecken, damit sie voller Freude zusehen können, wenn er Ihnen abgeschlagen wird. Anders als der Zudringliche lässt sich ein Aufhetzer nicht selbst in eine Sache verwickeln. Stattdessen tut er völlig harmlos, obwohl er vielleicht genau weiß, dass das, was er dem anderen rät, das völlig Falsche ist.

Vielleicht ist sein eigenes Leben so erbärmlich langweilig, dass die einzige Möglichkeit, sich einen Hauch von Abenteuer zu verschaffen, darin besteht, andere Menschen verbal ein wenig »aufzumischen«. Häufig macht er irgendwelche vagen Andeutungen, etwa: »Oh, ich bin sicher, dass Ihr Mann Sie wirklich liebt, obwohl er den Nachmittag mit ... äh ... seiner Sekretärin verbracht hat« oder »Ich möchte mich da nicht einmischen, aber sollte Robert nicht eigentlich ausschließlich für Sie arbeiten? Ich habe beobachtet, dass er für drei andere Leute im Büro tätig war.«

Aufhetzer haben Spaß an Chaos und Tragödien. Es sind Panikmacher, die Freude daran haben, Situationen zu manipulieren und aus einer Fliege einen Elefanten zu machen.

Sirvone, ein Friseur, lachte hysterisch, als er mir erzählte, wie er indirekt einen Streit zwischen einer seiner Kundinnen und ihrer halbwüchsigen Tochter provoziert hatte.

Mit besorgter Stimme hatte er seiner Kundin geraten, besser auf ihre Tochter aufzupassen. Er habe gehört, was sich an ihrer Schule abspiele, und wenn das Mädchen nicht besser beaufsichtigt werde, dann könne es leicht drogenabhängig oder schwanger werden. Seine eigene Tochter, so erklärte er, würde er unter solchen Umständen keinen Schritt vor die Tür gehen lassen. Die Tochter sei aber wahrscheinlich bereits in der Drogenszene bekannt und habe eine Menge sexuelle Erfahrungen.

Die Frau war so bestürzt, dass sie aus ihrem Frisiersessel hochschoss, ihre Tochter anrief und ihr verbot, an jenem Abend mit ihren Freundinnen auszugehen. Natürlich brach sofort ein schrecklicher Streit los. Als Sirvone mir die Geschichte erzählte, platzte er fast vor Schadenfreude – für mich ein Anzeichen dafür, wie gefährlich und toxisch dieser Mann tatsächlich war. Er genoss das Gefühl, die Frau in Angst und Schrecken zu versetzen.

Solche Menschen hetzen andere auf, um Kontrolle über sie zu erlangen oder sich in ihrem armseligen Leben wichtig fühlen zu können. Wenn sie die Handlungen anderer manipulieren können, dann fühlen sie sich mächtig und stark. Da sie ständig negative Reaktionen provozieren, gehören Aufhetzer zu den schlimmsten Unruhestiftern, die es gibt. Meist verfälschen sie die Wahrheit, oder sie provozieren andere, Dinge zu tun, die diese normalerweise nicht tun würden. Sie legen ein Feuer und gießen dann Öl hinein, um sich dann den Brand aus der Entfernung anzusehen.

Aufhetzer sind Schwätzer, die Geschichten über andere verbreiten, um sie in Schwierigkeiten zu bringen. Wie die Klatschmäuler können sie niemals ein Geheimnis bewahren, aber anders als diese gehen sie so weit, eine Geschichte von vorn bis hinten zu erfinden. Es scheint der Sinn ihres Lebens zu sein, im Leben anderer Probleme zu schaffen.

Kurz gesagt: Dies sind wahrhaftige Teufel, die versuchen, aus jeder Situation das Schlechteste zu machen.

Klingt das vertraut?

Haben Sie in diesen neunundzwanzig Beschreibungen toxischer Terror-Typen einige Menschen aus Ihrem Umfeld wieder erkannt? Haben Sie den einen oder anderen identifiziert, und ist es vielleicht jemand, mit dem Sie leben oder zusammenarbeiten oder mit dem Sie befreundet oder liiert waren? Haben Sie in einigen dieser Beschreibungen möglicherweise sogar sich selbst wieder erkannt?

Sie haben vielleicht auch bemerkt, dass viele der toxischen Terror-Typen einige Charakterzüge mit anderen toxischen Terror-Typen teilen – obwohl jede einzelne dieser toxischen Persönlichkeiten ganz spezifische Charakteristika besitzt. Häufig sind verschiedene toxische Terror-Typen in einer Persönlichkeit vereint. Beispielsweise gibt es Menschen, die Klatschmäuler und Kontrollfreaks zugleich sind, oder jemand ist zugleich ein Lästermaul und ein Verräter aus dem Hinterhalt.

Nachdem Sie die neunundzwanzig toxischen Terror-Typen kennen gelernt haben, sollten Sie in der Lage sein, genau zu verstehen, warum Sie bestimmte Menschen äußerst unsympathisch finden.

Mit einem toxischen Terror-Typen Umgang zu haben ist – wie ein Rechtsanwalt, den ich kürzlich in Phoenix traf, es so wunderbar formulierte –, »als würde man einen Teelöffel Batteriesäure probieren«.

Im nächsten Kapitel werden Sie erfahren, wie Sie diese ätzenden Menschen neutralisieren können, sodass sie eine weniger vergiftende Wirkung auf Sie haben.

Kapitel 6

10 Techniken, um mit toxischen Menschen fertig zu werden

Die zehn Techniken zum Umgang mit toxischen Menschen wurden von zahllosen meiner Klienten angewandt; sie entdeckten, dass sie beim Umgang mit den Dämonen in ihrem Leben sehr effektiv waren. Nachdem sie diese Techniken beherrschten, verbesserten sich ihre Gesundheit, ihre Geschäftsbeziehungen und ihre persönlichen Beziehungen, und sie wurden sehr viel optimistischer.

Technik 1: Spannungen ausatmen

Diese Technik ist die Grundlage aller anderen Techniken; sie hilft Ihnen, Ihre Gefühle zu kontrollieren.

Was geschieht, wenn Sie auf jemanden wütend sind? Adrenalin ergießt sich in Ihr Blut, Ihr Herz schlägt schneller, und in Ihrem Schädel beginnt es zu hämmern, Ihr Gesicht rötet sich, und während Sie den Atem anhalten, treten Ihre Augen hervor. Wenn Sie aber die Technik »Spannungen ausatmen« anwenden, dann gelangt Sauerstoff in Ihr Blut, Sie entspannen sich, und das homöostatische Gleichgewicht Ihres Körpers wird wiederhergestellt. Sie atmen Kohlendioxyd aus, und der Sauerstoffgehalt Ihres Blutes steigt an. Sie sollten dazu wie folgt vorgehen:

1. Atmen Sie zwei Sekunden lang durch den Mund ein.
2. Halten Sie, während Sie an den toxischen Menschen denken, den Atem drei Sekunden lang an.
3. Atmen Sie die Luft so kraftvoll wie möglich aus, und denken Sie dabei an den Betreffenden, bis Sie »aus der Puste« sind.

4. Dann halten Sie wieder zwei Sekunden lang die Luft an.
5. Wiederholen Sie die Schritte eins bis vier; während Sie sich beim Ausatmen an die toxischen Handlungen und Worte erinnern, entlassen Sie die toxische Person aus Ihrem Körper.
6. Wiederholen Sie den Vorgang, und atmen Sie alle negativen Einflüsse jenes Menschen restlos aus. Nach dem dritten Mal atmen Sie wieder tief durch den Mund ein, füllen Ihre Lungen und atmen normal aus.

Vielleicht fühlen Sie sich, nachdem Sie diese Technik angewandt haben, ein wenig schwindelig. Sie brauchen sich deshalb keine Sorgen zu machen. Das ist normal. Wenn Ihnen schwindelig wird, dann sollten Sie sich setzen und in langsamen, rhythmischen Zügen ein- und ausatmen.

Auf jeden Fall werden Sie sich jetzt wahrscheinlich sehr viel weniger angespannt und wütend fühlen. Wenn das nicht der Fall ist, dann wiederholen Sie die Übung, bis Sie sich über den toxischen Menschen nicht länger ärgern.

Diese Technik ist sehr gut anwendbar, wenn jemand Sie wütend gemacht hat oder es Ihnen ganz einfach unangenehm ist, mit demjenigen zusammen zu sein. Luft ausatmen kann dazu dienen, sich von übermäßigem Ärger zu befreien.

Ruhiges Ein- und Ausatmen hat auch eine sehr beruhigende Wirkung, wenn es darum geht zu verhindern, dass Sie ins Fettnäpfchen treten oder das Falsche sagen. Durch das erste Anhalten des Atems gewinnen Sie einige zusätzliche Sekunden Zeit zu *denken*, bevor Sie reagieren.

Als professionelle Beraterin, die mit unzähligen Klienten zu tun hat, habe ich diese Technik als sehr hilfreich empfunden, wenn es darum geht, sich mit Leuten auseinanderzusetzen, die ernste emotionale Probleme haben oder gar sehr unbeherrscht sind. Nicht nur, dass *ich* dadurch wieder ruhiger werde, sondern auch meine Klienten. Ich wende diese Technik auch an, um mich zu entspannen, wenn man mir nach einem Vortrag aus einer großen Zuhörermenge heraus Fragen stellt oder wenn ich im Fernsehen spreche. Sie hilft mir, meinen Sprechrhythmus zu kontrollieren, sodass ich nicht zu schnell rede, nicht stottere oder etwas Unpassendes sage. Sie wird auch Ihnen helfen.

Technik 2: Humor

Sie können beim Umgang mit toxischen Menschen nicht nur aufsteigende Spannungen abbauen, sondern sich dabei auch noch amüsieren. Wie oft ist Ihnen eine kluge Antwort auf einen toxischen Kommentar erst Stunden später eingefallen? Wie oft haben Sie abends entspannt im Bett gelegen und über einen Vorfall nachgedacht – und sich dabei die bittersten Vorwürfe gemacht, weil Sie nicht zum richtigen Zeitpunkt gesagt haben, was Sie eigentlich hätten sagen wollen?

Mit Hilfe von Humor können Sie mit einem schwierigen Zeitgenossen auf freundliche Weise fertig werden und außerdem noch herzlich lachen.

Wenden Sie zunächst Technik 1 – Spannungen ausatmen – an, und wenn Sie dann den Atem anhalten, dann lassen Sie sich etwas Lustiges einfallen, was Sie sagen könnten. Es macht nichts, wenn der andere Ihre Bemerkung ein wenig albern findet – wenn sie Sie nur selbst zum Schmunzeln bringt.

Ich wandte diese Technik bei einer Dinnerparty an, wo ich neben einem Herrn saß, der mir mit seiner ständigen Prahlerei auf die Nerven fiel. Er erzählte mir, er sei zwar ein großartiger Sänger, habe es aber niemals geschafft, ein Opernstar zu werden, und verdiene deshalb seinen Lebensunterhalt als opernsingender Lehrer. Während des ganzen Abendessens versuchte er, mich mit seinem Wissen über die Oper zu beeindrucken, was mich allerdings ziemlich kalt ließ. Meine Kenntnisse beschränkten sich im Wesentlichen auf *L'italiana in Algeri* von Rossini, weil ich den berüchtigten Sängern Rob und Fab der Gruppe Milli Vanilli beigebracht hatte, eine Passage für einen Kaugummi-Werbespot mit den Lippen zu synchronisieren. Dennoch lächelte ich und hörte ihm freundlich zu.

Plötzlich, als ich zu einem zweiten Stück köstlichem, dick mit Käse belegtem Knoblauchbrot griff, funkelte er mich wütend an und sagte mit scharfer, abgehackter Stimme: »Wissen Sie was, ich habe gerade sieben Kilo abgenommen – daran sollten *Sie* sich mal ein Beispiel nehmen.«

Zunächst war ich völlig schockiert und wollte meinen Ohren kaum trauen. Dann meldete sich eine vorwurfsvolle innere Stimme, und ich dachte: Esse ich vielleicht *wirklich* zu viel? Ich atmete tief ein, hielt den Atem einen Moment lang an und dachte: Nein, die Technik »Spannungen ausatmen« wird in diesem Fall nicht klappen. Ich bin verdammt wütend, aber wahrscheinlich ist es jetzt das Beste, wenn ich mich über ihn lustig mache. Vielleicht werde ich sogar noch Spaß dabei haben.

Ich entschloss mich, ihn mit seinem Lieblingsthema, der Oper, auf die Schippe zu nehmen. Ich sah ihm fest in die Augen, tat außerordentlich überrascht und rief aus: »Abnehmen?! Ich möchte gern siebzig Pfund *zu*nehmen. Ich will unbedingt wie eine dieser Opernsängerinnen aussehen – wissen Sie, wie die, die Hörner auf dem Kopf und lange Zöpfe haben« – und biss herzhaft in mein Knoblauchbrot. Den ganzen restlichen Abend sagte er kein Wort mehr zu mir – was ich auch beabsichtigt hatte. Ich hatte meinen Spaß gehabt und fühlte mich großartig dabei. Den Stress, mit diesem toxischen Menschen umgehen zu müssen, hatte ich mit Hilfe von Humor abbauen können.

Humor kann auch eingesetzt werden, um Ihr Selbstwertgefühl zu heben und Ihnen bei anderen Sympathiepunkte zu verschaffen.

Juan hatte Schwierigkeiten, in seiner neuen Schule akzeptiert zu werden. Äußerlich war er nicht sehr attraktiv; er war mit einer Hasenscharte und einem Wolfsrachen geboren worden: seine Nase war flach, seine Oberlippe vernarbt, und seine Stimme klang sehr nasal. Deshalb wurde er von den anderen Jungen auf dem Schulhof in den ersten Wochen gnadenlos gehänselt.

Eines Tages rempelte ein älterer Junge ihn an und sagte: »He, woher kommt denn diese hässliche Narbe in deinem Gesicht?« Juan sah dem Angreifer in die Augen und sagte: »Oh, das – das ist die Narbe von damals, als ich mich beim Rasieren geschnitten habe.« Die anderen Jungen mussten lachen: Die Vorstellung, dass ein neunjähriger Junge sich rasierte, kam ihnen komisch vor.

Durch seinen Humor machte Juan sich bei den anderen Kindern sehr schnell beliebt. Er hatte schon früh gelernt, dass Lachen für ihn die Fahrkarte war, die aus der Hölle hinausführte, deshalb hatte er es sich angewöhnt, auf Hänseleien mit witzigen Bemerkungen zu reagieren. Bald wurde er der beliebteste Junge in seiner Klasse, und im nächsten Schuljahr wurde er zum Klassensprecher gewählt.

Manchmal können Sie eine toxische Bemerkung erwidern, indem Sie der Beleidigung eine weitere Beleidigung hinzufügen. Die toxische Person denkt vielleicht, sie sei besonders geistreich und intelligent, aber wenn Sie ihr etwas Witziges entgegnen, dann können Sie ihr einen heilsamen Schock versetzen.

Der Komödiant David Brenner hatte immer eine sehr entwaffnende Erwiderung parat, wenn jemand sich über seine Nase lustig machte. Er sagte: »Sie denken also, meine Nase sei groß – wissen Sie, als ich ein Kind war, dachte ich immer, sie sei mein dritter Arm.« In amerikanischen Radiosendungen kann man hören, wie Howard Stern sich über die Größe seines Penis und über sein Aussehen lustig macht.

Eines steht fest: Jemanden, der über sich selbst lachen kann, muss man unweigerlich gern haben. Wenn Ihnen keine witzigen und schlagfertigen Erwiderungen einfallen, dann kaufen Sie sich doch ein Buch über schlagfertige Antworten und prägen sich ein paar kurze Entgegnungen ein, die Sie besonders lustig finden.

Professionelle Komiker, die sich mit betrunkenen Zwischenrufern oder unangenehmen Zuschauern auseinandersetzen müssen, haben gewöhnlich eine ganze Reihe solcher Erwiderungen parat. Ein bekannter amerikanischer Fernsehkomiker pflegt solchen Zwischenrufern zuzurufen: »Genau das ist es, was dabei herauskommt, wenn Cousins heiraten.« Die Zuhörer brüllen vor Lachen, der Zwischenrufer schweigt betreten, und der Komiker kann mit seiner Darbietung fortfahren.

Ich habe für feindseligen, sarkastischen Humor zwar normalerweise wenig übrig, aber in einigen Fällen ist er durchaus angebracht. Manchmal müssen Sie Feuer mit Feuer bekämpfen. Wenn jemand Ihnen gegenüber eine toxische Bemerkung macht, dann können Sie ihm mit Hilfe von Humor vor Augen führen, wie dumm er sich verhält, und sich selbst dadurch von Ihrer Anspannung und Ihrem Ärger befreien. Häufig möchten Menschen bei bestimmten Gelegenheiten etwas Humorvolles sagen, aber es fällt ihnen partout nichts Lustiges ein. Ich nenne Ihnen im Folgenden einige schlagfertige Erwiderungen, die ich von verschiedenen Fernseh-Showstars hörte. Lernen Sie sie auswendig, sodass Sie sie jederzeit parat haben. Die Bemerkungen werden Ihnen helfen, das Gesicht zu wahren und sich gegen freche oder gar unverschämte Kommentare zu wehren. Suchen Sie sich diejenigen aus, mit denen Sie sich selbst am wohlsten fühlen.

1. Jetzt haben Sie mich endgültig von der Reinkarnationslehre überzeugt – jetzt weiß ich, welcher Teil eines Affen Sie in einem früheren Leben gewesen sein müssen.
2. Könnte es sein, dass Sie das Kind aus einer Ehe von zwei Cousins ersten Grades sind?
3. Schauen Sie – ich würde mich niemals auf eine intellektuelle Auseinandersetzung mit Ihnen einlassen, denn ich greife grundsätzlich niemanden an, der unbewaffnet ist.
4. Warum gehen Sie nicht einfach in den Zoo? Sie würden dort weniger auffallen!
5. Ich glaube, es war in einem meiner Albträume, dass ich Sie zuletzt getroffen habe.
6. Ich weiß nicht, wie ich ohne Sie auskommen könnte, aber das wäre mir wirklich am liebsten.
7. Werden Sie Ihrer eigenen Gesellschaft nicht manchmal überdrüssig?
8. Je besser ich Sie kennen lerne, desto weniger gefallen Sie mir.
9. Ich werde mich nicht an Ihren Namen erinnern können, aber Ihre schlechten Manieren sind unvergesslich.

10. Es passiert mir nie, dass ich ein Gesicht vergesse, aber in Ihrem Fall bin ich bereit, eine Ausnahme zu machen.
11. Reden Sie nur weiter, dann weiß ich jedenfalls, dass Sie nicht denken.
12. Zunächst habe ich Sie ein paar Sekunden lang nicht erkannt, und ich muss sagen, das war mir sehr angenehm.

Technik 3: Gedankenstopp

Manchmal sind Sie so wütend, dass Sie platzen könnten. Wenn Sie an einen bestimmten toxischen Mitmenschen denken, kommen sehr unangenehme Gefühle in Ihnen hoch. In dem Fall sollten Sie nicht nur die Technik »Spannungen ausatmen« anwenden, sondern sich in Ihrer Fantasie sofort das Wort *Gedankenstopp!* zurufen.

Diese Technik kann lebensrettend sein; sie hindert Sie daran, sich selbst verrückt zu machen, indem Sie eine toxische Situation gedanklich immer wieder durchspielen.

Vielleicht wachen Sie auf und fühlen sich großartig, bis die unangenehmen Erinnerungen an den toxischen Menschen Sie erneut heimsuchen. Während Sie im Geiste den quälenden Augenblick noch einmal durchleben, schlägt Ihre strahlende Stimmung um. Sie merken, dass Sie immer gereizter werden, während Sie sich bittere Vorwürfe machen – dafür, dass Sie nicht das gesagt haben, was Sie hätten sagen sollen, und dass Sie überhaupt mit einem so toxischen Menschen in Kontakt gekommen sind. Ihr Kopf arbeitet wie ein Vulkan, der kurz vor dem Ausbruch steht, und die toxische Person und die toxische Situation stehen Ihnen beständig vor Augen.

Genauso ging es Glenda. Nach einer dramatischen Trennung von Mario konnte sie lange Zeit die albtraumartigen Erinnerungen an ihre toxische Beziehung nicht abschütteln. Da sie so oft an Mario dachte, kamen ihre Ängste ständig wieder hoch. Ihre Trennung war schon über sechs Monate her, aber es schien, dass sie die negativen Gedanken, die sie von Tag zu Tag immer mehr schwächten, nicht abschütteln konnte. Als Glenda die Gedanken-stopp-Technik lernte, nahm ihr Leben eine völlig andere Richtung. Endlich war sie fähig, sich aus den alten Grübeleien zu befreien. Immer, wenn Mario ihr in den Sinn kam, sagte sie zu sich selbst: »*Gedankenstopp!*« Danach hellte sich ihre Stimmung sehr bald auf, und nach einigen Wochen war sie in der Lage, ihr Leben auch ohne Mario zu meistern und nicht mehr über die Vergangenheit nachzugrübeln.

Die Gedankenstopp-Technik kann durch eine positive Affirmation noch untermauert werden. Beispielsweise können Sie sagen: »Gedankenstopp! Niemand kann mich klein machen!« oder »Gedankenstopp! Ich mag mich. Ich bin wichtig. Ich bin ein wertvoller Mensch!« Und dann können Sie sich all das ins Gedächtnis rufen, was Ihnen hilft, sich selbst mehr zu lieben.

Technik 4: Spiegeln

Die Spiegeltechnik zwingt toxische Menschen, sich mit ihrem Verhalten auseinanderzusetzen.

Meine Klientin Debora, eine Rechtsanwältin, empfand diese Technik während ihrer Verhandlungen mit einem verbal feindseligen und aggressiven männlichen Strafverteidiger als sehr hilfreich. Bei Telefongesprächen ließ er sie kaum zu Wort kommen und wurde oftmals geradezu unverschämt. Eines Tages hielt sie den Hörer ein Stück weit vom Ohr ab und begann, während er sprach, wie ein Hund zu bellen.

Er unterbrach sich und fragte verdutzt: »*Was* haben Sie gesagt?« Debora legte den Hörer wieder ans Ohr und antwortete: »Ich sagte …«, und imitierte nochmals einen bellenden Hund. Dann hielt sie inne und erklärte: »Genauso klingen Sie – wie ein bellender Hund. Also, Mr. Jones, Sie und ich, wir beide haben eine sehr gute Ausbildung, und wir sind außerordentlich qualifizierte, zivilisierte Anwälte. *Verhalten* wir uns also auch so: Reden wir ruhig und rücksichtsvoll miteinander, und hören wir auf das, was der andere uns mitteilen möchte, damit wir zu einer gütlichen Einigung kommen.«

Mr. Jones war sehr peinlich berührt, da er sich nicht bewusst gewesen war, wie unangenehm sein harscher Ton auf andere wirkte. Als Debora ihm sein Verhalten spiegelte, begann er, sich selbst mit anderen Augen zu sehen, und entwickelte die Bereitschaft, ihr zuzuhören und auf zivilisierte Weise mit ihr zu verhandeln.

Wenn Sie die Spiegeltechnik anwenden, dann sollten Sie darauf achten, Ihren Gesprächspartner nicht zu schockieren. Sie brauchen nur *anzudeuten*, wie unangenehm der Betreffende sich verhält – dadurch wird er sich seines Verhaltens bewusst und bekommt die Chance, es zu verändern.

Einmal ging ich in einen Schuhladen in Beverly Hills, aber es war weit und breit keine Verkäuferin zu sehen. Nachdem ich dreimal gerufen hatte: »Hallo – ist jemand da?«, hörte ich schließlich eine feindselige Stimme aus dem Hintergrund: »Was *wollen* Sie?« Wenig später trat eine Frau mit finsterem Blick in den Raum. Ich war entsetzt – wir waren immerhin in Beverly Hills, der Heimat der Reichen und Verwöhnten.

Als die Frau sich mir näherte, sagte ich mit ruhiger Stimme: »Eigentlich bin ich in diesen Laden gekommen, weil ich weiß, dass Sie sehr elegante Schuhe haben. Als ich eintrat, habe ich niemanden gesehen, deshalb rief ich dreimal: ›Ist jemand da?‹ Schließlich hörte ich eine Stimme: ›Was *wollen* Sie?‹« Die Verkäuferin wurde feuerrot, entschuldigte sich überschwänglich und strengte sich dann sehr an, die richtigen Schuhe für mich zu finden.

Sie hatte zweifellos verstanden, was ich ihr sagen wollte. Mit meiner Stimme hatte ich ihr ihre eigene, harsche Stimme gespiegelt, deren Klang ihr selbst nicht gefiel.

Vielleicht war sie zu den nächsten Kunden, die den Laden betraten, ein wenig freundlicher. Vielleicht wird sie nie wieder in ihrem Leben in einem so schrillen, hässlichen Ton »Was *wollen* Sie?« rufen …

Manchmal müssen Sie einen Menschen damit konfrontieren, wie unangenehm er wirkt – indem Sie ihm einen Spiegel vorhalten. Sie lassen ihn dadurch nicht nur wissen, dass das, was er sagte, für Sie unakzeptabel war; Sie zwingen ihn zu erkennen, was für ein Gefühl es ist, wenn jemand etwas sehr Kränkendes äußert.

Corinne entdeckte Amanda im Vorraum des Saales, in dem die Hochzeit ihrer gemeinsamen Freundin gefeiert werden sollte. Sie ging auf sie zu und äußerte sich voller Begeisterung darüber, wie gut Amanda aussehe, und wie großartig es sei, sie zu treffen. Nach einer längeren Unterhaltung gingen alle zu dem Tisch hinüber, wo der Hochzeitskuchen angeschnitten werden sollte. Plötzlich lächelte Corinne Amanda selbstgefällig an und sagte so laut, dass alle Umstehenden es hören konnten: »Für dich lieber keinen Kuchen – du hast, seitdem ich dich das letzte Mal gesehen habe, ganz schön zugelegt.« Danach wandte sie sich abrupt ab und schloss sich einer anderen Gruppe an. Amanda blieb schockiert und verletzt zurück. Nachdem Amanda sich wieder gefangen hatte, folgte sie Corinne, packte sie an der Schulter, sah ihr direkt in die Augen und sagte: »Das war wirklich sehr taktlos von dir. Du weißt, wie empfindlich ich bin, was mein Gewicht angeht. Wenn du so kritisch über mich denkst, dann solltest du deine Gedanken besser für dich behalten – genauso wie ich meine kritischen Gedanken über dich gewöhnlich für mich behalte. Bevor du mich so verletzt hast, wäre ich nie auf die Idee gekommen, irgendetwas über deine hässlichen, gelb gefleckten Zähne zu sagen oder über dein dünnes, blondiertes Haar mit den dunklen Wurzeln und über deine gelbliche Gesichtsfarbe.«

Damit hatte sie Corinne einen großen Löffel ihrer eigenen Medizin verabreicht. Corinnes selbstgefälliges Lächeln gefror ihr im Gesicht, und sie wurde sehr nachdenklich. Jedenfalls war sie jetzt fähig nachzuempfinden, was Amanda empfunden hatte – dadurch, dass Amanda dasselbe Sprach- und Kommunikationsmuster anwandte, dessen Corinne sich bedient hatte. Corinne hatte damit begonnen, aber Amanda wehrte sich, indem sie es auf die Spitze trieb.

Auch im Umgang mit Kindern kann die Spiegeltechnik sehr effektiv sein. Einer meiner kleinen Klienten kam in mein Büro und kletterte als Erstes auf einen Stuhl. Ich spiegelte sein Verhalten, indem ich ebenfalls auf den Stuhl stieg, und das Kind sagte sofort: »Dr. Glass, Sie sind doch die *Lehrerin*. Sie können sich doch nicht einfach auf einen Stuhl stellen.«

Ich sagte: »Okay, vermutlich hast du Recht«, und dann setzten wir uns beide hin und führten ein gutes Gespräch.

Die Spiegeltechnik befähigt Kinder ebenso wie Erwachsene, die Konsequenzen ihres toxischen Verhaltens zu erkennen und wahrzunehmen, wie sie auf andere wirken.

Technik 5: Direkte Konfrontation

Eine direkte Konfrontation ist vor allem dann sehr sinnvoll, wenn jemand etwas Hässliches, Kränkendes äußert. Wenn Ihnen keine humorvolle und schlagfertige Erwiderung einfällt, dann ist es oft am besten, dem Betreffenden direkt ins Gesicht zu sagen, was für Gefühle seine Bemerkungen in Ihnen hervorriefen.

Durch eine direkte Konfrontation vermeiden Sie es, sich zum Opfer machen zu lassen. Wenn Sie deutlich sagen, was Sie denken, verschaffen Sie sich Respekt. Reden Sie bei einer solchen Konfrontation laut und deutlich. Legen Sie Gefühl in Ihre Stimme, sodass Sie einen selbstsicheren und überzeugenden Eindruck machen.

Senatorin Dianne Feinstein aus Kalifornien nutzte die Technik der direkten Konfrontation sehr geschickt, um sich gegen einen herablassenden Kommentar von Senator Larry Craig aus Idaho zur Wehr zu setzen. In seiner Erwiderung gegen Feinsteins Vorschlag, halbautomatische Angriffswaffen zu verbieten, sagte Craig im Senat: »Deshalb sollte sich die sanfte Lady aus Kalifornien mit Feuerwaffen und ihren tödlichen Wirkungen ein wenig vertrauter machen.«

Daraufhin erwiderte Dianne Feinstein: »Ich bin mit Feuerwaffen sehr gut vertraut. Ich wurde Bürgermeisterin, nachdem mein Vorgänger ermordet worden war. Ich war es, die den erschossenen Kollegen fand, und bei dem Versuch, seinen Puls zu fühlen, musste ich meinen Finger in eine tiefe Wunde stecken. In San Francisco arbeitete ich an Gesetzesvorlagen zur Kontrolle von Feuerwaffen. Dabei kamen all die furchtbaren Erinnerungen hoch. Ich erhielt meine Ausbildung im Umgang mit Feuerwaffen, als Terroristen mich in meinem Haus mit einer Bombe attackierten. Dabei kam mein Mann ums Leben. Also, Senator – *ich weiß durchaus etwas darüber, was Feuerwaffen bewirken können.*«

Die Technik der direkten Konfrontation bewirkt nicht nur, dass andere Sie mehr respektieren. Auch Sie selbst werden sich, wenn Sie jemanden mit seinem unangenehmen Verhalten konfrontieren, stärker und souveräner fühlen.

Ein anderes Beispiel für die Technik der direkten Konfrontation beschrieb die Schauspielerin Meryl Streep in der Zeitschrift *Cosmopolitan*. Irgendwann zu Beginn ihrer Karriere wurde sie vom Sohn Dino De Laurentiis' eingeladen, damit sie den berühmten Produzenten kennen lerne. Er unterhielt sich sehr freundlich mit ihr auf Englisch, wandte sich dann seinem Sohn zu und sagte auf Italienisch: »Was ist *das* denn für eine? Sie ist überhaupt nicht hübsch. Sie ist wirklich nicht schön genug – warum verschwendest du also meine Zeit?« Streep sah den Vater an und entgegnete ihm auf Italienisch: »Das gefällt mir aber nicht besonders.« Wahrscheinlich blieb der Produzent, als Streep aufstand und davonging, ziemlich beschämt und mit offenem Mund zurück. Meryl Streep wurde bekanntermaßen eine der schönsten und begehrtesten Schauspielerinnen in Hollywood – *trotz* De Laurentiis' Vorbehalten.

Die Technik der direkten Konfrontation hat im Wesentlichen die Wirkung, dem Gegner zu zeigen, dass Sie seine Spielchen durchschauen. Dadurch ist er gezwungen, Farbe zu bekennen und sich zurückzunehmen.

Technik 6: Ruhiges Nachfragen

Durch die Technik des ruhigen Nachfragens können Sie einem toxischen Menschen zeigen, wie absurd, lächerlich oder dumm seine Ideen oder Kommentare sind. Indem Sie jemandem eine Reihe von Fragen stellen, die in logischer Folge eine Ja- oder Nein-Antwort erfordern, gehen Sie vor wie ein Anwalt, der versucht, einem Zeugen wichtige Antworten zu entlocken.

Wenn Sie diese Technik anwenden, dann müssen Sie sich zwingen, ruhig und gelassen zu bleiben, so, als hätten Sie alles – vor allem Ihre Gefühle – völlig im Griff.

Sagen wir beispielsweise, jemand gibt den ignoranten Satz von sich: »Ich hasse Schwarze.« Um die Beschränktheit dieser Aussage zu entlarven, könnten Sie die folgenden Fragen stellen:

Tatsächlich? Hassen Sie jeden einzelnen Schwarzen auf der ganzen Welt?

Kennen Sie irgendeinen Schwarzen, den Sie mögen?

Mögen Sie Sport?

Gibt es irgendwelche schwarzen Sportler, die Sie beeindruckend finden?

Und wie ist es mit den Schwarzen in der Politik oder Musik?

Gibt es irgendeinen Schwarzen, den Sie für intelligent oder talentiert halten?

Sind Sie von einem Schwarzen jemals persönlich gekränkt oder verletzt worden?

Glauben Sie, dass es Schwarze gibt, die hart arbeiten und für ihre Familien sorgen?

Kennen Sie viele Schwarze?

Hatten Sie schon einmal Schwarze als Nachbarn?

Ist es Ihnen auch schon einmal passiert, dass Sie allein wegen Ihrer Hautfarbe gehasst wurden?

Hatten Sie schon einmal das Gefühl, dass es besser um die Welt bestellt wäre, wenn die Menschen sich besser kennen und weniger hassen würden?

Es geht hier im Wesentlichen darum, einem ignoranten, beschränkten Menschen eine Reihe von Fragen zu stellen, durch die er gezwungen ist, sich seiner eigenen Dummheit bewusst zu werden und die Gefühle zu erkunden, die seiner Aussage zugrunde lagen.

Ich selbst greife sehr häufig auf diese Technik zurück, wenn ich Gast in einer Talkshow bin und mit Menschen reden muss, die beschränkt sind und nicht verstehen wollen, worum es geht. In einer Fernseh-Talkshow über »Mütter und Töchter, die gemeinsam eine Party feiern« erzählte eine Frau, wie sie und ihre zwanzigjährige Tochter sich einmal großartig amüsiert hätten: Sie hätten von den Männern, mit denen sie sich verabredet hatten, Geschenke bekommen und den Gästen dann, als diese betrunken waren, das ganze Geld abgenommen. Anscheinend hatte die Tochter auf diesen merkwürdigen Partys keinen Sex mit den Männern – im Gegensatz zur Mutter.

Überflüssig zu sagen, dass ich, ebenso wie sämtliche Zuhörer, über die Einstellung und den Lebensstil der Mutter entsetzt war. Ich benutzte die Technik des ruhigen Nachfragens, um ihr zu zeigen, wie unangemessen ihr Verhalten war.

DR. GLASS *(zur Mutter)*: Haben Sie auch mit Ihrer eigenen Mutter solche Partys gefeiert?
MUTTER: Nein, aber ich hätte es liebend gern getan.

DR. GLASS: Und was war mit Ihrem Vater – welches Verhältnis hatten Sie zu ihm – haben Sie sich gut mit ihm verstanden?

MUTTER: Nein.

DR. GLASS: Wie ist es mit Männern im Allgemeinen – mögen Sie Männer?

MUTTER: Manchmal.

DR. GLASS: Ich habe das Gefühl, im Grunde mögen Sie sie nicht.

MUTTER: Nun, Sie würden sie auch nicht mögen, wenn sie ständig versuchten, Sie auszunutzen.

DR. GLASS: Glauben Sie, die Männer sollten von den Frauen ausgenutzt werden, sie sollten für sie sorgen und ihnen ständig Geschenke machen?

MUTTER: Nun, warum nicht? Schließlich nutzen sie die Frauen doch auch ständig aus.

DR. GLASS: Halten Sie sich für eine gute Mutter?

MUTTER: Ja, ich halte mich für eine hervorragende Mutter.

DR. GLASS *(zur Tochter):* Und – glauben Sie, dass sie eine gute Mutter ist?

Tochter *(defensiv):* Ja, das glaube ich in der Tat.

DR. GLASS *(zur Mutter):* Sind Sie stolz darauf, dass Ihre Tochter Jungfrau ist?

MUTTER: Ja.

DR. GLASS *(zur Tochter):* Sind Sie stolz darauf, dass Sie Jungfrau sind?

TOCHTER: Ja.

DR. GLASS: Was ist eine Jungfrau?

TOCHTER: Ein Mädchen, das noch keinen Sex hatte.

DR. GLASS: Ist eine Jungfrau ein Mädchen, das nur einfach keinen Geschlechtsverkehr hatte?

TOCHTER: Ja.

DR. GLASS: Nimmt eine Jungfrau die obere Hälfte des Körpers eines Mannes, während die Mutter die untere Hälfte nimmt? Ist *das* eine Jungfrau?

Die Zuhörer applaudierten heftig und signalisierten mir ihre Unterstützung, während die Mutter und die Tochter anfingen, mich anzuschreien.

DR. GLASS *(zur Mutter)*: Glauben Sie, Sie wären ein gutes Vorbild für Ihre Tochter, wenn Sie ihr beibringen, Männer nach Strich und Faden auszunutzen?

MUTTER: Tja, so ist das Leben nun mal.

DR. GLASS: Also fühlen Sie sich wohl damit, Ihrer Tochter beizubringen, sich … nun … wie eine Prostituierte zu verhalten?

Inzwischen waren die Zuschauer völlig außer Rand und Band, brüllten »Super!«, »Toll!« und »Bravo!« und klatschten begeistert.

Diese Technik ist sehr effektiv; es wird Ihnen dadurch nicht nur gelingen, Ihre eigene Meinung deutlich zu machen, sondern Sie werden mit ihrer Hilfe auch das Denken Ihres Gegenübers verändern – und zwar durch Fragen, die es zwingen, Farbe zu bekennen und für seine Ansichten Verantwortung zu übernehmen. Indem der andere bestimmte Denkprozesse nachvollzieht, wird er zu einem aktiven Teilnehmer am Kommunikationsprozess.

Die Technik »ruhiges Nachfragen« kann Ihnen auch helfen, Informationen über eine Person oder Situation zu sammeln. Dadurch erkennen Sie, wo Sie stehen und wie sich eine Angelegenheit wirklich verhält.

Nachdem ich einer meiner Klientinnen diese Fragetechnik beigebracht hatte, wurde ihr Leben in mancher Hinsicht sehr viel einfacher. Sie fühlte sich sehr viel freier und souveräner, denn sie begann, den Männern, die sich für sie interessierten, eine Reihe direkter Fragen zu stellen. Dadurch gelang es ihr herauszufinden, wo genau sie in ihren Beziehungen stand.

Claudia hatte Dean auf einer Party kennen gelernt. Er rief sie an und lud sie mehrmals zum Abendessen ein. Sie hatten viele gute Gespräche und entdeckten viele Gemeinsamkeiten. Wenn sie sich trafen, wurde es immer sehr spät, da es so vieles gab, was sie einander mitteilen wollten. Obwohl er sich offensichtlich zu ihr hingezogen fühlte, machte Dean nicht ein einziges Mal den Versuch, Claudia zu berühren.

Zunächst hielt sie ihn für schüchtern, deshalb drückte sie bei der vierten Verabredung ihr Knie ein wenig gegen seines und berührte während des Gesprächs ein paarmal seinen Arm. Dean zuckte jedesmal erschrocken zurück. Schließlich gewann sie den Eindruck, dass er wahrscheinlich kein Interesse an ihr habe. Sie schnitt vorsichtig das Thema Homosexualität an, aber er bekannte sich entschieden zur Heterosexualität und erklärte, er könne es nicht ertragen, wenn Homosexuelle ihm Avancen machten.

Der flüchtige Gutenachtkuss auf die Lippen, den Dean ihr beim Abschied gab, vermittelte ihr dann aber endgültig das Gefühl, dass er sexuell kein Interesse an ihr habe. Als sie wenig später allein in ihrer Wohnung war, fühlte sie sich traurig und einsam. Verwirrt fragte sie sich, ob sie vielleicht einen schlechten Atem oder Körpergeruch habe, ob sie in seinen Augen vielleicht zu dick oder nicht hübsch genug sei oder zu viel geredet habe. Die ganze Nacht lang grübelte sie über diese Fragen nach. Als sie am nächsten Morgen aufwachte, hatte sie die Hoffnung auf eine Beziehung aufgegeben.

Am Vormittag rief Dean sie an – er war gut gelaunt und unternehmungslustig und wollte am folgenden Abend mit ihr ausgehen. Sie holte tief Luft und sagte: »Dean, ich muss dir eine Frage stellen.«

DEAN: Schieß los.
CLAUDIA: Und – wirst du sie mir auch ehrlich beantworten?
DEAN: Klar.
CLAUDIA: Selbst wenn du der Meinung bist, die Antwort würde meine Gefühle verletzen?
DEAN: Ja, natürlich. Worauf willst du hinaus?
CLAUDIA: Sag mal – findest du mich eigentlich attraktiv?
DEAN: Ja, sehr. Ich weiß, dass du wahrscheinlich dachtest, das wäre nicht der Fall, aber ich finde dich sehr attraktiv.

CLAUDIA: Meinst du, du fühlst dich zu mir hingezogen, weil ich dir eine gute Freundin sein könnte?

DEAN: Nein.

CLAUDIA: Oder meinst du, du findest mich als Gesprächspartnerin attraktiv?

DEAN: Nein, ich fühle mich in jeder Hinsicht zu dir hingezogen – geistig, emotional und körperlich – und das ist das Problem.

CLAUDIA: Und warum ist es ein Problem?

DEAN: Nun, schau mal, wie weit du es gebracht hast – du hast Geld, und du hast Karriere gemacht. Ich selbst stehe erst am Anfang, und ich könnte dir finanziell kaum etwas bieten. Außerdem bin ich ziemlich durcheinander, da ich über meine Scheidung noch nicht hinweg bin und augenblicklich keine neue Beziehung eingehen möchte.

Jetzt wusste Claudia es ganz genau. Zwar war sie über die Antwort nicht gerade begeistert, aber sie hatte sich wenigstens ein klares Bild verschafft, anstatt ständig darüber nachzugrübeln, ob es vielleicht ihr Atem, ihr Körper oder ihr Aussehen war, das ihn abstieß.

So wie es in der Bibel heißt: »Suchet, so werdet ihr finden«, so können wir sagen: »Fragt, und ihr werdet es wissen.«

Technik 7: Anschnauzen

Fast jedem von uns wurde als Kind beigebracht, dass es nicht »damenhaft« oder es »ungezogen« sei, wenn man wütend wird, herumbrüllt und die Fassung verliert. Ich persönlich halte das für Unsinn. Manchmal *müssen* Sie einfach brüllen, weil das die einzige Möglichkeit ist, sich Gehör zu verschaffen. Bisweilen gerät man so in Wut, dass man einfach Dampf ablassen muss, um nicht einen Schlaganfall zu bekommen. Sie können auch durchaus einmal richtig fluchen, wenn Ihnen das hilft, Ihre Wut loszuwerden. Wie Mark Twain schon sagte: »Unter bestimmten Umständen kann man sich durch Fluchen eine Entlastung verschaffen, die man nicht einmal im Gebet findet.«

Zwar ist es nicht sinnvoll, *dauernd* zu fluchen und zu schimpfen – dadurch würden Sie nämlich selbst zu einer toxischen Persönlichkeit –, aber gelegentlich ist es sehr angebracht. Flüche und Beschimpfungen gehören zwar nicht gerade zum guten Ton, aber sie sind möglicherweise das Einzige, was toxische Menschen überhaupt verstehen und was sie dazu bringt, wenigstens ein einziges Mal zuzuhören.

Bei einem wichtigen Match begann der amerikanische Tennischampion Pete Sampras einmal lauthals zu schimpfen, um seinem Zorn gegen toxische englische Fans Luft zu machen. Er spielte in Wimbledon gegen einen englischen Spieler. Jedes Mal, wenn Sampras einen Punkt machte, begannen einige Zuschauer zu zischen und ihn auszubuhen. Nachdem er gewonnen hatte, wandte Sampras sich der Menge zu und brüllte laut und zornig: »*Take that, you motherfuckers.*« Viele Amerikaner waren begeistert darüber, wie dieser junge Mann sich gegen die Engländer behauptete, die sich so viel auf ihre Höflichkeit, ihre Manieren und ihre Vornehmheit zugute halten.

Die Anschnauztechnik war auch hilfreich, das traumatische Erlebnis zu überwinden, unter dem eine meiner Klientinnen seit Jahren gelitten hatte. Sandra, eine Frau in den Vierzigern, war niemals über ein Schockerlebnis hinweggekommen, das sie gehabt hatte, als sie achtzehn Jahre alt gewesen war. Als Zahnarzthelferin hatte sie Patienten mit Lachgas behandelt, um sie zu beruhigen. Eines Tages sagte ihr Arbeitgeber, sie müsse einmal eine Lachgasbetäubung bei sich selbst machen lassen, damit sie sich in die Patienten »besser einfühlen« könne. Sie erklärte sich damit einverstanden. Als ihr Chef die Betäubung an ihr vornahm, fühlte sie sich frei wie ein Vogel und begann, leise vor sich hin zu kichern. Plötzlich wurde ihr bewusst, dass der Arzt ihr den Slip ausgezogen hatte und in sie eingedrungen war. Sie war schockiert und völlig hilflos. Als die Narkose nachgelassen hatte, sprang sie auf, stürzte ins Badezimmer und konnte nicht aufhören, sich zu übergeben.

Als sie zurückkam, tat ihr Chef, als wäre nichts geschehen, und befahl ihr, die Geräte zu säubern, die Schleimschale aus dem Absauggerät auszuwaschen und danach in sein Büro zu kommen. Völlig benommen tat sie, was er ihr auftrug. Als sie sein Büro betrat, überreichte er ihr die Kündigung.

Das Trauma war so tief, dass sie jahrelang mit niemandem über den Vorfall sprechen konnte, bis sie eines Tages eine Fernsehsendung über einige schwarze Schafe unter den Zahnärzten sah, die ihre Patientinnen missbraucht hatten. Sie hörte den Reporter fragen: »Wäre es möglich, dass auch Ihr Zahnarzt sich an Ihnen vergeht, während Sie in Narkose sind?« Plötzlich waren all die schrecklichen Erinnerungen wieder präsent. Diesmal wurde ihr nicht nur übel, sondern sie wurde auch furchtbar wütend. Am liebsten wäre sie sofort in die Praxis ihres früheren Arbeitgebers gestürzt und hätte ihm sämtliche Zähne ausgeschlagen. Die bloßen Rachefantasien genügten ihr jedoch nicht, um ihren lange aufgestauten Groll loszuwerden. Eine Strafanzeige kam nicht in Frage, da sie ihrem Mann, ihren Kindern und sich selbst eine solche Tortur nicht zumuten wollte. Sie entschloss sich, ihren Vergewaltiger persönlich zu konfrontieren. Also vereinbarte sie unter ihrem jetzigen Namen einen Termin.

Als die Zahnarzthelferin sie in das Behandlungszimmer führte, sagte sie, sie wolle zunächst mit dem Arzt allein sprechen. Ihr Herz klopfte wie wild, und sie begann, so, wie ich es ihr beigebracht hatte, ihre Spannungen auszuatmen, um sich zu beruhigen. Schließlich betrat ihr früherer Chef das Behandlungszimmer; er sah genauso aus wie damals, nur einige Jahre älter. Sie fragte: »Erinnern Sie sich an mich?« – »Nein, leider nicht«, antwortete er. – »Ich war vor fünfundzwanzig Jahren Ihre Helferin, und Sie haben mich, nachdem Sie mir eine Lachgasnarkose gegeben hatten, in diesem Stuhl hier vergewaltigt.« Der Zahnarzt wurde kreidebleich. Sie sprang auf, stellte sich vor die Tür und schnauzte ihn an: »Obendrein haben Sie mich noch gedemütigt, indem Sie mich zwangen, den schlimmsten Schmutz in Ihrem Behandlungszimmer zu entfernen, um mir wenig später zu kündigen.« Dann griff sie nach dem Mülleimer in der Nähe der Tür und rief: »Sie verdammter Vergewaltiger, jetzt können Sie selbst mal den ekelhaften Müll hier beseitigen!« Mit diesen Worten schüttete sie ihm den ganzen Inhalt des Eimers mit den unangenehmen zahnärztlichen Abfällen entgegen. Dann riss sie die Tür auf und rannte zu ihrem Auto. Während der ganzen Heimfahrt sah sie vor ihrem geistigen Auge den erbärmlich zitternden Mann und stellte sich vor, wie er sich die ganze Nacht über herumwälzte und sich Sorgen machte, ob sie ihn anzeigen und sein Leben ruinieren würde. In diesem Fall war das Anschnauzen genau die Medizin gewesen, die Sandra brauchte, um sich endlich von ihrer Wut über ihren Vergewaltiger zu befreien.

Wenn Sie sich für die Anschnauztechnik entscheiden, dann sollten Sie sich genau so verhalten, wie Ihnen zumute ist. Sie können das Gesicht zu einer Fratze verzerren und brüllen, stampfen oder kreischen. Sie können auch nach Herzenslust fluchen und toben. Schreien Sie so laut, wie Sie Lust haben, aber schlagen Sie niemals zu. Seien Sie frech und laut, aber wenden Sie *niemals* körperliche Gewalt an.

Technik 8: »Schenk ihnen Liebe und Freundlichkeit«

Wir alle kennen die christliche Aufforderung, auch noch »die andere Backe« hinzuhalten, wenn jemand uns Unrecht tut. Mag sein, dass Ihnen ein solches Verhalten extrem schwer fällt, vor allem, wenn Sie eher ein Anhänger der Lehre »Auge um Auge, Zahn um Zahn« sind.

Ich habe zu Anfang dieses Buches erläutert, dass toxisches Verhalten fast immer durch Neid, Unsicherheit und einen Mangel an Selbstachtung begründet ist. Viele toxische Menschen haben in ihrem Leben nicht genügend Zuwendung erfahren oder sind gar missbraucht worden, deshalb können Liebe und Verständnis sehr hilfreich sein, um ihr Verhalten zu ändern.

Sie brauchen sehr viel innere Stärke und sehr viel Mitgefühl, um Ihren Zorn zu überwinden und dem anderen mit Liebe und Freundlichkeit zu begegnen. Wahrscheinlich ist Ihr erster Impuls, dem anderen ebenfalls wehzutun – und zwar noch stärker, als er Ihnen wehgetan hat. Aber Liebe und Freundlichkeit sind oftmals wahre Zaubermittel, um die Aggressivität eines Mitmenschen abzubauen und sein Selbstwertgefühl zu stärken.

Wenn Sie sich für diese Technik entscheiden, dann dürfen Sie sich nicht aus der Ruhe bringen lassen – wie hässlich und bösartig der andere sich auch verhalten mag. Bleiben Sie ruhig, reden Sie mit sanfter Stimme, und lächeln Sie. Wie kann das gelingen, da Sie doch so frustriert und verärgert sind? Machen Sie sich vor allem bewusst, wie leer und ungeliebt der Angreifer sich insgeheim fühlt und wie viel Selbsthass seinem Verhalten zugrunde liegt.

Wenn Sie unangenehmem Verhalten mit Liebe und Freundlichkeit begegnen, dann werden Sie erstaunliche Änderungen beobachten können. Die Stimme Ihres Gegenübers wird freundlicher, der Körper entspannt sich, und vielleicht beginnt er oder sie sogar zu lächeln.

Eine meiner Klientinnen, Vera, eine Bankangestellte, wandte die Technik »Schenk ihnen Liebe und Freundlichkeit« immer dann an, wenn sie es mit einem mürrischen und feindseligen Kunden zu tun hatte. Und fast immer hatte sie auch Erfolg – einfach deshalb, weil sie das unangenehme Verhalten des anderen nicht persönlich nahm, sondern sah, wie sehr er in seinem Selbsthass gefangen war. Sie hörte dem Kunden zu, lächelte und beschwichtigte ihn mit sanfter Stimme. Wenn die Kunden erkannten, dass Vera ihnen Wohlwollen entgegenbrachte, dann wurde ihr Verhalten plötzlich sehr viel angenehmer.

In vielen Fällen ist es angebracht, toxische Menschen wissen zu lassen, dass Sie nicht ihr Feind sind, sondern Verständnis für sie haben. Schließlich ist ein Schulterklopfen nur ein paar Wirbel von einem Tritt in den Hintern entfernt und kann Ihnen – neben allen anderen positiven Nebenwirkungen – helfen, Ihrem Ziel sehr schnell näher zu kommen.

Technik 9: Süße Rachefantasien

Um Spannungen abzubauen, kann es sehr hilfreich sein, sich auszumalen, wie Ihr Gegner in eine schwierige oder unangenehme Lage kommt – vor allem, wenn die Vorstellung auch noch lustig ist.

Einer meiner Klienten führte seine Freundin in ein teures chinesisches Restaurant. Der Service war entsetzlich, das Essen unappetitlich, und die Kellner waren grob und unhöflich. Mein Klient bestand darauf, dass bestimmte Speisen, die nicht ganz durch waren, in die Küche zurückgeschickt würden, und obwohl er sie zu Recht reklamiert und nicht gegessen hatte, wurden sie ihm am Ende berechnet. Während er mir die Geschichte erzählte und das Ganze in seiner Fantasie noch einmal durchlebte, schwollen ihm vor Wut die Adern an den Schläfen, und er wurde feuerrot.

Plötzlich überzog ein Lächeln sein Gesicht, und seine Augen leuchteten. »Wissen Sie, was ich mir gerade vorstelle?«, fragte er mich. »Ich stelle mir vor, in dieses Restaurant zu gehen, wenn es bis auf den letzten Platz besetzt ist, und dann körbeweise Welpen, Kätzchen und kleine weiße Mäuse auf den Boden auszuleeren. Mein Gott, ich würde sterben vor Lachen, wenn ich die Gesichter der Gäste sähe, während sie sich fragten, was für Fleisch sie sich da eigentlich in den Mund schieben.« Er begann, so herzhaft zu lachen, dass er es kaum schaffte, mir seine Fantasie zu Ende zu beschreiben. »Stellen Sie sich vor, wie die Kellner kreuz und quer durchs Restaurant hinter den Tierchen herrennen! Ich garantiere Ihnen, dass sie ganz schön wild durch die Gegend hüpfen würden. Und ich kann mir lebhaft das entsetzte Gesicht dieses grässlichen Besitzers vorstellen – und förmlich hören, wie er vor Wut wie ein Stier brüllt.«

Als er mein Büro verließ, war mein Klient in viel besserer Stimmung. Er war nicht mehr wütend, da er sich in Gedanken für das Unrecht, das ihm angetan worden war, gerächt hatte. Natürlich würde er seine Fantasie niemals in die Tat umsetzen, aber sie half ihm, seinem Zorn über dieses toxische Erlebnis Luft zu machen.

Ein ganz anderer Fall ist der von John und Lorena Bobbitt. Lorena Bobbitt schnitt ihrem Mann den Penis ab und warf ihn aus dem Fenster – eine bizarre und von den amerikanischen Medien sehr lebhaft diskutierte Tat. Die Polizei suchte und fand schließlich das Glied, und es wurde in einer zehnstündigen Operation wieder angenäht.

Ich persönlich halte dies für die Tat einer geistig Verwirrten. Mag sein, dass ihr Mann betrunken nach Haus kam und sie gar vergewaltigte, aber sie hätte ihr Heim verlassen, in ein Frauenhaus gehen, sich scheiden lassen oder nach Venezuela zurückkehren können. Für ein solches Verbrechen gibt es keine Rechtfertigung und keine Entschuldigung.

In Amerika entbrannte daraufhin ein gewaltiger Geschlechterkrieg. Einige Amerikanerinnen feierten Lorena Bobbitt als eine Nationalheldin, die für die Rechte der Frauen eingetreten war. Die Männer hielten dagegen: »Wie würde Mrs. Bobbitt sich fühlen, wenn ein Mann ihr die Brüste abgeschnitten und sie in einen Mülleimer geworfen hätte?« Die Streitereien setzten sich wochenlang fort, bis John Bobbitt von einer Jury, in der neun Frauen waren, freigesprochen wurde. Das Tatmotiv dieser Frau war anscheinend gewesen, dass sich ihr Mann als Liebhaber sehr egoistisch verhalten hatte. Vor Gericht sagte sie aus: »Er hat immer einen Orgasmus, und er wartet niemals darauf, dass ich komme. Er ist schrecklich egoistisch. Ich finde das nicht gerecht – deshalb zog ich die Decke zurück und tat es.«

Viele Frauen reagierten, indem sie Lorena als Heldin feierten; offenbar hatte sie genau das getan, was sie selbst bei ihren Männern auch gerne tun würden. Die feministische Rechtsanwältin Gloria Allred sagte in einer Radiosendung, Lorena Bobbitts Taten stünden repräsentativ für die Fantasien sehr vieler Frauen, die sich an ihren quälenden Ehemännern gern auf dieselbe Weise rächen würden.

Das Wort, das ich in Zusammenhang mit dieser Technik betonen möchte, ist »Fantasie«. Sie sollten Ihre grausamen Vorstellungen *nicht* in die Tat umsetzen. Aber Sie können sich *aus-*

malen, wie beispielsweise Ihr Chef von einem Schwergewichtsboxer mit Fäusten bearbeitet wird. Allein das wird Ihnen helfen, eine Menge Dampf abzulassen und sich von Ihrer Wut zu befreien.

Oder Sie können eine Fratze zeichnen, die den betreffenden toxischen Menschen darstellen soll, und sie auf dem Papier verstümmeln. Sie können sein Foto nehmen und ihm Hörner oder Vampirzähne oder Schielaugen malen. Sie können die Zeichnung oder das Foto zerreißen, es verbrennen, draufspucken oder darauf herumtrampeln.

Es gibt Menschen, die für Sie so toxisch sind, dass Sie ihnen eine schreckliche Verletzung oder sogar den Tod wünschen. So etwas zu denken ist zwar nicht politisch korrekt, und noch viel weniger ist es sozial oder juristisch akzeptabel, und es entspricht auch gewiss nicht der jüdischen oder der christlichen Glaubenslehre, und dennoch kommen gelegentlich solche Gedanken in uns hoch – und sind völlig normal. Sie hören auf, normal zu sein, wenn wir uns nicht länger im Bereich der Fantasie bewegen, sondern die Grenzen zur Realität überschreiten. Es darf *niemals* geschehen, dass wir jemandem physischen Schaden zufügen. Sie können sich selbst das Leben retten, indem Sie der Wut, die sich in Ihnen angestaut hat, Raum geben – und dabei zugleich das Leben der fraglichen Person retten, weil Sie Ihre Fantasien nicht auszuleben brauchen. Die bloße Fantasie *ist völlig ausreichend*, um Ihr Rachebedürfnis zu befriedigen.

Zu irgendeinem Zeitpunkt haben wir alle einmal in süßen Rachefantasien geschwelgt. Wie oft haben wir schadenfroh gelacht, wenn einer dieser Brutalo-Helden – sei es Sylvester Stallone, Jean-Claude Van Damme, Chuck Norris oder Steven Segal – dem Feind einen kräftigen Fußtritt in den Hintern versetzte? Im Grunde unseres Herzens haben wir, und sei es auch nur für den Bruchteil einer Sekunde, die Vorstellung genossen, dass es unser eigener Feind wäre, der dort bearbeitet wird.

Zuzusehen wie unsere Sportler einen Gegner besiegen oder im Boxring bearbeiten, ist ein sicheres und gesundes Ventil für unsere

Aggressionen. Das Zuschauen bleibt ohne negative Folgen – wir landen dafür nicht im Gefängnis und handeln uns auch keine Schläge ein.

Das nächste Mal, wenn Sie Ihre Wut über jemanden auf die sichere Tour herauslassen möchten, können Sie sich vorstellen, wie das Gesicht der toxischen Persönlichkeit von einem Ihrer Filmhelden mit den Fäusten bearbeitet wird – entweder auf dem Fernsehbildschirm oder auf einer großen Leinwand.

Dies klingt möglicherweise sadistisch, aber es ist auf jeden Fall sicherer, als selbst gewalttätig zu werden, und es ist eine hervorragende Methode, die Wut herauszulassen, die Sie in sich angestaut haben und die Sie am Ende krank machen könnte.

Lassen Sie es mich noch einmal betonen: Die Technik »Süße Rachefantasien« beschränkt sich auf den Bereich der *Fantasie*. Vielleicht haben Sie die Vorstellung, den Betreffenden k. o. zu boxen, ihm ins Gesicht zu schlagen, ihm einen Stuhl unter dem Hintern wegzuziehen oder gar zuzusehen, wie sein Penis aus dem Fenster fliegt. *Sie dürfen jedoch diese Fantasie nie Realität werden lassen.* Sonst sind Sie möglicherweise Ihren Zorn losgeworden, haben aber dabei Ihr Leben zerstört. *Werden Sie niemals gewalttätig. Vermeiden Sie es unter allen Umständen, das Gesetz in die eigenen Hände zu nehmen!*

Technik 10: »Stecker raus«

Die Technik »Stecker raus« sollte den allertoxischsten Menschen vorbehalten sein, Persönlichkeiten, mit denen Sie trotz aller Anstrengungen nicht fertig werden können. Wenn Sie alle anderen Techniken ausprobiert haben und damit keinen Erfolg hatten, dann können Sie nichts anderes tun, als sich von der betreffenden Person zu distanzieren. Visualisieren Sie, wie Sie sich abrupt von ihr lösen, genauso, als würden Sie einen elektrischen Stecker herausziehen. Wenn Sie sich diese Situation vorstellen, dann sollten Sie sich bemühen, innerlich zur Ruhe zu kommen. Sie lassen die betreffende Person ein für alle Male los und kümmern sich nicht mehr darum, was ihr passiert. Sie wird ihnen völlig gleichgültig. Sie wünschen ihr nichts Böses, und Sie wünschen ihr auch nichts Gutes. Sie wenden sich innerlich von ihr ab, gehen davon und schauen niemals zurück.

Ich hatte einmal eine langjährige Freundin; wir waren zusammen aufgewachsen und hatten dasselbe College besucht. Samantha war allen Menschen gegenüber feindselig und kritisch und rivalisierte mit jedem, aber wir blieben befreundet, weil wir eine lange gemeinsame Geschichte hatten. Ich hatte mich daran gewöhnt, sie mit all ihren Macken zu akzeptieren. Eines Tages reiste sie in den Fernen Osten und wollte mich auf dem Hinweg besuchen. Ich hatte sehr viel zu tun, sagte aber einigen Klienten ab, um Zeit für sie zu haben. Sie kam und machte als Erstes eine abfällige Bemerkung über die Einrichtung meines Büros, die ich aber ignorierte. Bevor ich ging, sagte ich zu meinem Assistenten: »Nicht vergessen, wir müssen heute Singapur anrufen, damit wir diesen Brief hier abschicken können. Und vergessen Sie auch nicht, Mrs. Jones anzurufen, und außerdem brauchen wir einiges Büromaterial.«

Mein Assistent, ein sehr kompetenter Mann, sagte respektvoll und mit einem Lächeln: »Dr. Glass, machen Sie sich keine Sorgen. Lassen Sie es sich gut schmecken, und wenn Sie zurückkommen, habe ich alles erledigt.«

Als wir im Restaurant unsere Plätze eingenommen hatten, fragte mich meine »beste Freundin«, wie meine Zukunftspläne aussähen. Da wir uns schon sehr lange kannten, berichtete ich ihr freimütig über meine Ideen. Ich betrachte es als meine Aufgabe, so erklärte ich ihr, durch effektive Kommunikation weltweit den Frieden voranzubringen.

Nachdem man sich zu einem solchen Ziel bekannt hat, nimmt man natürlich an, eine langjährige Freundin nähme dies mit einem Lächeln auf und sagte so etwas wie: »Was für ein bewundernswerter Plan! Ich weiß, wie hart du dein ganzes Leben lang gearbeitet hast und wie sehr du deine Erfolge verdienst. Ich bin *so* stolz auf dich.« Nun, meine alte Freundin warf mir einen strengen Blick zu und sagte: »Weißt du was, Lillian, globaler Frieden beginnt zu Hause. Wie du deinen Sekretär behandelst, ist einfach entsetzlich. Wie kannst du es wagen, ihn dermaßen herumzukommandieren?«

Ich war völlig fassungslos. Diesmal schaffte ich es nicht, meine Spannungen durch ruhiges Ein- und Ausatmen abzubauen. Es gab nichts an dieser Situation, was ich in irgendeiner Weise hätte lustig finden können. Nachdem ich im Kopf blitzschnell alle anderen Techniken durchgecheckt hatte, kam ich zu dem Schluss, dass mir in diesem Fall nur die Technik »Stecker raus« übrig blieb. Ich musste Samantha aus meinem Leben hinauswerfen – ein für alle Male.

Ich sah ihr in die Augen und sagte mit ruhiger Stimme: »Weißt du was, Samantha, mein ganzes Leben lang hast du versucht, mir den Wind aus den Segeln zu nehmen oder mich in den Schatten zu stellen – und hast ständig nur Negatives zu mir gesagt. Jetzt reicht es mir endgültig! Ich möchte nicht länger mit dir befreundet sein, und ich möchte dich nicht länger in meinem Leben haben.« Dann stand ich vom Tisch auf, wandte mich ab und warf keinen Blick mehr zurück.

Zwar hat Samantha sich seither immer wieder bemüht, mit mir Kontakt aufzunehmen, aber ohne Erfolg. Ich habe sie ein für alle Male aus meinem Leben hinausgeworfen. Vielleicht sagen Sie jetzt: »Wie kaltherzig, wie grausam. Wie konnten Sie sich so einfach von dieser Frau trennen, obwohl Sie sie schon so lange kannten?« Ich antworte darauf: Wie konnte ich mich *nicht* von ihr trennen? Wie hätte ich es zulassen können, dass diese Frau, die mich ständig klein macht, mich nicht unterstützt und mich mit neidischen Blicken ansieht, ein Teil meines Lebens bleibt, da es so viele wunderbare Menschen gibt – Menschen, die mir nur das Beste wünschen, die *möchten*, dass ich Erfolg habe, die an mich *glauben*, die *niemals* etwas Destruktives zu mir sagen?

Für mich gab es keine Möglichkeit, mit Samantha weiter befreundet zu bleiben. Der Umgang mit ihr war einfach zu frustrierend. Ich hasse Samantha nicht, sondern sie lässt mich inzwischen völlig kalt; ich habe sie vollständig aus meinem Leben hinausgeworfen.

Ich musste mich in diesem Fall endgültig von Samantha trennen – nicht, weil ich sie nicht mochte, sondern *weil* ich sie mochte. In solchen Fällen ist die Technik »Stecker raus« oftmals die einzig mögliche. In anderen Fällen müssen Sie den Stecker herausziehen, indem Sie Grenzen ziehen und den Betreffenden mit einer unangenehmen oder schlimmen Situation selbst fertig werden lassen. Dann laufen Sie jedenfalls nicht Gefahr, in eine Koabhängigkeit zu geraten, und vermeiden es, das toxische Verhalten noch weiter zu unterstützen.

Techniken, die Sie niemals anwenden sollten

Handeln Sie niemals selbstzerstörerisch!

Richten Sie die Wut, die Sie über einen anderen Menschen empfinden, niemals gegen sich selbst. Alkohol, Beruhigungstabletten, Amphetamine, Marihuana, Kokain, Crack, Heroin oder diese neuen »Designerdrogen« sind gewiss nicht die richtigen Mittel, um sich von unangenehmen Gefühlen gegenüber einem toxischen Menschen zu befreien. Dasselbe gilt für Essanfälle und/oder Bulimie. Mag sein, dass Sie sich auf diesem Wege sehr schnell ein wenig Entspannung oder ein vorübergehendes Hoch verschaffen können, aber Sie schaden sich selbst und verkürzen Ihr Leben.

Immer wieder nehmen Schüler oder junge Menschen sich das Leben, weil sie die Quälereien toxischer Gleichaltriger nicht mehr ertragen können. Selbstmorde unter Teenagern haben in den letzten Jahren um mehr als vierzig Prozent zugenommen. Was kann der Grund dafür sein? Ich denke, dass Freunde und Klassenkameraden oftmals einen unerträglichen Druck auf die fraglichen jungen Menschen ausgeübt, sie nicht akzeptiert und dadurch zur Verzweiflung gebracht haben.

Es gibt Möglichkeiten, mit toxischen Menschen fertig zu werden – sich das Leben zu nehmen gehört definitiv nicht dazu. Wenn Sie jemals daran denken sollten, Schluss zu machen, dann rufen Sie die Telefonseelsorge an und/oder suchen Sie professionelle Hilfe – und zwar *sofort*.

Werden Sie niemals gewalttätig!

Ich kann nicht oft genug betonen, dass Gewalt niemals ein Mittel ist, um mit einem toxischen Menschen fertig zu werden.

Die Folgen sind in vielen Fällen katastrophal. Die Amerikanerin Ellie Nestler tötete den Sexualtäter, der festgenommen wurde, weil er ihren Sohn belästigt hatte. Zwar mögen viele Eltern Miss Nestlers Zorn und Empörung verstehen und nachempfinden können, aber jetzt sitzt sie im Gefängnis, getrennt von ihrem Sohn, den sie so sehr liebt, und für den sie hatte eintreten wollen.

Die alternative Möglichkeit im Umgang mit toxischen Menschen besteht darin, *verbale*, nicht *reale Fäuste* einzusetzen.

Niemand auf dieser Erde hat das Recht, einen anderen Menschen körperlich anzugreifen und zu verletzen, und wenn wir selbst angegriffen oder verletzt werden, dann sollten wir uns von dem betreffenden Menschen abwenden und/oder angemessene legale Wege suchen, um uns zu schützen. Wir brauchen uns nicht zum Opfer machen zu lassen, auch wenn wir nicht mit geballten Fäusten zurückschlagen!

Gewaltanwendung ist unentschuldbar. In einigen Zeitungsartikeln wurde zwar berichtet, es gebe für Gewalttätigkeit genetische Ursachen, aber die Ergebnisse basierten auf Untersuchungen, die nur an einer einzigen Familie angestellt wurden. Übernehmen wir lieber die Verantwortung für unsere destruktiven Handlungen, anstatt die Schuld auf unsere Gene zu schieben! Wenn Sie zur Gewalttätigkeit neigen, dann sollten Sie sich professionelle Hilfe holen, ansonsten werden Sie die Folgen Ihrer Handlungen zu tragen haben!

Weitere Tabus im Umgang mit toxischen Menschen

Nehmen Sie niemals jemanden als Geisel!

Missbrauchen Sie niemals ein Kind oder einen Erwachsenen, um sich an einem Menschen zu rächen, der eine toxische Wirkung auf Sie hat. Leider ist dies bei Scheidungen nur allzu häufig der Fall. Die Ergebnisse sind verheerend. Viele Kinder sind emotional gestört, nicht weil die Eltern sich scheiden ließen, sondern weil diese die Kinder bei ihren Auseinandersetzungen als Geiseln missbrauchten. Ein solches Verhalten ist grausam und verantwortungslos. Um Ihren Zorn auf einen toxischen Menschen loszuwerden, dürfen Sie niemals einen anderen Menschen als Geisel missbrauchen.

Sie können niemanden zwingen, Sie zu mögen!

Sie können niemanden dazu zwingen, Sie zu mögen. Vermeiden Sie es, einen anderen Menschen zu bedrängen. Wenn eine Beziehung zu Ende ist, dann sollten Sie den anderen auch wirklich gehen lassen. Wenn es Ihnen schwer fällt loszulassen, dann suchen Sie professionelle Hilfe – es gibt hervorragende Psychologen, die Ihnen helfen können.

Kapitel 7

Wirkungsvolle Techniken im Umgang mit den 29 toxischen Terror-Typen

Der rote Faden, der die verschiedenen toxischen Terror-Typen miteinander verbindet, ist ihr geringes Selbstwertgefühl und ihre innere Unsicherheit. Wissenschaftliche Untersuchungen haben gezeigt, dass Menschen mit geringem Selbstwertgefühl dazu neigen, Beziehungen zu sabotieren und vor allem das zu tun, was ihnen ein Gefühl der Wichtigkeit geben könnte. Hinzu kommt, dass die Kommunikationsfähigkeiten dieser Menschen durch ihre persönlichen Schwächen stark beeinträchtigt sind.

In diesem Kapitel werden Sie lernen, wie Sie am besten mit jedem dieser toxischen Terror-Typen kommunizieren können und welche der im letzten Kapitel erwähnten zehn Techniken mit großer Wahrscheinlichkeit eine Veränderung toxischen Verhaltens bewirken werden. Bei der Auswahl der besten Techniken sollten Sie zwei Dinge in Betracht ziehen: Zunächst müssen Sie den betreffenden Menschen grob in eine unserer Kategorien einordnen, da bestimmte Techniken bei bestimmten Charakteren effektiver sind als bei anderen. Und dann sollten Sie sich bewusst machen, welche Rolle der toxische Mensch in Ihrem Leben spielt.

Im folgenden Kapitel werden Sie dann einige effektive Techniken lernen, die Sie entsprechend der Rolle, die der toxische Mensch in Ihrem Leben spielt, anwenden können, aber zunächst richten wir unsere Aufmerksamkeit auf spezifische Techniken, die im Umgang mit den betreffenden toxischen Mitmenschen am effektivsten sind.

Das Lästermaul

Da Lästermäuler diejenigen toxischen Menschen sind, die am stärksten unter innerer Unsicherheit leiden, kann man sich den Umgang mit ihnen dadurch leicht machen, dass man zunächst einmal ruhig nachfragt, was sie eigentlich meinen, und ihnen mit Liebe und Freundlichkeit begegnet.

Wenn Sie die Technik des ruhigen Nachfragens anwenden, dann müssen Sie darauf achten, keinen jammernden oder aggressiven Ton anzuschlagen, da die Menschen dadurch in eine defensive, feindselige Haltung gedrängt werden. Im Folgenden ein Szenario, wie man ein Lästermaul mit Hilfe von ruhigem Nachfragen entwaffnen kann.

LÄSTERMAUL: Schau dir an, wie der Mann dort drüben isst – das reinste Ferkel.

SIE: Was ist mit seiner Art zu essen, dass er dir wie ein Ferkel vorkommt?

LÄSTERMAUL: Er ist fett. Er schlingt sein Essen hinunter. Er hat überhaupt keine Manieren.

SIE: Und warum stört dich das?

LÄSTERMAUL: Weil es so widerlich anzusehen ist.

SIE: Ich vermute mal, dass du dich im Grunde darüber ärgerst, dass du hier so lange auf dein Essen warten und gleichzeitig zuschauen musst, wie dieser Mann, der offenbar ziemlichen Hunger hat, sein Steak verspeist?

LÄSTERMAUL: Tja, könnte sein.

SIE: Also im Grunde bist du sauer, weil du selbst hungrig bist und möchtest, dass dein Essen bald kommt, und weil du selbst nicht zusehen möchtest, wie jemand Spaß am Essen hat?

LÄSTERMAUL: Ja, das mag wohl sein. (Es lächelt.)

Bei dieser Technik nehmen Sie Ihr Gegenüber in eine Art Kreuzverhör, um herauszufinden, was der Aggressivität des Betreffenden eigentlich zugrunde liegt. Während Sie eine Reihe in sich logischer, sachlicher Fragen stellen, werden Sie bemerken, wie das toxische Verhalten des Lästermauls sich zum Besseren verändert, wie Ihr Gesprächspartner ruhiger und weniger feindselig wird und möglicherweise zu lächeln beginnt, da er seine eigene Motivation durchschaut.

Eine Alternative wäre, nur eine Frage zu stellen, beispielsweise:»Und – was ist der Grund, warum du eine so gemeine Bemerkung machst?« Damit zwingen Sie Ihr Gegenüber, sein toxisches Verhalten zu rechtfertigen und zu begründen.

Wenn Menschen das Bedürfnis haben, Sie klein zu machen oder zurechtzustutzen, dann häufig deshalb, weil Sie etwas besitzen, was diese Menschen selbst nicht haben, oder weil Sie stellvertretend für etwas stehen, mit dem sie sich nicht auseinandersetzen wollen. Die meisten Lästermäuler empfinden sich im Grunde ihres Herzens als äußerst unzulänglich. Deshalb wäre die Technik »Schenk ihnen Liebe und Freundlichkeit« gleichfalls eine sehr wirkungsvolle Methode. Wenn Sie dem Lästermaul Mitgefühl und Sympathie entgegenbringen, kann es Ihnen gelingen, seine Feindseligkeit ein wenig abzubauen.

Die Quasselstrippe

Im Umgang mit einem Schwätzer ist vor allem eines wichtig: Ihre Spannungen auszuatmen. Es wird Ihnen helfen, die Ruhe zu bewahren – andernfalls könnte es geschehen, dass Sie sich plötzlich die Ohren zuhalten und schreien: *»Hör auf, hör auf, hör auf!«* Das können Sie natürlich ebenfalls tun – in Ihrer Fantasie.

Der Schwätzer muss wissen, dass sein ständiges Reden nicht angebracht ist, deshalb ist die Technik der direkten Konfrontation meist am angemessensten. Am besten wenden Sie diese Technik an, wenn Sie mit dem Betreffenden allein sind; Schwätzer können es nämlich nicht ertragen, wenn man sie vor anderen bloßstellt. Im Grunde sind sie deshalb so schwatzhaft, weil sie das Bedürfnis haben, sich wichtig, akzeptiert und geliebt zu fühlen. Deshalb ist es hilfreich, ihnen durch eine Berührung Sicherheit zu vermitteln und ihnen mit Freundlichkeit zu begegnen.

Sie könnten damit beginnen, dem Schwätzer mit freundlicher Stimme zu versichern, wie sehr sie ihn mögen (wenn das tatsächlich der Fall ist). Dann aber sollten Sie ihn wissen lassen, dass er gelegentlich zu viel redet, und zwar über Dinge, die möglicherweise nicht jedermann interessieren. Schlagen Sie ihm vor, auf den Gesichtsausdruck und die Körpersprache seines Gegenübers zu achten, damit er feststellen kann, ob man an dem, was er zu sagen hat, interessiert ist. Mag sein, dass er dann zunächst einmal schockiert und ärgerlich ist. In dem Fall müssen Sie deutlicher werden und Beispiele dafür anführen, dass er zu viel und zu ausschweifend redet.

Bieten Sie ihm an, ihm durch ein vereinbartes Zeichen – durch eine erhobene Augenbraue beispielsweise oder eine Berührung – zu signalisieren, dass er mit seinen Ausführungen zu Ende kommen sollte. Häufig ist sein ungeschicktes Gesprächsverhalten überhaupt erst dadurch entstanden, dass er den Gesichtsausdruck und die Körpersprache seiner Mitmenschen nicht richtig einzuschätzen gelernt hat.

Wenn der Schwätzer Sie dann noch immer nicht versteht und Ihnen weiterhin Ihre Zeit und Energie stiehlt, dann müssen Sie noch deutlicher werden und klare Grenzen setzen – andernfalls machen Sie sich selbst zum Opfer.

Der Selbstzerstörer

Diesen Menschen, die sich mit ihrem Selbsthass ständig selbst sabotieren, begegnet man am besten mit der Technik »Schenk ihnen Liebe und Freundlichkeit«. Was Selbstzerstörer am dringendsten brauchen, ist Zuwendung, da sie wahrscheinlich als Kind nur wenig davon mitbekommen haben. Essen, Alkohol, Zigaretten und/oder Sex sind für einen Selbstzerstörer nur Ersatzmittel; im Grunde hungert er nach Aufmerksamkeit.

Manchmal müssen Sie dem Selbstzerstörer allerdings auf strenge, aber liebevolle Weise Grenzen setzen. Greifen Sie dafür auf die Technik der direkten Konfrontation zurück, so wie Bernadette es tat. Sie teilte Theodore ohne Umschweife mit, sie würde ihn nur unter der Bedingung heiraten, dass er sein Rauchen und Trinken aufgäbe, er etwas gegen sein Übergewicht täte und in Therapie ginge. Sie war sich nämlich bewusst, dass sie selbst in Gefahr war, in diesem Albtraum der selbstzerstörerischen Süchte unterzugehen.

Oftmals ist das Zusammensein mit Menschen, die sich selbst zu zerstören versuchen, so quälend, dass man sich von ihnen trennen muss. In dem Fall könnte die Technik »Stecker raus« Ihre einzige Überlebenschance sein. Wenn Sie jemandem liebevoll zugewandt waren und ihm vermittelt haben, dass Sie sich des Problems bewusst und bereit sind, ihm zu helfen, dann müssen Sie, wenn alle ihre Bemühungen vergeblich waren, den Stecker herausziehen und den betreffenden Menschen mit seinem Problem auf seine eigene Weise fertig werden lassen. Sie können einem Selbstzerstörer nicht helfen, wenn er nicht bereit ist, sich selbst zu helfen.

»Wenn man mit Hunden zu Bett geht, dann kriegt man Flöhe«, sagt man im angelsächsischen Sprachraum. Wenn Sie mit einem Selbstzerstörer befreundet sind, dann kann es leicht sein, dass Sie selbst dabei zu Schaden kommen. Schenken Sie ihm Liebe und Freundlichkeit, aber wenn all Ihre Bemühungen nichts nützen, dann trennen Sie sich von ihm.

Der Wegtaucher

Um mit einem Wegtaucher kommunizieren zu können, müssen Sie ihn erst einmal zu fassen bekommen – möglichst bevor er wegtaucht. Bei einem Wegtaucher sollten Sie zunächst einmal die Technik der direkten Konfrontation ausprobieren. Mag sein, dass ihm das Unbehagen bereitet, aber das ist nicht Ihr Problem. Lassen Sie ihn wissen, dass Sie ihm auf die Schliche gekommen sind und es nicht dulden werden, dass er vor den anstehenden Problemen davonläuft.

Wegtaucher sind es meist nicht gewöhnt, dass man sie mit den Tatsachen konfrontiert, aber wenn man es dann doch tut, hören sie meist sehr aufmerksam zu. Dennoch kann es passieren, dass sie am Ende doch noch wegtauchen, weil das Problem ihnen zu kompliziert ist.

Als Bree ihren Freund Dick mit ihren Heiratswünschen konfrontierte, fühlte er sich völlig überfordert und rannte davon. Nach zwei Wochen konfrontierte sie ihn erneut damit. Sie sagte ihm, sie sei froh, das Thema zur Sprache gebracht und herausgefunden zu haben, dass er damit nicht umgehen könne. Zumindest sei ihr jetzt klar, dass sie einen solchen Mann nicht heiraten wolle. Seine Unfähigkeit, sich mit ihren Wünschen auseinanderzusetzen, und sein ständiges Wegtauchen hätten sie überzeugt, dass sie sich von ihm trennen müsse. Jetzt war sie diejenige, die davonlief und Dick mit seinen Problemen allein ließ.

Wenn Sie einen Wegtaucher mit einem Problem konfrontieren und er sich nicht damit auseinandersetzt, dann wissen Sie wenigstens, woran Sie *mit ihm* sind.

Der langsame Brüter

Die einzig wirkungsvolle Technik, mit dieser sehr unheimlichen toxischen Schreckensgestalt umzugehen, ist das ruhige Nachfragen. Einem solchen Menschen müssen Sie immer wieder Fragen stellen, denn freiwillig wird er Ihnen gewiss nicht sagen, was in seinem Kopf vorgeht. Im Gespräch mit ihm müssen Sie vor allem die Ruhe bewahren und sich in regelmäßigen Abständen Feedback holen. Fragen Sie ihn, ob er sich mit bestimmten Aufgaben, die Sie ihm gestellt haben, wohl fühlt. Stellen Sie ihm auch *offene* Fragen, nicht nur solche, die nur eine Ja- oder Nein-Antwort verlangen. Auf diese Weise zwingen Sie ihn, mit Ihnen zu kommunizieren, sodass Sie einen Einblick in seine Gedanken und Gefühle gewinnen.

Jedes Mal, wenn Sie einen langsamen Brüter zum Reden bringen, haben Sie es geschafft, eine wandelnde Zeitbombe zu entschärfen.

Sie können beispielsweise fragen: »Haben Sie sich heute überarbeitet gefühlt?« oder »Wie haben Sie auf jenen Anruf reagiert?« oder »Was halten Sie von dem, was der Chef heute gesagt hat?« oder »Was meinen Sie zu den Problemen, die sich bei dem Projekt ergeben haben?«

Das Klatschmaul

Klatschmäuler sind extrem gefährlich; durch sie kann sich Ihr Leben in den reinsten Albtraum verwandeln. Teilen Sie dem Klatschmaul unmissverständlich mit, dass Sie seine Spielchen durchschauen. Wählen Sie die direkte Konfrontationstechnik, und sagen Sie ihm, dass sein Verhalten unakzeptabel ist – vor allem wenn es über Sie geklatscht hat. Wenn ein solcher Mensch über jemanden herzieht, den Sie kennen und mögen, dann schneiden Sie ihm das Wort ab, indem Sie sagen: »Ich werde mir das nicht weiter anhören« oder »Ich glaube kein Wort davon« oder »Das interessiert mich nicht.«

Vielleicht können Sie dem Klatschmaul auch mit Humor begegnen, etwa indem Sie sagen: »Weißt du, was man im Mittelalter mit Leuten gemacht hat, die Klatsch verbreiteten? Man hat ihnen einen eisernen Helm über den Kopf gestülpt und ihn mit einem Schlüssel verschlossen. Ich werde mich mal umschauen, ob ich so einen Helm für dich finde.«

Ähnlich wie der Aufhetzer ist ein solcher Mensch innerlich sehr unsicher und hat ein so geringes Selbstwertgefühl, dass er Ihnen die letzten Schmutzgeschichten auftischt, um sich selbst wichtig und stark fühlen zu können. Wenn Sie ein Klatschmaul also direkt konfrontieren und beispielsweise sagen: »Ich bin sicher, dass es dir ein Gefühl von Wichtigkeit gibt, über solche Insiderinformationen zu verfügen, aber offen gesagt setzt du dich durch solche Geschichten nicht gerade ins beste Licht«, dann wird sich der Betreffende wahrscheinlich gekränkt fühlen, möglicherweise sogar so sehr, dass er nie wieder mit Ihnen sprechen will. Umso besser! Oftmals ist es das Einfachste, wenn man mit einem solchen Menschen überhaupt nichts mehr zu tun hat!

Was Ihren Arbeitsbereich angeht, so ist ein Klatschmaul dort absolut fehl am Platz. Ein solcher Mensch bringt es fertig, von heute auf morgen Ihr gesamtes Lebenswerk zu ruinieren. Er kann Ihr Geschäft so schnell zerstören wie ein Brandstifter einen ausgetrockneten Wald. Trennen Sie sich von ihm!

Ich musste erst einmal die negativen Auswirkungen der Zusammenarbeit mit einem Klatschmaul sehr deutlich zu spüren bekommen, bevor ich mich entschloss, mich von ihm zu trennen. Ich hatte den Mann als meinen persönlichen Assistenten angestellt, aber selbst nachdem ich ihn gewarnt hatte, niemals mit jemandem über die Prominenten zu reden, die bei mir in Behandlung waren, gab er ständig weiter vertrauliche Informationen preis. Einmal rief ein Reporter der Boulevardpresse an und erkundigte sich, ob ich mit einem bestimmten Klienten an seiner Stimme arbeite. Anstatt den Anruf, wie ich es ihm aufgetragen hatte, zu mir durchzustellen, nahm mein Assistent die Dinge selbst in die Hand und bejahte die Frage. Die Information wurde in der Boulevardpresse veröffentlicht, und der betreffende Klient tauchte nie wieder bei mir auf. Dieser toxische Mensch kam auf die unmögliche Idee, nach einem Konzert auf einen Prominenten, mit dem ich gearbeitet hatte, zuzugehen und ihn von mir zu grüßen. Als ich davon hörte, konfrontierte ich ihn sofort mit seinem Verhalten und entließ ihn. Sein ständiges Klatschen, so erklärte ich ihm, sei geschäftsschädigend. Es hat viele Jahre gedauert, mir den guten Ruf aufzubauen, den ich heute genieße, und ich bin stolz darauf, dass über meine Klienten absolut nichts nach außen dringt.

Der wutschnaubende Stier

Wutschnaubende Stiere brauchen vor allem eines: liebevolle Aufmerksamkeit. Es ist erstaunlich, wie schnell man ihnen mit Hilfe von Liebe und Freundlichkeit den Wind aus den Segeln nehmen und sie verändern kann. Vielleicht geschieht dies schrittweise, aber am Ende wird ein freundlicherer und angenehmerer Mensch aus diesem Prozess hervorgehen.

Wenn der wutschnaubende Stier gewalttätig wird, dann sollten Sie selbstverständlich auf die Technik »Stecker raus« zurückgreifen und sich mit einem »Tschüs« oder »Ciao« oder was auch immer von ihm verabschieden.

Die Technik »Stecker raus« ist natürlich auch dann angebracht, wenn es unmöglich wird, mit diesem schwierigen Persönlichkeitstypus fertig zu werden. Dies war der Fall bei einer früher beliebten Fernsehschauspielerin. Sie hatte ständig Probleme – von Gerichtsverfahren über Zwangsräumungen –, kam häufig zu spät und tauchte manchmal bei den Proben überhaupt nicht auf. Darüber hinaus fanden ihre Schauspielerkollegen und die Mitglieder ihres Fernsehteams ihr Verhalten so unberechenbar und aggressiv, dass man sich von ihr trennte.

Das ewige Opfer

Im Umgang mit einem ewigen Opfer müssen Sie zunächst einmal versuchen, Ihre Spannungen auszuatmen. Mit einem solchen Menschen eine Weile lang zusammen zu sein kann sehr schädlich sein, deshalb müssen Sie ständig versuchen, sich gegen seinen negativen Einfluss abzuschirmen. Diese Menschen sind wie lebende Viren, und ihre permanent schlechte Stimmung ist äußerst ansteckend.

Es kann auch ratsam sein, sich gänzlich von ihnen zu trennen, da sie Ihre Hilfe oder Vorschläge nur selten akzeptieren und auf alles nur mit einem ständigen »Ja, aber ...« antworten. Und selbst wenn Sie solchen Opferlämmern mit der Technik »Schenk ihnen Liebe und Freundlichkeit« begegnen und ihnen versichern, dass sie doch eigentlich toll und recht erfolgreich sind, werden sie Ihnen niemals glauben, da sie sich ständig minderwertig fühlen. Wenn Sie also Ihre geistige Gesundheit wertschätzen und nicht ein Leben in ewiger Frustration leben wollen, dann haben Sie nur eine Wahl: Trennen Sie sich von ihnen.

Der Verräter

Einen Verräter sollten Sie in jedem Fall direkt konfrontieren. Lassen Sie ihn wissen, dass Sie seine Hinterhältigkeit durchschauen und sich dagegen zur Wehr setzen werden.

Wenn Sie ihn mit den Tatsachen konfrontieren, dann wird ein Verräter diese möglicherweise leugnen, selbst wenn Sie ihn gerade auf frischer Tat ertappt haben. In dem Fall sollten Sie auf die Anschnauztechnik zurückgreifen, um Ihre Wut abzubauen. Noch einmal: Werden Sie niemals gewalttätig, wie groß die Versuchung auch sein mag. Manchmal kann eine heftige, stark emotionale Reaktion den Verräter tief beeindrucken und ihn sein ganzes Leben lang verfolgen.

Es musste etwa zwanzig Jahre her gewesen sein, dass Todd Susan, die Freundin seines besten Freundes Bob, verführt hatte. Aber Todd konnte niemals Bobs Gesicht vergessen, als dieser ihn und Susan bei einem leidenschaftlichen Kuss in einem Restaurant überraschte. Immer wieder sah er in seinen Albträumen Bobs entsetzt aufgerissene Augen und seinen schockierten, offen stehenden Mund. Jetzt, da er sich den Anonymen Alkoholikern angeschlossen hatte und das Zwölf-Schritte-Programm befolgte, beschloss Todd, Bob anzurufen, um sich zu entschuldigen. Aber es war zu spät. Bob sagte ihm, er solle »bloß abhauen«, und knallte den Hörer auf die Gabel; Todd hatte daraufhin sogar noch heftigere Schuldgefühle als zuvor und wird wahrscheinlich auch noch die nächsten zwanzig Jahre damit zu kämpfen haben.

Bob hatte sich in diesem Fall entschieden, den Stecker herauszuziehen. Die Entschuldigung kam seiner Meinung nach zwanzig Jahre zu spät und ließ ihn völlig kalt. Nach einer unangenehmen Begegnung mit einem Verräter sollten Sie, genau wie Bob, am besten den Stecker herausziehen und sich ein für alle Mal von ihm trennen. Es ist Zeitverschwendung, einem Menschen mit einem solchen Charakter zu vertrauen.

Das Weichei

Weicheier sind so unsicher und verletzlich, dass man sehr sanft mit ihnen umgehen sollte. Deshalb ist die Technik »Schenk ihnen Liebe und Freundlichkeit« die sinnvollste, vor allem wenn es darum geht zu signalisieren, dass Sie dem betreffenden Menschen während einer Krise oder Entscheidungsfindung zur Seite stehen werden.

Ruhiges Nachfragen kann ebenfalls sinnvoll sein, um einem solchen Menschen über seine Entscheidungsschwierigkeiten hinwegzuhelfen. Stellen Sie ihm Fragen, die es ihm erleichtern könnten, das Problem in logischen Schritten zu lösen.

Wenn das Weichei Sie mit seiner ewigen Unentschlossenheit verrückt macht und weder auf Liebe und Freundlichkeit noch auf ruhiges Nachfragen reagiert, dann müssen Sie sich von ihm trennen und es mit seinen Problemen allein lassen.

Der Ausnutzer

Der Arzt aus Beverly Hills und die vermeintlich reiche Witwe waren sozusagen zwei Erbsen aus demselben Topf – zwei Egoisten, die versuchten, einander auszunutzen, nur um erfahren zu müssen, dass keiner von beiden das bieten konnte, was der andere haben wollte. Diese beiden Menschen hätten einander ihre Bedürfnisse niemals direkt mitgeteilt, da jeder nur daran interessiert war, den anderen auszunutzen. In den meisten Fällen gibt es jedoch nur einen Ausnutzer, der versucht, sein unschuldiges Opfer über den Tisch zu ziehen, und in dem Fall ist die Technik der direkten Konfrontation eine sinnvolle Herangehensweise.

Diese Technik signalisiert dem Betreffenden, dass Sie sich durch seine Handlungen ausgenutzt und verletzt fühlen. In manchen Fällen führt eine Konfrontation dazu, dass er sein Fehlverhalten erkennt. Wenn die Freundschaft oder Bekanntschaft überhaupt einen Wert hatte, dann wird ein Ausnutzer möglicherweise in sich gehen und sich bewusst werden, wie schlecht er Sie behandelt hat. Wenn beide Beteiligten die Ruhe bewahren, kann eine direkte Konfrontation dazu führen, dass sie in einen offenen Dialog eintreten. Wenn ein Ausnutzer versucht, Sie zu manipulieren oder zu übervorteilen, dann müssen Sie ihm deutlich sagen: »Nein, ich werde das keinesfalls tun. Ich werde mich von niemandem ausnutzen lassen, weil ich mich verdammt schlecht dabei fühle.«

Eine Alternative wäre, die Methode »Stecker raus« anzuwenden und sich von dem Ausnutzer zu trennen.

Der zähnefletschende Tyrann

Mit einem zähnefletschenden Tyrannen können Sie am besten fertig werden, indem Sie sein Verhalten spiegeln, denn nichts ist ihm so verhasst, wie wenn man ihn tyrannisiert. Wenn Sie ihn genau so hässlich behandeln, wie er Sie behandelt, dann wird das seinem tyrannischen Verhalten einen Riegel vorschieben.

Eine meiner Klientinnen war Kellnerin in einem exklusiven Restaurant. Ihr Chef, ein zähnefletschender Tyrann, schnauzte sie einmal heftig an, weil sie irgendetwas nicht völlig korrekt erledigt hatte. Sie spiegelte sein unangenehmes Verhalten, indem sie seinen scharfen, schneidenden Ton imitierte. Ihr Chef sah sie verblüfft an. »Meinen Sie, so klingt meine Stimme?«, fragte er verdutzt. »Ja, genauso«, erwiderte meine Klientin, die jetzt wieder in einem ruhigeren, angenehmeren Ton redete.

Häufig ist ein derartiger kleiner »Hitler«, wenn er einen Löffel seiner eigenen Medizin verabreicht bekommt, über sein Verhalten selbst schockiert und entsetzt. Wenn Sie, als Reaktion auf seine tyrannische Art, ebenfalls die Zähne fletschen, dann wird er sich wahrscheinlich zurücknehmen. Sie können sich also Ihre Position zurückerobern, indem Sie einfach lauter bellen als er.

Darüber hinaus ist bei einem solchen Menschen häufig auch die Anschnauztechnik recht wirkungsvoll. Lassen Sie es nicht zu, dass er einen billigen Triumph davonträgt, indem er Sie quält und zusieht, wie Sie sich winden. Versuchen Sie, die Ruhe zu bewahren und sich nicht einschüchtern zu lassen. Wenn Sie zurückschnauzen und ihn in seine Schranken weisen, wird er Sie in Zukunft mehr respektieren.

Wenn der zähnefletschende Tyrann zufällig Ihr Chef ist, dann ergeben sich, wenn Sie ihm ebenfalls die Zähne zeigen, zwei mögliche Konsequenzen: Entweder werden Sie in seiner Achtung steigen, oder Sie werden gefeuert. In beiden Fällen sind Sie der Gewinner, denn wenn er Sie feuert, dann haben Sie wenigstens Ihre Selbstachtung gerettet.

Eine weitere Möglichkeit, mit einem zähnefletschenden Tyrannen fertig zu werden, ist, den Stecker herauszuziehen und sich so schnell wie möglich von ihm zu trennen.

Sie können ihm auch mit der Humortechnik begegnen. In vielen Fällen kann eine schwierige Situation durch eine wohlwollende, humorvolle Bemerkung entschärft werden, und vielleicht kann der zähnefletschende Tyrann sich dann sogar ein Lächeln abringen.

Auf einem Flug von Los Angeles nach Boston lernte ich einen Ladenbesitzer kennen, der mir erzählte, wie er die Humortechnik anwende, wenn er es mit einem unangenehmen, tyrannischen Kunden zu tun habe. Wenn jemand unverschämt wurde oder ihn herumkommandierte, hielt der Ladenbesitzer bei dem, was er gerade tat, inne, schaute auf und begann ein lautes Selbstgespräch: »Ob es wohl John war? Nein, das kann nicht sein. Nein, nein, ich bin sicher, es war Mike. Ach, nein, ich glaube, es war Suzy. Ja, genau, Suzy muss es gewesen sein.« Mittlerweile war der unangenehme Kunde ziemlich verwirrt und fragte sich, was die Selbstgespräche des Mannes wohl zu bedeuten hatten. Der Ladenbesitzer warf ihm dann einen gespielt bedeutungsvollen Blick zu und sagte: »Ich habe mich nur gefragt, wer in aller Welt Sie heute hierhergeschickt haben mag, um mir den Tag zu verderben.« Dann lächelte er, und die meisten schwierigen Kunden reagierten darauf, indem sie verlegen zurücklächelten und begannen, sich sehr viel freundlicher und höflicher zu verhalten. Mein Sitznachbar erzählte mir, dass diese Methode im Laufe der Jahre jedes Mal Wunder gewirkt habe.

Der Scherzkeks

Mit Hilfe der direkten Konfrontationstechnik können Sie dem Scherzkeks deutlich signalisieren, dass sie ihn absolut nicht lustig finden und dass Sie sich von seinen dummen Scherzen und seinen angeblich lustigen Geschichten nicht beeindrucken lassen.

Um einem Scherzkeks von vorneherein das Wasser abzugraben, müssen Sie mit fester, energischer Stimme sprechen. Wenn er Ihr Anliegen nicht versteht, dann ist es in Ordnung, ihn sehr resolut in seine Schranken zu weisen. Wenn der Scherzkeks auf Ihre Kosten eine sarkastische Bemerkung macht und behauptet, das alles sei doch »nur Spaß« gewesen, oder wenn er versucht, Sie in die Defensive zu drängen, indem er sagt: »Hast du denn überhaupt keinen Humor?«, dann müssen Sie ihn sofort abschmettern. Sagen Sie ihm, dass Sie durchaus Spaß verstehen, dass Sie seine Bemerkung aber keinesfalls lustig oder komisch gefunden hätten. Zerbrechen Sie sich nicht den Kopf darüber, ob Sie seine Gefühle verletzen – schließlich hat er auf *Ihre* Gefühle auch nicht allzu viele Gedanken verschwendet.

Ein Scherzkeks baut mit Hilfe seiner ständigen Witzeleien eine Mauer um sich auf, um seine extreme innere Unsicherheit zu verbergen. In vielen Fällen ist es nicht möglich, seinen Panzer zu durchdringen. Mag sein, dass der Scherzkeks Ihre Einwände ignoriert und mit seinen Witzeleien fortfährt. Sollte das der Fall sein, dann müssen Sie auf die Anschnauztechnik zurückgreifen, so wie es Jerrys Kollegin tat, als er ihr mit seinen unpassenden »Ermunterungen« auf die Nerven fiel.

Wenn die »Witze« rassistisch oder sexuell extrem diskriminierend sind, dann können Sie sogar mit rechtlichen Schritten drohen – das wird dem Gerede sehr schnell ein Ende setzen.

Der Trampel

Im Umgang mit einem Trampel können Sie, um Ihren Standpunkt deutlich zu machen, verschiedene Techniken anwenden. Wofür Sie sich entscheiden, hängt davon ab, in welchem Maße der betreffende Mensch geistig beschränkt oder sozial unangepasst ist. Beginnen Sie damit, Ihre Spannungen auszuatmen, denn die Bemerkungen eines Trampels werden Ihnen wahrscheinlich derart auf die Nerven gehen, dass Sie sich zunächst einmal beruhigen müssen.

Gewöhnlich wird dies nicht ausreichen, um sich von Ihrem Ärger gänzlich zu befreien. Deshalb müssen Sie auch bei einem solchen Menschen die Technik der direkten Konfrontation anwenden, indem Sie ihm, ähnlich wie einem kleinen Kind, deutlich sagen, dass sein Verhalten *völlig unakzeptabel* ist.

Wenn ich meinen kleinen Hund ausführe, passiert es mir oft, dass ich einem schrecklich taktlosen Menschen begegne; er oder sie kommt auf mich zu und fängt an, mir von seinem/ihrem Hund zu erzählen. Aus irgendeinem Grunde ist dieser Hund in den meisten Fällen tot. Ich weigere mich entschieden, diesen tragischen Hundegeschichten (und den entsprechend düsteren Prognosen für meinen eigenen Hund) zuzuhören. Ich pflege dann den fraglichen Spaziergänger mitten im Satz zu unterbrechen und zu sagen: »Wenn Ihre Geschichte von einem *toten* Hund oder von Hundekrankheiten handelt, dann möchte ich sie nicht hören.« Ich weigere mich entschieden, mich von solchen unsensiblen Menschen zum Opfer machen zu lassen, und gehe weiter.

Häufig äußert ein Trampel vulgäre, unhöfliche, sozial unakzeptable Dinge, die so schockierend sind, dass Sie Ihren eigenen Ohren nicht trauen. Wenn das der Fall ist, dann imitieren Sie seine Kommentare mit Hilfe der Spiegeltechnik. Nehmen wir an, ein Trampel sagt: »Mensch, bist du *dick* geworden!« Darauf könnten Sie erwidern: »Mag sein, dass ich zugenommen habe, aber das kann man ändern. Aber du bist *beschränkt* und *ungehobelt*, und das zu ändern dürfte schwierig sein.«

Manchmal klappt diese Technik nicht, vor allem bei sehr stumpfsinnigen Menschen. Wenn der andere das, was Sie ihm sagen, einfach nicht begreifen will, dann könnte die Anschnauztechnik ihm helfen, zur Vernunft zu kommen.

Es gibt Trampel, die so unsensibel sind, dass ihnen nicht zu helfen ist. Dann bleibt Ihnen nichts übrig, als den Stecker herauszuziehen.

Der notorische Lügner

Mit Lügnern wird man am besten mit Hilfe der Technik des ruhigen Nachfragens fertig. Wenn Sie den Verdacht haben, dass jemand Sie anlügt, dann sollten Sie ihm eine Reihe von Fragen stellen, bis der Lügner sich am Ende in seinem eigenen Lügengewebe verheddert.

Als Nächstes wenden Sie die Technik der direkten Konfrontation an, um ihn wissen zu lassen, dass Sie ihm auf die Schliche gekommen sind – so wie Sharlene es tat. Als sie durch ruhiges Nachfragen herausgefunden hatte, dass ihr Geliebter verheiratet war, lautete sein Kommentar: »Tja, wenn du gewusst hättest, dass ich verheiratet bin, dann hättest du keine Minute Zeit mit mir verbracht.« Er hatte natürlich hundertprozentig Recht! Sie war nicht nur verletzt, sondern auch sehr zornig, vor allem nachdem er vorgeschlagen hatte, dass sie ihre Beziehung trotz seiner Lügen fortsetzen sollten. Sie knallte den Hörer auf und zog nicht nur den Telefonstecker aus der Wand, sondern trennte sich auch emotional von ihm.

Einige Lügner verfälschen die Wahrheit, um Sie zu beeindrucken. In solchen Fällen ist es oftmals sinnvoll, einem Lügner die Möglichkeit zu geben, das Gesicht zu wahren. Atmen Sie Ihre Spannungen aus, und gehen Sie einfach über seine Schwindeleien hinweg. Oder begegnen Sie ihm mit Humor. Ein ironisches Lächeln kann einem Lügner signalisieren, dass Sie ihm auf die Schliche gekommen sind, aber es erspart ihm eine Demütigung.

Allerdings müssen Sie es sich zur Regel machen, das, was diese Menschen Ihnen erzählen, von vornehrein in Zweifel zu ziehen. Wenn Sie einen zukünftigen Geschäftspartner dabei ertappen, dass er lügt oder übertreibt, dann können Sie davon ausgehen, dass er später ebenfalls lügen wird. In meiner Praxis habe ich immer wieder mit Menschen zu tun, die im Geschäftsleben oder im privaten Bereich von Lügnern übers Ohr gehauen wurden. Und fast immer hatte der Betreffende auch schon gelogen, bevor eine persönliche oder geschäftliche Beziehung entstand. Es gibt also durchaus Anzeichen dafür, dass jemand Sie betrügen wird. Halten Sie danach Ausschau, bevor es zu spät ist.

Der Einmischer

Zudringlichen Menschen, die sich ständig überall einmischen, muss man mit deutlichen Worten sagen, dass ihr Verhalten völlig unakzeptabel ist. Am besten wirkt die Anschnauztechnik, gefolgt von der »Stecker raus«-Technik; dadurch geben Sie dem Einmischer die unmissverständliche Information, dass Sie es ernst meinen.

Gloria ließ sich von der zudringlichen Art ihres Nachbarn Jerome zum Opfer machen; sie war viel zu nett zu ihm. Sie blieb immer sanft und höflich, etwa indem sie sagte: »Oh, Jerome, das solltest du aber nicht sagen« – oder aber indem sie schwieg. Natürlich entwickelte sie dabei eine immer heftigere Wut gegen ihn. Er spürte dies zwar, ließ sich von seiner unangenehm zudringlichen Art aber dadurch nicht abbringen. Eines Tages verlor sie die Beherrschung und schrie ihn heftig an. Sie drohte ihm, sich mit einem Anwalt in Verbindung zu setzen, wenn er sie nicht in Ruhe ließe. Damit hatte sie endlich Erfolg: Jerome hat sie seither niemals wieder belästigt.

Wenn jemand sich in Ihr Leben einmischt, dann sollten Sie das entschieden zurückweisen. Einmischer sind gefährliche, manipulative Menschen, also bedienen Sie sich am besten der Anschnauztechnik, und ziehen Sie dann den Stecker heraus. Werfen Sie zudringliche Menschen aus Ihrem Leben einfach hinaus.

Der Geizhals

Geizhälse sind wahrhaft erbärmliche Menschen, denn ihr Selbstwertgefühl ist meistens gleich null. Die Technik des ruhigen Nachfragens kann es Ihnen erleichtern, mit solchen Menschen umzugehen. Indem Sie einem Geizhals eine Reihe von Fragen stellen, können Sie ihm verstehen helfen, wie seine schreckliche Knickrigkeit auf andere wirkt. Wenn er Sie verstanden hat, dann wird er wahrscheinlich sehr peinlich berührt sein. Seine Antworten werden Ihnen Einblicke in seine Ängste geben, was es Ihnen wiederum erleichtert, ein wenig mehr Verständnis für ihn aufzubringen.

Eine meiner Klientinnen wandte bei einem Geizhals die Technik des ruhigen Nachfragens an und stellte fest, dass er in einer Zeit der wirtschaftlichen Depression aufgewachsen war und nur ein einziges Paar Schuhe und kaum jemals genug zu essen gehabt hatte. Als Erwachsener konnte er seine bösen Erinnerungen und Ängste einfach nicht abschütteln. Zwar war er inzwischen Millionär, aber er hatte trotzdem niemals das Gefühl, genügend Geld zu haben. Da sie ihn nun besser verstehen konnte, versuchte sie, ihm durch logische Argumente bei seinem Problem zu helfen.

Eine andere effektive Technik ist die der direkten Konfrontation. Anstatt Jay fallen zu lassen, weil er niemals die Rechnung übernahm, hätten seine Kollegen ihn mit dem Problem konfrontieren sollen, indem sie sagten: »He, Jay, jetzt bist du mal dran.« Wenn jemand sich Ihnen gegenüber geizig verhält, dann sollten Sie das offen ansprechen, damit Sie keinen Groll gegen ihn entwickeln. Sich zu ändern ist für einen Geizhals meist sehr schwierig, aber wenn er sich seiner Wirkung bewusst ist, dann wird er in vielen Fällen die feste Umklammerung seines Geldbeutels ein wenig lockern.

Ein solcher Mensch braucht Mitgefühl und Verständnis, gehen Sie deshalb, wenn es Ihnen möglich ist, sanft mit ihm um. Die Technik »Schenk ihm Liebe und Freundlichkeit« kann in diesem Fall sehr erfolgreich sein.

Der Fanatiker

Einmal hatte ich in London mit einer Freundin, die die Hauptrolle in einem Theaterstück spielte, eine Verabredung zum Abendessen. Nach der Aufführung holte ich sie in ihrer Garderobe ab. An der Tür stand einer ihrer Verehrer, der sie in ein Gespräch verwickelt hatte; er ließ sie einfach nicht gehen und redete pausenlos auf sie ein. Meine wohl erzogene und zurückhaltende Freundin hörte sich das Geschwafel geduldig an.

Nach zehn Minuten stupste ich sie an und sagte: »Komm, lass uns gehen« – und wir gingen. Meine Freundin, die mit zudringlichen Fans immer ein Problem hatte, war eindeutig zu nett zu ihm gewesen.

Gewiss sollten Sie zu Menschen, die Sie verehren und schätzen, freundlich sein und sie nicht vor den Kopf stoßen – vor allem wenn Sie im Licht der Öffentlichkeit stehen. Wenn man Ihnen jedoch zu nahe tritt und versucht, Ihnen die Zeit zu stehlen und Sie zu manipulieren, dann müssen Sie feste Grenzen ziehen und den Betreffenden mit Ihren Wünschen direkt konfrontieren. Wenn er nicht darauf reagiert, dann sollten Sie energisch werden und die Anschnauztechnik anwenden.

Leider kommt es nur allzu häufig vor, dass ein Fanatiker die Botschaft nicht begreift. Vielleicht ist er irgendwann einmal zu seinem Verhalten ermutigt worden und meint nun, er habe das Recht, das Objekt seiner Verehrung ständig zu belagern und zu belästigen.

Fanatiker sind meist fürchterlich borniert, genauso wie Maggie, die versuchte, Edith einzureden, sie sei keine wahre Christin, wenn sie nicht regelmäßig zur Kirche gehe, zweimal täglich die Bibel lese und dauernd Bibelsprüche zitiere. Diese Diskussionen zogen sich monatelang hin, bis Edith Maggie mit Hilfe der Anschnauztechnik endlich wissen ließ, dass die Art, wie sie betete, ganz allein *ihre* Angelegenheit sei, und dass niemand das Recht habe, ihren Grad an christlicher Erleuchtung zu beurteilen. Maggie verstand die Botschaft und gab ihre ständige Bevormundung auf.

Manchmal, wenn es nicht möglich ist, mit dem Fanatiker vernünftig zu reden, müssen Sie den »Stecker herausziehen« und dürfen keinerlei Kontakt mehr zulassen.

Wenn es sich bei dem Fanatiker um einen Geisteskranken handelt, und das ist häufig der Fall, dann müssen Sie sich schützen, indem Sie sich rechtlichen Beistand sichern. Sie sollten darüber hinaus dafür sorgen, dass Ihr Heim und Ihr Geschäft immer gut verschlossen sind, sodass der Betreffende nicht leicht zu Ihnen vordringen kann.

Der Narzisst

Narzissten verstehen nur das, was sie auf sich selbst beziehen können. In der Kommunikation mit ihnen ist es deshalb am effektivsten, mit Liebe und Freundlichkeit vorzugehen. Im Grunde sind sie nämlich deshalb so sehr mit sich beschäftigt, weil sie schrecklich ängstlich und unsicher sind.

Diese Einsicht kann Ihnen helfen, ihren Bedürfnissen gegenüber mehr Sensibilität zu entwickeln und angemessener mit ihnen umzugehen. Ein Narzisst ist deshalb so egozentrisch, weil es ihm an Selbstachtung mangelt. Er kann anderen nichts schenken, weil es in seiner Seele einsam und leer ist; er hat ganz einfach nichts zu geben.

Wenn seine Selbstbezogenheit Ihre Geduld allzu sehr strapaziert, dann ist die Technik »Spannungen ausatmen« am wirkungsvollsten.

Wenn Sie sich aber durch seine egoistische Art und seinen Mangel an Sensibilität wirklich verletzt fühlen, dann *müssen* Sie etwas sagen und dabei die Technik der direkten Konfrontation anwenden. Sprechen Sie mit ruhiger, kontrollierter Stimme mit ihm, sonst wird er das, was Sie sagen, überhaupt nicht aufnehmen. Wenn Sie ihn beschuldigen oder jammern, dann wird er in die Defensive gehen und Sie entweder verbal attackieren oder ganz einfach leugnen, dass er egoistisch ist. Sein Ego ist gewöhnlich so zerbrechlich wie eine Eierschale.

Wenn Sie immer wieder feststellen müssen, dass der Narzisst sich nur dann Zeit für Sie nimmt, wenn es ihm gerade passt, dass er ignoriert, was Sie sagen, und alles auf sich bezieht, dann werden Sie sich möglicherweise fragen, warum Sie überhaupt mit diesem Menschen zusammen sind. Mag sein, dass Sie sich dann dazu entschließen, den Stecker herauszuziehen und sich endgültig von ihm zu trennen. Die meisten Menschen, die längere Zeit mit einem Narzissten zu tun haben, trennen sich am Ende von ihm, da ihre Geduld erschöpft ist. Die Gedankenstopp-Technik wird Ihnen helfen, einen solchen Menschen aus Ihrem Leben zu verbannen. Oder Sie erleichtern sich die Trennung, indem Sie sein absurdes Verhalten mit Hilfe von Humor bloßstellen.

Der Schmeichler

Obwohl Schmeichler ganz offensichtlich sehr manipulative Menschen sind, wird es Ihnen schwer fallen, sie völlig abzulehnen, weil Sie im Grunde Ihres Herzens hoffen, dass wenigstens einige von den vielen Komplimenten, mit denen man Sie überschüttet, wahr sein mögen. Wenn Ihnen die ständigen Lobhudeleien am Ende aber doch auf die Nerven fallen, dann kann die Technik »Spannungen ausatmen« Ihnen helfen, mit aufsteigenden negativen Gefühlen fertig zu werden. Auch Humor ist hilfreich, um die »ätzenden« Schmeicheleien dieser Menschen abzuwehren.

»Hör mal, *so* toll *kann* ich ja gar nicht sein; ich glaube, du schmierst mir nur Honig um den Bart« – das wäre beispielsweise ein Satz, mit dem Sie sich klar gegen einen Schmeichler abgrenzen können. Diese Kombination von Humor und direkter Konfrontation mag ein heftiges Leugnen provozieren, das Sie mit weiteren humorvollen Bemerkungen kontern können, beispielsweise: »Wenn du weiterhin all diese honigsüßen Dinge über mich sagst, dann werde ich am Ende zum Diabetiker« oder »Schmierst du mir so viel Honig um den Bart, weil du möchtest, dass demnächst ein Schwarm Ameisen über mich herfällt?« Signalisieren Sie dem Schmeichler, dass Sie ihm auf die Schliche gekommen sind.

Wenn ein Schmeichler überhaupt ansprechbar ist, dann wird er selbst zu lachen beginnen oder protestieren, er meine es ernst.

Wenn Sie die ständigen Schmeicheleien endgültig satt haben, dann versuchen Sie es mit der Spiegeltechnik. Geben Sie ihm, in demselben honigsüßen Ton, genau das, was er gesagt hat, zurück. Gewöhnlich versteht er die Botschaft und hält sich daraufhin stärker zurück.

Der Oberlehrer

Mit einem Oberlehrer sollten Sie zunächst einmal die Technik des ruhigen Nachfragens ausprobieren; auf die Weise können Sie ihm vor Augen führen, dass sein perfektionistischer Anspruch absurd ist.

In der amerikanischen Talkshow *Donahue* wurden einmal einige Prostituierte interviewt; eine Oberlehrerin aus dem Publikum meldete sich zu Wort und erklärte, dass diese sündigen Frauen allesamt »in die Hölle« kämen. Eine Anruferin, die dies gehört hatte, fragte die Frau: »Madam, an welchen Gott glauben Sie? Wer ist Ihr Gott?« Die Oberlehrerin erwiderte: »Mein Gott ist der Gott im Himmel.« Dann fragte die Anruferin: »Und wer hat Sie an Gottes Stelle gesetzt, um ein so hartes Urteil über diese Frauen zu fällen?« Der Oberlehrerin verschlug es daraufhin die Sprache, und die Zuschauer signalisierten der Anruferin mit heftigem Applaus ihre Unterstützung.

Wenn ein Oberlehrer beginnt, Sie zu attackieren, dann müssen Sie sich wehren – entweder durch die Spiegeltechnik oder durch die Anschnauztechnik. Eine meiner Klientinnen schaffte es, eine solche Frau mit einem scharfen Gegenangriff bis ins Mark zu schockieren. Nachdem sie ihr ihr übermäßig strenges, kleinliches Verhalten gespiegelt hatte, griff sie sie unverblümt an: Die Betreffende solle erst einmal ihr eigenes »engherziges, verklemmtes, orgasmusunfähiges Selbst« in Ordnung bringen, bevor sie sich anmaße, andere zu beurteilen.

Als ihr jemand endlich einmal wirklich die Zähne gezeigt hatte, war die fragliche Meisterin der Kritik völlig erschüttert und fassungslos; das jedoch war der erste Schritt, um ihr eigenes Verhalten zu überprüfen und anderen gegenüber eine größere Toleranz zu entwickeln. Zum ersten Mal in ihrem Leben erkannte sie, dass sie an ihre Mitmenschen absurde und perfektionistische Ansprüche stellte. Mag sein, dass ihr Blick, nachdem sie ein paar Tränen vergossen hatte, endlich klarer geworden war und sie sich daraufhin nicht mehr so ernst nahm.

Wenn jedoch der Oberlehrer Ihr Vorgesetzter ist, dann mag es zu riskant sein, ihn zu spiegeln oder anzuschnauzen, und Sie können auf die Technik »süße Rachefantasien« zurückgreifen, um sich von Ihrer Frustration zu befreien.

Der Snob

Wenn ein Snob mal wieder seine »Ich bin besser als du«-Platte auflegt, dann kann die Technik des ruhigen Nachfragens ihn rasch eines Besseren belehren. Sie sollten ihm so viele Fragen stellen, dass er erkennt, wie absurd sein respektloses Verhalten eigentlich ist. Fragen wie »Was vermittelt Ihnen das Gefühl, besser als andere zu sein?« oder »Was ist der Grund, dass Sie mit diesem Menschen nicht reden wollen?« werden ihn ziemlich aus der Bahn werfen, da ihm eine sinnvolle Antwort darauf bestimmt nicht einfallen wird. Auch mit einer direkten Konfrontation können Sie einem Snob sehr leicht das Wasser abgraben. In dem Film *Pretty Woman* kehrt Julia Roberts, nachdem sie sich wie eine Prinzessin eingekleidet hat, in die teure Boutique in Beverly Hills zurück. Sie fragt die Verkäuferinnen, die sich geweigert hatten, sie zu bedienen: »Wissen Sie noch, wie Sie mich behandelt haben, als ich das erste Mal herkam?« Dann zeigt sie ihnen ihre sämtlichen Einkaufstüten und stellt fest: »Nun, das hätten Sie besser nicht getan.« Mit einem spöttischen Lächeln wendet sie sich ab und lässt die Verkäuferinnen, die ihr Geld auf Provisionsbasis verdienen, frustriert und beschämt zurück.

Einen Snob, der Sie schlecht behandelt hat, direkt zu konfrontieren, kann Ihnen ein wahres Triumphgefühl vermitteln, da er das überhaupt nicht erwartet und wahrscheinlich völlig schockiert sein wird.

Wenn Sie die Oberflächlichkeit eines Snobs endgültig leid sind, dann müssen Sie ihn fallen lassen und den »Stecker herausziehen«, um Ihre Nerven zu schonen. Menschen, die glauben, sie wären besser als Sie, sind es nicht wert, dass Sie sich mit ihnen abgeben.

Der Berufsrivale

Heutzutage sind Fauen häufig tüchtiger als ihre männlichen Kollegen, und viele innerlich unsichere Männer können die Erfolge einer Frau nicht verkraften. Viele dieser Männer sind menschliche Dinosaurier, die ihre pubertären Ansichten, dass Jungen größer, besser, stärker und intelligenter sein sollten als Mädchen, noch nicht abgelegt haben.

Eine meiner Klientinnen, eine Rechtsanwältin, hatte ein *blind date* mit einem mittelmäßig erfolgreichen orthopädischen Chirurgen. Sie waren sich sehr sympathisch und begannen, sich häufiger zu treffen.

Eines Abends saßen sie in einem Restaurant vor einer köstlichen Fischplatte. Meine Klientin deutete auf einen exotischen Fisch und forderte ihren Freund auf: »Ess doch auch mal davon – er ist köstlich!« – »*Ess* doch?!«, fragte der Chirurg triumphierend. Sie fragte verwirrt zurück: »Was meinst du?« – »*Ess* doch«, erwiderte er, »du sagtest *ess* doch anstatt *iss* doch! Endlich hab ich dich erwischt!« Plötzlich war alle Sympathie, die sie für den Mann empfunden haben mochte, wie weggeblasen, denn offenbar war ihm vor allem daran gelegen, mit ihr zu rivalisieren. Mit einem Schlag wurde ihr bewusst, wie häufig er versucht hatte, sie zu besiegen.

Sie bediente sich der Fragetechnik und bemerkte: »Also – fühlst du dich jetzt wohler, da du weißt, dass deine Grammatik-Kenntnisse besser sind als meine?« Das verwies ihn in seine Schranken – und katapultierte ihn zugleich aus ihrem Leben hinaus.

Die Technik der direkten Konfrontation ist auch sehr wirkungsvoll, um dem Berufsrivalen zu signalisieren, dass Sie nicht bereit sind, auf seine Spielchen einzugehen und mit ihm in Konkurrenz zu treten. Wenn er versucht, Sie zu besiegen, dann könnten Sie sagen: »Ich bin froh, dass Sie eine so gute Meinung von sich haben, aber es ist nicht nötig, derartig anzugeben. Ich wollte eigentlich nur ein bisschen Konversation machen.« Den Berufsrivalen mit den Wirkungen seines Tuns direkt zu konfrontieren entschärft in vielen Fällen die Situation und bewirkt, dass der Betreffende seine Schwäche deutlicher wahrnimmt.

Wenn Sie sein Verhalten spiegeln wollen, dann sollten Sie sich eine absurde Erwiderung ausdenken. Wenn Sie sagen: »Ich habe einen furchtbaren Muskelkater – ich habe gestern ACHTZIG Kilo gestemmt«, dann wird der Berufsrivale wahrscheinlich erwidern: »Nun, ich habe hundertfünfzig Kilo gestemmt, und ich habe *keinen* Muskelkater.« Daraufhin könnten Sie sagen: »Das wundert mich, denn achtzig Kilo sind wirklich eine enorme Leistung – vielleicht hätte ich lieber vierhundert Kilo stemmen sollen, dann wäre ich platt wie eine Flunder gewesen.« In diesem Fall hätten Sie die Spiegeltechnik mit der Humortechnik kombiniert.

Ständiges Rivalisieren ist ein Zeichen, dass die fragliche Person neidisch ist. Wie wir wissen, ist Neid ein außerordentlich destruktives Gefühl. Es ist nicht möglich, eine gute Beziehung zu jemandem zu haben, der Ihre Leistungen ständig herabzuwürdigen sucht und Ihnen Ihre Erfolge nicht gönnt. In einem solchen Fall sollten Sie die Beziehung beenden.

Der Kontrollfreak

Der Kontrollfreak wird seines Lebens nicht froh, wenn er nicht ständig das Gefühl hat, sämtliche Fäden in der Hand zu halten. Kinder brauchen durchaus eine gewisse Kontrolle, aber reife Menschen, die ihre eigenen Ansichten und Werte haben, empfinden eine ständige Kontrolle und Bevormundung als demütigend.

Einem Kontrollfreak *müssen* Sie klare Grenzen setzen. Lassen Sie ihn wissen, dass er kontrollieren kann, wen er will, Sie allerdings nicht. Beim ersten Anzeichen von kontrollierendem Verhalten müssen Sie sehr deutlich werden und die direkte Konfrontationstechnik anwenden. Die Spiegeltechnik kann ebenfalls Wunder wirken und einen Kontrollfreak völlig aus der Bahn werfen, da er sich gegen jegliche Bevormundung entschieden wehren wird. Das, was er anderen antut, kann er selbst am wenigsten ertragen. Seien Sie sich bewusst, dass er Sie, wenn Sie ihn spiegeln, wahrscheinlich verbal angreifen und sogar heftig beschimpfen wird. Aber die Erfahrung, was für ein Gefühl es ist, sich ständig sagen lassen zu müssen, was man tun soll, kann diese Menschen am Ende eines Besseren belehren.

Joshua war ständig damit beschäftigt, Wendy zu bevormunden. Nicht nur, dass er im Restaurant das Essen für sie aussuchte, er warf sich auch als Berater hinsichtlich ihrer Kleidung, ihrer Frisur und ihres Make-ups auf. Eines Morgens entschied sie sich, ihm einen Löffel seiner eigenen Medizin zu verabreichen, und legte ihm die Kleidung für den betreffenden Tag heraus, einschließlich der Schuhe und der Socken. Als er die Sachen auf seinem Bett liegen sah, drehte er durch und brüllte: »Du bist nicht meine *Mutter*. Was gibt dir das Recht, darüber zu entscheiden, was ich anziehen soll?! Hör bloß auf, mich zu bevormunden.« Sie sah ihn lächelnd an und sagte: »Genau das empfinde ich auch, wenn du versuchst, mich zu kontrollieren und mir vorzuschreiben, was ich anziehen soll.«

Von Stund an versuchte Joshua nie mehr, darüber zu bestimmen, was Wendy anziehen sollte. Wenn er demnächst im Restaurant wieder einmal für sie die Speisen aussucht, dann will sie ihm dieselbe Medizin noch einmal verabreichen.

Bei wirklich unverbesserlichen Kontrollfreaks ist es nötig, sich der Anschnauztechnik zu bedienen. Treten Sie fest auf, spannen Sie Ihre Bauchmuskeln an, und sagen Sie laut und deutlich, dass Sie sich von niemandem kontrollieren und bevormunden lassen. Stellen Sie in aller Ruhe fest, dass Sie ein verantwortungsbewusster, erwachsener Mensch sind, der seine eigenen Entscheidungen treffen kann. Grenzen Sie sich klar und deutlich ab, denn nur das wird Ihr Gegenüber davon überzeugen, dass Sie es ernst meinen.

Wenn das nicht fruchtet und der Kontrollfreak Sie weiterhin zu kontrollieren versucht, dann müssen Sie den Stecker herausziehen. Andernfalls werden Sie Ihre Identität verlieren – und Ihre Fähigkeit, eigenständig zu denken.

Der Kritikaster

Der Kritikaster ist so unsicher und so sehr darauf bedacht, ständig Recht zu haben, dass es am sinnvollsten ist, ihm mit der Technik »Schenk ihnen Liebe und Freundlichkeit« zu begegnen. Die entsprechende innere Einstellung sollte sich auch in Ihrer Stimme und in einer besonders taktvollen Wortwahl niederschlagen.

Sie können den Kritikaster auch durch ruhiges Nachfragen zu »entgiften« versuchen.

ER: Du bist schuld, dass wir zu spät gekommen sind.

SIE: Wie kommst du darauf, mein Schatz?

ER: Weil es Stunden dauert, bis du endlich mit deinem Make-up fertig bist.

SIE: Liebling, glaubst du nicht, dass die letzten drei Telefonate, die du geführt hast, bevor wir losgingen, auch etwas damit zu tun haben könnten?

ER: Na ja, mag sein, dass du Recht hast. Vermutlich waren wir beide nicht rechtzeitig fertig.

Wörter wie »Schatz« und »Liebling« sind in einem solchen Fall hilfreich, um einen Streit zu vermeiden.

Auch die Spiegeltechnik kann helfen, den Kritikaster auf sein unangenehmes Verhalten aufmerksam zu machen. Nehmen wir einmal an, Sie haben sich zum Abendessen ein Steak bestellt, und einer dieser Berufskritiker äußert empört, er lehne es ab, tote Tiere zu verzehren, und Sie sollten sich schämen, so etwas überhaupt zu bestellen. Um ihm bewusst zu machen, wie er auf andere wirkt, könnten Sie sein Verhalten spiegeln, indem Sie sein Essen in ähnlicher Weise kritisieren – und sich dabei ähnlicher Worte bedienen. Die Technik der direkten Konfrontation kann ebenfalls sinnvoll sein. Erklären Sie Ihrem Tischgenossen, dass Sie ihm dankbar wären, wenn er es Ihnen erlaubte, in Frieden Ihre Mahlzeit zu genießen. Sie sollten einem Kritikaster sein aggressives Verhalten nicht durchgehen lassen.

Wenn der Kritikaster sich nicht eines Besseren belehren lässt, dann mag es sinnvoll sein, den Stecker herauszuziehen. Im Restaurant beispielsweise könnten Sie vom Tisch aufstehen, Ihre Serviette hinwerfen und das Restaurant mit dramatischer Geste verlassen. Dadurch haben Sie Ihre Botschaft in jedem Fall deutlich gemacht.

Den »Stecker herausziehen« und sich von dem Kritikaster endgültig distanzieren, sodass er niemanden außer sich selbst kritisieren kann, ist leider in vielen Fällen das einzige Mittel, um mit ihm fertig zu werden.

Der Besserwisser

Ein Besserwisser setzt sein Wissen als Mittel ein, um seine innere Unsicherheit zu verbergen und sich akzeptiert und bewundert zu fühlen, deshalb werden Sie am besten mit ihm fertig, wenn Sie ihm signalisieren, dass Sie seine umfassende Bildung zu schätzen wissen. Wenden Sie die Gedankenstopp-Technik und die Technik »Schenk ihnen Liebe und Freundlichkeit« an, um mögliche Aggressionen ihm gegenüber gar nicht erst aufkommen zu lassen.

Wie immer, wenn ein Mensch Ihnen schrecklich auf die Nerven geht, ist es sehr hilfreich, zunächst Ihre Spannungen auszuatmen. Machen Sie sich bewusst, dass diese Menschen durch ihre Besserwisserei nur versuchen, Ihre Akzeptanz und Wertschätzung zu gewinnen. Je mehr Zuwendung und Freundlichkeit Sie für sie aufbringen, desto weniger werden sie das Bedürfnis haben, ständig mit ihrem Wissen anzugeben.

Wenn ein Besserwisser allerdings absolut nicht bereit ist, Ihren Standpunkt zur Kenntnis zu nehmen, da er ja ohnehin alles weiß, dann müssen Sie die Technik der direkten Konfrontation anwenden. Sagen Sie ihm, dass Sie seine Kenntnisse und seinen Einblick zu schätzen wissen, aber dankbar wären, wenn er auch Ihren Standpunkt und ihre Informationen zur Kenntnis nähme. Sagen Sie ihm, dass intelligente Leute wie er in aller Regel auch gut zuhören können. Auf diese Weise schmeicheln Sie seinem Ego und tragen dazu bei, seine innere Unsicherheit abzubauen. Das wird ihn ermutigen, in einen Dialog mit Ihnen einzutreten.

Ich hatte einmal eine Klientin, deren Bruder ein schrecklich arroganter Besserwisser war. Sie geriet ständig in Streit mit ihm. Im Grunde seiner Seele war er sehr unsicher und überzeugt, dass er, im Gegensatz zu seiner Schwester, als Kind von seiner Mutter nicht wirklich geliebt worden war. Seine Versuche, die Familie mit seinem Wissen zu beeindrucken, führten zu ständigen Streitereien und trugen ihm eher Ablehnung ein.

Als meine Klientin zu mir kam und sich über ihn beklagte, machte ich ihr die Gründe für sein Verhalten bewusst und empfahl ihr die Technik »Schenk ihnen Liebe und Freundlichkeit«. Wenn sie sich wirklich sehr ärgerte, so schlug ich ihr vor, sollte sie ihre Spannungen zunächst einmal ausatmen. Nachdem sie diese beiden Techniken ausprobiert hatte, stellte sie fest, dass sie sehr viel besser mit ihrem Bruder umgehen konnte. Er bekam mehr und mehr das Gefühl, dass er es nicht nötig hatte, alles zu wissen und ihr ständig Vorträge zu halten, und er lernte, ihr zuzuhören und ihr Fragen zu stellen. Als er am Ende sicher war, von ihr akzeptiert zu werden, hörte er endgültig auf, ständig den Besserwisser zu spielen. Sie selbst lernte es, ihn nicht mehr anzugreifen und seine Kenntnisse anzuerkennen. Dadurch wandelte sich ihre Beziehung zum Besseren, und heute sind sie die besten Freunde.

Der emotionale Eisbeutel

Der Versuch, einen Kontakt mit einem emotionalen Eisbeutel herzustellen, ist in den meisten Fällen vergebliche Liebesmüh. Wahrscheinlich haben Sie den Wunsch, diesen Menschen dazu zu bewegen, wenigstens ein einziges Mal seine Gefühle zu zeigen, aber auch Anschnauzen hilft in einem solchen Fall nicht weiter. Heftige Gefühlsausbrüche Ihrerseits bewirken vielmehr, dass der Eisbeutel noch kälter und unnahbarer wird. Sie werden am besten mit ihm fertig, wenn Sie zunächst einmal versuchen, Ihre Spannungen auszuatmen, und ihm dann mit Liebe und Freundlichkeit begegnen. Mag sein, dass er dadurch ein wenig auftaut und sich sicherer und akzeptierter fühlt. Ein emotionaler Eisbeutel fühlt sich im Grunde in seiner eigenen Haut nicht wohl, aber er kann sein Verhalten nicht ändern, weil er es nicht gelernt hat, zu kommunizieren und seine Gefühle auszudrücken. Wenn er Emotionen zeigt, so fürchtet er, würde er sich selbst zum Narren machen.

Bei einem solchen Menschen kann die Humortechnik sehr wirkungsvoll sein. Mag sein, dass Sie ihn auch dadurch nicht dazu bringen, seine Gefühle zu äußern, aber wenn Sie ihn wenigstens zum Lachen bringen, dann ist immerhin ein Kontakt hergestellt.

Es gibt Menschen, die durchaus gefühlvoll sind, aber mit einer sehr monotonen Stimme sprechen. Durch ruhiges Nachfragen können Sie herausfinden, was sie denken, und welche Gefühle eine bestimmte Situation, eine Person oder ein Ereignis in ihnen hervorrufen.

Der Paranoiker

In Hollywood begegne ich immer wieder Menschen, die jahrelang eine Enttäuschung nach der anderen erlitten und im Grunde ihres Herzens längst resigniert haben. Sie haben ständig Ängste, wittern überall Unheil und leiden unter einer Art Verfolgungswahn. Viele von ihnen fürchten um ihre Jobs. Wenn ihre Projekte fehlschlagen oder sie eine falsche Entscheidung treffen, dann kann es sein, dass man sie von einem Tag zum anderen fallen lässt. Das ist der Grund für ihre ständige Angst und Unsicherheit.

Ich habe festgestellt, dass die direkte Konfrontation und das ruhige Nachfragen helfen können, die Ängste solcher paranoider Menschen zu beschwichtigen. Diese Techniken werden ihnen helfen zu erkennen, dass die Entscheidungen, die sie unter den gegebenen Umständen trafen, die richtigen waren. Wenn Sie es schaffen, ihnen mit Hilfe der genannten Techniken Sicherheit zu vermitteln, dann entwickeln sie mehr Vertrauen – nicht nur in Sie, sondern auch in sich selbst.

Da paranoide Menschen überall Unheil und Verrat wittern, müssen Sie alles Erdenkliche tun, um sie von Ihrer Vertrauenswürdigkeit zu überzeugen. Ein Paranoiker muss wissen, dass Sie es nicht darauf abgesehen haben, ihn zu verletzen oder auszunutzen.

Für den Umgang mit paranoiden Menschen brauchen Sie sehr viel Geduld. Ihre Spannungen auszuatmen kann Ihnen helfen, sich von Ihren Frustrationen zu befreien und ruhiger zu werden. Wenn Sie diesen Menschen treu zur Seite stehen und ihnen Unterstützung durch die Technik »Schenk ihnen Liebe und Freundlichkeit« signalisieren, dann könnte es Ihnen gelingen, das Eis zu brechen und einen guten Freund zu gewinnen.

Wenn ein Paranoiker für Ihre Nerven allerdings eine zu arge Belastungsprobe darstellt, dann müssen Sie den Stecker herausziehen – so wie bei den anderen toxischen Terror-Typen, die Ihnen zu viel von Ihrer Energie rauben. Überlassen Sie es den Psychologen, mit ihnen fertig zu werden!

Der Aufhetzer

Im Umgang mit einem Aufhetzer können Sie grundsätzlich auf zweierlei Weise vorgehen. Gewöhnlich bewirkt die Technik »Ruhiges Nachfragen«, dass er erkennt, dass Sie ihm auf die Schliche gekommen sind, und er von seinem Tun ablässt. Wenn man ihm wirklich auf den Zahn fühlt, dann beginnt er, nervös zu werden. Oder er sagt: »Ich hab doch bloß Spaß gemacht« oder »Ich war einfach neugierig.« Als der Friseur Sirvone versuchte, Unruhe zu stiften, indem er seiner Kundin erzählte, dass ihre Tochter wahrscheinlich Drogen nehme und es mit allen möglichen Jungen treibe, hätte die Mutter noch einmal intensiv nachfragen sollen.

MUTTER: Wie kommen Sie darauf, dass meine Tochter es mit allen möglichen Jungen treibt und Drogen nimmt?

SIRVONE: Oh, ich weiß doch, wie Mädchen in dem Alter sind. Ich hab da so meine Informationsquellen …

MUTTER: Haben Sie sich schon einmal mit meiner Tochter unterhalten?

SIRVONE: Nein.

MUTTER: Sind Sie mit ihr befreundet?

SIRVONE: Nein.

MUTTER: Pflegen Sie ihr und ihren Freunden hinterherzuspionieren, sodass Sie wissen, was sie tut?

SIRVONE: Nein.

MUTTER: Wissen Sie, was bei uns zu Hause los ist und wie wir unsere Tochter erzogen haben?

SIRVONE: Nein, ich habe nur versucht, Sie zu warnen, damit Sie nicht überrascht sind, wenn irgendein Problem auftaucht.

MUTTER: Danke, Sirvone, aber ich glaube, was meine Tochter angeht, so kann ich die Situation ganz gut einschätzen.

Mit Hilfe der Technik »ruhiges Nachfragen« wäre es gelungen, Sirvone begreiflich zu machen, dass er bei dieser Frau sein Spielchen nicht spielen konnte.

Auch die Technik der direkten Konfrontation kann angewandt werden, um einem Aufhetzer den Wind aus den Segeln zu nehmen. Damit können Sie ihn wissen lassen, dass Sie sein Spiel durchschauen. Zum Beispiel:

SIRVONE: Sie sollten auf Ihre Tochter gut aufpassen. Ich bin sicher, sie treibt es mit Jungen und nimmt Drogen.

MUTTER: Sirvone, wenn Sie genauso viel Zeit damit verbringen würden, positive Gefühle bei Ihren Kunden zu wecken wie negative, dann hätten Sie in Ihrem Salon sehr viel mehr zu tun.

Auch die Humortechnik ist bei Aufhetzern sehr effektiv. Wenn ein Aufhetzer versucht, Sie in Unruhe zu versetzen, könnten Sie etwas Humorvolles erwidern, beispielsweise: »Reden Sie nur weiter, dann weiß ich wenigstens, dass Sie nicht denken.«

Lassen Sie den Aufhetzer wissen, dass Sie ihn durchschauen und das, was er sagt, nicht ernst nehmen. Spielen Sie alle seine provozierenden Bemerkungen systematisch herunter. Am Ende wird er die Botschaft gewiss verstehen.

Die Auswahl bestimmter Techniken

Entsprechend meinen eigenen Recherchen und dem Feedback, das meine Klienten mir gaben, waren die spezifischen Techniken, die ich für jeden der toxischen Terror-Typen vorgeschlagen habe, jeweils am wirkungsvollsten. Das heißt aber nicht, dass Sie sich beim Umgang mit Nervensägen auf die jeweils beschriebene Technik oder die jeweiligen Techniken beschränken müssen.

Wenn Sie es mit einem toxischen Menschen zu tun haben, dann können Sie entweder eine einzelne Technik oder eine Kombination oder alle genannten zehn Techniken anwenden. Es hängt davon ab, was Sie persönlich vorziehen und womit Sie sich wohl fühlen. Welche Technik Sie auch immer wählen, es geht darum, dass Sie Ihren Ärger und Ihre Frustration loswerden, damit Sie von Herzanfällen, Krebs oder anderen Stresskrankheiten verschont bleiben.

Kapitel 8

Wählen Sie Ihre Technik entsprechend der Rolle, die der toxische Mensch in Ihrem Leben spielt

Die Rolle, die die spezifische toxische Schreckensgestalt in Ihrem Leben spielt, sollte die Wahl Ihrer Technik bestimmen. Bei Familienmitgliedern gibt es spezifische Techniken, die zum Erfolg führen, während andere Techniken eher bei Mitarbeitern erfolgreich sind und wiederum andere sich als nützlich bei Autoritätspersonen oder Untergebenen erweisen.

Menschen legen ihren Mitmenschen gegenüber unterschiedliche Verhaltensweisen an den Tag, abhängig davon, welchen Einfluss der Betreffende auf ihr Leben, ihr persönliches Wohlbefinden und ihren Lebensunterhalt hat.

Denken Sie nur einmal an Ihre Familie. Die Fernsehserien nach dem Motto »Eine glückliche Familie« sind Fantasieprodukte; es gibt keine Familie, in der alle Familienmitglieder ständig so gut miteinander auskommen.

Man hat uns allen beigebracht, dass wir unsere Verwandten lieben müssen, *weil* sie eben zu unserer Familie gehören. Leider gibt es jedoch in einigen Familien äußerst vergiftende Einflüsse. Einige Familienmitglieder sind es einfach nicht wert, geliebt zu werden, und Sie haben durchaus das Recht, sich von einem Familienmitglied zu distanzieren, das sich Ihnen gegenüber abscheulich verhalten hat.

Toxische Mütter und Väter

Es gibt zweifellos Eltern, die eigentlich nicht Eltern hätten werden sollen – die ihre Kinder vernachlässigen oder sie misshandeln und ihnen dadurch schweren und irreparablen Schaden zufügen. Viele

Kinder werden bis ins Teenager- oder sogar bis ins Erwachsenen-alter hinein seelisch und körperlich gequält. Ich teile die Meinung vieler Psychologen, die glauben, die Technik »Stecker raus« sei in diesen Fällen der einzig sinnvolle Weg. Es ist im besten Interesse des Opfers, den Kontakt gänzlich abzubrechen, um endlich ein glücklicheres und produktiveres Leben führen zu können.

Natürlich sind Eltern im Allgemeinen keine bösartigen Menschen. Viele von ihnen sind bedauernswerte Wesen mit großen persönlichen Schwächen und einem schlechten Selbstbild, die sich bemühen, für ihre Kinder alles zu tun, was in ihren Kräften steht. Dennoch haben manche eine eher destruktive Wirkung auf ihre Kinder, weil sie ignorant sind und sich selbst nicht respektieren, vor allem aufgrund ihrer eigenen Familiengeschichte. Bei ihnen sollte man alles versuchen, um den Kontakt aufrechtzuerhalten, bevor man die Technik »Stecker raus« anwendet.

Einige Eltern, die, ohne es zu wissen, eine toxische Wirkung auf ihre Kinder haben, erkennen die Konsequenzen ihres Verhaltens erst dann, wenn es zu spät ist. Die Mutter von Hervé Ville-chaize mag sich, nachdem Hervé sich das Leben genommen hatte, einer ernsten Gewissensprüfung unterzogen haben. Abgesehen davon, dass Hervé damit fertig werden musste, zu den Klein-wüchsigen zu gehören, fand er, wie er mir selbst berichtete, bei sei-ner Mutter und seinem Vater kaum Unterstützung. Sein Vater, ein prominenter Arzt, konnte Hervés Kleinwüchsigkeit nie akzeptie-ren, deshalb reiste er mit ihm auf der Suche nach einem Wunder-heiler durch die ganze Welt – ein vergebliches Bemühen, das für Hervé mit sehr viel Demütigungen und Schmerzen verbunden war. Schließlich, als Hervé das Teenageralter erreicht hatte, wei-gerte er sich, weiterhin durch die ganze Welt zu reisen, und flehte seinen Vater an, ihn einfach so, wie er war, zu akzeptieren. Aber dieser konnte sich mit der Behinderung seines Sohnes offenbar nicht abfinden.

Bei seiner Mutter fand er ebenfalls kaum Unterstützung. Her-vé erzählte mir – wie vielen anderen Menschen, die ihn inter-viewten, um etwas über sein Leben zu erfahren –, dass er niemals das Gefühl gehabt habe, von seiner Mutter wirklich geliebt zu werden; was auch immer er tat – es schien ihr niemals gut genug. Bei seiner Hochzeit stellte Hervé mich aufgeregt seiner Mutter vor und sagte: »Mutter, Mutter, dies ist meine Lehrerin. Sie arbeitet mit mir an meiner Stimme.« Seine Mutter sah mich kalt an und erwiderte: »Nun, ich kann ihn trotzdem noch immer nicht verstehen.« Ich weiß noch, dass ich dachte: Kein Wunder, dass dieser arme Mann so viele Schwierigkeiten hat. Seine eigene Mutter scheint seine Bemühungen, an sich zu arbeiten und sein Leben zu verbessern, nicht zu unterstützen. Nachdem Hervé gestorben war, berichtete die amerikanische Zeitschrift *People* über einen Vorfall, der die Lieblosigkeit seiner Mutter deutlich demonstrierte. Einmal hatte Hervé, ein sehr begabter Künstler, ein Porträt seiner Mutter gemalt, und diese reagierte darauf mit dem Kommentar: »Na ja – aber es ähnelt mir nicht im Geringsten.«

Leider gibt es nur allzu viele Mütter, die zur Kategorie der ewigen Kritikerinnen oder ständigen Lästermäuler gehören; ihnen sollte man mit der Technik der direkten Konfrontation oder des ruhigen Nachfragens begegnen. Sagen Sie ihnen in aller Offenheit, dass ihre Worte und ihr Verhalten verletzend sind.

Einige elterliche Verhaltensweisen – vor allem die von wutschnaubenden Stieren, Kontrollfreaks und zähnefletschenden Tyrannen – können der Persönlichkeit der betroffenen Kinder schweren Schaden zufügen. Das Kind möchte seine Mutter oder seinen Vater verzweifelt lieben und sie oder ihn von dem zerstörerischen Verhalten abbringen, aber dies wird nur dann gelingen, wenn der betreffende Elternteil selbst mitarbeitet. Sollte das trotz aller Bemühungen nicht der Fall sein, dann ist – bei erwachsenen Kindern – die »Stecker raus«-Technik die sinnvollste.

Die Tennisspielerin Mary Pierce hat einen gewalttätigen Vater, der zu den Kontrollfreaks gehörte und sie ständig bevormundete. Nach einem Match wurde sie von ihrem Vater häufig beschimpft und vor den anderen Spielern und den Organisatoren abgekanzelt und sogar verprügelt. Die Organisatoren der Spiele entschieden, ihn von der Teilnahme an sämtlichen Tennismatches auszuschließen, und Mary tat es ihnen gleich; sie trennte sich sowohl im persönlichen als auch im beruflichen Bereich von ihm. Sie gehörte weiterhin bei internationalen Tennismeisterschaften fast immer zu den Gewinnerinnen.

In solchen Fällen gibt es nur eine Möglichkeit: Um sich selbst und Ihr Leben zu schützen, müssen Sie sich von Eltern, die eine vergiftende Wirkung auf Sie haben, trennen. In Amerika hat es Fälle gegeben, wo Kinder sich legal von ihren toxischen Müttern und/oder Vätern trennten, weil sie vernachlässigt und/oder missbraucht worden waren.

Andere Eltern bringen ihre Kinder in Verlegenheit, weil sie Klatschmäuler, Scherzkekse, Trampel oder Schwätzer sind. Zwar sind sie nicht bösartig, aber es kann sehr schwierig sein, mit ihnen umzugehen. Der Schauspieler Sylvester Stallone hat in Interviews immer wieder seine Mutter erwähnt. Anscheinend versucht Jackie Stallone ständig, sich in den Vordergrund zu spielen, und äußert sich in sehr peinlicher Weise über die Exfrau und/oder die Freundinnen ihres Sohnes. Bei solchen Gelegenheiten musste Sylvester zweifellos viele Male tief durchatmen, um Jackie gegenüber nicht die Geduld zu verlieren. Er liebt seine Mutter, akzeptiert ihr Verhalten in seiner gutmütigen Art als »eben typisch für sie« und macht sich manchmal darüber ein wenig lustig.

Eltern, die toxische Charakterzüge, aber deshalb noch keinen zerstörerischen Einfluss haben, sollte man mit Humor und der Technik des Ausatmens von Spannungen begegnen, darüber hinaus aber auch mit ruhigem Nachfragen, direkter Konfrontation und Liebe und Freundlichkeit. Wenn Ihre Eltern sich hartnäckig weigern, Ihnen zuzuhören und Ihre berechtigte Kritik zur Kenntnis zu nehmen, können Sie es mit der Anschnauztechnik und der Spiegeltechnik versuchen.

Einige Eltern allerdings sind wirklich schwer zu ertragen, beispielsweise Wegtaucher, Weicheier, Verräter, Lügner oder langsame Brüter, und es ist beängstigend, mit ihnen zu tun zu haben, da man ihnen nie wirklich trauen kann. Viele Menschen hätten als Kind sehr viel mehr Liebe gebraucht, sind aber von ihren Eltern ständig verletzt und enttäuscht worden. Machen Sie sich bewusst, dass jeder Mensch die Pflicht hat, sich selbst zu schützen.

Wenn Sie von Ihren Eltern verlassen oder fortgegeben wurden, dann können die Technik »Gedankenstopp« und die Technik »Süße Rachefantasien« Ihnen helfen, sich Ihre psychische Gesundheit zu bewahren und Ihre verletzten Gefühle zu heilen. Kenya Moore wurde Miss USA und schien alles Glück der Erde für sich gepachtet zu haben. In Wahrheit war sie jedoch seelisch tief verletzt, da ihre Mutter sie als Baby fortgegeben hatte und sie, als Kenya den Kontakt wiederherzustellen versuchte, praktisch ignorierte. Als sie zwölf Jahre alt war, schwor Kenya, sich von ihrer Mutter nie wieder verletzen zu lassen – eine nicht ungewöhnliche Strategie bei Kindern, die von ihren Eltern verlassen wurden. Die Techniken »Gedankenstopp« und »Süße Rachefantasien« können Kenya auch in Zukunft bei der Heilung ihres persönlichen Traumas weiterhelfen.

Schließlich gibt es auch Eltern, die im Grunde ihres Herzens hilflose, traurige Kinder sind und die eine Beziehung geschaffen haben, in der die Rollen vertauscht wurden. Der Selbstzerstörer, das Weichei, das ewige Opfer und der Lügner fallen in diese Kategorie. Häufig versucht das Kind, die Elternrolle zu übernehmen und diesen bemitleidenswerten Menschen aus ihrer Misere hinauszuhelfen. Ich würde in einem solchen Fall die Technik »Schenk ihnen Liebe und Freundlichkeit« empfehlen, aber häufig wird auch ein wenig »liebevolle Strenge« vonnöten sein. Um nicht zum Koabhängigen zu werden, müssen Sie den Stecker herausziehen – nicht weil Sie den betreffenden Elternteil hassen, sondern um der Liebe willen, die Sie für ihn empfinden. Sie müssen Grenzen setzen und dürfen es nicht zulassen, dass Sie von Ihren Eltern in Schmerz und seelische Krankheit hineingezogen werden. Mancher Vater und manche Mutter wurden durch ein solches Verhalten herausgefordert, sich weiterzuentwickeln und sich mit seinen/ihren Problemen auseinanderzusetzen.

Wir dürfen nicht in die Falle tappen, uns unseren Kindern gegenüber genauso toxisch zu verhalten wie unsere Eltern sich uns gegenüber verhielten. Mit Hilfe der richtigen Techniken und Vorgehensweisen können wir den Teufelskreis durchbrechen.

Toxische Geschwister

Brüder und Schwestern können einander unendlich viel Kummer bereiten.

Eifersucht und Rivalität unter Geschwistern sind ein schwerwiegendes Problem. Viele Menschen haben als Erwachsene ein sehr mangelhaftes Selbstwertgefühl, weil ein Elternteil oder beide Eltern einen Bruder oder eine Schwester vorzogen.

Wenn Eltern zwei Kinder haben, dann ist manchmal eines dieser Kinder offensichtlich erfolgreicher als das andere, und das weniger erfolgreiche spielt häufig die Rolle des »schwarzen Schafes«. Meist bedeutet das für das erfolgreichere Kind oder die ganze Familie eine schwere Belastung. In vielen Fällen übernimmt das weniger erfolgreiche Kind die Kindrolle und erwartet von dem erfolgreichen, dass es in die Vater- oder Mutterrolle schlüpft und ihm aus unangenehmen Situationen heraushilft.

Einer meiner Klienten musste die Technik »Stecker raus« anwenden, da er durch seinen heroinabhängigen Bruder dauernd in Schwierigkeiten geriet. Als mein Klient, heute ein renommierter Arzt, noch studierte, gab es Zeiten, in denen er kaum arbeiten konnte, da er häufig spät in der Nacht Anrufe bekam, er müsse seinen Bruder aus dem Gefängnis abholen oder ihn aus irgendeiner schwierigen Situation befreien. Marty fühlte sich immer wieder verpflichtet, seinem Bruder aus der Klemme zu helfen. Als er später ein erfolgreicher Arzt wurde, ging die Hälfte seines Einkommens dafür drauf, seinen Bruder finanziell zu unterstützen oder ihn mit Hilfe einer Kaution aus irgendwelchen Zwangslagen zu befreien. Mit seinem Bruder über dieses Thema zu reden war sinnlos; nichts half, weder das Spiegeln noch die Anschnauztechnik, noch Humor noch liebevolle Zuwendung. Um sich selbst zu schützen – geistig, finanziell und emotional – trennte Marty sich schließlich von ihm. Später starb der Bruder an einer Überdosis Heroin, aber da Marty sicher ist, sein Bestes getan zu haben, hat er keine Schuldgefühle. Wenn ihm dennoch unangenehme Gedanken kommen, dann überwindet er sie mit Hilfe der Gedankenstopp- und der Fantasie-Technik, Letztere jedoch in ein wenig abgewandelter Form: Er stellt sich vor, dass sein Bruder seine Hilfsangebote genutzt hätte, *clean* geworden wäre und ein glückliches und produktives Leben geführt hätte.

Auf Grund der sehr komplexen Dynamik, die sich innerhalb einer Familie abspielt, haben die meisten Menschen in Zusammenhang mit einem Bruder oder einer Schwester Gefühle von Schuld und Scham, Zorn und Enttäuschung – und zwar in noch stärkerem Maße als im Hinblick auf ein Elternteil oder ein Kind. Da Geschwister dieselben Eltern haben, gehen sie oft davon aus, dass sie sich sehr ähnlich seien und auf dieselbe Weise denken, fühlen und handeln würden. Wenn das nicht der Fall ist, dann sind sie häufig sehr wütend und fühlen sich betrogen.

Es ist wichtig zu erkennen, dass Sie und Ihre Geschwister völlig verschiedene Menschen sind. Sie dürfen nicht erwarten, dass Ihre Geschwister so sind, wie Sie es sich wünschen. Insofern spielt eine offene Kommunikation eine ganz besonders wichtige Rolle. Verschiedene Techniken – Humor, direkte Konfrontation, Spiegeln, ruhiges Nachfragen und auch das Anschnauzen (unter Geschwistern sehr beliebt!) – können die Beziehung zu einem Bruder oder einer Schwester radikal verbessern.

In meiner Praxis habe ich viele Geschichten darüber gehört, dass ein Bruder seinen Bruder hasst, dass eine Schwester ihre Schwester verklagt oder dass ein Bruder seine Schwester umbringen will. Warum sind die Beziehungen unter Geschwistern oftmals so schwierig? Weil sie es im Laufe eines gemeinsamen Lebens *niemals* gelernt haben, miteinander zu reden.

Die in diesem Buch beschriebenen Techniken geben Ihnen die Mittel an die Hand, zu Ihren Geschwistern eine wertvolle Beziehung aufzubauen.

Toxische Ehepartner

Nachdem ich ein Buch mit dem Titel *He Says, She Says. Closing the Communication Gap Between the Sexes* [dt. etwa: Er sagt – sie sagt. Für eine bessere Kommunikation zwischen den Geschlechtern] geschrieben und die Welt bereist habe, um Vorträge zu dem Thema zu halten, und nachdem ich zahllose Briefe von Leuten erhielt, denen meine Bücher und Seminare geholfen haben, bin ich *überzeugt*, dass die Scheidungsrate deshalb so hoch ist, weil wir unsere Kommunikationsfähigkeit nicht genügend entwickelt haben. Wir geben einander keine Chance und sind deshalb schon nach wenigen Wochen oder wenigen Jahren bereit, unseren Partner fallen zu lassen, weil wir uns allzu häufig über ihn ärgern.

˙ Anstatt mit Hilfe von Humor, ruhigem Nachfragen, direkter Konfrontation oder sogar heftigem gegenseitigen Anschnauzen (in *jeder* Ehe und Liebesbeziehung eine Notwendigkeit!) die Beziehung zu klären und zu verbessern, werfen wir das Handtuch und laufen dem Partner davon.

Jetzt jedoch haben Sie die Freiheit, über alternative Möglichkeiten nachzudenken. Selbst wenn Sie jemanden innig lieben, gibt es Zeiten, in denen Ihr Liebster oder Ihre Liebste Sie schrecklich nervös, traurig oder wütend macht. Aber laufen Sie nicht einfach davon, und vermeiden Sie es, Ihre Gefühle zu verdrängen, bis die Beziehung unwiderruflich zerstört ist. Setzen Sie sich vielmehr mit dem, was Sie stört, auseinander. *Reden* Sie mit Ihrem Partner! Nur so haben Sie eine Chance, eine dauerhafte Beziehung aufzubauen.

Manchmal jedoch haben zwei Menschen sich sehr weit auseinander entwickelt und jeder für sich ein separates Leben aufgebaut, sodass sie nichts mehr gemeinsam haben. Oder sie schaffen es nicht, dem Partner einen Seitensprung zu verzeihen, und das Vertrauen ist unwiderruflich zerstört. In solchen Fällen muss man sich trennen, wie schmerzhaft das auch sein mag. Gedankenstopp und süße Rachefantasien werden Ihnen dabei helfen, über Ihre

Wut auf einen toxischen Ehepartner hinwegzukommen. Nutzen Sie dieses starke Gefühl, um sich aus der toxischen Beziehung zu befreien und mit Würde und intaktem Selbstwertgefühl daraus hervorzugehen.

Es ist sinnlos und überflüssig, den Partner jahrelang mit seiner Rache zu verfolgen, so wie eine Frau aus meinem Bekanntenkreis es tat. Auch als sie nach der Scheidung mehrere Millionen Dollar bekommen und sich einige Jahre später wieder verheiratet hatte, hörte sie nicht auf, ihren ersten Mann zu beschuldigen und einzuschüchtern. Sie enthielt ihm die gemeinsamen Kinder vor, demo-lierte seinen Wagen und belästigte seine Freundinnen. Ein solches Verhalten sollten Sie auf jeden Fall vermeiden!

Toxische Kinder

In den USA gab es vor einigen Jahren eine Bewegung, die sich *Tough Love* nannte. Eltern gingen im Rahmen dieses Programms die Verpflichtung ein, ihre rebellischen und unkooperativen Kinder systematisch zu disziplinieren, um sie zu lehren, für ihre Handlungen Verantwortung zu übernehmen. In vielen Fällen kamen die Kinder zur Einsicht und änderten ihre unkooperativen Verhaltensmuster.

Heutzutage tut man sich leicht damit, einem Elternteil, meist der Mutter, die Verantwortung für das toxische Verhalten oder den toxischen Charakter eines Kindes zuzuschieben. Manche Psychologen behaupten, man habe dem Kind zu viel oder zu wenig Liebe gegeben. Ich persönlich glaube, dass man einem Kind niemals zu viel Liebe geben kann und dass die Fehlentwicklung eines Kindes manchmal sehr wenig damit zu tun hat, wie seine Eltern es aufzogen. Heutzutage gibt es viele Einflüsse, die die Eltern kaum kontrollieren können: die Medien, das Vorbild Gleichaltriger, Leistungsdruck, Drogen, Jugendbanden, Gewalt an den Schulen und Gewalt im gesellschaftlichen Umfeld. Ich kenne viele vorbildliche Eltern, deren Kinder drogensüchtig wurden, ein uneheliches Kind bekamen oder sich einer kriminellen Jugendbande anschlossen.

Die meisten Eltern sind völlig hoffnungslos und verzweifelt, wenn ihre Kinder sich von ihnen abwenden und/oder in kriminelle Aktivitäten verwickelt werden. Mein Rat lautet: Geben Sie *niemals* auf! Es gibt in jedem Fall verschiedene Handlungsmöglichkeiten. Beginnen Sie mit der Technik der direkten Konfrontation – reden Sie mit Ihrem Kind wie mit einem Erwachsenen, den Sie schätzen und respektieren. Durch die Informationsflut in den Medien wissen die Kinder sehr genau, was in der Gesellschaft vor sich geht, und schon deshalb ist es sinnvoll, alle Probleme offen mit ihnen anzusprechen.

Verschiedene Techniken, Schenk-ihnen-Liebe-und-Freundlichkeit, ruhiges Nachfragen und Spiegeln, sind möglich und angebracht. Haben Sie keine Hemmungen, auch einmal lauthals zu schimpfen und zu schreien – aber benutzen Sie diese Technik nicht allzu oft, da sie sich mit der Zeit abnutzt. Sie sollten ein Kind *niemals* schlagen – wie sehr es das Ihrer Meinung nach auch verdient haben mag. Studien haben gezeigt, dass Gewalt niemals abschreckend wirkt. Sie erzeugt nur noch mehr Hass und Zorn und kann lebenslange emotionale Narben zurücklassen.

Wenn Kinder sich widersetzen und vernünftigen Argumenten nicht zugänglich sind, dann sollten Sie sie die Konsequenzen ihres Verhaltens liebevoll, aber mit konsequenter Strenge spüren lassen. Bemühen Sie sich darum, dass sie angemessene Hilfe bekommen, selbst wenn das bedeuten sollte, dass sie in eine Drogenklinik oder in eine Anstalt für schwer erziehbare Jugendliche kommen.

Sie sind für die Handlungen Ihrer Kinder nicht verantwortlich, aber Sie können ihnen schon allein dadurch einen guten Start verschaffen, dass Sie ihnen ein Gefühl für Werte und moralische Grundsätze nahebringen.

Arbeiten Sie darauf hin, mit Ihren Kindern so früh wie möglich eine vertrauensvolle Kommunikation aufzubauen, sodass diese *immer* sicher sein können, dass Sie, wie schlimm die Situation auch sein mag, zu einem Gespräch mit ihnen bereit sind. Bringen Sie

Ihren Kindern durch Ihr eigenes gutes Beispiel nahe, wie man effektiv kommuniziert!

Wenn Sie Ihren Kindern durch Ihr eigenes Beispiel die Techniken des ruhigen Nachfragens und der direkten Konfrontation beibringen, dann wird das nicht nur eine gute Mitgift für ihr späteres Leben sein, sondern auch das Beste, was Sie für die Beziehung zu Ihrem Kind tun können. Und wenn Kinder sehen, dass auch ihre Eltern offen und ehrlich miteinander reden, dann werden sie lernen, dasselbe zu tun.

Toxische Freunde

»Na, wenn du *den* zum Freund hast, dann brauchst du keine Feinde mehr«, sagt man manchmal im Scherz. Es gibt nichts Entmutigenderes und Deprimierenderes, als von jemandem hintergangen zu werden, dem man vertraute. Manchmal finden wir uns mit einem Menschen ab und nennen ihn sogar unseren Freund, obwohl er uns ganz und gar nicht guttut. Vielleicht haben wir Mitleid mit ihm, weil er es im Leben schwerer hatte als wir, oder wir sind mit ihm aufgewachsen und mit ihm zusammen zur Schule gegangen und mögen uns deshalb nicht von ihm trennen. Aber wie auch immer wir unsere emotionale Trägheit rechtfertigen – diese Menschen, die uns Kummer, Schmerz und schwere Enttäuschungen bereiten, indem sie uns nicht respektieren, uns nicht unterstützen und uns betrügen, können niemals unsere »Freunde« sein.

Ein Freund ist nicht nur einfach ein Mensch, den Sie schon eine lange Zeit kennen. Ein Freund ist jemand, der Ihnen in einer Krise beisteht und sich über Ihr Glück freut. Ein Freund wird Sie verteidigen und Ihr Vertrauen niemals missbrauchen. Ein Freund wird nicht mit Ihnen rivalisieren. Er ist respektvoll, großzügig, sensibel und wohlwollend.

Ein wahrer Freund teilt Ihnen seine Gefühle und Gedanken mit und setzt Ihnen nicht mit destruktiver Kritik zu.

Menschen, auf die diese Charakterisierung nicht zutrifft, sind *nicht* Ihre Freunde. Gewiss – niemand ist vollkommen, und Freunde machen auch einmal Fehler, aber dann liegt es an uns, das Problem offen anzusprechen. Die Kommunikation mit Hilfe von direkter Konfrontation, ruhigem Nachfragen und liebevoller Zuwendung hilft Ihnen, einen wahrhaft freundschaftlichen Kontakt zu Ihren Freunden aufrechtzuerhalten.

Toxische Geliebte

Liebende sollten eigentlich die engsten und besten Freunde sein. Wenn wir mit jemandem nackt im Bett liegen und die intimsten Zärtlichkeiten austauschen können – warum ist es dann manchmal so schwierig, mit ihm zu kommunizieren? Vielleicht hat es sehr viel mit unserem eigenen Selbstwertgefühl zu tun. Häufig wissen wir nicht, wie wir mit dem geliebten Menschen reden sollen. Da dieser besondere Mensch fähig ist, uns so glücklich zu machen, reagieren wir übermäßig heftig, wenn wir einmal verletzt oder enttäuscht werden. Wir haben ihm gegenüber unseren Schutzpanzer abgelegt und fühlen uns nun wie ein rohes Ei. Deshalb haben wir oft nicht genügend Abstand zu dem, was der andere tut. Wenn die Kommunikation unzulänglich ist, dann werden intime Beziehungen häufig »toxisch«.

Ein Mensch, mit dem Sie intim zusammen waren, sollte mit dem größten Respekt behandelt werden. Klären Sie alle Streitigkeiten auf der Basis liebevoller Zuwendung, dem entscheidenden Mittel, das verhindert, dass Sie füreinander toxisch werden. Humor und ruhiges Nachfragen können ebenfalls sehr wirkungsvoll sein, um verletzte Gefühle zu heilen und eine offenere Kommunikation zu erreichen.

Anni und David, die ihre Flitterwochen auf Barbados verbrachten, hatten beide ziemliche Ängste im Hinblick auf die Ehe, aber sie hatten noch nie über diese Gefühle gesprochen. Stattdessen wurde David immer stiller, zog sich in sich selbst zurück und begann, viele Stunden lang zu joggen. Inzwischen verwandelte Anni sich in eine Kreuzung zwischen einem ewigen Opfer und einer zähnefletschenden Tyrannin. Gegen Ende ihrer ersten gemeinsamen Woche sprachen sie kaum noch ein Wort miteinander. Schließlich kam es zum Krach, und sie brüllten sich gegenseitig an. Immerhin konnten sie dadurch ihren Gefühlen zunächst einmal Luft machen. Sie begannen, miteinander zu reden. Zwar waren die harschen Worte, die dann fielen, nicht gerade das, was man sich üblicherweise von einer Hochzeitsreise erträumt, aber wenigstens öffneten sie den Weg zu einer ehrlichen Kommunikation.

Toxische Nachbarn

Sie können sich Ihre Freunde und Ihren Ehe- oder Lebenspartner auswählen, aber bei Nachbarn ist das meist nicht der Fall. Nachdem ich Tausende von Geschichten über »teuflische Nachbarn« gehört habe, weiß ich das große Glück eines Menschen zu schätzen, der mit einem freundlichen, großzügigen, diskreten, nicht klatschsüchtigen, nicht wutgeladenen, nicht fanatischen, nicht opportunistischen, nicht rivalisierenden, nicht anklagenden Nachbarn gesegnet ist. Vor allem enge Wohnverhältnisse, wie sie in einem Mehrfamilienhaus herrschen, können in den Menschen toxische Charakterzüge zutage treten lassen.

Am besten gehen Sie mit folgenden Techniken vor: Anschnauzen, Spannungen ausatmen, Gedankenstopp und süße Rachefantasien. Humor, direkte Konfrontation, ruhiges Nachfragen und »Schenk ihnen Liebe und Freundlichkeit« werden bei aggressiven Nachbarn kaum Wirkung haben. Wenn Sie ihnen von Anfang an die Zähne zeigen und die Anschnauztechnik anwenden, dann werden feindselige Nachbarn Sie gewöhnlich nicht wieder belästigen. Wie das Bellen eines aggressiven Hundes wird dieses Vorgehen ihnen signalisieren, dass Sie stark und mutig genug sind, für sich selbst einzutreten.

Wenn die toxischen Nachbarn nicht zur Räson zu bringen sind, dann sollten Sie zunächst einmal ruhig ein- und ausatmen. Wenn das nicht effektiv genug ist, dann wenden Sie die Gedankenstopp-Technik an; das wird Ihnen zumindest helfen, kein Magengeschwür zu bekommen. Um sich von Ihrer Angst und Ihrem Zorn so gründlich wie möglich zu befreien, können Sie sich einigen süßen Rachefantasien hingeben – etwa indem Sie sich vorstellen, dass das Haus der betreffenden Personen niederbrennt, dass ihre Eigentumswohnung unter Wasser steht oder, noch besser, dass sie ausziehen.

Sie dürfen Ihre Fantasien jedoch niemals realisieren. Wenn Sie unlösbare Probleme mit Ihren Nachbarn haben, dann lösen Sie sie mit Hilfe des Gerichts, nicht Ihrer Fäuste. Gewalttätigkeit kann Sie nur in Schwierigkeiten bringen.

Wenn die Situation unerträglich wird, dann können Sie die Technik »Stecker raus« anwenden und ausziehen. Dies ist möglicherweise lästig, aber es kann Ihr Leben retten. Bevor Sie umziehen, sehen Sie sich aber Ihre neuen Nachbarn erst einmal genau an!

Toxische Menschen am Arbeitsplatz

Auch darüber, mit wem Sie an Ihrem Arbeitsplatz zusammentreffen, haben Sie kaum Kontrolle – es sei denn, natürlich, dass die Firma Ihnen gehört. In der heutigen schwierigen wirtschaftlichen Situation können jedoch auch die meisten Chefs sich ihre Kunden nicht aussuchen.

Fast jeder Angestellte muss bereit sein, mit allen möglichen toxischen Menschen auszukommen, um seinen Job zu behalten. Am Arbeitsplatz ist es eine Frage des persönlichen Überlebens, ob man es lernt, mit toxischen Menschen umzugehen. Mit Hilfe der Techniken »Spannungen ausatmen«, »Gedankenstopp« und »Süße Rachefantasien« wird Ihnen dies am besten gelingen.

Toxische Vorgesetzte

Vorgesetzte sind Vorgesetzte, und sie haben die Macht. Wenn es Ihnen also vor allem darum geht, Ihren Job zu behalten und Ihren Lebensunterhalt zu verdienen, dann spielt es keine entscheidende Rolle, ob Sie sie mögen oder nicht. Wichtig ist vielmehr, ob Sie lernen, mit einem schwierigen Vorgesetzten so gut wie möglich auszukommen und mit Ihrem Zorn und Ihrer Frustration fertig zu werden.

Es gibt viele Menschen in Machtpositionen, die eine toxische Wirkung haben: zähnefletschende Tyrannen, Kritikaster, Kontrollfreaks, Ausnutzer, Berufsrivalen, Verräter, Besserwisser, Geizhälse – oder die gar verschiedene unangenehme Charakterzüge in einer Person vereinen.

Ich habe von meinen Klienten zahllose Geschichten über toxische Chefs gehört, die in eine oder mehrere dieser Kategorien fallen. Nach Anwendung bestimmter Techniken, die ich diesen Klienten empfohlen hatte, veränderte sich ihr Arbeitsleben häufig zum Besseren, und sie fühlten sich an ihrem Arbeitsplatz wohler. Folgende Techniken erwiesen sich als effektiv, wenn man seinen Job behalten und in der Firmenhierarchie weiter aufsteigen will: Spannungen ausatmen (und dies alle zwanzig Minuten wiederholen), Gedankenstopp – vor allem wenn man häufig über etwas nachgrübelt, was der toxische Chef zu einem gesagt hat –, die Technik »Schenk ihnen Liebe und Freundlichkeit«, bei der man sich nach Kräften bemüht, etwas Nettes zu sagen und den Chef mit Respekt zu behandeln, und die Technik der süßen Rachefantasien, bei der man sich ausmalt, was man dem toxischen Chef antun könnte.

Wenn Sie sehr viel Wert auf Ihren Arbeitsplatz legen, dann sind alle anderen Techniken Ihnen möglicherweise zu riskant. Einen Vorgesetzten sollte man niemals in die Defensive drängen oder bloßstellen, denn er ist es, der die Macht hat, und es gibt nichts, was Sie daran ändern können – außer sich auf angemessene und diskrete Weise von Ihrem Ärger zu befreien.

Wenn es Ihnen jedoch nicht darum geht, sich Ihren Arbeitsplatz unter allen Umständen zu sichern, dann können Sie ein Risiko eingehen und es mit der direkten Konfrontation, dem ruhigen Nachfragen, dem Spiegeln oder dem Anschnauzen versuchen. Sollte es in Ihrer Firma derartig toxisch zugehen, dass die Angst und der Stress, dem Sie ausgesetzt sind, Ihre Gesundheit untergraben, dann sollten Sie, wenn möglich, den Stecker herausziehen.

Wir sollten uns niemals zum Opfer machen lassen. Im Umgang mit toxischen Vorgesetzten haben wir die Möglichkeit, die Stimme zu erheben, zu kündigen oder rechtliche Hilfe in Anspruch zu nehmen. Wenn toxische Vorgesetzte ihr extrem toxisches Verhalten nicht ändern, dann ist es in vielen Fällen möglich, rechtliche Schritte gegen sie einzuleiten.

Toxische Mitarbeiter

Ich habe zahllose Geschichten über Mitarbeiter gehört, die versuchten, die Arbeit ihrer Kollegen zu sabotieren. Viele meiner Klienten schilderten mir eine solche sehr belastende Situation. Wenn der Kollege mit seinen ständigen Sabotageakten Erfolg hatte, dann litt bei den meisten dieser Klienten nicht nur die Gesundheit, sondern sie büßten auch ihren Arbeitsplatz ein.

Zu den toxischen Mitarbeitern gehören vor allem die Berufsrivalen, die Lästermäuler, die Verräter, die Klatschmäuler, die Einmischer und die Aufhetzer.

Einige Menschen betrachten ihren Chef als eine Art Eltern- oder Autoritätsfigur und ihre Mitarbeiter als ihre Geschwister. Auf diese Weise übertragen sie die Dynamik, die in ihrer Familie herrschte, auf ihren Arbeitsplatz.

Im Umgang mit toxischen Mitarbeitern haben sich die Techniken »Spannungen ausatmen«, »Direkte Konfrontation« und »Ruhiges Nachfragen« als sehr wirkungsvoll erwiesen. Am Arbeitsplatz sollten Sie *niemals* die Kontrolle verlieren oder auf die Anschnauztechnik zurückgreifen. Auch verbale Gewalt ist am

Arbeitsplatz unakzeptabel! Welche Rechte und Befugnisse Sie auch immer haben mögen, Sie müssen sich zivilisiert und professionell verhalten. Wenn man Sie offensichtlich sabotiert, dann sollten Sie sowohl bei dem betreffenden Mitarbeiter als auch bei Ihrem Vorgesetzten die Technik der direkten Konfrontation anwenden; sprechen Sie Ihre Beobachtungen offen an. Lassen Sie den toxischen Mitarbeiter wissen, dass Sie sein Spiel durchschauen, dass Sie sich nicht damit abfinden und sich an eine höhere Instanz – Ihren Chef – wenden werden, um die Sache zu klären und Gerechtigkeit zu erlangen.

Toxische Untergebene

Einige Untergebene haben ihren Vorgesetzten gegenüber so heftige Neidgefühle, dass sie in die Rolle des Klatschmauls, des langsamen Brüters, des Aufhetzers, des Schmeichlers, des Oberlehrers oder des Paranoikers schlüpfen.

Ein Untergebener muss seinen Chef immer mit Respekt behandeln, allein auf Grund der Position, die dieser innehat, ebenso wie ein Chef seine Untergebenen respektieren und zugleich seine Autorität wahren muss.

Ein Chef, der sich über einen seiner Untergebenen geärgert hat, sollte unter allen Umständen ruhig und sachlich bleiben; im Berufsleben sollte auch ein Vorgesetzter niemals herumbrüllen und seine Untergebenen anschnauzen.

Beim Umgang mit toxischen Untergebenen sind die Techniken »Direkte Konfrontation« und »Ruhiges Nachfragen« am effektivsten. Wenn ein Untergebener, obwohl Sie ihn mehrfach auf einen Fehler aufmerksam gemacht haben, die Botschaft dennoch nicht versteht, dann müssen Sie als Chef die Beispiele für sein toxisches Verhalten schriftlich dokumentieren, und zwar unter Angabe der Daten und Zeiten. Wenn Probleme schriftlich festgehalten wurden, dann ist die Chance, dass der Untergebene rechtliche Schritte gegen Sie einleitet, erheblich geringer. Als Nächstes sollten Sie sich von Ihrem toxischen Untergebenen so schnell wie möglich trennen. Nachdem ich meinen Assistenten mehrfach ohne Erfolg darauf hingewiesen hatte, dass ich sein ewiges Klatschen inakzeptabel fand, trennte ich mich schließlich von ihm, weil sein toxisches Verhalten mein Geschäft und meinen Ruf zu schädigen begann. Wenn die Möglichkeit besteht, dass ein toxischer Angestellter Ihr Geschäft ruiniert, dann sollten Sie ihn so schnell wie möglich entlassen.

Vermeiden Sie es, Ihre Untergebenen zu demütigen, auch wenn Sie sie tadeln oder gar entlassen müssen. Man kann nie wissen: Der Laufbursche aus dem Postzimmer kann morgen der Bürochef sein.

Toxische Autoritätspersonen

So wie Ihr Chef Kontrolle über Ihren finanziellen Status hat, so kann es auch Menschen geben, die Ihr ganzes Leben kontrollieren – und vielleicht gar zerstören – können. Dass sie eine bestimmte Machtposition innehaben, ist keine Garantie dafür, dass man gut mit ihnen auskommen kann. Schauen Sie sich nur die toxischen Politiker an, denen Korruption, Diebstahl und ständige Affären mit Vertretern beiderlei Geschlechts vorgeworfen wurden.

Diese toxischen Menschen – seien es nun Polizeikommissare, Lehrer oder sogar Geistliche – sind häufig im privaten Bereich völlig hilf- und machtlos und setzen ihre Autorität als ein Mittel ein, um sich stärker fühlen zu können. Meist gehören sie zur Gruppe der Kontrollfreaks, der Besserwisser, der Kritikaster, der Oberlehrer, der emotionalen Eisbeutel, der Lästermäuler, der wutschnaubenden Stiere oder der zähnefletschenden Tyrannen.

Wenn ein schwieriger Mensch Macht über Sie hat, dann sollten Sie möglichst diplomatisch vorgehen. Wie wütend Sie auch sein mögen – werden Sie niemals laut oder heftig, da er das, was Sie sagen, ohnehin nicht akzeptieren wird. Seine Aggressivität wird sich dadurch nur noch verstärken, und Sie werden unter den negativen Folgen Ihres Verhaltens zu leiden haben. Stattdessen atmen Sie ruhig ein und aus, und zwingen Sie sich, Ihre inneren Spannungen loszuwerden. Auch die Gedankenstopp-Technik wird Ihnen dabei helfen. Oder Sie malen sich das abscheulichste Racheszenario aus und stellen sich vor, der Betreffende sei den schrecklichsten Folterqualen ausgesetzt. Aber sagen Sie zunächst nichts – atmen Sie!

Nachdem Sie die erste Aufregung überwunden haben, können Sie daran gehen, diesem toxischen Menschen das Leben schwer zu machen, indem Sie rechtliche Schritte gegen ihn einleiten. Sie haben es nicht nötig, sich von einem Tyrannen ungestraft kränken und verletzen zu lassen.

Toxische Ärzte, Rechtsanwälte, Steuerberater usw.

Es gibt viele toxische Ärzte, Rechtsanwälte, Manager, Steuerberater und sogar Therapeuten. Die bloße Tatsache, dass ein Mensch intellektuell überdurchschnittlich begabt ist und ein Universitätsexamen bestanden hat, bedeutet nicht, dass er Ihnen überlegen ist oder keine giftige Wirkung hat.

Nur allzu häufig verschanzen sich diese Menschen, die im menschlichen Zusammenleben Verlierer sind, hinter ihrem Titel, um sich stärker und wichtiger zu fühlen. In vielen Fällen legen sie ein extrem toxisches Verhalten an den Tag: als zähnefletschende Tyrannen, wutschnaubende Stiere, Berufsrivalen, Verräter, Lästermäuler, Narzissten, Snobs, Besserwisser, Kontrollfreaks, Kritikaster oder Paranoiker.

Manche von ihnen behandeln ihre Klienten oder Patienten ständig mit Herablassung und tun so, als sei es besonders großzügig von ihnen, dass sie überhaupt mit ihnen reden.

Solche toxischen Menschen müssen in ihre Schranken verwiesen werden. Es ist ihre Aufgabe, Ihnen zu helfen und Sie zu unterstützen – schließlich werden sie von Ihnen dafür bezahlt. Es spielt keine Rolle, wie berühmt ein Arzt oder Rechtsanwalt ist oder wie viele Artikel über ihn geschrieben wurden – er hat die Pflicht, das zu tun, wofür Sie ihn bezahlen.

Lassen Sie sich niemals einschüchtern! Sie haben das Recht, Fragen zu stellen und mit Respekt behandelt zu werden. Bei arroganten, herablassenden Menschen ist es sinnvoll, die Technik des ruhigen Nachfragens anzuwenden. Das Schlüsselwort in diesem Zusammenhang ist »ruhig«. Die Betreffenden sind häufig überempfindlich und fühlen sich verletzt, wenn Sie ihnen Fragen stellen, die wie ein Angriff klingen könnten. Deshalb ist es wichtig, dass Sie sich in der Kommunikation mit ihnen Ihrer Stimme bewusst sind. Sprechen Sie ruhig und respektvoll, weder zu scharf noch zu laut.

Wenn Sie mit freundlicher Stimme nachgefragt und noch immer das Gefühl haben, dass Sie respektlos behandelt werden, dann sollten Sie die Technik der direkten Konfrontation anwenden und den Betreffenden in ruhigem, aber festem Tonfall wissen lassen, dass Sie es vorzögen, wenn man Sie nicht herablassend, sondern vielmehr respektvoll behandelte.

Eine meiner Klientinnen bediente sich dieser Technik der direkten Konfrontation bei einem unglaublich chauvinistischen Dermatologen, der ihre Fragen ignorierte und mit den anderen Ärzten im Zimmer redete, als wäre sie eine Art Demonstrationsobjekt. Sie sagte mit ruhiger Stimme: »Herr Doktor, ich bin kein Kind, und ich bin auch nicht dumm. Wenn Sie also möchten, dass ich auch in Zukunft Ihre Patientin bleibe, dann reden Sie mich persönlich an.« Er entschuldigte sich und begann, sich sehr höflich mit ihr zu unterhalten. Schließlich wurde sie sogar eine seiner Lieblingspatientinnen.

Wenn ein Arzt solchen berechtigten Wünschen jedoch nicht nachkommt und den Patienten weiterhin schlecht und rücksichtslos behandelt, dann muss dieser sich von ihm trennen. Es gibt einige hervorragende Ärzte, die äußerst schlechte Manieren haben. Stehen Sie für sich selbst ein! Geben Sie Ihrer Unzufriedenheit Ausdruck, und wenn man Ihren Wünschen nicht nachkommt, dann trennen Sie sich von der betreffenden Person. Dies gilt für Rechtsanwälte, Steuerberater und für alle anderen Menschen, deren Aufgabe es ist, Ihnen zu helfen.

Toxische Menschen aus dem Dienstleistungsbereich

Im Gegensatz zu Mitgliedern der akademischen Berufe, die sich toxisch verhalten, weil sie sich Ihnen überlegen fühlen, sind Menschen aus dem Dienstleistungsbereich häufig toxisch, weil sie neidisch oder unsicher sind. Vielleicht hat der Betreffende nicht die geringste Lust, Verkäufer zu sein oder bei Ihnen zu Hause Wände anzustreichen oder zu kellnern oder Autos zu reparieren. Aber er hat kein Recht, seine Unzufriedenheit an Ihnen auszulassen.

Snobs, Oberlehrer, Ausnutzer, zähnefletschende Tyrannen, Schwätzer, Berufsrivalen, Verräter oder Schmeichler sind im Dienstleistungsbereich absolut fehl am Platz!

Mag sein, dass viele Verkäufer heutzutage unhöflich und wenig zuvorkommend sind, weil sie Sie darum beneiden, etwas kaufen zu können, was sie sich selbst nicht leisten können.

Viele Automechaniker behandeln weibliche Kunden, als wären sie schwachsinnig, und gehen auf Fragen und besondere Bitten überhaupt nicht ein. Vielleicht wünschen sie sich, selbst am Steuer des Jaguar oder Lexus zu sitzen, anstatt ihn zu reparieren. Vielleicht haben sie immer noch die infantile Vorstellung, dass Mädchen nichts von Autos verstünden oder nicht so intelligent wären wie Jungen.

Die persönlichen Schwierigkeiten anderer Menschen sind jedoch nicht Ihr Problem. Und jetzt haben Sie Möglichkeiten an der Hand, solche negativen Persönlichkeiten in ihre Schranken zu weisen.

Einem toxischen Menschen aus dem Dienstleistungsbereich begegnet man am besten mit der Technik der direkten Konfrontation. Wenn das nicht klappt, dann sollten Sie es mit dem Spiegeln versuchen, und wenn das ebenfalls nicht klappt, dann sollten Sie sich ausdrücklich weigern, die schlechte Behandlung weiterhin zu ertragen. Wenden Sie die Anschnauztechnik und die Technik »Stecker raus« an, und – verlassen Sie das Geschäft und bezahlen Sie nicht für Dienstleistungen, die nicht erbracht wurden. Wenn ein Kellner beispielsweise unhöflich war, dann sollten Sie ihm kein Trinkgeld geben. Sie sind nicht verpflichtet, jemanden zu bezahlen, der Sie schlecht behandelt hat.

Eine meiner Klientinnen, eine sehr warmherzige Frau mit einem akademischen Beruf, reiste mit ihrer Katze, für die sie ein spezielles Ticket gekauft hatte. Als sie das Tier in einem speziellen Haustier-Behälter, einer Sherpa-Tasche, unter den Sitz vor sich schob, rief die Stewardess, die einige Meter von ihr entfernt stand: »Ist das ein *Tier?* Kann ich bitte *sofort* Ihr Ticket sehen?« Meine Klientin hielt ihr das Ticket entgegen, die Flugbegleiterin riss es ihr aus der Hand, warf einen Blick darauf und keifte, es sei nicht für den heutigen Tag gültig. Dann stürmte sie aus dem Flugzeug, um einen Angestellten der Fluggesellschaft zu holen.

Meine Klientin fühlte sich tief gedemütigt. Alle anderen Passagiere, so schien es ihr, starrten sie an, als wäre sie eine Verbrecherin. Die Stewardess kam mit einem Vorgesetzten, dem Ticketverkäufer und einem Wachmann wieder zurück und fuhr meine Klientin mit barscher Stimme an: »Dies ist nicht die vorgeschriebene Reisetasche für Kleintiere.« Meine Klientin widersprach ihr mit ruhiger Stimme, worauf die Stewardess hastig erwiderte: »Aber es ist keine *Sherpa*-Tasche.« Jetzt ging meine Klientin von der Technik der direkten Konfrontation zur Anschnauztechnik über, zog die Tasche hervor und sagte so laut wie möglich: »Doch. Und ich habe dieses Ticket gerade eben für den heutigen Tag, den neunten, gekauft.«

Die Stewardess grinste verlegen und sagte mit schwacher Stimme: »Oh, es tut mir leid. Hier ist Ihr Ticket. Ich dachte, heute wäre der achte.«

Bevor die Begleiter der Stewardess fortgehen konnten, äußerte sich meine Klientin noch voller Empörung: »Hören Sie, genauso sollten Sie Ihre Passagiere *nicht* behandeln. Sie haben mich vor all diesen Leuten hier gedemütigt und zu Unrecht beschuldigt. Ich empfinde das als reichlich unhöflich.«

An diesem Punkt schaltete der Pilot sich ein; er fürchtete eine offizielle Beschwerde bei der Fluggesellschaft und bot meiner Klientin deshalb einen Platz in der ersten Klasse an, den sie auch gerne annahm. Während des ganzen Fluges versuchte sie, sich zu beruhigen, indem sie ihre Spannungen ausatmete und die Gedankenstopp-Technik anwandte. Sie hatte schon befürchtet, dass man sie aus dem Flugzeug führen und sie die wichtige Konferenz am nächsten Morgen versäumen würde. Auch die Technik »Süße Rachefantasien« war äußerst hilfreich: sie stellte sich vor, wie die Stewardess, als sie die Toilettenspülung bediente, aus dem Flugzeug hinausgesogen wurde.

Später schrieb sie einen Beschwerdebrief an die Fluggesellschaft. Man entschuldigte sich offiziell bei ihr, schickte ihr mehrere Erste-Klasse-Tickets und ein lebenslang gültiges Katzenticket. Erst jetzt, da ihr endlich Gerechtigkeit widerfahren war, konnte sie die Sache innerlich abschließen.

Wir haben die Wahl

Immer wieder kommt es vor, dass toxische Menschen uns belästigen und unfreundlich behandeln. Wir sollten nicht länger vor ihnen fortlaufen und uns nicht länger verstecken. Besinnen Sie sich auf die Techniken, die Sie in diesem Buch gelernt haben, und wenden Sie sie an! Lassen Sie sich von toxischen Menschen nicht länger zum Opfer machen!

Kapitel 9

Eine toxische Beziehung beenden. Wie man am besten mit seinen Verletzungen fertig wird

Seien Sie ehrlich zu sich selbst

Zwar glaube ich, dass die Menschen im Allgemeinen wohlwollend sind und sich ändern können, wenn sie es möchten, aber ich weiß, dass es immer den einen oder anderen geben wird, der sich niemals ändern wird.

Manche glauben, sich damit rechtfertigen zu können, dass sie sagen: »So bin ich eben, das ist mein Charakter.« Es gibt eine Fabel, die genau dies zum Thema hat: Ein Skorpion wollte zur anderen Seite des Flusses hinüber, aber da er nicht schwimmen konnte, fragte er eine Schildkröte, ob er sich auf ihren Rücken setzen dürfe. Die Schildkröte sagte zu dem Skorpion: »Ich kann dich nicht auf meinem Rücken reiten lassen. Du könntest mich in den Hals stechen, und dann würde ich ertrinken.«

»Warum sollte ich dich denn stechen?«, fragte der Skorpion. »Wenn du ertrinken würdest, dann ginge ich auch unter. Warum also sollte ich so etwas Dummes tun?«

Die Seeschildkröte ließ sich überzeugen und ließ den Skorpion auf ihren Rücken steigen. Als sie mitten im Fluß waren, stach der Skorpion die Schildkröte in den Hals. Kurz bevor sie unterging, fragte sie: »Warum hast du mich gestochen? Jetzt hast du uns beide getötet.«

Der Skorpion erwiderte: »So bin ich eben, das ist meine Natur.«

Manchmal tut ein schwieriger Mensch bestimmte Dinge, weil er meint, keine andere Wahl zu haben. Wenn Sie sich um ihn bemüht und ihm immer wieder eine Chance gegeben haben, dann werden Sie sich schließlich tief enttäuscht fühlen.

Patsy versuchte immer wieder, sich von ihrem Freund, mit dem sie seit zwei Jahren zusammen war, zu trennen, aber wenig später versöhnte sie sich dann doch wieder mit ihm. Jedes Mal, wenn sie wieder zu ihm zurückging, fragte ich sie: »Bist du sicher, dass du weißt, was du tust?«, und Patsy antwortete dann regelmäßig: »Na ja, ich gebe ihm noch einmal eine Chance – die allerletzte.« Natürlich enttäuschte er sie aufs Neue, und natürlich trennte sie sich erneut von ihm, nur um wenig später zu ihm zurückzukehren.

Patsys Freund ähnelte dem Skorpion in der Geschichte; er konnte es nicht lassen, mit sämtlichen Frauen anzubandeln, obwohl er ständig beteuerte, er würde sich ändern. Solche toxischen Beziehungen sind nicht reparabel. Wenn es nichts mehr gibt, was Sie tun können, dann müssen Sie absolut ehrlich sein, nicht nur zu dem anderen, sondern auch zu sich selbst.

Einige Beziehungen *können* einfach nicht funktionieren. Manche Menschen haben Charakterzüge, die Ihnen so auf die Nerven gehen, dass es Ihnen äußerst schwer fällt, mit ihnen zusammen zu sein. In solchen Fällen haben Sie keine andere Wahl, als sich um Ihr seelisches Wohlbefinden zu kümmern und die Beziehung abzubrechen. Sie brauchen nichts mehr zu retten. Lassen Sie einfach alles hinter sich zurück – mit Ausnahme Ihrer Würde.

Finden Sie heraus, auf wen Sie wirklich wütend sind

Viele von uns fühlen sich ein ganzes Leben lang wütend, deprimiert, ungeliebt oder leer. Häufig können wir den Grund dafür nicht genau nennen, aber wir wissen, dass irgendetwas nicht stimmt.

Erst wenn wir gründlich über uns nachdenken und unsere Gegenwart und Vergangenheit ehrlich analysieren, können wir erkennen, dass wir unsere Aggressionen gegen bestimmte toxische Menschen gegen uns selbst gewandt haben. Vielleicht sind wir wütend auf unsere Mütter, weil sie sich nicht so verhielten, wie wir es wollten, oder wir lehnen alle Männer ab, weil wir eine Enttäuschung nach der anderen erlebt haben und nicht den richtigen Partner finden können.

Lassen Sie Ihren Zorn nicht an dem Falschen aus – vor allem nicht an sich selbst. Auf die Weise würden Sie am Ende selbst zu einer toxischen Persönlichkeit werden. Das nächste Mal, wenn Sie in Versuchung sind, sich mit Schokoladentorte vollzustopfen, Kokain zu sniffen, Crack zu rauchen, eine ganze Flasche Scotch zu leeren oder mehrere Packungen Zigaretten hintereinander zu rauchen, sollten Sie sich fragen, auf wen Sie eigentlich wütend sind. Und Sie sollten aufhören, schreckliche Dinge zu sich selbst zu sagen!

Marianne fand heraus, dass ihre ständige Wut und Gereiztheit mit ihrem Mann zu tun hatte. Er war ein typischer Kontrollfreak, der niemals lockerlassen konnte. Sie wandte die direkte Konfrontationstechnik an und trennte sich wenig später von ihm – und zugleich auch von den dreißig Kilo, die sie sich im Laufe der letzten zehn Jahre angefuttert hatte.

Margie hatte sich als Kind von ihren Eltern immer wieder sagen lassen müssen, sie sähe »doof« aus. Deshalb hatte sie ständig das Gefühl, sie müsse ihr Äußeres verändern und sich einer Schönheitsoperation unterziehen. Im Laufe der Jahre hatte sie die Wut auf ihre Eltern gegen sich selbst gerichtet und meinte nun, hässlich zu sein. Als sie zu ihren toxischen Eltern auf Distanz gegangen war, wurde sie zum ersten Mal in ihrem Leben ein glücklicher Mensch.

Wenn Sie herausfinden, wer es ist, auf den Sie im Grunde Ihres Herzens wütend sind, so kann das Ihr Leben verändern. Wenn Sie sich geduldig bemühen, so wird es Ihnen gelingen, Ihre Wut nicht mehr gegen sich selbst zu richten und sich mehr zu akzeptieren. Sie können endlich beginnen, sich selbst zu lieben. Oscar Wilde sagte einmal: »Sich selbst zu lieben ist der Beginn einer lebenslangen Romanze.«

Akzeptieren Sie das Auf und Ab der Gefühle

Machen Sie sich bewusst, dass die Entscheidung, eine wichtige toxische Beziehung zu beenden, Ihrem Selbstwertgefühl einen enormen Auftrieb geben kann. Wenn Sie Schuldgefühle haben, dann denken Sie daran, wie schlecht Sie behandelt worden sind. Sollten Sie mit der betreffenden Person noch weiter Umgang haben, dann werden Ihr Zorn und Ihre Selbstverachtung nur noch mehr Nahrung bekommen.

Neben der Freude über die endlich gewonnene Freiheit können auch ganz andere Gefühle hochkommen. Es mag sein, dass Sie die Trennung von einem Elternteil, einem lebenslangen Freund, einem Ehemann, einer Ehefrau oder einem Familienmitglied eine längere Zeit betrauern. Schließlich war dieser Mensch viele Jahre lang ein Teil Ihres Lebens. Solche widersprüchlichen Gefühle sind völlig normal, wie toxisch auch immer die Beziehung gewesen sein mag. Es ist auch normal, Schuldgefühle und Reue zu verspüren, selbst wenn Sie sicher sind, das Richtige getan zu haben.

Mag sein, dass Sie sehr viel weinen müssen, dass Sie schreien oder ganz still werden. Vielleicht tanzen und singen Sie. Was Sie empfinden werden, ist nicht vorhersehbar. Machen Sie sich darüber keine Gedanken – lassen Sie sich einfach vom Fluss Ihrer Gefühle tragen. Weichen Sie ihnen nicht aus, denn während Sie die toxische Person innerlich loslassen, werden die Gefühle, die in Ihnen aufsteigen, Ihnen helfen, seelisch zu gesunden.

Eine Beziehung mit einem Brief beenden

Es gibt eine sehr gute Möglichkeit, eine toxische Beziehung zu beenden: Schreiben Sie einen Brief. Dann haben Sie die Zeit, sich ganz genau zu überlegen, was Sie sagen wollen. Wenn Sie möchten, können Sie Ihren Text mehrmals überarbeiten.

Zu Anfang des Briefes rufen Sie noch einmal das Positive, was Sie für den Menschen empfanden, in Erinnerung. Danach beschreiben Sie die Wirkungen, die sein toxisches Verhalten auf Sie hatte – was Sie dabei empfanden. Beschreiben Sie einzelne Vorfälle, die begründen, warum Sie es für nötig halten, die Beziehung zu beenden.

Bringen Sie alle Ihre Gefühle zur Sprache, und verschweigen Sie nichts. Dies ist eine großartige Möglichkeit, Ihren angesammelten Zorn über die betreffende Person loszuwerden. Viele Psychologen schlagen vor, einen wütenden Brief zu schreiben, ihn aber dann nicht abzuschicken. Ich dagegen meine: Wenn Sie die toxische Beziehung beenden möchten, dann soll der Betreffende auch wissen, welche Gefühle er in Ihnen hervorgerufen hat – wie schmerzlich auch immer das für ihn sein mag. Schicken Sie den Brief getrost ab. Menschen können lernen und sich verändern – wenn sie beispielsweise erfahren, wie toxisch sie auf andere wirkten, und dass ihre Handlungen Konsequenzen haben. Vielleicht wird der Betreffende erkennen, dass er seine toxischen Verhaltensweisen verändern muss, wenn er jemals eine tragfähige Beziehung zu einem anderen Menschen aufbauen will.

Wenn Sie sich entscheiden, eine toxische Beziehung durch einen Brief zu beenden, dann müssen Sie in Betracht ziehen, dass alles, was geschrieben wurde, zu einem Beweisstück werden kann. Ihr Brief wird möglicherweise nicht so vertraulich behandelt, wie Sie es erwarten. Deshalb sollten Sie sich auf mögliche negative Konsequenzen einstellen. Vielleicht wird Ihr Schreiben auch von anderen gelesen, und sie machen sich darüber lustig oder tun den Inhalt als unwichtig ab.

Im Folgenden zwei Briefe, die von zwei Klienten geschrieben wurden, die wichtige toxische Beziehungen in ihrem Leben beenden wollten. Der erste Brief ist der einer Tochter an ihren Vater.

Lieber Dad,

ich schreibe Dir diesen Brief, um Dich wissen zu lassen, dass Du in meinem Leben nicht länger willkommen bist. Als ich ein Kind war, hast Du mich verlassen. Jetzt verlasse ich Dich!

Ich möchte nicht, dass Du mich jemals wieder anrufst, mir schreibst oder mit mir redest. Du warst in der Vergangenheit nicht Teil meines Lebens und wirst es auch in Zukunft nicht sein.

Ich könnte jetzt all die Kränkungen aufzählen, den Schmerz und das Unglück, die Du mir bereitet hast, aber das möchte ich uns beiden lieber ersparen. Du weißt selbst, was Du getan hast. Nur Gott kann Dir dafür vergeben, denn ich kann es nicht.

Um Deinem Gedächtnis auf die Sprünge zu helfen, nenne ich im Folgenden acht Gründe, warum ich mich endgültig von Dir trennen möchte:

1. Du rufst mich an meinem Geburtstag oder an Weihnachten niemals an.
2. Du hast mich nicht darüber informiert, dass Du wieder geheiratet hast – ich musste es selbst herausfinden.
3. Du bist so geizig, dass Du, wenn ich zu Besuch kam, immer im Kühlschrank nachsahst, was ich gegessen hatte, und mich für mein Essen bezahlen ließest.
4. Du hast mich um zwei Uhr morgens aus dem Bett gerissen und mich grundlos verprügelt.
5. Du hast mir Geld, für das ich hart gearbeitet hatte, aus der Brieftasche gestohlen, um Deine Drogensucht zu finanzieren.
6. Anstatt mit mir zu reden, schreist Du mich an und verprügelst mich.
7. Du hast meinen Namen nicht auf Deine Versicherungspolice gesetzt, und Du bist geizig und unbelehrbar.
8. Du behandelst mich wie eine Art Untermenschen, indem Du alles, was ich sage, ins Lächerliche ziehst.

Ich hasse Dich aus tiefster Seele. Für mich bist Du gestorben. Deshalb nimm bitte nie wieder Kontakt mit mir auf.

Du bist in meinen Augen ein Verlierer – ein ordinärer, egoistischer, gefühlloser Mensch.

Leb Dein Leben in der Hölle, die Du Dir geschaffen hast, und hör auf, meines mit Deiner hässlichen Stimme und Deinem hässlichen Vokabular zu zerstören. Wenn Du anrufst, werde ich den Hörer auflegen, und wenn Du mir einen Brief schreibst, werde ich ihn zerreißen.

Leb wohl – für immer.

Dieser Brief zeigt, dass meine Klientin ihren Vater als außerordentlich toxisch erlebte. Sie wollte keine Kommunikation mehr, sondern einen völligen Bruch.

Der nächste Brief ist von einem jungen Mann an seine jetzige Exfreundin.

Liebe Donna,

ich schreibe Dir, um Dich wissen zu lassen, dass ich Dich aus meinem Leben endgültig verbanne. Im Laufe der Jahre hast Du mich immer wieder verletzt, deshalb halte ich eine Trennung für die einzig richtige Entscheidung. Die letzte Enttäuschung, die Du mir bereitet hast, hat deutlich gezeigt, wie verantwortungslos und unzuverlässig Du bist.

Ich habe allen Respekt für Dich verloren und möchte nie wieder etwas mit Dir zu tun haben.

Ich möchte nie wieder mit Deiner ständigen rechthaberischen Arroganz konfrontiert sein.

Ich habe eine zu hohe Meinung von mir, um mich mit Deinem destruktiven Einfluss abzufinden.

Ruf mich bitte nicht an, schreib mir keinen Brief, und versuche auch nicht, auf irgendeine andere Weise mit mir Kontakt aufzunehmen. Ich werde Deine Briefe ungeöffnet zurückschicken und Deine Anrufe nicht entgegennehmen. Wenn ich Deine Stimme höre, dann werde ich den Hörer auflegen, und ich werde es nie mehr zulassen, dass Du in meine Nähe kommst. Leb Du Dein Leben, ich werde meines leben – ohne Dich.

Gary

Garys Brief ist ehrlich und direkt; er lässt Donna unzweideutig wissen, dass er nichts mehr mit ihr zu tun haben möchte.

Diese beiden Briefe sind hervorragende Muster, an die Sie sich halten können, wenn auch Sie einen extrem toxischen Menschen endgültig aus Ihrem Leben verbannen möchten.

Eine Beziehung am Telefon beenden

Einige Menschen ziehen es vor, eine toxische Beziehung am Telefon zu beenden, da das Telefon einen physischen Abstand von der betreffenden Person gewährleistet. Wenn Sie Ihren Gesprächspartner nicht direkt anschauen, dann fällt es Ihnen meist leichter, sich gelassen und präzise zu äußern.

Sprechen Sie deutlich, aber nicht zu laut. Reden Sie langsam. Seien Sie darauf gefasst, dass Ihr toxischer Gesprächspartner plötzlich in den Hörer brüllt. Rechnen Sie damit, dass der andere auflegt oder Sie mehrmals nacheinander anruft, weil er das, was Sie ihm zu sagen haben, nicht glauben will.

Legen Sie sich einen Zettel bereit, auf dem Sie sich die wichtigsten Punkte, die Sie zur Sprache bringen wollen, notiert haben.

Eine Beziehung im persönlichen Gespräch beenden

Viele Menschen halten es für das Beste, eine toxische Beziehung im persönlichen Gespräch zu beenden.

Wenn Sie sich mit der fraglichen Person im Gespräch auseinandersetzen, dann müssen Sie sich darauf einstellen, dass sie möglicherweise tieftraurig und bekümmert ist und vielleicht sogar weint. Oft ist es sinnvoll, das Gespräch in der Wohnung der betreffenden Person zu führen oder in einem ruhigen Restaurant.

Wie schwierig es auch sein mag, es ist wichtig, mit ruhiger Stimme zu sprechen und gefasst zu bleiben.

Eine Beziehung im Beisein eines Dritten beenden

Es mag zwar ein wenig feige wirken, aber heutzutage kann es in Ihrem besten Interesse sein, einen Kontakt im Beisein eines Anwalts zu beenden – vor allem wenn es sich um eine toxische Geschäftsbeziehung handelt.

Auch persönliche Beziehungen können Sie mit Hilfe einer dritten Person beenden, die Sie beide kennen. Dieser Dritte sollte sich jedoch bewusst sein, dass er möglicherweise als eine Art Prellbock fungieren wird, an dem die Aggressionen sich entladen.

Dennoch kann er helfen, die Situation zu entschärfen, vor allem indem er eine objektive, nicht emotional gefärbte Sichtweise einbringt.

Mit den Wirkungen des Zorns fertig werden

Werden Sie niemals gewalttätig

Mag sein, dass Sie immer noch zornig sind, obwohl Sie alle Mittel eingesetzt haben, die Ihnen helfen könnten, mit Ihrer Enttäuschung und Ihrem Zorn über die toxische Person fertig zu werden. Wahrscheinlich haben Sie große Lust, sich an ihr zu rächen.

Was auch immer Sie tun – Sie dürfen niemals gewalttätig werden.

Wenn Sie so wütend sind, dass Sie am liebsten zuschlagen möchten, dann sollten Sie auf die Technik »Süße Rachefantasien« zurückgreifen. Sie dürfen Ihre Fantasien jedoch unter keinen Umständen realisieren.

Lassen Sie sich niemals von Ihrer Wut so weit hinreißen, dass Sie etwas tun, wofür Sie später bezahlen müssen.

Sich körperlich von seinen Spannungen befreien

Wenn Sie sich mit Ihren Gefühlen gegenüber dem toxischen Menschen auseinandersetzen, ist die Technik »Süße Rachefantasien« möglicherweise nicht ausreichend. Um sich von Ihrem Zorn zu befreien, können Sie den Kopf in ein Kissen wühlen und aus vollem Halse brüllen. Oder Sie können auf ein Kissen einschlagen und sich vorstellen, das sei der Mensch, auf den Sie so wütend sind. Sie könnten sich zu diesem Zweck sogar einen Punchingball kaufen. Auch Aerobic-Übungen oder das Stemmen von Gewichten können helfen, Spannungen abzubauen. Welches Mittel auch immer Sie wählen – Sie müssen sich mit Ihrem Zorn auseinandersetzen und sollten ihn nicht verdrängen.

Sich alles von der Seele reden

Sich alles von der Seele zu reden ist ein sehr wirkungsvolles Mittel, um seine Wut loszuwerden. Häufig ist es sinnvoll, das bei einem Therapeuten zu tun. Wenn Sie sich allerdings ständig mit Ihrem Ärger und Ihrer Frustration beschäftigen, dann kann es passieren, dass Sie sich in Ihre Feindseligkeit und Ihre negativen Gefühle noch weiter hineinsteigern. Wählen Sie Ihre Gesprächspartner sorgfältig aus. Menschen, die keine professionellen Therapeuten sind oder denen es an Einsicht und Klugheit mangelt, könnten Ihnen falsche Ratschläge geben.

Teilen Sie deshalb Ihre ganz persönlichen Gedanken nur Freunden und Familienmitgliedern mit, die Sie wirklich verstehen, oder aber einem Therapeuten, der Sie in Ihrer persönlichen Entwicklung unterstützt.

Schriftliche oder mündliche Aufzeichnungen machen

Wenn Sie Ihren Gefühlen Luft machen wollen, aber niemanden haben, mit dem Sie reden können, dann kann es sehr hilfreich sein, Ihre Gedanken aufzuzeichnen. Einige Menschen schreiben Tagebuch, andere sprechen auf Tonband.

Beide Techniken werden Ihnen helfen, sich Klarheit zu verschaffen und sich von Ihrem Kummer und Ärger zu befreien. Sie können später noch einmal auf Ihre Aufzeichnungen zurückkommen, Ihre Gefühle erneut durchleben und dann prüfen, ob sie sich im Laufe der Zeit geändert haben.

Vergessen Sie nicht, Ihre Tagebücher, Tonbänder und Videobänder immer unter Verschluss aufzubewahren. Niemand anders sollte Zugang dazu haben, es sei denn, Sie wollen Ihre Gefühle einem anderen Menschen mitteilen. Wenn Sie möchten, dass Ihr Mann, Ihre Frau oder ein geliebter Mensch nachempfindet, wie Sie sich fühlen, dann können Sie dieser Person zeigen, was Sie geschrieben haben oder sie die Tonbänder abhören lassen.

Ein Ritual: Die Fotos zerreißen

Vielleicht sind Sie so wütend, dass Sie die fragliche Person nie wiedersehen möchten – auch nicht auf einer Fotografie. Dann kann es sehr befreiend sein, sämtliche Erinnerungsfotos zu zerreißen, sie in den Mülleimer zu werfen oder zu verbrennen. Tun Sie, was immer nötig ist, um die toxische Person aus Ihrem Leben zu verbannen.

Eine meiner Klientinnen befreite sich von einem langjährigen Freund, indem sie Fotos von ihm in zwei Teile zerriss und sie dann verbrannte; dabei schaute sie voller Befriedigung zu, wie sein Gesicht zusammenschrumpelte. Er hatte ihr so viel Kummer bereitet, dass es ihr Spaß machte, sich vorzustellen, wie er zu Asche verbrannte.

Selbstreinigung bei Kerzenlicht

Wenn eine Beziehung zu Ende ist, dann kann ein Schaumbad bei Kerzenlicht stimmungshebend und seelisch reinigend wirken. Stellen Sie sich vor, wie der Schmutz Ihrer toxischen Erinnerungen mit dem Badewasser abfließt.

Geschenke zurückgeben

Möglicherweise möchten Sie den Betreffenden nicht nur nie mehr wiedersehen, sondern auch keine Gegenstände mehr um sich haben, die Sie an ihn erinnern könnten – beispielsweise Geschenke oder Kleidungsstücke. Schicken Sie die Geschenke zurück, verschenken Sie sie, oder werfen Sie sie in den Mülleimer.

Das tröstliche Wissen, dass das, was ein Mensch aussendet, wieder zu ihm zurückkehrt

Vielleicht tröstet Sie die weise Erkenntnis, die wir in fast allen Kulturkreisen finden: »Du wirst das ernten, was du gesät hast« oder »Wie man in den Wald hineinruft, so schallt es heraus« oder »Was wir aussenden, kehrt zu uns zurück«. Wie auch immer die Formulierung lauten mag, es geht darum, dass jeder Mensch am Ende das bekommt, was er verdient hat. Vielleicht nicht sofort, aber im Laufe der Zeit. Gutes, so heißt es in allen Religionen, erzeugt Gutes, und Böses Böses.

Wenn Sie die Menschen gut behandeln, so wird das zehnfach zu Ihnen zurückkehren, und wenn Sie die Menschen schlecht behandeln, so werden Sie mit zehnfacher Verstärkung dafür büßen müssen. Ein Mord wird am Ende immer gesühnt werden.

Eine meiner Klientinnen bekam die Auswirkungen ihres schlechten »Karmas« ziemlich rasch zu spüren – sie hatte versucht, einen offensichtlich reichen Mann zu bezirzen, an dem ihr nicht das Geringste gelegen war. Diese junge Frau kam in außerordentlich eleganter Kleidung in mein Büro und prahlte, ein älterer Herr sei bis über beide Ohren in sie verliebt und überschütte sie mit Geschenken. Sie vertraute mir an, sie brauche nicht einmal mit ihm zu schlafen – sie fand ihn abstoßend! –, und machte sich ständig darüber lustig, dass er ein Trottel sei und auf jede ihrer Launen eingine.

Wenig später musste sie feststellen, dass er doch kein Trottel war – tatsächlich war er noch berechnender als sie selbst. Dieser scheinbar bis über beide Ohren verliebte Mann bot ihr nach einiger Zeit an, ihr eine Reise nach New York zu schenken; er bat sie, ihre Kreditkarte benutzen zu dürfen, und versprach, ihr dafür einen Scheck über die entsprechende Summe. Sie war einverstanden. Als sie zurückkamen, gab er ihr tatsächlich den Scheck – ausgestellt auf ein inzwischen aufgelöstes Bankkonto. Jetzt musste sie mit mehreren tausend Dollar die Reise, die teuren Mahlzeiten, Theatertickets und das Geschenk bezahlen, das sie sich selbst ausgesucht hatte.

Der Mann hatte ihr eine harte Lektion erteilt: dass nichts umsonst ist und dass man Menschen nicht ungestraft ausnutzen kann.

Erfolg ist die beste Rache

Es gibt einen wunderbaren französischen Film, *Coup de Tête*, der beispielhaft zeigt, wie man es seinen Feinden heimzahlt. Ein zweitklassiger Fußballspieler in einer Kleinstadtmannschaft wird als Verlierer von allen ignoriert, während die Kleinstädter den Erfolg der Mannschaft feiern. Durch ein Missverständnis wird er wegen eines Verbrechens verurteilt, das er nicht begangen hat, und landet im Gefängnis.

Inzwischen hat die Mannschaft, auf dem Weg zu einem Spiel in einer Nachbarstadt, einen Busunfall. Einige wichtige Spieler sind verletzt, und man braucht Ersatzleute. Die Organisatoren des Spiels schaffen es, den Mann aus dem Gefängnis herauszuholen, damit er daran teilnehmen kann. Er schießt mehrere Tore und wird als Held gefeiert. Zwar möchte er eigentlich ins Gefängnis zurückkehren, wo die Insassen und die Gefängniswärter ihn respektieren, und seine Strafe absitzen, aber unter den gegebenen Umständen bestehen die städtischen Beamten darauf, dass er vorzeitig entlassen wird. Sie mieten ihm eine Suite im besten Hotel. Jeder möchte mit ihm befreundet sein. Man überschüttet ihn mit Geschenken, und einige Frauen versuchen, ihm in seinem Schlafzimmer aufzulauern. Jeder umschmeichelt ihn, und man geht auf alle seine Wünsche ein; er selbst aber fühlt sich durch dieses heuchlerische, wankelmütige Verhalten eher abgestoßen.

Schließlich gibt er ein großes Abendessen, angeblich um all den wichtigen Leuten zu danken, die ihn so freundlich behandelt haben. Seine wahre Absicht ist jedoch, ihnen zu zeigen, was für Heuchler sie sind – und er bewirkt tatsächlich, dass seine Gäste sich einer nach dem anderen bloßstellen. Auf diese Weise verhilft er der Wahrheit zum Sieg, gewinnt allgemeinen Respekt und rettet seine Selbstachtung.

Eine meiner Klientinnen genoss einen süßen Triumph, als sie bei ihrem zwanzigjährigen Klassentreffen zur »Schönheitskönigin« gekrönt wurde. Früher, als Oberstufenschülerin, war sie wie eine Aussätzige behandelt und von ihren Kameraden gequält worden, denn sie war dick gewesen, hatte eine sehr starke Brille getragen und unter einer schlimmen Akne gelitten. Der Augenblick des Triumphs kam, als der bestaussehende ehemalige Klassenkamerad, der sie früher ständig gehänselt hatte, sie zum Tanzen aufforderte und sie das Vergnügen hatte, ihn mit ein paar deutlichen Worten abweisen zu können.

Mit anderen Worten: Erfolg ist ein wunderbares Mittel, sich an den Menschen, die eine toxische Wirkung auf Sie hatten, zu rächen.

Verzeihen heißt loslassen und sein Leben weiterleben

Ob nun Sie selbst auf einen Menschen eine toxische Wirkung hatten oder ob dieser sich Ihnen gegenüber toxisch verhielt – Sie sollten ihm am Ende verzeihen. Verzeihen bedeutet nicht vergessen. Verzeihen heißt vor allem: loslassen. Das heißt nicht, dass Sie die erlittenen Misshandlungen und Kränkungen verdrängen sollten, aber Sie sollten Ihren Schmerz und Ihren Groll loslassen. Befreien Sie sich von Ihrem Hass und Ihren destruktiven Gefühlen, denn Hass verzehrt den Hassenden.

Wenn Sie hassen, dann sorgen Sie dafür, dass Ihre negativen Gefühle immer wieder neue Nahrung bekommen. Hass malt hässliche Falten in Ihr Gesicht und hinterlässt in Ihrem Herzen schmerzhafte Narben.

Wenn Sie das Gefühl haben, professionelle Hilfe zu brauchen, dann sollten Sie sich sofort um diese Hilfe bemühen. Es gibt viele qualifizierte Therapeuten, die Ihnen helfen können, Hass, Schuldgefühle oder Selbstmitleid zu überwinden und sich persönlich weiterzuentwickeln. Lassen Sie los. Verzeihen Sie, denn dies ist der erste Schritt in Richtung auf ein Leben ohne vergiftende Einflüsse.

Kapitel 10

Die äußere Erscheinung:
die Checkliste des toxischen
Erscheinungsbildes

Ihre eigene Stimmung und die toxische Wirkung, die sie auf andere haben kann

So wie die Stimmungen anderer Sie beeinflussen können, können andere auch von Ihrer Stimmung beeinflusst werden.

Wenn Sie sich nach den Gründen für Ihre schlechte Stimmung fragen, dann ist es leicht, mit dem Finger auf andere zu zeigen, aber Sie dürfen auch nicht zögern, sich selbst einer genauen Prüfung zu unterziehen. Vergessen Sie nicht: Wenn Sie auf einen anderen Menschen mit dem Finger zeigen, dann weisen drei Finger auf Sie selbst zurück.

Wenn Sie sich ständig missmutig und angegriffen fühlen, dann werden die Menschen auf Ihre Feindseligkeit und Ihre schlechte Stimmung reagieren. Wenn Sie ständig finster dreinschauen und auf diese Weise die Welt mit Ihren persönlichen Schwierigkeiten konfrontieren, dann können Sie sicher sein, dass die meisten Menschen lieber auf Distanz bleiben.

Es liegt sehr viel Wahrheit in dem Spruch »Lache, und die Welt wird mit dir lachen, weine, und du weinst allein.« Natürlich werden Sie immer wieder einmal in einer schlechten Stimmung sein. Aber leider müssen Sie dann damit rechnen, dass andere ablehnend oder gar feindselig auf Sie reagieren.

Marlene hatte eindeutig eine Pechsträhne. Sie hatte nach sieben Jahren ihren Job verloren, und ihr Mann ließ sich von ihr scheiden. Zu allem Überfluss fand sie heraus, dass ihr jüngster Sohn eine Lernschwäche hatte.

Marlene war deprimiert – und aus gutem Grund. Aber es ge-

lang ihr auch nach Monaten nicht, ihre schlechte Stimmung abzuschütteln. Die Zeit verging, und Marlene lief ständig mit trauriger Miene herum. Auch nach drei Jahren hatte sich kaum etwas
in ihrem Leben verändert. Sie hatte noch immer keinen neuen
Freund und auch keinen neuen Arbeitsplatz gefunden. Ihr Sohn
musste eine Schule für Lernbehinderte besuchen. Um Miete zu
sparen, wohnte sie bei ihren Eltern.

Eines Tages entschloss sich ihr Bruder, der die Semesterferien
zu Hause verbrachte, die Situation anzusprechen. »Jedes Mal,
wenn ich nach Hause komme«, so sagte er ihr, »beobachte ich,
dass du mit langem Gesicht hier herumläufst. Ehrlich gesagt, ich
habe von deinen ewigen Depressionen die Nase voll. Du musst
endlich begreifen, dass dir niemand etwas schuldig ist. Ja, es
stimmt, Martin hat eine Lernschwäche, aber er ist immerhin in
einer Schule, wo er Hilfe bekommt. Mutter und Vater haben dich
hier aufgenommen, sodass du mietfrei wohnen kannst. Dass du
noch keinen Job hast, liegt zunächst einmal daran, dass du es
nicht wirklich versucht hast, und zweitens hast du eine so negative Ausstrahlung, dass dich niemand gern einstellen würde. Natürlich kannst du alles damit begründen, dass John dich verlassen
hat. Versuch doch endlich, darüber hinwegzukommen. Mach
dich ein bisschen hübsch, zieh dir was Schickes an, und geh mal
mit deinen Freundinnen aus. Versuch, ein paar Männer kennen zu
lernen, und – *lächle* zur Abwechslung einmal. Niemand hat Lust,
auf dich zuzugehen, wenn du die ganze Zeit die Stirn runzelst und
aussiehst, als hättest du vom Leben die Nase voll.«

Marlene war völlig verblüfft. So hatte bisher noch niemand mit
ihr geredet. Stattdessen hatten alle sie bemitleidet und getröstet.
Ihr jüngerer Bruder war der Erste, der wirklich ehrlich zu ihr war.
Er sagte ihr die Wahrheit: dass sie durch ihre ständige schlechte
Stimmung das Glück von sich fernhielt. Sie erkannte, dass er Recht
hatte. Nachdem sie sich die Worte ihres Bruders eine Woche lang
durch den Kopf hatte gehen lassen, entschloss sie sich, seinen Rat
zu befolgen und mit einer Freundin auszugehen. Sie zwang sich,
eine freundliche Miene zu machen und zu lächeln, obwohl sie sich

nicht danach fühlte. Zwar lernte sie keinen Mann kennen, aber eine Frau, die am Nachbartisch saß und zufällig jemanden für das Verwaltungsbüro ihrer Firma suchte. Als die beiden Frauen sich an jenem Abend unterhielten, gefiel der Tischnachbarin Marlenes Sinn für Humor, deshalb schlug sie vor, dass Marlene sich in den nächsten Tagen bei ihr vorstellen solle. Marlene machte sich schick, setzte ein freundliches Gesicht auf und bekam den Job.

Von Stund an bemühte sie sich täglich aufs Neue, ihre negative Stimmung abzuschütteln. Während sie zur Arbeit fuhr, ermahnte sie sich, nicht ständig zu grübeln, und lenkte ihre Gedanken auf positive, angenehme Aspekte ihres Lebens. Ihre neu erworbene, positive Einstellung spiegelte sich auch in ihrer Stimme, wenn sie Gespräche mit Kunden führte. Zu einem dieser Kunden, Robert, entwickelte sich ein besonders guter Draht. Er sagte ihr am Telefon, wie sehr ihm ihre muntere, begeisterungsfähige Art gefalle. Sein Kompliment gab ihr weiteren Auftrieb. Immer wenn Robert anrief, flirteten sie ein bisschen, und eines Tages lud er sie zum Mittagessen ein. Als sie sich dann persönlich begegneten, waren sie sich noch immer äußerst sympathisch. Tatsächlich mögen sie sich noch heute, denn sie haben sich inzwischen verlobt – und all das, weil Marlene sich bewusst für eine positivere Lebenseinstellung entschied.

Ich habe dasselbe in meinem eigenen Leben beobachtet. Wenn ich unter Druck stehe und die Dinge nicht so laufen, wie ich es möchte, dann bemühe ich mich nach Kräften, meine Mitmenschen das nicht spüren zu lassen. Ich bleibe freundlich und optimistisch, und plötzlich geschehen positive Dinge, weil die Menschen auf meine freundliche Ausstrahlung reagieren.

Es kann sein, dass Ihre schlechte Stimmung, ohne dass Sie sich dessen bewusst sind, auch andere beeinträchtigt und herunterzieht, was sich wiederum negativ auf Sie selbst auswirkt. Dadurch entsteht ein wirklicher Teufelskreis.

Mein Freund Rabbi Joseph Telushkin, Autor des Buches *Words That Hurt and Words That Heal* [dt: Worte, die verletzen, und Worte, die heilen], pflegt in seinen Vorträgen die Zuhörer zu fragen: »Wie viele von Ihnen halten sich für einen guten Menschen?« Gewöhnlich heben sämtliche Anwesenden die Hand. Dann erklärt er, dass die meisten Menschen sich für »gut« halten, dass aber ihre Feinde dieser Selbsteinschätzung gewiss widersprechen würden.

So wie andere auf Sie toxisch wirken können, sagt Rabbi Telushkin damit, so haben auch Sie bisweilen eine toxische Wirkung auf andere. Vielleicht haben Sie bestimmte Eigenschaften, die anderen auf die Nerven gehen. Das ist nichts Schlimmes, denn schließlich ist niemand perfekt, und niemand kann aus seiner Haut.

Die alten Wahrheiten – »Sie können es nicht allen Menschen immer recht machen« und »Nicht jeder wird Sie mögen« – treffen den Kern der Sache. Sich diese Wahrheiten von Zeit zu Zeit ins Bewusstsein zu rufen kann Ihnen das Leben sehr erleichtern.

Toxische erste Eindrücke

Der erste Eindruck hat einen starken Einfluss darauf, wie Menschen Sie einschätzen und sich Ihnen nähern. Manchmal wird ein anderer Sie ablehnen, ohne wirklich gute Gründe dafür zu haben. Vielleicht passt ihm Ihre Nase nicht, oder er ist neidisch auf Sie. Vielleicht erinnern Sie ihn an jemanden, den er nicht ausstehen kann. Es gibt nichts, was Sie dagegen tun können. Es gibt jedoch einige Faktoren, die Sie kontrollieren und auch verändern können, um einen besseren ersten Eindruck hervorzurufen.

Diese Faktoren haben damit zu tun, wie Sie sich kleiden und pflegen. Ihre Körperhaltung und die Art, wie Sie mit anderen reden, wie Sie sie berühren oder ihnen die Hände schütteln, welchen Gesichtsausdruck Sie haben und wie Ihre Stimme klingt – all das spielt ebenfalls eine entscheidende Rolle, genauso wie Ihre Sprache und Ihre Fähigkeit, anderen zuzuhören.

Jeder dieser Faktoren hat einen entscheidenden Einfluss darauf, wie Menschen Sie wahrnehmen, mit Ihnen in Kontakt treten und Sie behandeln.

Erinnern Sie sich an das Kind in der Grundschule, das von jedermann abgelehnt wurde? Häufig hatte diese Ablehnung nichts mit seiner Persönlichkeit zu tun, sondern vielmehr mit seiner äußeren Erscheinung. Vielleicht trug es sehr ungewöhnliche Kleidung oder die altmodischen Kleidungsstücke seiner älteren Brüder oder Schwestern, die ihm zu groß waren. Vielleicht roch es schlecht, hatte ein schmutziges Gesicht, fleckige Kleidung oder verfilzte Haare.

Es gab nichts, was das Kind dagegen tun konnte, denn es waren seine Eltern, die dafür verantwortlich waren. Leider haben einige Eltern in dieser Hinsicht sehr wenig Verantwortungsbewusstsein.

Meine Klientin Ivy Lynn war das ärmste Kind in ihrer Schule gewesen. Sie hatte in einem Wohnwagen gewohnt und nur drei Kleider und ein einziges Paar Schuhe besessen. Ihr Vater hatte sich aus dem Staub gemacht, und ihre Mutter war Alkoholikerin, die von der Sozialhilfe lebte. Ivy erzählte mir, dass die Kinder sie während ihrer ganzen Grundschulzeit ablehnten und grausam verspotteten, weil ihre Mutter sie in schmutziger, zerlumpter Kleidung zur Schule schickte.

Während der Oberschulzeit fand Ivy einen Job und verdiente genügend Geld, um sich eine schicke Frisur und nette Kleidung leisten zu können, aber sie wurde von denen, die sie von früher kannten, niemals wirklich akzeptiert – auch wenn sie noch so freundlich zu ihnen war. Nach dem Schulabschluss entschloss sie sich, die Stadt zu verlassen, um ein neues Leben zu beginnen.

Schon als Kinder haben wir andere nach oberflächlichen Gesichtspunkten beurteilt. Wie sie aussahen und was sie anzogen, war ausschlaggebend dafür, ob wir uns mit ihnen anfreunden wollten.

Und auch als Erwachsene beurteilen wir andere zunächst einmal nach Äußerlichkeiten – ob wir das nun zugeben oder nicht. Allein bestimmte körperliche Merkmale und andere äußerliche

Faktoren können bewirken, dass wir jemanden als toxisch wahrnehmen.

Untersuchungen haben gezeigt, dass jemand, der gut aussieht und gut redet, als attraktiver, intelligenter, erfolgreicher, energischer, sexuell erregender und glaubwürdiger wahrgenommen wird.

Rechtsanwälte sind sich der Wirkung der äußeren Erscheinung im Gerichtssaal deutlich bewusst. Deshalb versuchen sie, ihre Mandanten oder Zeugen im Hinblick auf ihre Kleidung zu beeinflussen.

Meine eigenen Untersuchungen haben gezeigt, dass Menschen selbst dann, wenn sie körperlich nicht attraktiv sind, aber sich pflegen und eine gute, gebildete Sprechweise haben, als attraktiv und intelligent wahrgenommen werden, sodass andere gern mit ihnen zusammen sein wollen.

Es kann sein, dass ein sehr freundlicher, angenehmer Mensch sich äußerlich so präsentiert, dass andere sich von ihm abgestoßen fühlen. Möglicherweise weiß er nicht einmal, warum.

Wenn Sie die folgende Negativliste des toxischen Erscheinungsbildes durchgehen, so wird Ihnen das helfen, potenziell toxische Faktoren zu identifizieren.

Die Negativliste des toxischen Erscheinungsbildes

Die Negativliste des toxischen Erscheinungsbildes soll Ihnen helfen, genau zu identifizieren, was Ihnen am äußeren Erscheinungsbild eines Menschen nicht gefällt. Sie kann natürlich auch benutzt werden, um sich einer Selbstprüfung zu unterziehen. Vielleicht haben Sie nie darüber nachgedacht, welche Botschaft Sie anderen mit Ihrer schlaffen Körperhaltung und Ihren hängenden Schultern vermitteln. Vielleicht achten Sie nie auf Ihre Fingernägel, und sie sind schmutzig oder abgenagt. Ob es Ihnen nun gefällt oder nicht, Solche Äußerlichkeiten haben einen starken Einfluss darauf, wie andere Sie wahrnehmen. Vielleicht sagen Sie jetzt: »Na, und? Es ist mir völlig egal, wie ich auf andere wirke.« Aber wenn Sie auf dem heutigen Arbeitsmarkt und in diesem schwierigen wirtschaftlichen Klima Erfolg haben wollen, dann dürfen auch Äußerlichkeiten Ihnen nicht gleichgültig sein.

Wenn Sie die Negativliste des toxischen Erscheinungsbildes für sich nutzen, dann wird Ihnen das helfen, jeden Aspekt Ihrer äußeren Erscheinung zu analysieren. Sie können herausfinden, ob Sie oder ein anderer Mensch, den Sie kennen, in zehn verschiedenen Bereichen ein toxisches Bild präsentiert: Kleidung, Haare, Fingernägel, Haut, Hygiene, Mund, Körpersprache, Gesichtsausdruck, Stimme, Sprechweise und Kommunikationsfähigkeit.

Um herauszufinden, ob jemand, den Sie kennen, irgendeine dieser toxischen Eigenschaften besitzt, sollten Sie die folgende Liste durchgehen und die Fragen mit Ja oder Nein beantworten.

Toxische Kleidung

1. Trägt er/sie die für den sozialen Anlass angemessene Kleidung?
2. Trägt er/sie zur Arbeit die falsche Kleidung?
3. Ist seine/ihre Kleidung gewöhnlich schmutzig?
4. Ist seine/ihre Kleidung gewöhnlich knittrig und ungebügelt?
5. Riecht seine/ihre Kleidung nach Schweiß oder Rauch?
6. Trägt er/sie Kleidung aus billigen Chemiefasern?
7. Trägt er/sie unmoderne Kleidung?
8. Trägt er/sie Kleidung, die zu eng ist?
9. Trägt er/sie Kleidung, die zu weit ist?
10. Trägt er/sie unbequeme Kleidung?
11. Ist sie zu stark geschminkt?

Toxisches Haar

1. Hat er/sie die für seinen/ihren Job angemessene Frisur?
2. Ist sein/ihr Haar fettig?
3. Ist sein/ihr Haar häufig schmutzig?
4. Ist sein/ihr Haar häufig strohig oder verfilzt?
5. Ist sein/ihr Haar schlecht frisierbar?
6. Ist sein/ihr Haar meistens ungebürstet und ungekämmt?
7. Ist seine/ihre Haarfarbe ungewöhnlich – also weder blond noch braun, schwarz, grau, rot oder rotbraun?
8. Ist sein/ihr Haar strähnig?
9. Trägt er/sie eine Perücke oder ein Toupet, das schlecht sitzt?
10. Trägt er/sie eine Perücke oder ein Toupet, das seiner/ihrer natürlichen Haarfarbe nicht entspricht?
11. Fällt es anderen auf, dass er/sie eine Perücke oder ein Toupet trägt?
12. Ist sein Schnauzer und/oder Kinnbart schmutzig oder voller Schuppen?
13. Müsste er sich rasieren?
14. Hat sie einen Damen-Oberlippenbart?
15. Wachsen ihr am Kinn oder im Gesicht Haare?
16. Wachsen ihm Haare aus der Nase?
17. Wachsen ihm Haare aus den Ohren?
18. Sind seine/ihre Augenbrauen ungepflegt?

Toxische Fingernägel

1. Sind seine/ihre Fingernägel schmutzig?
2. Sind seine/ihre Fingernägel zu lang?
3. Sind seine/ihre Nägel abgenagt?
4. Ist ihr Nagellack abgesplittert und/oder verschmiert?
5. Sind seine/ihre Fingernägel verfärbt?
6. Sind seine/ihre Fingernägel missgestaltet?

Toxische Haut

1. Leidet er/sie unter Akne?
2. Hat er/sie große Pockennarben im Gesicht?
3. Ist seine/ihre Haut schuppig, oder schält sie sich?
4. Ist seine/ihre Haut fettig oder glänzend?
5. Ist seine/ihre Haut rot und rau?
6. Ist seine/ihre Haut fleckig?
7. Leidet er/sie unter Mitessern?
8. Leidet er/sie unter Hautgrieß?
9. Leidet er/sie unter hässlichen Leberflecken?
10. Leidet er/sie unter einem Melanom?
11. Hat er/sie Warzen im Gesicht?
12. Leidet er/sie unter Ausschlag?
13. Leidet er/sie unter Hautverfärbungen?
14. Ist seine/ihre Haut zu blass?
15. Hat er/sie schlaffe, extrem faltige Haut?
16. Ist seine/ihre Haut gelblich?
17. Ist seine/ihre Haut gräulich?

Toxische Körperpflege

1. Badet/duscht er/sie sich weniger als einmal täglich?
2. Hat er/sie einen schlechten Körpergeruch?
3. Hat er/sie einen schlechten Achselgeruch?
4. Riechen seine/ihre Geschlechtsteile abstoßend?
5. Riecht sein/ihr Atem abstoßend?
6. Benutzt er/sie zu viel Eau de Cologne oder Parfüm?
7. Kann man in seinen/ihren Ohren Ohrenschmalz erkennen?
8. Ist sein/ihr Gesicht schmutzig?
9. Ist sein/ihr Hals schmutzig – lagern sich schwarze Schmutzringe in den Falten ab?
10. Schwitzt er/sie sehr stark?

Toxischer Mund

1. Hat er/sie Ausschlag an den Lippen?
2. Sind seine/ihre Lippen rau?
3. Sammelt sich häufig weißer Speichel in seinen/ihren Mundwinkeln?
4. Läuft ihm/ihr, wenn er/sie zuhört, spricht oder isst, Speichel aus dem Mund?
5. Sind seine/ihre Zähne schmutzig?
6. Sind seine/ihre Zähne verfärbt oder fleckig?
7. Sind seine/ihre Zähne abgebrochen oder stark abgesplittert?
8. Sind seine/ihre Zähne schief oder verformt?
9. Spuckt er/sie, wenn er/sie spricht?
10. Ist sein/ihr Zahnfleisch rot und geschwollen?
11. Hat er/sie Hasenzähne?
12. Steht sein/ihr Unterkiefer vor?

Toxische Körpersprache

1. Drängt er/sie sich unangenehm nahe an den Gesprächspartner heran?
2. Steht er/sie zu weit entfernt?
3. Berührt er/sie ständig seinen/ihren Gesprächspartner?
4. Berührt er/sie sich ständig selbst?
5. Hat er/sie eine gebeugte Körperhaltung?
6. Hat er/sie eine steife, roboterähnliche Körperhaltung?
7. Hat er/sie eine zu schlaffe Körperhaltung?
8. Lässt er/sie beim Sprechen oder Zuhören den Kopf hängen?
9. Wedelt er/sie beim Sprechen mit den Armen herum?
10. Schreckt er/sie jedes Mal, wenn jemand ihn/sie beim Sprechen berührt, zurück?
11. Sind seine/ihre Hände kalt oder verschwitzt?
12. Hat er/sie einen Händedruck, mit dem man eine Cola-Dose zerdrücken könnte?

13. Fühlt sein/ihr Händedruck sich an wie ein toter Fisch?
14. Pflegt er/sie das Händeschütteln unangenehm lange auszudehnen?
15. Wiegt er/sie sich beim Sprechen vor und zurück?

Toxischer Gesichtsausdruck

1. Sieht er/sie, wenn er/sie mit jemandem redet, zur Seite?
2. Wandern seine/ihre Blicke im Zimmer herum, wenn er/sie mit jemandem redet?
3. Kneift er/sie die Augen zusammen, und/oder zieht er/sie die Augenbrauen zusammen, und/oder runzelt er/sie die Stirn, wenn er/sie mit jemandem redet?
4. Schaut er/sie die Person, mit der er/sie spricht, nicht an?
5. Schaut er/sie den Menschen prüfend von oben bis unten an, wenn er/sie ihm zum ersten Mal begegnet?
6. Schiebt er/sie den Unterkiefer vor, sodass der Gesichtsausdruck bullig und wütend wirkt?
7. Wirkt er/sie meistens traurig und runzelt ständig die Stirn?
8. Sind seine/ihre Lippen schmal und verkniffen?
9. Hat er/sie ein angestrengtes, gezwungenes Lächeln?
10. Hat er/sie ein maskenhaftes, falsches Lächeln?
11. Sind seine/ihre Augen tot und leblos, wenn er/sie mit jemandem spricht?
12. Hat er/sie gewöhnlich einen gelangweilten oder leeren Gesichtsausdruck?
13. Hebt er/sie beim Sprechen die Augenbrauen und reißt die Augen auf, sodass der Eindruck von Zweifel und Furcht entsteht?
14. Starrt er/sie Sie auf unangenehme Weise an?
15. Blinzelt er/sie nervös?
16. Kneift er/sie ständig die Augen zusammen?
17. Sind seine/ihre Gesichtszüge ständig angespannt?
18. Steht ihm/ihr beim Zuhören der Mund offen?

19. Ist sein/ihr Gesichtsausdruck normalerweise wütend?
20. Ist sein/ihr Gesichtsausdruck normalerweise traurig?
21. Spricht er/sie durch die Zähne, ohne den Mund zu öffnen?

Toxische Sprechweise oder toxische Stimme

1. Hat er/sie eine unangenehm laute Stimme?
2. Hat er/sie eine sanfte, schwache Stimme, die kaum zu hören ist?
3. Wird seine/ihre Stimme am Ende eines Satzes leiser, sodass er/sie kaum zu verstehen ist?
4. Muss man ihn/sie häufig bitten, das, was er/sie gesagt hat, zu wiederholen?
5. Sagt er/sie häufig: »Ich weiß es nicht«, wenn man ihm/ihr eine Frage stellt?
6. Ist er/sie im Gespräch meistens still, als wüsste er/sie nicht, was er/sie sagen soll?
7. Klingt er/sie gelangweilt und spricht mit einer monotonen Stimme?
8. Ist das, was er/sie erzählt, so langweilig, dass die Leute fast einschlafen?
9. Hat er/sie eine zu hohe Stimme?
10. Klingt seine/ihre Stimme krächzend, vor allem am Ende eines Satzes?
11. Pflegt er/sie beim Sprechen unverständlich zu murmeln?
12. Hat er/sie ein lautes, unangenehmes Lachen?
13. Redet er/sie zu schnell?
14. Ist seine/ihre Stimme häufig heiser?
15. Benutzt er/sie die Worte im falschen Kontext?
16. Spricht er/sie falsches Deutsch?
17. Klingt sein/ihr Sprechen abgehackt?
18. Klingt er/sie kurzatmig?
19. Klingt seine/ihre Stimme kurzatmig und angestrengt?
20. Pflegt er/sie sich im Gespräch häufig zu räuspern?

21. Leckt er/sie sich die Lippen, bevor er/sie zu reden beginnt?
22. Klingt seine/ihre Stimme rau?
23. Klingt seine/ihre Stimme nasal und winselnd?
24. Spricht er/sie Wörter häufig falsch aus?
25. Redet er/sie so schnell, dass man ihn/sie bitten muss, das Gesagte zu wiederholen?
26. Redet er/sie so langsam, dass andere häufig den Faden verlieren?
27. Kommt es häufig vor, dass er/sie sich wiederholt?
28. Erzählt er/sie immer wieder dieselben Geschichten?
29. Spricht er/sie zögernd, oder klingt er/sie beim Sprechen allzu vorsichtig?
30. Stottert oder stammelt er/sie?
31. Lispelt er/sie?
32. Ist seine Sprache ungepflegt und stark mit Slangwörtern durchsetzt?
33. Sagt er/sie häufig »äh« oder »also«?
34. Hat er/sie einen Akzent oder Dialekt, der schwer zu verstehen ist?

Toxische Kommunikation

1. Macht es ihm/ihr Spaß, über andere zu klatschen?
2. Scheint er/sie Spaß daran zu haben, über andere zu lästern und sie klein zu machen?
3. Kommandiert er/sie andere Menschen herum?
4. Brüllt er/sie andere an?
5. Ist er/sie anderen gegenüber freundlich, um dann hinter ihrem Rücken Schlechtes über sie zu erzählen?
6. Ist er/sie ständig am Streiten oder Kämpfen?
7. Spielt er/sie häufig den Advokaten des Teufels, indem er/sie nur um des Streitens willen die entgegengesetzte Position vertritt?
8. Geizt er/sie mit Komplimenten?

9. Macht er/sie anderen unaufrichtige Komplimente?
10. Schmiert er/sie anderen häufig Honig um den Bart, um etwas Bestimmtes zu erreichen?
11. Pflegt er/sie seinen/ihren Ärger so lange zu verdrängen, bis er/sie explodiert und furchtbar aggressiv wird?
12. Macht er/sie ständig Witze oder versucht, alle Probleme herunterzuspielen?
13. Hat er/sie Spaß daran, Menschen zurechtzustutzen oder sich über sie lustig zu machen?
14. Pflegt er/sie ständig mit seinem Besitz und seinen Leistungen zu prahlen?
15. Schwindelt er/sie häufig?
16. Erfindet er/sie häufig Lügengeschichten?
17. Hat er/sie Schwierigkeiten, ein Geheimnis zu bewahren?
18. Gibt er/sie zu viel preis?
19. Hat er/sie Schwierigkeiten, auf den Punkt zu kommen?
20. Will er/sie immer im Zentrum der Aufmerksamkeit stehen?
21. Fragt er/sie andere ständig aus, ohne etwas von sich selbst preiszugeben?
22. Versucht er/sie ständig, das Gespräch zu beherrschen?
23. Wechselt er/sie ständig das Thema?
24. Ignoriert er/sie häufig eine Frage, um weiter über sein eigenes Anliegen reden zu könnnen?
25. Unterbricht er/sie den Gesprächspartner häufig?
26. Beantwortet er/sie häufig Fragen, die nicht an ihn/sie gerichtet sind?
27. Hält er/sie das, was er/sie selbst sagt, gewöhnlich für wichtiger als das, was irgendjemand anders sagt?
28. Fällt es ihm/ihr schwer, sich in Ruhe eine andere Meinung anzuhören?
29. Pflegt er/sie, wenn es um ernste und traurige Dinge geht, häufig zu lachen?
30. Scheint er/sie, wenn er/sie mit anderen Menschen zusammenkommt, ständig angespannt und nervös zu sein?
31. Wirkt er/sie uninformiert und desinteressiert?

32. Erwähnt er/sie ständig Namen von wichtigen Persönlichkeiten, mit denen er/sie angeblich gut befreundet ist?
33. Redet er/sie ständig über Negatives?
34. Jammert er/sie häufig?
35. Flucht er/sie häufig?
36. Benutzt sie eine Art Babysprache, um »niedlich« zu wirken?
37. Macht er/sie ständig große Worte?
38. Hat er/sie Schwierigkeiten, sich auf das zu konzentrieren, was er/sie sagen möchte?
39. Redet er/sie zu viel?
40. Stellt er/sie zu viele Fragen?
41. Wirkt er/sie allzu neugierig und stellt zudringliche Fragen?
42. Scheint er/sie sich, während der andere noch redet, ständig nur auf das zu konzentrieren, was er/sie selbst sagen will?
43. Scheint er/sie abzuschalten, während sein/ihr Gesprächspartner redet?
44. Benutzt er/sie häufig das Wort »ich« und redet zwanghaft über sich selbst?
45. Redet er/sie nur mit Leuten, die ihm/ihr nützlich sein können?
46. Gibt er/sie ständig an?
47. Weiß er/sie ständig alles besser und versucht, andere mit seinem/ihrem Wissen zu demütigen?
48. Pflegt er/sie andere zu belehren, sodass er/sie, anstatt sich mit ihnen zu unterhalten, häufig monologisiert?
49. Kritisiert er/sie sich ständig selbst?
50. Hört man von ihm/ihr ständig sarkastische Bemerkungen und toxische Kommentare?
51. Spricht er/sie gewöhnlich mit ärgerlicher Stimme?
52. Muss man ihm/ihr alles erst aus der Nase ziehen?
53. Fällt es ihm/ihr häufig schwer, jemandem etwas Nettes zu sagen?
54. Scheint es ihm/ihr unangenehm zu sein, jemandem ein Kompliment zu machen?
55. Kichert er/sie nervös?

56. Fehlen ihm/ihr häufig die Worte?
57. Liebt er/sie es, sich selbst zuzuhören?
58. Kommt es gelegentlich vor, dass das, was er/sie sagt, keinen Sinn zu ergeben scheint?
59. Kann er/sie nicht zugeben, dass er/sie Unrecht hat, auch wenn er/sie sich darüber im Klaren ist?
60. Hat er/sie Schwierigkeiten, sich zu entschuldigen, wenn er/sie etwas falsch gemacht hat?
61. Tritt er/sie häufig ins Fettnäpfchen?
62. Wird er/sie bei der geringsten Provokation laut oder beginnt zu streiten?
63. Ist er/sie ungeschickt und undiplomatisch, wenn er/sie etwas Negatives zur Sprache bringen muss?
64. Kann er/sie ein Kompliment schlecht annehmen?
65. Ist es ihm/ihr peinlich, wenn man etwas Nettes über ihn/sie sagt?
66. Sprudelt er/sie ständig mit allem heraus und sagt alles, was er/sie denkt?
67. Brüllt er/sie herum, wenn er/sie zornig ist?
68. Pflegt er/sie ständig zu flirten oder andere zu necken?
69. Hat er/sie Schwierigkeiten, um Hilfe zu bitten, wenn er/sie sie braucht?
70. Pflegt er/sie andere ständig wegen ihrer Schwachstellen zu hänseln?
71. Ist er/sie nachtragend?
72. Zwingt er/sie anderen häufig seine/ihre Meinung auf?
73. Ist er/sie eingeschnappt, wenn ihn/sie etwas stört?
74. Erwartet er/sie von engen Freunden, dass diese wissen, was er/sie denkt oder fühlt?
75. Pflegt er/sie sofort zu weinen, wenn er/sie in eine schwierige Lage gerät?
76. Gibt er/sie häufig einsilbige Antworten, etwa »Ja«, »Nein«, »Schön« oder »Okay«, anstatt sich ausführlicher zu äußern?
77. Neigt er/sie dazu, ein Gespräch zu beherrschen, und gibt er/sie anderen nur wenig Möglichkeit zu reden?

Wie man die Negativliste des toxischen Erscheinungsbildes nutzt

Wissen ist Macht. Wenn Sie sich in einigen dieser Beschreibungen erkannt und Dinge entdeckt haben, die andere möglicherweise toxisch finden, haben Sie jetzt immerhin die Möglichkeit, viele dieser Dinge zu ändern – also lassen Sie den Mut nicht sinken. Wenn Sie mehr Sorgfalt auf Ihre persönliche Hygiene und Kleidung verwenden und Ihre Kommunikations- oder stimmlichen Fähigkeiten verbessern, werden Sie bei anderen Menschen besser ankommen. Einige der genannten Punkte unterliegen nicht Ihrer Kontrolle, aber wenn Sie sich Ihrer potenziellen Probleme bewusst sind, dann wird Ihnen das helfen, anderen ein angenehmeres Bild zu vermitteln.

Wenn Sie irgendwelche dieser Fragen mit Ja beantwortet haben, dann müssen Sie versuchen, die betreffenden negativen Aspekte zu verändern.

Häufig kann das bloße Wissen, dass Sie eine unangenehme Eigenheit haben, der Anstoß sein, um eine Wende herbeizuführen. Wenn Sie Ihren toxischen Verhaltensweisen Aufmerksamkeit widmen, dann wird es Ihnen leichter fallen, sie zu verändern. Wenn Sie trotz allem noch Schwierigkeiten haben, Ihr Verhalten in den Griff zu bekommen, dann sollten Sie sich an einen guten Psychotherapeuten wenden, um sich beraten zu lassen. Um einen solchen Therapeuten zu finden, können Sie sich an den Verband der Psychologen wenden.

Wenn Sie die Image-Negativliste im Hinblick auf einen bestimmten toxischen Menschen durchgecheckt und nun herausgefunden haben, was Ihnen an ihm oder ihr nicht gefällt, dann kann bereits das bloße Problembewusstsein ausreichend sein, um Spannungen abzubauen und negative Gefühle zu zerstreuen.

Auf der anderen Seite kann es auch möglich sein, dass Sie dem toxischen Menschen jetzt, da Sie das Problem so deutlich erkannt haben, sagen möchten, was Sie stört. In Kapitel 11 werden Sie lernen, wie Sie dabei vorgehen können.

Kapitel 11

Die toxische Beziehung mit Hilfe von effektiver Kommunikation verbessern

Bevor Sie entscheiden, ob Sie eine ehemals toxische Beziehung wiederaufleben lassen möchten, müssen Sie sich eine Reihe von Fragen stellen:

1. Sind Sie wirklich bereit, es noch einmal zu versuchen?
2. Werden Sie dem Betreffenden jemals vergeben können, und – kann er Ihnen vergeben?
3. Ist ohne ihn in Ihrem Leben eine Lücke entstanden?
4. Sind Sie bereit, den ersten Schritt zu tun?
5. Sind Sie bereit, zu vergeben und zu vergessen und wirklich neu anzufangen?

Wenn Sie eine dieser Fragen mit Ja beantwortet haben, dann haben Sie eine gute Chance, die Beziehung wieder neu beleben zu können.

Dieses Kapitel wird Ihnen zeigen, auf welche Weise das gelingen kann. Mag sein, dass Sie sich zunächst ein wenig verlegen fühlen, aber wenn Sie den ersten Schritt getan haben, werden die folgenden leichter sein.

Menschen können sich verändern

Wir haben alle schon einmal den Spruch gehört: »Man soll nie ›nie‹ sagen.« Wenn Sie jemanden heute als toxisch empfinden, so bedeutet das nicht, dass das auch morgen noch der Fall sein wird. Schauen Sie sich doch einmal in der Welt um. Ehemalige Feinde sind zu Freunden geworden und bemühen sich, in Frieden miteinander zu leben. Araber und Juden haben sich an einen Tisch gesetzt und verhandeln miteinander über eine Friedenslösung. Die politischen Führer der USA und der Sowjetunion treffen sich regelmäßig, und die Mauer zwischen Ost- und Westdeutschland ist gefallen.

Wer hätte angenommen, dass diese Dinge noch zu unseren Lebzeiten passieren würden? Und – wenn politische Mauern fallen können, warum dann nicht auch die Mauern, die toxische Menschen aufbauen?

Die amerikanische Redewendung, dass Leoparden niemals ihre Flecken loswerden, trifft natürlich zu. Aber Menschen sind keine Leoparden.

Menschen *können* sich verändern und verändern sich tatsächlich, vor allem wenn sie es wollen. Und – was noch wichtiger ist – sie sind lernfähig. Gewiss – es gibt Menschen, die sich partout nicht ändern wollen, aber die meisten von uns wollen sich zum Besseren hin entwickeln. Wir wissen nur manchmal nicht, wie wir es anfangen sollen.

Es gibt noch einen weiteren Spruch: »Was ich nicht weiß, macht mich nicht heiß.« Etwas nicht zu wissen kann jedoch nur in sehr begrenztem Rahmen ein Vorteil sein. *Wissen ist segensreich.* In der Tat: Wissen ist Macht. Nur wenn Sie Ihre Schwächen kennen, haben Sie die Macht, sich zu verändern. In vielen Fällen machen sogar ganz besonders toxische Menschen wichtige Lernschritte durch und verändern ihre Lebenseinstellung, sodass sie sich selbst und anderen gegenüber ihre toxische Wirkung verlieren.

Nur wer Wissen hat, hat die Macht, etwas zu verändern. Wenn Menschen einander hassen und Vorurteile gegeneinander hegen, so geschieht dies meist aus purer Unwissenheit. Dies wird am offensichtlichsten, wenn es um Vorurteile gegen bestimmte Nationalitäten geht.

In dem Maße, wie Menschen sich bilden und bewusster werden, erkennen sie, dass es lächerlich und nutzlos ist, andere für etwas zu hassen, was ihre Vorfahren möglicherweise vor Hunderten von Jahren getan haben. Vielleicht eines der frappantesten Beispiele für ein verändertes Bewusstsein ist die Tatsache, dass die Lutheraner, obwohl sie im Großen und Ganzen den Lehren des Reformators Martin Luther anhängen, sich kürzlich von seinen Verleumdungen der Juden und des Judentums distanzierten.

Es hat vier Jahrhunderte gedauert, bis das geschah, aber diese Distanzierung gibt Anlass zu der Hoffnung, dass Abgründe zwischen verschiedenen Glaubensrichtungen überbrückt werden können.

Das Wissen darüber, dass wir Menschen uns alle sehr ähnlich sind, kann vielleicht die hässlichen Vorurteile zerstreuen helfen, die wir gegenüber denen hegen, die anders zu sein scheinen als wir.

Wissen ist Macht

Allein das Wissen darüber, wie wir mit toxischen Menschen umgehen müssen, kann uns helfen, unsere feindseligen Gefühle gegen sie abzubauen. Danach wird es uns leichter fallen, unser Verhalten ihnen gegenüber zu verändern, sodass auch ihr Verhalten uns gegenüber sich ändert. Die in Kapitel 6 beschriebenen zehn Techniken können helfen, eine zuvor toxische Beziehung wieder zu »entgiften«.

Eine meiner Klientinnen, Marissa, hatte mit ihrem Vater ständig Schwierigkeiten. Nachdem sie die zehn Techniken erlernt hatte, besuchte sie ihn am *Thanksgiving*-Tag und war zum ersten Mal in ihrem Leben fähig, ein vernünftiges Gespräch mit ihm zu führen. Sie wandte verschiedene Techniken an: Spannungen ausatmen, ruhiges Nachfragen usw. und erfuhr dabei Dinge über ihren Vater, die sie zuvor nicht gewusst hatte. Sie entdeckte, dass er ein »ganz schön cooler Typ« sei, wie sie es formulierte. In ihrer Erinnerung war er ein schrecklicher Macho und eine sehr autoritäre Persönlichkeit gewesen. Inzwischen war er zu einem verständnisvollen, liberalen und aufgeschlossenen Mann herangereift. Marissa lernte, dass die Menschen einem in einem neuen Licht erscheinen können, wenn man lernt, effektiver mit ihnen zu kommunizieren.

Wissen ist in jedem Fall Macht, weil es Ihnen Alternativen und Mittel an die Hand gibt, mit deren Hilfe Sie eine Situation verändern können. Wenn wir die Gründe für die Handlungen unserer Mitmenschen verstehen, dann können wir Mitgefühl mit ihnen entwickeln und ihnen schließlich vergeben.

Kelly, eine andere Klientin, hatte ebenfalls eine sehr schwierige Beziehung zu ihrem Vater. Sie hatte das Gefühl, dass sein unberechenbares Verhalten ihr erheblich geschadet hatte. Kurz vor ihrer Hochzeit konfrontierte sie ihn mit ihren Vorbehalten, da sie vor Beginn des neuen Lebensabschnittes den Groll abbauen wollte, den sie gegen ihn hegte.

In mehreren Gesprächen mit ihrem Vater kam heraus, dass er im Vietnamkrieg als Kriegsgefangener grausam gequält worden war und dadurch ein Trauma davongetragen hatte. Er war unfähig, irgendjemandem zu vertrauen, und litt unter paranoiden Angstvorstellungen. Unglücklicherweise hatte sich das früher in gewalttätigen Ausbrüchen gegen seine Tochter manifestiert. Nachdem sie erfahren hatte, wie viel er gelitten hatte, konnte sie sein Verhalten besser verstehen und ihrer Beziehung eine neue Chance geben. Heute sind Vater und Tochter einander sehr nahe, und vor kurzem führte er sie in einer sehr rührenden Hochzeitszeremonie zum Traualtar.

Warum ein Mensch für Sie toxisch ist, werden Sie erst dann ganz genau wissen, wenn Sie ihm Fragen stellen und mit ihm kommunizieren. Möglicherweise werden Sie über das, was Sie entdecken, überrascht sein. Möglicherweise werden Sie dann eine Seite an ihm entdecken, die Sie nie zuvor wahrgenommen haben. Wenn Sie feststellen, dass Menschen sich verändern können – und es tatsächlich auch tun –, dann kann Ihnen das helfen, sich von jahrelangem Kummer zu befreien.

Ich habe immer wieder beobachtet, dass Menschen, die sich zeitweilig voneinander entfremdet hatten, sich wieder näher kamen, weil sie bereit waren, zu kommunizieren und füreinander

Verständnis aufzubringen. Der Entschluss, einmal einen anderen Standpunkt einzunehmen, machte sie einfühlsamer und toleranter.

Wenn wir bereit sind, einem Menschen, der uns toxisch erschien, mehr Verständnis entgegenzubringen, dann werden auch unsere Herzen am Ende offener und wärmer werden.

Während sie heranwuchsen, standen Charles und Brad sich sehr nahe. Charles war immer der »große Bruder«, der Macho-Sportler, während Brad schmal und anfällig blieb. Als sie älter wurden, gewann Charles den Eindruck, dass Brad homosexuell sei, aber er ließ nie ein Wort darüber verlauten. Obwohl Brad es seinem älteren Bruder gleichzutun versuchte, indem er in die Armee eintrat, heiratete und Kinder bekam, konnte er die Tatsache, dass er von seiner Anlage her homosexuell war, nicht verdrängen. Als er sich seine wahren Bedürfnisse endlich bewusst gemacht hatte, erzählte er als Erstes Charles davon. Dieser versetzte ihm einen Fausthieb ins Gesicht und schlug dabei zwei seiner Vorderzähne heraus.

Die Brüder entfremdeten sich immer mehr voneinander; Charles entwickelte einen leidenschaftlichen Hass gegen Brad und wollte nie wieder mit ihm sprechen. Eines Tages sah er im Fernsehen einen Dokumentarfilm über ein homosexuelles Paar; beide Partner waren an Aids erkrankt und sorgten sehr liebevoll füreinander. Charles brach in Tränen aus, denn ihm wurde bewusst, wie sehr er seinen Bruder liebte. Wenn das Leben eines Menschen in Gefahr ist, so erkannte er, dann spielen alte Vorurteile absolut keine Rolle mehr. Sofort griff er zum Telefon und rief Brad an; sie trafen sich, und die alten herzlichen Gefühle lebten wieder auf. Trotz ihrer Meinungsverschiedenheiten nahmen sie ihre frühere, enge Beziehung wieder auf. Obwohl Charles mit Brads Lebensstil nicht einverstanden war, liebte und akzeptierte er seinen Bruder.

Einen Kontakt herstellen

Wenn Sie eine ehemals toxische Beziehung neu beleben möchten, dann können Sie das auf verschiedenen Wegen tun. Sie können einen Kontakt herstellen, indem Sie einen Brief schreiben, anrufen oder den Betreffenden persönlich treffen. Für welchen Weg Sie sich auch entscheiden – Sie sollten Ihr Gegenüber *niemals anklagen oder angreifen*. Es darf Ihnen nicht darum gehen zu beweisen, dass der oder die Betreffende Unrecht hatte. Sie müssen vielmehr Ihre Gefühle deutlich machen, und vielleicht gelingt es Ihnen dann in einem offenen Gespräch, das Verhalten Ihres Gegenübers besser zu verstehen.

Einen Brief schreiben

Vielleicht ist ein Brief das beste Mittel, um einen abgebrochenen Kontakt wieder aufzunehmen. Noch einmal: Vergessen Sie nicht, dass es darum geht, neue Kommunikationswege zu *öffnen*, und nicht, sie zu schließen – also *greifen Sie den Betreffenden nicht an*. Der Empfänger des Briefes sollte dessen Inhalt so weit akzeptieren können, dass er den nächsten Schritt wagt und darauf antwortet. Hier ist ein Brief, den einer meiner Klienten seinem Vater schrieb, von dem er sich entfremdet hatte.

Lieber Dad,

ich schreibe diesen längst fälligen Brief, weil ich einige Probleme lösen möchte, die mir, solange ich mich zurückerinnern kann, am Herzen liegen. Ich trage eine ziemlich schwere emotionale Last mit mir herum, die mein persönliches und berufliches Leben ernsthaft beeinträchtigt.

Ich möchte mit diesem Brief keine Schuldgefühle hervorrufen oder festlegen, wer Recht und wer Unrecht hat; ich möchte mich vielmehr bemühen, die Gründe für Dein Verhalten zu verstehen, sodass ich mein Leben unbeschwerter weiterleben kann. Vielleicht fragst Du Dich, warum ich mit sechsundvierzig Jahren plötzlich über diese Dinge nachdenke. Der Grund dafür ist, dass ich zu einer Erkenntnis gekommen bin: Viele meiner Probleme, einschließlich meiner Angst davor, in der Öffentlichkeit zu sprechen, meines gelegentlichen Stotterns und meiner Unsicherheit vor allem gegenüber Autoritätspersonen, stehen in direktem Zusammenhang mit meiner Beziehung zu Dir.

Jedes Kind braucht und wünscht sich die Unterstützung und sogar die Bewunderung seines Vaters. Es schaut zu seinem Vater auf und fühlt sich durch dessen Liebe und dessen Glaube in seinem Wert bestätigt. Als ich sehr jung war, dachte ich, Du seist der Größte. Aber ich hatte auch das Gefühl, dass das, was ich tat, niemals gut genug war.

Ich hatte nicht einmal das Gefühl, dass ich es wert war, geliebt und akzeptiert zu werden. Ich habe nie empfunden, dass Du emotional für mich präsent warst. Du hast mich nie ermutigt und nie ein freundliches Wort geäußert, wenn ich im Sport oder im Unterricht etwas Besonderes leistete. Wenn in der Schule eine besondere Veranstaltung stattfand, tauchtest Du niemals auf, was ich als Gleichgültigkeit interpretierte. In Deiner Gegenwart fühlte ich mich immer nervös und angespannt, denn wenn Du mir Fragen stelltest, geschah das in einem so fordernden Ton, dass sich mir der Magen zusammenzog. Einmal schlugst Du mich mit einem Gürtel, nur weil ich eine Antwort nicht schnell genug herausbrachte. Immer wenn ich den Versuch machte, mit Dir zu reden, putztest Du mich herunter und zogst alles, was ich sagte, ins Lächerliche. Ich bin von Dir sehr häufig getadelt und beschimpft worden.

Obwohl ich versucht habe, diese Erinnerungen zu verdrängen, verfolgen sie mich noch heute, und ich kann nicht vergessen, wie viel Schmerzen und Demütigungen Du mir zugefügt hast. Inzwischen weiß ich, dass Dein damaliger Alkoholmissbrauch wesentlich zu Deinem Verhalten beitrug, aber ich möchte verstehen, was es eigentlich war, was Dich zu solchen extremen Verhaltensweisen trieb. Manchmal nehme ich auch in mir einige dieser Charakterzüge wahr – und bin entsetzt darüber!

Ich weiß, dass Du Dich häufig fragst, warum ich Dich nie besonders gern angerufen habe. Der Grund dafür ist, dass wir nie etwas geklärt haben. Wir haben nur versucht, einfach alles zu vergessen. Aber ich kann nicht länger vergessen.

Deshalb musste ich das Risiko eingehen, dass dieser Brief die Spannungen nur noch verschärft. Ich hoffe aufrichtig, dass das nicht der Fall sein wird. Ich *möchte* Dich verstehen, ebenso wie ich mich selbst besser verstehen möchte. Ich hoffe, dass wir bald einmal darüber reden und einige der alten Dämonen begraben können.

Ich liebe Dich und möchte Dir wieder näher kommen.

Dein Sohn Terrance

Wie aus dem Brief deutlich wird, vermied Terrance Angriffe und verbale Beschimpfungen. Er beschrieb seinen Kummer und seine Verletzungen und fragte nach den Gründen für das frühere Verhalten seines Vaters. Er ließ die Tür offen, damit der Kontakt wieder erneuert werden konnte.

Zunächst war sein Vater über den Brief offenbar so bestürzt, dass er nicht reagieren konnte.

Schließlich, nach mehreren Monaten, rief er Terrance an und sagte mit monotoner Stimme: »Ich habe deinen Brief erhalten.«

Terrance blieb ruhig und gefasst, und sie einigten sich, dass er seinen Vater zu Hause besuchen solle. Nach einem heftigen Streit mit gegenseitigem Anbrüllen und Tränen auf beiden Seiten begann Terrance allmählich besser zu verstehen, warum sein Vater sich so abweisend verhalten hatte. Schließlich gingen sie regelmäßig gemeinsam angeln und wurden gute Freunde.

Bevor sie miteinander ins Gespräch gekommen waren, hätte keiner von beiden eine solche Entwicklung für möglich gehalten.

Telefonieren

Wenn Sie jemanden am Telefon mit Ihren Ansichten konfrontieren, dann kann es sein, dass Ihr Gesprächspartner mit Schweigen oder Ärger darauf reagiert. Auf jeden Fall ist es entscheidend, dass Sie nicht *reagieren*, sondern *agieren* und die Ruhe bewahren. Bemühen Sie sich, Ihre Spannungen auszuatmen; das wird Ihnen helfen, Ihre Stimme zu kontrollieren. Wenn Sie selbst ruhig bleiben, dann wird auch der andere sich wahrscheinlich beruhigen und dem, was Sie zu sagen haben, ruhig zuhören.

Oft ist es sinnvoll, eine Liste der Punkte aufzustellen, die Sie besprechen möchten. Legen Sie einen Zettel vor sich hin; das wird Ihnen helfen, Ihre Gedanken zu ordnen.

Noch einmal: *Greifen Sie den anderen nicht an, und beschuldigen Sie ihn nicht.* Stattdessen geben Sie ihm die Möglichkeit, seinerseits seine Meinung zu äußern. Machen Sie deutlich, dass Sie das frühere Missverständnis klären möchten und dazu den ersten Schritt getan haben.

Den Betreffenden persönlich sehen

Manchmal leben Ihre toxischen Gefühle allein dadurch wieder auf, dass Sie den Betreffenden sehen und hören. Vielleicht fühlen Sie sich durch seinen Gesichtsausdruck oder seine Körpersprache abgestoßen oder zurückgewiesen.

Versuchen Sie, dies zu ignorieren, da Ihr Gegenüber sich möglicherweise nur zu schützen versucht. Wenn Sie die Entwicklung zum Positiven beeinflussen möchten, dann können Sie das Eis mit einem Lächeln, einem Händeschütteln und einer herzlichen Umarmung – in dieser Reihenfolge – brechen.

Berührungen haben, wie Anthropologen herausfanden, eine sehr starke Wirkung. Eine sanfte Berührung signalisiert Ihrem Gegenüber, dass Sie einen Kontakt herstellen und Frieden schließen möchten.

Auf jede Reaktion gefasst sein

Welchen Weg Sie auch beschreiten, um einen Kontakt herzustellen – Sie müssen auf jede Reaktion gefasst sein. Der Betreffende kann defensiv, anklagend, feindselig oder unkommunikativ reagieren, aber auch offen, reumütig, einfühlsam und gleichermaßen bereit sein, die Beziehung zu erneuern.

Wie auch immer das Ergebnis aussehen mag – die Tatsache, dass Sie den ersten Schritt getan und versucht haben, die Kommunikation wiederherzustellen, hat eine große Bedeutung.

Sie haben keine Kontrolle darüber, wie andere reagieren, aber Sie können Ihre eigene innere Einstellung kontrollieren. Wenn Sie dem anderen mit Offenheit, Ehrlichkeit und gutem Willen gegenübertreten, dann geben Sie in jedem Fall Ihr Bestes. Ob Ihr Versuch, die Beziehung zu erneuern, auf fruchtbaren Boden fällt oder nicht – Sie können stolz auf sich sein, denn es zeugt von Persönlichkeit, Intelligenz und einem offenen Herzen, den ersten Schritt zur Versöhnung zu tun.

Liebe heißt, sich dafür zu entschuldigen, dass man sich toxisch verhalten hat

Ebenso wie es einer starken Persönlichkeit bedarf, den ersten Schritt zu tun, so bedarf es einer großen inneren Stärke, einen Fehler zuzugeben und etwas zu bereuen.

Der populäre Spruch der 70er Jahre, der aus dem Film *Love Story* stammt, »Liebe heißt, niemals sagen zu müssen, dass es einem leidtut«, ist unzeitgemäß. Heute bedeutet Liebe, *ganz gewiss* zu sagen, dass es einem leidtut.

Unzählige Male habe ich einen Klienten oder eine Klientin sagen hören: »Wenn er/sie sich nur dafür entschuldigen würde, dann könnte ich darüber hinwegkommen.«

Wenn Sie einen Fehler gemacht haben, dann sind Sie es nicht nur der betroffenen Person, sondern auch sich selbst schuldig,

Ihre Seele zu entlasten, zu sagen, dass es Ihnen leidtut, und zu versuchen, die Sache wiedergutzumachen.

Dies ist der einzige Weg, wie Sie sich wirklich verändern und sich selbst die toxischen Handlungen Ihrer Vergangenheit verzeihen können. In den 12-Schritte-Programmen der Selbsthilfegruppen geht es auch darum, etwas wiedergutzumachen, sodass die Menschen endlich gesunden können.

Einer meiner Klienten, der eine sehr gestörte Beziehung zu seiner alkoholkranken Mutter hatte, kam weinend zu mir und erzählte mir, dass er den glücklichsten Tag seines Lebens erlebt habe. Er hatte seine Mutter mit der Tatsache konfrontiert, wie schrecklich sie sich ihm gegenüber verhalten hatte. Er hatte ihr gesagt, dass er ständig in Unsicherheit gelebt habe, niemals wusste, welchen Mann sie als Nächstes nach Haus bringen würde, und ob er nach der Heimkehr von der Schule etwas zu essen – oder überhaupt noch einen Platz zum Wohnen – vorfinden würde.

Mit Tränen in den Augen sah seine Mutter ihn an und sagte: »Ja, John, ich war total chaotisch. Ich hatte nicht das Recht, dich jenen schrecklichen Erfahrungen auszusetzen. Ich habe Schuld auf mich geladen, und ich habe mich an jedem Tag meines Lebens dafür bestraft, dass ich dich so sehr vernachlässigt habe. Ich hoffe, du kannst es übers Herz bringen, mir zu verzeihen.« Er verzieh ihr tatsächlich, denn genau dies waren die Worte, die er in den letzten dreißig Jahren von seiner Mutter hatte hören wollen. John schaffte es, eine engere Beziehung zu seiner Mutter aufzubauen und inneren Frieden zu finden.

Den Schaden wiedergutmachen

Wenn Sie den ersten Schritt getan und Ihren Fehler eingestanden haben, dann müssen Sie in Ruhe die Reaktion des anderen abwarten. Mag sein, dass er Ihnen vergibt, Ihre Entschuldigung zurückweist, wütend wird oder Sie ignoriert. Was genau er tut, ist nicht wichtig. Wichtig ist vielmehr, dass Sie den ersten Schritt taten – dass Sie die Größe besaßen, Gefühle und Energie zu investieren, um die Beziehung wieder in Ordnung zu bringen und Ihre Fehler wiedergutzumachen.

Eine meiner Klientinnen, Connie, erkannte, dass sie ihrer Tochter mit den hohen Erwartungen, die sie in sie gesetzt hatte, wahrscheinlich eine Menge Schaden zugefügt hatte. Als sie sich aufrichtig entschuldigte, war ihre Tochter so glücklich, dass sie Connie in die Arme nahm und ihr verzieh. Sie hatte ihr ganzes Leben lang dasselbe von ihrer Mutter hören wollen, was auch John hatte hören wollen: dass es ihr leidtat. Als ihre Mutter sagte: »Ich habe mich geirrt, und ich bin stolz darauf, wie du dich entwickelt hast«, machte sie sie unendlich glücklich. Heute sind sie die besten Freundinnen, haben eine wunderbare Arbeitsbeziehung und können miteinander kommunizieren. Von Zeit zu Zeit brechen bei Connie einige alte, negative Verhaltensweisen wieder durch, aber heute ist sie fähig, sich zurückzunehmen und ihre alten Muster zu ändern.

Auf der anderen Seite hatte ich eine Klientin, Gail, die sich ihrem früheren Freund gegenüber äußerst toxisch verhalten hatte. Sie war eifersüchtig und rachsüchtig gewesen und hatte in der ganzen Stadt böse Gerüchte über ihn verbreitet. Als sie älter wurde, erkannte sie, dass sie sich gänzlich falsch verhalten hatte, deshalb suchte sie seine Adresse heraus und versuchte, ihre Fehler wiedergutmachen. Aber es klappte nicht: Er beschimpfte sie und warf ihr vor, sein Leben ruiniert zu haben. Dann knallte er den Hörer auf.

Dies war zwar schmerzlich für sie, aber sie hatte das Gefühl, diese Reaktion verdient zu haben. Zumindest war dies ein Abschluss, und sie war endlich fähig, sich von dem, was sie jahrelang belastet hatte, zu befreien.

Wenn Sie sich Zeit nehmen, um Ihre Fehler wiedergutzumachen, so sagt das sehr viel über Ihre Persönlichkeit aus – dass Sie bereit sind, sich selbst objektiv zu betrachten und, während Sie an sich selbst arbeiten, aus dieser Erfahrung zu lernen.

Eine toxische Beziehung erneut aufbauen

Was werden Sie jetzt, da Sie wieder Kontakt haben, tun? Was werden Sie sagen?

Sie müssen sich bewusst sein, dass eine Freundschaft nicht über Nacht erneuert werden kann. Wahrscheinlich hat sich auch die Verschlechterung der Beziehung über einen langen Zeitraum hingezogen.

Es wird großer Geduld bedürfen, um sie wieder aufzubauen. Die Techniken »Spannungen ausatmen« und »Gedankenstopp« können hier lebensrettend sein. Sie werden Sie daran hindern, sich selbst ständig Asche aufs Haupt zu streuen, und Ihnen helfen, mit einer negativen Reaktion Ihres Gegenübers fertig zu werden.

Gehen Sie die Sache langsam an. Zunächst sollten Sie vielleicht nur ein paar Minuten mit dem Betreffenden telefonieren, um den Kontakt wiederherzustellen. Regelmäßige kurze Anrufe werden Ihnen helfen, sich aufs Neue im Leben dieses Menschen einen Platz zu erobern. Die Telefongespräche können sich dann nach und nach ein wenig ausdehnen. Als Nächstes könnten Sie mit der Person zusammen zu Mittag essen, oder Sie laden sie zum Tee ein oder gehen mit ihr zusammen eine Tasse Kaffee trinken. Meist ist es sinnvoll, wenn so ein anfängliches Treffen nicht länger als eine Stunde dauert.

Mag sein, dass Sie und ihr Gegenüber danach Lust haben, noch mehr Zeit miteinander zu verbringen, gemeinsam zu Mittag zu essen, dann gemeinsam zu Abend zu essen und schließlich einen ganzen Abend miteinander zu verbringen.

Wenn Sie eine alte Beziehung erneuern wollen, dann ist es wichtig, sich Zeit zu nehmen. Je mehr Zeit Sie in den Wiederaufbau investieren, desto größer ist die Chance, dass es gelingt, die zerstörte Beziehung wiederherzustellen und ihr dauerhaft Bestand zu verleihen.

Einen Neuanfang machen

Sie sollten nicht einfach dort wieder anknüpfen, wo der Kontakt abriss, und mit Ihren alten Verhaltensmustern fortfahren, denn dann wird sich genau dieselbe Situation einstellen wie zuvor: Der Betreffende beginnt, sich wieder über Sie zu ärgern und sich von Ihnen abzuwenden. Stattdessen müssen Sie Regeln für eine neue Form der Kommunikation entwickeln. Offensichtlich hat es früher etwas gegeben, was nicht klappte, also müssen Sie aktiv werden, um Ihre toxischen Kommunikationsmuster zu verändern.

Als Erstes geht es darum, Schuldgefühle oder andere negative Gefühle loszulassen. Sie haben bereits gesagt – und es auch so gemeint –, dass es Ihnen leidtut – mehr können Sie nicht tun. Hören Sie auf, sich selbst Vorwürfe zu machen. Machen Sie reinen Tisch – intellektuell und emotional –, und bauen Sie dann die Beziehung ohne die alten Lasten wieder auf.

Wenn Sie sich doch dabei ertappen, dass Sie auf selbstzerstörerische Weise darüber nachgrübeln, welche Fehler Sie gemacht haben, dann wenden Sie die Gedankenstopp-Technik an. Das wird Sie daran hindern, das Vergangene immer wieder aufzurühren. Als Nächstes ist es wichtig, sich um eine freundlichere Haltung zu bemühen und – mehr zu lächeln.

Wenn Sie den anderen kritisieren wollen, dann atmen Sie tief ein, halten den Atem an und ermahnen sich (lautlos): »Gedankenstopp!« Beißen Sie sich dabei sanft auf die Zunge, um sich selbst daran zu hindern, etwas zu sagen, was Sie später bereuen könnten. Natürlich sollten Sie nicht so fest zubeißen, dass es Ihnen weh tut, aber Sie müssen Ihre Zunge fest genug herunterdrücken, dass Sie nichts sagen können, was ihrer jetzt noch sehr zarten und zerbrechlichen Beziehung den Todesstoß versetzen könnte.

Den Menschen, den Sie enttäuscht oder gekränkt haben, um Hilfe bitten

Manchmal haben Sie jemanden schlecht behandelt und wissen nicht genau, wie Sie die Person behandeln sollen.

Nehmen wir einmal an, Sie haben sich einer Selbsthilfegruppe angeschlossen, haben Ihr Verhalten geändert und erkennen jetzt, wie sehr die fragliche Person Ihnen fehlt. Dann ist es oft eine gute Idee, sie um Hilfe zu bitten.

Um einen Kommunikationskanal zu öffnen, können Sie beispielsweise sagen: »Wenn ich irgendetwas getan oder gesagt habe, was dich geärgert hat, dann lass es mich wissen. Hilf mir bitte, mir meiner Handlungen bewusst zu werden, sodass ich mich dir gegenüber nicht weiter so verhalte wie in der Vergangenheit, und äußere deine Vorbehalte bitte *sofort*, sodass wir feindselige Gefühle rasch abbauen können.«

Wenn der Betreffende Ihren Wünschen tatsächlich entspricht und seine Kritik offen zum Ausdruck bringt, dann *verteidigen Sie sich nicht*. Lassen Sie ihn reden und sich Luft machen. *Setzen Sie sich ruhig hin, und hören Sie zu!*

Als Nächstes können Sie sich um die Hilfe eines Therapeuten bemühen. Wenn Sie durch irgendeine Verhaltensweise auf andere Menschen unangenehm wirken, dann kann Ihnen ein qualifizierter Therapeut verschiedene Techniken zeigen, mit deren Hilfe Sie Ihr toxisches Muster ändern können.

Achten Sie auf Ihre Worte

Achten Sie darauf, die in Kapitel 2 erörterten »toxischen Auslöser« zu vermeiden. Bevormundende Formulierungen wie »Du solltest …« oder »Am besten wäre es, wenn du …« oder »Du musst jetzt …« sollten durch taktvolle Vorschläge ersetzt werden, etwa: »Warum versuchst du nicht …« oder »Vielleicht wäre es sinnvoll, wenn …« oder »Überleg doch mal, ob …«.

Für einen Elternteil, der eine Beziehung zu einem erwachsenen Kind neu zu beleben versucht, kann es sehr schwierig sein, diese toxischen Auslöser zu vermeiden. Wenn Ihnen bevormundende Formulierungen auf der Zunge liegen, dann ist es am besten, die Gedankenstopp-Technik anzuwenden und sich auf die Zunge zu beißen.

Wenn Sie merken, dass Sie auf die Person, auf die Sie eine toxische Wirkung hatten, wütend sind, dann kann Ihnen die Technik »Spannungen ausatmen« helfen, eine unangemessene Reaktion zu kontrollieren. Sie wird es Ihnen auch erleichtern, das, was der andere sagt, nicht zu persönlich zu nehmen. Lassen Sie negative Gedanken einfach vorüberziehen, indem Sie ausatmen.

Bei dem Versuch, eine alte Beziehung zu reparieren, werden Sie bisweilen sehr deutlich erkennen, warum Sie für die fragliche Person toxisch waren, und Sie werden manchmal einsehen müssen, dass die Beziehung nicht mehr zu reparieren ist. Dann ist es in Ihrem eigenen Interesse, endgültig loszulassen.

Ehrlichkeit sich selbst gegenüber und die Bereitschaft, die Tatsache zu akzeptieren, dass Sie und der andere nicht zusammenpassen, werden Sie befähigen, den »Stecker herauszuziehen« und ihn mit Liebe – nicht mit Hass – aus Ihrem Leben zu entlassen.

Ein Schulterklopfen ist nur ein paar Wirbel von einem Tritt in den Hintern entfernt

Wenn Sie sich über toxische Menschen ärgern, dann kann es sein, dass dies nicht nur *deren* Problem ist, sondern auch das *Ihre*. Vielleicht haben Sie eine niedrige Toleranzschwelle, sodass Sie unfähig sind, mit bestimmten Verhaltensweisen umzugehen.

Vielleicht gefällt Ihnen nicht, was der andere sagt, aber anstatt ihn anzuschreien und Forderungen zu stellen, könnten Sie erst einmal in Ruhe nachfragen.

Vielleicht gelingt es Ihnen, sich auf das zu konzentrieren, was er in seinem Leben an Positivem erreicht hat, und wofür Sie ihn respektieren. Üben Sie es, anderen Menschen wohlwollend zu begegnen und ihnen freundliche Dinge zu sagen.

Wenn Sie etwas wiedergutmachen oder sich entschuldigen wollen, dann ist es – wie immer – der Ton, der die Musik macht. Eine jammernde, abgehackte, nörgelnde Stimme wird Ihnen bestimmt nicht das gewünschte Ergebnis bringen. Stattdessen sollte Ihre Stimme weich, optimistisch und gut moduliert sein. Wenn Sie stimmliche Probleme haben, kann ein Sprechtherapeut/eine Sprechtherapeutin Ihnen helfen.

Neue Verhaltensregeln für eine ehemals toxische Beziehung aufstellen

Wenn Sie eine ehemals toxische Beziehung wiederaufleben lassen möchten, dann müssen Sie neue Regeln dafür aufstellen. Sie dürfen die alten Fehler nicht wiederholen. Sie müssen nach einer Kommunikationsmöglichkeit suchen, die es Ihnen beiden erlaubt, Ihr Gesicht und Ihre Würde zu wahren und sich gegenseitig zu respektieren. Die folgenden zehn Regeln müssen beachtet werden, wenn Sie in einer ehemals toxischen Beziehung neue Kommunikationswege beschreiten möchten.

Beschuldigen Sie den anderen nicht
Vergessen Sie die Frage, wer an allem schuld sein könnte. Schließlich versuchen Sie beide, Ihr Bestes zu geben, um eine ehemals toxische Beziehung wieder aufleben zu lassen. Sie sollten sich selbst für das, was geschehen ist, nicht anklagen – ebenso wenig wie den anderen.

Wenn Sie einen Fehler gemacht haben,
dann entschuldigen Sie sich
Wenn es eine Kommunikationsstörung oder ein Missverständnis gegeben hat, dann ist es sehr wichtig, es sofort anzusprechen und offen darüber zu diskutieren. Auf dieser Basis wird es möglich,

sich aufrichtig zu entschuldigen – und diese Entschuldigung auch anzunehmen.

Halten Sie nichts zurück – sprechen Sie alles aus
Einer der Gründe, warum toxische Beziehungen toxisch wurden, liegt darin, dass die betroffenen Parteien das, was sie dachten und fühlten, nicht offen aussprachen. Sie hielten sich mit ihrer Meinung zurück – entweder weil sie den anderen nicht verletzen oder weil sie keine Unruhe stiften wollten. Wenn Sie eine ehemals toxische Beziehung neu beleben möchten, dann müssen Sie das, was Ihnen auf der Seele liegt, offen ansprechen. Legen Sie alles auf den Tisch. Sagen Sie, was Sie stört. Zwar sollten Sie niemanden beschuldigen oder anklagen, aber Sie können klären, wie die Handlungen des anderen auf Sie wirken oder gewirkt haben. »Wenn du so mit mir redest«, könnten Sie beispielsweise sagen, »dann fühle ich mich verletzt«. Auf diese Weise werden Sie Ihrem Gegenüber nicht nur helfen, das Gesicht zu wahren, sondern Sie können auch Ihre eigenen Gefühle zum Ausdruck bringen. Erst wenn Sie alle Karten auf den Tisch legen, wird eine ehrliche Kommunikation möglich.

Greifen Sie nicht an
Vermeiden Sie es, den anderen verbal anzugreifen.

Drohen Sie nicht
Sie dürfen niemals sagen: »Wenn du das nicht tust, dann werde ich dich verlassen« oder »Wenn du das noch einmal sagst, dann gehe ich endgültig.« Wenn Sie jemandem die Pistole auf die Brust setzen, dann werden Sie niemals eine offene Kommunikation erreichen.

Vermeiden Sie Schläge unter die Gürtellinie
Wenn Sie jemanden attackieren, um seinen wunden Punkt zu treffen, so kann das zutiefst zerstörerisch wirken. Wenn Sie eine Beziehung neu beleben möchten, dann geht es darum, sie wieder

zu reparieren und aufzubauen, nicht darum, den anderen zu bestrafen. Häufig machen Menschen den Fehler, einen wunden Punkt zur Sprache zu bringen, obwohl sie wissen, dass der andere sich dadurch verletzt fühlen wird. Das ist dem Verständnisprozess gewiss nicht förderlich. Wer sich in die Defensive gedrängt sieht, wird wahrscheinlich nicht bereit sein, sich wieder zu versöhnen.

Vermeiden Sie es, den anderen zurechtzustutzen
oder mit Sarkasmus zu behandeln
Wenn Sie Ihre Botschaft an den Mann bringen wollen, dürfen Sie den anderen nicht klein machen, zurechtstutzen oder mit Sarkasmus behandeln. Wenn Sie eine negative Einstellung haben, wird sich das in Ihrer Stimme wiederspiegeln. Wenn es etwas gibt, was Sie stört, dann bringen Sie es offen, aber ohne Sarkasmus zur Sprache. Halten Sie mit Ihren Gefühlen und Ansichten nicht hinter dem Berg. Vermeiden Sie Sticheleien und Gemeinheiten, die Sie dann vielleicht noch mit einem «Ich hab doch nur Spaß gemacht» vom Tisch zu wischen versuchen. Seien Sie stattdessen offen und direkt.

Bleiben Sie beim Thema
Wenn Menschen versuchen, eine Beziehung neu zu beleben, dann stochern sie oft in alten Wunden herum. Aber das löst keine Probleme, sondern weckt nur die alten, feindseligen Gefühle. Sagen Sie nicht: »Genauso hast du es vor vier Jahren auch gemacht. Deshalb konnte ich es so viele Jahre lang nicht ertragen, mit dir zusammen zu sein.« Sagen Sie stattdessen: »Weißt du, diese Sache macht mir wirklich Kummer. Ich würde es vorziehen, wenn du das in Zukunft nicht wieder tun würdest.« Vermeiden Sie es, längst vergangene Geschichten immer wieder aufzuwärmen.

Achten Sie auf Ihre Stimme
Vermeiden Sie es, zu brüllen oder zu schreien. Sprechen Sie vielmehr mit ruhiger, sachlicher Stimme. Wenn Sie sich aufregen,

dann wird der andere ebenfalls nervös, und Ihr klärendes Gespräch kann leicht in einen erhitzten Streit ausarten.

Zeigen Sie Mitgefühl
Versuchen Sie, die Dinge vom Standpunkt des anderen aus zu betrachten. Zwar mag es Ihnen schwer fallen, seine Sichtweise nachzuvollziehen, aber wenn es Ihnen gelingt, dann werden Sie dadurch zugleich einen besseren Überblick gewinnen. In Amerika sagt man: »Man sollte über niemanden urteilen, bevor man nicht eine Meile in seinen Schuhen gelaufen ist.« Vermeiden Sie es also, ein vorschnelles Urteil zu fällen.

Kapitel 12

Das Leben meistern

Gut für sich selbst sorgen

Wenn alle Versuche, eine Versöhnung zu erreichen, gescheitert sind und Sie entschieden haben, dass es selbstzerstörerisch wäre, die toxische Beziehung zu erneuern, dann müssen Sie sich vor allem darum bemühen, seelisch wieder ins Lot zu kommen. Sie sind ein warmherziger, verletzlicher Mensch und müssen sich, so wie Sie es verdienen, mit Liebe und Respekt behandeln.

Die bloße Tatsache, dass Sie in der Vergangenheit häufig schlecht behandelt wurden, bedeutet nicht, dass dies heute auch noch der Fall sein muss. Tun Sie den ersten Schritt, indem Sie gut zu sich selbst sind und freundliche Dinge zu sich selbst sagen.

Wenn Sie sich nicht respektvoll behandeln, dann wird es auch niemand anderes tun.

Wenn ich Sie in Ihrer Wohnung besuche und sehe, dass Sie in einem Schweinestall leben, und dass auf Ihrem Teppich ein Haufen Müll liegt – was sollte mich daran hindern, ein Stück Papier zusammenzuknüllen, es ebenfalls auf den Boden zu werfen und so den Schmutz und die Unordnung noch zu vergrößern? Wenn Sie selbst Ihre Wohnung nicht genügend respektieren und sauber halten, warum sollte es dann jemand anders tun?

Aber wenn Ihre Wohnung sauber und aufgeräumt ist, dann würde niemand auf die Idee kommen, seinen Abfall auf Ihren Teppich zu werfen. Dasselbe gilt für Ihre Persönlichkeit und Ihre Seele. Wenn Sie sich selbst lieblos behandeln, was sollte andere daran hindern, genauso mit Ihnen umzugehen?

Hören Sie auf, sich selbst zu misshandeln! Viele Menschen essen, wenn sie über sich selbst wütend sind, massenhaft Schoko-

297

lade oder greifen zur Flasche oder versinken in Selbstmitleid oder gehen nicht mehr zum Fitnesstraining. Sie laufen ständig mit einem tieftraurigen Gesicht herum. Selbstmitleid führt nicht weiter, es dient nur dazu, Ihre Selbstachtung noch weiter zu schwächen.

Immer wenn Sie drauf und dran sind, sich selbst zu bestrafen, sollten Sie die Gedankenstopp-Technik anwenden und negative Gedanken ausatmen. Wenn Sie Lust haben, drei Stück Sahnetorte zu verdrücken, dann halten Sie einen Augenblick inne und fragen sich, was Sie damit bezwecken wollen. Sind Sie ärgerlich, einsam, frustriert oder deprimiert? Dann sollten Sie versuchen, sich selbst ein guter Freund zu sein. Versuchen Sie, Ihre wahren Motive zu ergründen, etwa indem Sie sich fragen: »Warum möchte ich jetzt diese drei Stück Kuchen essen? Ist es, um meinen Ärger zu verdrängen? Aber werde ich mich dann eine Stunde später nicht noch schlechter fühlen? Auf welche Weise könnte ich sonst meinen Zorn zum Ausdruck bringen?« Die meisten von uns lesen viele Bücher darüber, wie wir es lernen können, uns selbst zu lieben, weil wir wissen: Wenn wir uns selbst nicht annehmen, dann werden auch andere es nicht tun.

Zeiten des Rückzugs

Hin und wieder möchten wir allein sein. Dieses Bedürfnis ist völlig in Ordnung. Wenn wir uns gelegentlich von der Außenwelt und von anderen Menschen zurückziehen, dann können wir uns regenerieren.

Nachdem der Mann einer meiner Klientinnen gestorben war, zog sie sich eine Weile lang von allen Menschen zurück. Viele ihrer Freunde und Bekannten fühlten sich dadurch vor den Kopf gestoßen. Aber sie brauchte das Alleinsein, um über ihre Trauer hinwegzukommen. Mehrere Monate lang sah sie kaum einen Menschen und weinte viel. Als sie schließlich ihre schützende Hülle wieder verließ, war sie stärker geworden und hatte wieder eine sehr viel vitalere Ausstrahlung. Sie schrieb all denen, die sie hatten trösten wollen, freundliche Briefe und erklärte, dass ihr Rückzug ihr geholfen habe, mit der Trauer über den Tod ihres Mannes fertig zu werden.

Wenn Sie sich von der Aggressivität eines toxischen Menschen oder dem Schmerz einer traumatischen Situation erholen wollen, dann ist es am hilfreichsten, sich für eine Weile zurückzuziehen, um neue Kraft zu schöpfen.

Manchmal gelingt das schon, wenn Sie sich nur ein paar Stunden lang in Ihr Bett verkriechen. Manchmal ist es hilfreich, sich im Badezimmer ein paar Kerzen anzuzünden und ein Schaumbad zu nehmen.

Manchmal brauchen Sie ein paar Monate, um sich zu regenerieren, und manchmal sogar einige Jahre. Oder Sie verlassen für ein paar Tage die Stadt. Was Sie tun, braucht nicht teuer zu sein. Auch ein Spaziergang zum Park oder in die Leihbücherei könnte Ihnen guttun. Was auch immer nötig ist, um einmal allein zu sein, in Ruhe seinen eigenen Gedanken nachhängen zu können und seine Gefühle zu ergründen – tun Sie es; Sie werden als stärkerer und zufriedenerer Mensch daraus hervorgehen.

Ihren Körper verwöhnen

In vielen Büchern können Sie lesen, wie Sie Ihren Körper verwöhnen, aber im Grunde geht es darum, gut für sich selbst zu sorgen. Sie müssen unbedingt Gymnastik machen oder Sport treiben. Ich kann das nicht genug betonen. Untersuchungen haben gezeigt, dass bei sportlichen Aktivitäten der Endorphinlevel steigt, und dadurch hebt sich auch Ihre Stimmung. Treiben Sie Sport – und sei es auch nur für zehn oder zwanzig Minuten pro Tag. Es wird Ihre Stimmung und Ihre Ausstrahlung verbessern. Tun Sie etwas, was Sie noch nie zuvor getan haben. Lassen Sie sich eine Maniküre oder Pediküre machen. Haben Sie den Mut, sich selbst zu verwöhnen!

Ihren Geist verwöhnen

Stimulieren Sie Ihren Geist mit neuen Eindrücken. Lesen Sie neue Bücher oder Zeitschriften. Bemühen Sie sich, neue Interessen zu entwickeln. Auch wenn Sie sich bisher nie für Sport interessiert haben – schauen Sie sich einmal ein Tennis- oder Fußballspiel an. Vielleicht stellen Sie fest, dass Sie es äußerst spannend finden. Besuchen Sie Kurse, um etwas Neues zu lernen. Versuchen Sie einmal, die Dinge von einem anderen Standpunkt aus zu betrachten.

Ihre Seele verwöhnen

Ich werde Ihnen gewiss nicht sagen, welcher Religionsgemeinschaft Sie sich anschließen sollten. Aber eines kann ich Ihnen versichern: Die Gewissheit, einen festen Platz im Universum und eine feste spirituelle Verankerung zu haben, wird Ihnen Geborgenheit vermitteln.

Bemühen Sie sich um Trost im Glauben oder in einem philosophischen System – das wird Ihnen helfen, seelisch zu gesunden. Wenn Sie nicht wissen, wie Sie vorgehen sollen, oder nach neuen Anregungen suchen, dann informieren Sie sich in einer religiösen oder esoterischen Buchhandlung.

Eine Bestandsaufnahme machen

Jetzt, da Sie sich ein wenig Zeit für sich selbst reserviert haben, machen Sie einmal eine Bestandsaufnahme Ihrer Situation – mental, emotional, physisch und spirituell.

Diese Selbstinventur ist vielleicht die beste Voraussetzung, um zu verstehen, wo Sie augenblicklich in Ihrem Leben stehen. Listen Sie in der Säule auf der linken Seite jeweils fünf Aspekte Ihres Lebens auf: soziales Leben, Arbeitsplatz, berufliche Perspektiven, Familienleben, äußere Erscheinung. Oben auf die Seite schreiben

Sie: gegenwärtige Situation, ideale Situation, Schritte, um die ideale Situation zu erreichen.

Zu der ersten Rubrik, soziales Leben, könnten Sie überlegen, ob Sie genug Freunde haben, wie häufig Sie mit ihnen zusammen sind und wie häufig Sie neue Menschen kennen lernen. Seien Sie ehrlich zu sich selbst.

In der Rubrik Arbeitsplatz sollten Sie aufschreiben, was augenblicklich an Ihrem Arbeitsplatz passiert und ob Sie dort sind, wo Sie eigentlich sein möchten. Reicht Ihr Gehalt aus, um über die Runden zu kommen? In der dritten Rubrik müssen Sie Ihre beruflichen Perspektiven einschätzen. Sind Sie auf dem Weg, Ihre Karriereziele zu erreichen? In der vierten Rubrik, Familienleben, sollten Sie den augenblicklichen Stand Ihrer Beziehungen zu den Menschen einschätzen, die Ihnen nahestehen: Ihre Kinder, Eltern, Verwandten, Ihr Freund oder Ihre Freundin, Ihr Mann oder Ihre Frau.

In der letzten Kategorie, äußere Erscheinung, prüfen Sie Ihr äußeres Erscheinungsbild von Kopf bis Fuß, von Haar und Gesicht über Kleidung und Körper bis zu Ihrer Stimme und Sprechweise. Um sich selbst objektiv einschätzen zu können, müssen Sie alle Punkte ehrlich überprüfen.

In der zweiten Säule beschreiben Sie, wie Sie sich die ideale Situation vorstellen: im sozialen Bereich, an Ihrem Arbeitsplatz, im Hinblick auf Ihre Karriere, Ihr Familienleben und Ihre äußere Erscheinung. Stellen Sie sich vor, es gäbe eine gute Fee, die Ihnen alles, was Sie sich wünschen, schenken würde.

In der dritten Säule beschreiben Sie alle Schritte, die Sie unternehmen müssen, um Ihre Träume wahr werden zu lassen.

Beispielsweise mag es sein, dass Sie augenblicklich sehr wenige Freunde haben. Sie fühlen sich einsam, niedergeschlagen und seelisch ausgebrannt. Idealerweise wünschen Sie sich, den Mann Ihrer Träume zu treffen, jemanden, der liebevoll mit Ihnen redet, Sie mit Respekt behandelt, manchmal Geld für Sie ausgibt und Sie mit liebevollem Blick betrachtet.

Die Schritte, die Sie tun müssen, um Ihren Traum wahr werden zu lassen, sind: Sagen Sie allen Ihren Freunden, dass Sie frei sind; schließen Sie sich einem Singleklub an; laden Sie zu einem Essen ein, zu dem Ihre Freundinnen Männer mitbringen, mit denen sie (platonisch) befreundet sind; gehen Sie häufiger aus; besuchen Sie Kurse, oder gehen Sie in ein Fitnessstudio. Seien Sie zu Menschen, die Sie kennen lernen, grundsätzlich freundlich; treten Sie für sich selbst ein, und lächeln Sie andere Menschen an.

Eine solche Bestandsaufnahme hat sich als eine äußerst effektive Technik erwiesen, die ich meinen Lesern bereits in meinem Buch *Sag doch einfach, was du denkst* beschrieben habe. Einigen meiner Klienten ist es mit Hilfe dieser Liste gelungen, ihrem Leben eine neue Wendung zu geben.

Sich wieder hinauswagen

Nachdem Sie die Zeit des Rückzugs ausreichend genossen haben, sollten Sie sich wieder aus Ihrem Schneckenhaus hinauswagen. Aber das braucht nicht plötzlich zu geschehen. Vielmehr ist es am einfachsten, wenn Sie es schrittweise tun.

Die Tatsache, dass Sie sich überhaupt wieder vor die Tür wagen, sagt viel über Ihren Gesundungsprozess aus. Der erste Schritt ist manchmal der allerschwierigste. Immer wenn Sie sich wie gelähmt fühlen, denken Sie an den alten Nike-Werbeslogan: *Just do it.*

Dasselbe sage ich auch zu Ihnen: *Tun Sie's einfach!* Auch wenn es Ihnen ein wenig Angst macht: Tun Sie Dinge, die Sie nie zuvor getan haben. Allein einen Ausflug zu machen, allein ins Kino zu gehen oder allein in einem Café eine Tasse Kaffee zu trinken kann Ihr Selbstwertgefühl enorm stärken. Dinge zu unternehmen, die abenteuerlich und für Sie ungewöhnlich sind, wird nicht nur Ihr Leben sehr viel aufregender machen, sondern Sie auch daran hindern, in Selbstmitleid zu versinken.

Machen Sie sich keine Sorgen, zurückgewiesen zu werden. Haben Sie keine Angst, sich dumm oder ungeschickt zu fühlen. Gehen Sie ein Risiko ein – und denken Sie an das Sprichwort: »Wer nicht wagt, der nicht gewinnt«.

Ich kenne eine Frau, die einen guten Job hatte, aber nach einigen Jahren kündigte, da sie mit einem zähnefletschenden Tyrannen zusammenarbeiten musste. Er erklärte ihr, die Firma würde sie niemals weiterempfehlen, und er würde dafür sorgen, dass sie in ihrer Branche niemals wieder einen Job bekomme. Er behauptete auch, dass sie in ihrem Leben niemals Erfolg haben und eines Tages zu ihm zurückgekrochen kommen und um ihren alten Job betteln würde. Leider hatte er teilweise Recht, denn es war ihr tatsächlich nicht möglich, einen anderen Job zu bekommen. Sie weigerte sich, das Handtuch zu werfen, und entwickelte völlig neue Interessen: Sie vertiefte sich in Handschriftenanalyse. Sie lernte immer mehr dazu und begann, die Handschriften ihrer Freunde zu analysieren und ihnen etwas über ihren Charakter zu erzählen. Dann wurde sie als Unterhalterin für Partys engagiert. Am Ende entwickelte sich aus dem Hobby ein richtiges Unternehmen, und heute verdient sie pro Jahr eine sechsstellige Summe. Sogar die Polizei zählt zu ihren Kunden; meine Bekannte erstellt Handschriftenanalysen für die kriminologische Abteilung mehrerer Polizeidienststellen. Sie hat auch für private Detekteien gearbeitet und das Thema Handschriftenanalyse sogar im Fernsehen dargestellt.

Das war der schlagende Beweis, dass die toxische Prognose ihres Chefs falsch gewesen war. Indem meine Klientin sich weigerte, sich mit dem toxischen Verhalten ihres Chefs abzufinden, und indem sie sich neue, ganz andere Ziele setzte, gelang es ihr, ihrem Leben eine neue Wendung zu geben. Am Ende verdiente sie mehr Geld, als ihr Chef selbst es sich jemals hätte träumen lassen. Sie ließ es nicht zu, dass irgendjemand ihr Leben zerstörte, und hatte den Mut, ein Risiko einzugehen.

Die äußere Erscheinung pflegen

Genau jetzt mag der richtige Zeitpunkt sein, das zu tun, was Sie schon immer tun wollten, um Ihr Image zu verändern. Vielleicht möchten Sie sich einen flotten, kurzen Haarschnitt schneiden oder sich einen Schnauzbart oder Bart wachsen lassen. Vielleicht möchten Sie einmal etwas ganz Neues ausprobieren. Das kann ein Anzeichen dafür sein, dass Sie die Phase der inneren Ablösung überwunden haben. Eine äußere Veränderung kann sich auch sehr wohltuend auf Ihre Stimmung auswirken.

Bonnie, eine meiner Klientinnen, hatte lange Zeit mit Mark zusammengelebt, der eine extrem toxische Wirkung auf sie hatte. Er fand ständig etwas an ihr auszusetzen. In seiner Gegenwart hatte sie permanent das Gefühl, unzulänglich zu sein. Schließlich war sie vernünftig genug, sich endgültig von ihm zu trennen. Und das war auch das Ende der Phase, in der sie äußerlich wenig auf sich geachtet hatte. Sie verwandte ihren letzten Cent darauf, sich das Gesicht liften und sich auch die Nase, die Brüste, den Po und den Bauch chirurgisch verschönern zu lassen. Sie ließ sich das Haar blondieren, kaufte sich blaue Kontaktlinsen, schrieb sich in einem Fitnessstudio ein und verlor neun Kilo. Sie ließ sich die Zähne richten und Acrylnägel auf die Fingerspitzen kleben. Schließlich kaufte sie sich noch ein teures Designerkostüm. Sie hat sich in ihrem ganzen Leben noch nie so wohl gefühlt.

Sich eine sinnvolle Aufgabe suchen

Der erste Schritt zum größeren Wohlbefinden besteht darin, sich eine sinnvolle Aufgabe zu suchen. Es gibt vieles, was Sie tun können. Sie können damit beginnen, Trost und Lebensweisheit in Ihrer Religion zu suchen. Oder endlich die Dinge tun, die Ihnen Spaß machen. Mag sein, dass Sie auf dieser Erde sind, um seelisch zu wachsen und liebevoller zu werden, um die Welt zu verbessern und einen einzigartigen Beitrag zu leisten. Finden Sie heraus, was

Ihre Aufgabe ist, und widmen Sie sich dieser Aufgabe. Sie sind ein Geschöpf, das keinem anderen Wesen gleicht.

Vielleicht erkennen Sie, dass Sie bisher bestimmte, wesentliche Bedürfnisse vernachlässigt haben. Eine meiner Klientinnen, Matilda, kam zu dieser Einsicht; ihr wurde bewusst, dass sie Kinder mehr als alles andere im Leben liebte. Sie schrieb sich in einer pädagogischen Hochschule ein, machte ihr Lehrerinnenexamen und wurde Sonderschulpädagogin. Sie liebt ihren Beruf trotz der hohen Anforderungen, die damit verbunden sind, und ist sicher, dass sie ihre wahre Lebensaufgabe gefunden hat.

Wenn Sie unglücklich sind und in Selbstmitleid zu versinken drohen, wenn Sie ständig darüber nachdenken, was alles in Ihrem Leben schiefgelaufen ist, dann heben Sie einmal den Kopf und schauen sich um. Vielleicht gibt es jemanden, der es sehr viel schwerer hat als Sie selbst und dem Sie helfen könnten.

Sie kennen vielleicht die Geschichte von dem Mann, der den Kopf hängen ließ und weinte, weil er keine Schuhe hatte, und dann, als er aufsah, einen Mann erblickte, der keine Füße hatte. Manchmal müssen wir uns bewusst machen, wie gut wir es haben. Ich habe zahlreiche Klienten und Klientinnen gehabt, die sich ständig als Opfer fühlten. Sie waren deprimiert und zornig – wegen ihrer toxischen Jobs oder der toxischen Menschen in ihrem Leben. Sie hassten ihre toxischen Familien, ihre Eltern, ihren Ehemann oder ihre Ehefrau; sie hatten ständig das Gefühl, dass ihr Leben wertlos sei, dass niemand ihnen helfen könne und sie keine Chance hätten. Dies sind die »Ja, aber …«-Menschen. Sie sind zutiefst resigniert. Aber wenn man sie dazu bringen kann, einmal den Kopf zu heben und sich umzuschauen, dann kann das ihrem Leben eine ganz neue Wendung geben.

Tun Sie etwas! Machen Sie jeden Tag zu einem Weihnachtsfest, anstatt nur *einmal* im Jahr freundlich und großzügig zu sein.

Gehen Sie in ein Krankenhaus, und nehmen Sie ein Baby in den Arm, das heroinabhängig ist. Besuchen Sie einen sterbenden Aidspatienten, oder melden Sie sich als freiwilliger Helfer in einem Blindenheim, um einem Blinden vorzulesen. Holen Sie sich

einen Hund oder eine Katze aus dem Tierheim. All das ist Geben
– und geht weit über die übliche Geldspende hinaus, die man am
Ende des Jahres von der Steuer abziehen kann. Wenn Sie anderen
etwas geben können, dann wird Ihr Selbstwertgefühl dadurch
enormen Auftrieb bekommen. Und: Alles Gute, das Sie tun, wird
zehnfach zu Ihnen zurückkommen.

Eine meiner Klientinnen, eine Schauspielerin, war lange ar-
beitslos. Ständig hörte man sie jammern, dass sie diesen oder
jenen Job nicht bekommen habe. Sie war so sehr mit ihren Problemen beschäftigt, dass sie nicht sah, dass andere Menschen auch
Probleme haben. Ich ermutigte sie, sich als freiwillige Helferin im
Braille-Institut zu melden. Sie nahm meinen Ratschlag an und las
regelmäßig den Blinden vor. Sie betreute auch blinde Kinder und
erlebte dies als eine große Bereicherung. Dadurch, dass sie sich auf
andere Menschen konzentrierte und ihnen half, veränderte sich
ihre Persönlichkeit. Sie war nicht länger nur mit sich selbst beschäftigt. Wenn sie jetzt zu Probeaufnahmen ging, dann gab es
etwas Interessantes, über das sie erzählen konnte – ihre Arbeit mit
den Blinden. Das machte auf eine Menge Leute, auch einige Besetzungsagenten, einen starken Eindruck. Am Ende bekam auch
ihre Karriere neuen Auftrieb.

Neue Menschen kennen lernen

Nehmen Sie sich Zeit, um neue Menschen kennen zu lernen. Bar-
bra Streisand sang: »People, who need people, are the luckiest
people in the world.«

Aber wo kommt man mit neuen Menschen in Kontakt? Überall – im Supermarkt, beim Bummel durch die Einkaufsstraße, an
der Tankstelle. *Lächeln Sie!* Verlassen Sie Ihr Schneckenhaus, zeigen Sie Selbstbewusstsein, und *lächeln Sie!* Manchmal wird Ihr
Lächeln nicht erwidert werden. Manchmal haben die Menschen
keine Zeit oder möchten keine neuen Bekanntschaften schließen.
Vielleicht sind sie schüchtern. Lassen Sie sich dadurch nicht be-

irren. Lächeln Sie trotzdem. Sie werden bald merken, dass es sich lohnt.

Bemühen Sie sich, optimistisch zu sein, gehen Sie auf andere zu, und stehen Sie für sich selbst ein. Verlassen Sie die alten, ausgetretenen Pfade. Warten Sie nicht darauf, dass jemand Ihnen einen Rosenstrauß schenkt. Viele Menschen machen den Fehler zu erwarten, dass andere auf sie zukommen, und wenn ihre Erwartung sich nicht erfüllt, dann fühlen sie sich noch schlechter als zuvor.

Sich selbst etwas Nettes sagen

Um den Schmerz einer toxischen Beziehung oder Begegnung zu überwinden, müssen Sie vor allem lernen, sich selbst freundlich zu behandeln. Zu sagen »Ich bin blöd« wird das schlechte Selbstbild, das jener toxische Mensch Ihnen möglicherweise aufgezwungen hat, noch weiter verfestigen; dadurch wird eine sich selbst erfüllende Prophezeiung geschaffen. Wenn Sie solche toxische Selbstkritik ständig wiederholen, dann werden Sie sie am Ende als Tatsache ansehen. Wenn Sie sich dabei ertappen, wie Sie sich selbst angreifen und heruntermachen, dann sollten Sie die Gedankenstopp-Technik anwenden und sich stattdessen loben. Andere werden Sie genau so einschätzen, wie Sie selbst es ihnen nahelegen. Nehmen Sie Ihr Leben in die Hand, und unterwerfen Sie negative Gedanken über sich selbst einer strengen Zensur!

So wie Sie, wenn Sie sich selbst ständig kritisieren, entsprechend toxische Reaktionen provozieren, werden andere eine positive Einstellung zu Ihnen entwickeln, wenn Sie über sich selbst etwas Positives sagen. Positive, ermutigende innere Dialoge sind die schönsten Geschenke, die Sie sich machen können.

Ich hatte einmal einen erstaunlichen Klienten, einen sehr reichen Geschäftsmann aus Texas, der mich aufsuchte, um zu lernen, in der Öffentlichkeit wirkungsvoller zu reden. Er erzählte mir, dass er jeden Morgen als Erstes in den Spiegel schaut und mit begeisterter Stimme zu sich selbst sagt: »Guten Morgen, Wayne. Schön, dich zu sehen. Wir beide werden heute einen wunderbaren Tag verbringen, und fantastische Dinge werden geschehen. Wir werden eine Menge Spaß haben, eine Menge Geld verdienen und eine Menge netter Leute treffen.«

Sein dreißig Sekunden währendes Aufmunterungsgespräch half ihm, viele Millionen Dollar zu verdienen; er lässt es einfach nicht zu, dass toxische Wörter und toxische Gedanken, geschweige denn toxische Menschen in sein Leben eindringen. So wie er selbst nichts Negatives über andere sagt, lässt er es nicht zu, dass andere ihn herabwürdigen.

Wayne ist ein großartiges Beispiel dafür, wie stark die Macht der Worte und der Erwartungen ist. Wenn Sie sich selbst gut behandeln und sich freundliche Dinge sagen, dann werden andere Ihrem Beispiel folgen und Sie mit demselben Respekt behandeln.

Sich selbst treu sein

Manchmal hassen wir uns selbst, weil wir uns selbst nicht treu gewesen sind.

Denken Sie an die Weihnachtszeit – wie oft haben Sie sich schon verpflichtet gefühlt, Ihre Zeit mit einer Menge toxischer Menschen zu verbringen, die Sie nicht ausstehen können.

Aber glauben Sie mir – Sie haben durchaus das Recht, nicht mit ihnen zusammen zu sein. Warum sollten Sie sich einen ganzen Abend lang einer unangenehmen Erfahrung aussetzen? »Aber dies ist eine familiäre Verpflichtung«, sagen Sie. »Ich bin doch bisher immer dabei gewesen.« Darauf entgegne ich Ihnen: »Das ist Ihnen aber bisher immer schlecht bekommen. Sie haben vor Ärger und innerer Anspannung jedes Mal Kopfschmerzen bekommen. Am Ende haben Sie vor lauter Unzufriedenheit regelmäßig zu viel gegessen und getrunken. Wenn Sie mit den betreffenden toxischen Menschen zusammen waren, hat das Ihrer Selbstachtung regelmäßig geschadet.«

Wenn Sie die Techniken zum Umgang mit toxischen Menschen, die ich in diesem Buch beschrieben habe, nicht anwenden wollen oder wenn sie nichts nützen, dann sollten Sie solchen unerfreulichen Ereignissen besser fern bleiben. Seien Sie kein Heuchler. Lassen Sie sich nicht manipulieren, weil Sie Schuldgefühle haben oder sich verpflichtet fühlen. *Sie brauchen sich nicht länger zum Opfer machen zu lassen!* Sie haben die Freiheit, sich selbst treu zu sein.

Dies trifft nicht nur auf familiäre Verpflichtungen zu. Wenn Sie sich selbst treu sind, dann werden Sie niemals nur deshalb mit jemandem Kontakt pflegen, *weil er etwas für Sie tun kann.*

Manche Menschen haben eine extrem toxische Wirkung auf Sie; bei näherem Nachdenken werden Sie oft feststellen, dass Sie nur deshalb mit ihnen zusammen sind, weil Sie meinen, sie würden Ihnen in Ihrer Karriere oder Ihrem persönlichen oder sozialen Leben nützen. Vielleicht bleiben Sie nur deshalb bei Ihrem Freund, weil Sie denken: »Ich kann niemand anders finden« oder »Besser ihn als überhaupt keinen«. Vielleicht heucheln Sie Freundlichkeit gegenüber einem toxischen Chef, weil Sie denken: »Wenn ich mich nicht verstelle, dann wird er mich entlassen« oder »Ich werde ihm Honig um den Bart schmieren, damit er mich mag und ich befördert werde«.

Seinen eigenen Gefühlen nicht treu sein wird sich am Ende niemals auszahlen. Ihr Chef wird Sie möglicherweise ohnehin feuern. Ihr Freund könnte Ihnen so viel Kummer bereiten, dass es schließlich besser ist, allein zu leben als mit jemandem, den Sie nicht respektieren. Menschen sind sehr sensible Wesen. Sie nehmen subtile Signale wahr, die Sie ihnen durch Ihre Körpersprache und Ihre Stimme senden. Sie *wissen*, ob Sie sie mögen oder nicht. Deshalb ist Heuchelei Zeit- und Energieverschwendung.

Einer meiner Klienten konnte eine Kollegin aus seiner Branche nicht ausstehen, aber er verführte sie, weil er dachte, wenn er mit ihr schliefe, würde sie ihm einen großen Auftrag zukommen lassen. Natürlich gab sie den Auftrag schließlich jemand anders. Die besten Geschäftsbeziehungen kommen zwischen Menschen zustande, die einander aufrichtig mögen und respektieren. Wenn Sie mit jemandem nur deshalb Kontakt pflegen, weil er etwas für Sie tun kann, dann mögen Sie damit zwar zunächst Erfolg haben, aber wenn er Ihre wahren Motive erkennt, dann wird die Tür bald wieder zuschlagen.

Menschen sollten für Sie niemals ein Mittel zum Zweck sein.

Stattdessen sollten Sie sie in ihrer Individualität wertschätzen und sie mit Respekt behandeln. Wenn Sie jemandem Honig um den Bart schmieren und hinter seinem Rücken schlecht über ihn reden, dann werden Sie am Ende selbst Schaden nehmen.

Lassen Sie es mich noch einmal wiederholen: Wenn Sie ein möglichst unbeschwertes, giftfreies Leben führen möchten, dann müssen Sie sich selbst treu sein.

Es ist nicht schwer,
ein Gewinner zu sein

Wir leben in einer Zeit, in der die Menschen schreckliche Angst voreinander haben – und das zu Recht.

Die Welt hat sich verändert – und *nicht* zum Besseren. Noch vor ein paar Jahrzehnten brauchte man die Haustüren nicht zu verschließen, da die Menschen vertrauenswürdig waren. Damals mussten sie nicht mit Schwierigkeiten rechnen, wenn sie einander halfen. Sie brauchten sich nicht ständig Sorgen zu machen, verklagt und in einen Prozess verwickelt zu werden. Wenn jemand hinfiel, dann halfen andere ihm auf.

Heute haben wir Angst, etwas zu sagen, wodurch sich jemand auch nur im Geringsten gekränkt fühlen könnte, und wir haben Angst, jemandem zu helfen, weil das rechtliche Probleme nach sich ziehen könnte.

Heute sind wir ständig angespannt und wütend. Nichts ist heilig; es gibt keine Tabus mehr. Wir können alles sehen und hören; in unseren Talkshows werden Vergewaltiger, Transvestiten, Mütter, die ihre Kinder ermordeten, und Männer, die zwanghaft masturbieren, interviewt. Ständig mit dieser Parade von Opfern auf den Fernsehschirmen konfrontiert, kann uns nichts mehr schockieren. Man erzählt uns eine grauenvolle Geschichte nach der anderen, und jeder versucht, noch lauter als sein Nachbar zu jammern. Viele von uns haben resigniert und sind voller Hass und Zorn. Jeder redet, aber niemand hört zu.

Hören wir auf, uns zum Opfer machen zu lassen.
Hören wir auf, einander zu hassen.
Hören wir auf, uns selbst zu hassen.
Hören wir auf, einander zu töten.

Hören wir auf, Dinge zueinander zu sagen,
die nichts anderes sind als Provokationen und
sinnlose Beleidigungen.

In diesem Buch habe ich immer wieder betont, dass *Wissen Macht ist!* Wenn wir unsere Wahrnehmungsfähigkeit entwickeln und erkennen, was wir tun sollen und was die Ergebnisse sein werden – dann, und nur dann, können wir unser Leben zum Besseren verändern.

Irgendetwas *muss* sich verändern – und zwar sofort. Wir müssen unseren Mitmenschen mit mehr Liebe begegnen und zugleich lernen, die toxischen Kräfte abzuwehren, die unser Leben vergiften.

Es gibt niemanden, der toxischen Menschen gegenüber völlig immun ist. Tatsächlich mussten auch die reichsten, berühmtesten, erfolgreichsten Menschen auf der Welt mit ihnen fertig werden.

Der Popsängerin Madonna wurde erklärt, sie sei untalentiert und würde es niemals schaffen. Überflüssig zu sagen, dass die Unkenrufer Unrecht behielten; sie wurde einer der reichsten Gesangsstars der Welt.

Lauren Hutton wurde gesagt, sie könne niemals Model werden, da sie eine schiefe Nase und unvollkommene Zähne habe. Sie ignorierte die toxischen Kommentare und wurde eines der berühmtesten Models der Welt.

Ein Talentmanager war der Meinung, dass Oprah Winfrey untalentiert sei und nicht das richtige Aussehen habe. Und – hat sie es nicht trotzdem geschafft?!

Sylvester Stallone konnte lange Zeit in Hollywood keinen Job bekommen. Heute scheint er einer der wenigen Schauspieler zu sein, die einen Film nach dem anderen machen.

Melanie Griffith suchte mich auf, nachdem man sie wegen ihrer zu hohen Stimme entlassen hatte. Man sagte ihr, sie würde in Hollywood niemals Arbeit finden, da sie wie ein kleines Mädchen klinge. Später wurde sie – *mit* ihrer Kleinmädchenstimme – für den Oscar nominiert.

Der Oscar-Gewinner Dustin Hoffman erzählt, wie toxisch

seine Familie reagierte, als er ankündigte, Schauspieler werden zu wollen. Einer seiner Verwandten sagte ihm, er sähe nicht gut genug aus. Dies war auch die Meinung verschiedener Besetzungsagenten. Aber Dustin Hoffman ist trotzdem – *mit* seinem Aussehen – einer der größten Schauspieler aller Zeiten.

Diese erfolgreichen Stars und zahlreiche andere Menschen haben sich von toxischen Persönlichkeiten beleidigen lassen müssen, aber sie haben ihren Weg gemacht und sind berühmt geworden.

Sie weigerten sich, *sich zum Opfer machen zu lassen!* Sie weigerten sich, sich durch toxische Kommentare lähmen zu lassen. Sie weigerten sich, sich selbst zu zerstören. Sie wehrten sich entschieden gegen die Menschen, die ihnen das Leben schwer zu machen versuchten.

Wir sollten uns nicht von jener Parade hoffnungsloser Opfer beeindrucken lassen, die wir täglich im Fernsehen sehen, sondern von den Menschen, die uns *positiv* inspirieren können. Wir müssen für uns selbst eintreten und sagen: »Ich *weigere mich*, mich in Zukunft weiterhin zum Opfer machen zu lassen.«

Dieses Buch gibt Ihnen die Mittel an die Hand, die Ihnen helfen werden, zu den Gewinnern zu gehören – umgeben von anderen Gewinnern.

Hören wir auf, unseren Blick auf die Opfer zu richten, und beginnen wir, auf die *Gewinner* zu schauen – auf die Menschen, die uns positiv inspirieren können. Statt uns auf Schmerzen und Leiden zu konzentrieren, lassen Sie uns nach Möglichkeiten zur *Heilung* suchen. Denken Sie daran, was in Kalifornien während der Brände in Malibu und während des Erdbebens geschah. Viele Menschen bemühten sich, anderen, die ihnen völlig fremd waren, zu helfen. Halten Sie sich vor Augen, wie viele Fremde einander nach dem schrecklichen Hurrikan in Miami halfen. Denken Sie daran, wie hilfsbereit und großzügig die Menschen während der schrecklichen Überschwemmungen im mittleren Westen waren. Menschen gewährten Fremden Mahlzeiten und Unterkunft und halfen ihnen, vor ihren Häusern Sandsäcke zu stapeln.

Gemeinden haben gemeinsame Anstrengungen unternommen, wenn ein Kind entführt wurde oder aus anderen Gründen verschwand. Menschen stellen sich freiwillig als Knochenmarkspender zur Verfügung, weil sie dadurch das Leben eines Menschen retten können, den sie nicht einmal kennen. Es gibt in den Medien auch Nachrichten über tüchtige, hilfsbereite Menschen, aber leider konzentrieren wir uns nur allzu häufig auf Negatives. Bösartige und toxische Menschen beherrschen die Schlagzeilen der Boulevardpresse.

Menschen sind auch freundlich und hilfsbereit – wie der Tierarzt, der kostenlos die Hunde von Obdachlosen betreut. Und wie der Mann, der jeden Tag in ein Kinderkrankenhaus ging und den jüngsten Krebspatienten Geschenke brachte. An jedem Geschenk hing eine Karte, die besagte, dass das Geschenk von dem »ganz besonderen Engel« des Kindes komme. Der Spender ließ die Kinder niemals wissen, wer er war. Er machte ihnen Geschenke, damit sie jeden Tag ein wenig lächeln konnten.

Überall, in jeder Nachbarschaft, gibt es wohlwollende und freundliche Menschen, und ihre guten Taten bleiben nicht unbemerkt.

Als ich eines Morgens ein paar Muffins im *Muffin Oven* in Beverly Hills kaufte, kam ein Obdachloser herein. Meine erste, spontane Reaktion war, ihm ein wenig Gebäck zu kaufen, aber das liebenswerte europäische Ehepaar, dem der Laden gehört, sagte: »Oh, das brauchen Sie nicht – er bekommt bei uns jeden Morgen kostenlos Kaffee und Muffins.« Ich war sehr gerührt über diese Geste der Freundlichkeit gegenüber einem bedürftigen Mitmenschen.

Es gibt sehr liebevolle Menschen – wie den Mann, der den Bewohnern eines Pflegeheims seine Zauberkunststücke vorführte, sie einzeln besuchte und ihnen zum Geburtstag Blumen schickte.

Dies sind unsere Helden und unsere Vorbilder – nicht irgendein vulgärer, drogenabhängiger Sänger, ein promiskuitiver Sportler oder der Mann, der seine Frau schlägt.

Wir alle müssen einander Vorbilder sein – einander großzügig und liebevoll behandeln und jedem Menschen mit dem Respekt begegnen, den er, einfach weil er ein Mensch ist, von vorneherein verdient.

Sie brauchen sich nicht zum Opfer machen zu lassen

Jetzt, da sich Ihnen Wege und Wahlmöglichkeiten eröffnet haben, brauchen Sie nie wieder den Mut und die Hoffnung sinken zu lassen. Sie können toxische Menschen abwehren und es verhindern, dass sie Ihnen schaden.

Nietzsche sagte einmal: »Was mich nicht umbringt, macht mich stark.«

Wie Recht er hatte! Wenn Sie lernen, mit den toxischen Menschen in Ihrem Leben fertig zu werden, werden Sie sich zu einer sehr viel vitaleren und selbstbewussteren Persönlichkeit entwickeln. Ihre neu gewonnene Stärke wird Sie inspirieren, in Ihrer Karriere und in Ihrem sozialen Leben Risiken einzugehen. Ihr Leben wird reicher, erfüllter und abenteuerlicher werden.

Die folgende, sehr alte Geschichte mag diesen Punkt verdeutlichen: Eines Tages fragte ein Lehrer seine Schüler, wann die Nacht zu Ende sei und der Tag beginne. Einer der Schüler sagte: »Dann, wenn man in der Entfernung ein Tier sieht und sagen kann, ob es ein Hund oder eine Katze ist.« – »Nein«, antwortete der Lehrer. Ein anderes Kind sagte: »Dann, wenn man in der Entfernung einen Baum sieht und sagen kann, ob es ein Apfel- oder ein Feigenbaum ist.« – »Nein«, antwortete der Lehrer.

»Ja – und wann *ist* nun der Augenblick, wenn die Nacht zu Ende geht und der Tag beginnt?«, wollten die Schüler wissen.

Der weise, alte Lehrer antwortete: »Dann, wenn ihr in das Gesicht irgendeines Mannes oder einer Frau oder eines Kindes seht und erkennt, dass sie euer Bruder oder eure Schwester sind. Denn solange ihr das nicht erkennen könnt, ist es immer noch Nacht!«

Wie auch immer die Farbe unserer Haut sein mag, wie wir aussehen oder welche Kleidung wir tragen mögen – jeder Mensch ist uns in vieler Hinsicht ähnlich. Wir alle haben dieselben Wünsche und Bedürfnisse. Wir alle wünschen uns, genügend zu essen zu haben und einen Job, sodass wir ausreichend Geld verdienen und unsere Familien ernähren können. Wir brauchen einen sicheren Ort, an dem wir leben können, und wir brauchen Selbstrespekt und den Respekt unserer Mitmenschen.

Ein Beispiel dafür, wie sehr wir einander ähneln, geben uns die südafrikanischen Führer Nelson Mandela und F. W. de Klerk. Zwar unterscheiden sie sich äußerlich – vor allem was ihre Hautfarbe angeht –, aber sie ähneln sich doch in vielerlei Hinsicht. Beide werden von vielen Menschen verehrt. Beide haben eine Familie und Kinder, die sie lieben. Beide sind hochintelligente, integre Männer und großartige politische Führer. Beide arbeiten für den Frieden, sodass man ihnen vor kurzem den Friedensnobelpreis zuerkannte.

Diese beiden Männer symbolisieren, dass kein Mensch auf Grund seiner Hautfarbe oder Herkunft besser oder schlechter ist als ein anderer.

Es wird auf dieser Welt immer Menschen geben, die wir als toxisch empfinden, aber wir haben die Mittel, uns gegen ihren toxischen Einfluss zu schützen. Wir müssen unseren Hass, unsere Vorurteile, unseren Neid und unsere Heuchelei überwinden und einander näher kommen – als Menschen und als Bürger der Welt!

Danksagung

Ich möchte den folgenden Personen danken:
Meiner temperamentvollen, schönen und lebenssprühenden Agentin, Jan Miller, die all dies ermöglichte.

Dean Williamson, Jans Mitarbeiter, für seine Ermutigung.

Bob Asahina, dem großartigen Lektor, für seine Weisheit, Intelligenz und Begeisterungsfähigkeit.

Sarah Pinckney für ihre fantastischen Fähigkeiten als Lektorin, ihre wunderbare Gedankenklarheit und ihre freundlichen Worte.

Rosalie Glass, meiner Mutter und besten Freundin, die es so gut versteht, mich zum Lächeln zu bringen, und die mich vieles von dem gelehrt hat, was in diesem Buch zur Sprache kommt.

Allen meinen wunderbaren Freunden überall auf der Welt für ihre Liebe, Freundlichkeit, ihre positiven Gedanken und guten Wünsche.

Register

Lillian Glass

Ich weiß,
was Sie denken!

Vier glasklare Methoden,
Menschen zu durchschauen

Aus dem Amerikanischen
von Ingrid Kernleitner und Erna Tom

Ich widme dieses Buch meinem Vater Abraham Glass
und meinem Bruder Manny M. Glass.
Diese beiden wunderbaren, leider viel zu früh
verstorbenen Männer waren wahre Meister
in der Kunst, Menschen einzuschätzen.
Möge ihre Weisheit Ihr Leben ebenso bereichern,
wie es meines bereichert hat.

Inhalt

Teil 2
Die Beherrschung der vier Kommunikationswege

Teil 3
Die Ermittlung des Persönlichkeitstyps mit Hilfe der vier Kommunikationswege

Teil 1

Die Kunst der Menschenkenntnis

Einleitung

Als Kind spielte ich mit meinem Vater immer ein bestimmtes Spiel. Damals wusste ich noch nicht, dass dieses Spiel der Schlüssel zu meinem beruflichen Erfolg werden sollte ... Wir sind oft miteinander ins Kino gegangen, und vor Beginn des Films liefen meistens die Nachrichten und ein Zeichentrickfilm. Nach der Vorstellung, wenn wir auf einen Hamburger und ein eisgekühltes Bier in ein Lokal gingen, stellte mir mein Vater gerne Fragen, zum Beispiel: »Wie hieß der Hund in dem Zeichentrickfilm?«, oder: »Was hatte der Politiker in der Hand?« Wenn ich es ihm sagen konnte, bekam ich ein kleines Geschenk.

Wenn ich mit ihm zusammen war, lernte ich, meine Umgebung ganz besonders aufmerksam zu beobachten. Ich merkte mir jeden Menschen, den wir trafen, und jeden Ort, an dem wir waren. Kein Ort und kein Raum blieben davon verschont, denn als Belohnung winkte ein Geschenk.

Mein Vater forderte mich immer und immer wieder dazu auf, mir Details ins Gedächtnis zu rufen. Er fragte mich deshalb regelmäßig: »Welche Farbe hatte das Kleid der Dame?«, »Warum war dieser Mensch traurig?«, »An wen erinnert dich dieser junge Mann?« Er spornte mich dazu an, meine Umgebung genau zu beobachten. Wohin wir auch gingen, immer machte er mich auf Dinge aufmerksam: auf die Farben des Schnabels eines Vogels, das Drehen des Windes vor einem Sturm, den Geruch von frisch gemähtem Gras, den Geschmack einer reifen, saftigen Mango. Das Schärfen all meiner Sinne und das bewusste Wahrnehmen allen Lebens um mich herum war sein Geschenk an mich.

Von klein auf wurde ich auf das vorbereitet, was später einmal mein Lebenswerk werden sollte. Ich war so fasziniert von dieser »Feldstudie« an mir, dass ich im Laufe meiner allgemeinen Schulbildung so viel wie möglich aufsaugte. Wissbegierig, wie ich war, schloss ich gleich zwei Ausbildungen ab, eine in Beratungspsychologie und eine in Kommunikationsstörungen. Während meines Studiums habe ich gelernt, was man braucht, um anderen Menschen mit den zur Verfügung stehenden Mitteln der modernen Kommunikationslehre zu helfen.

Die Analyse sprachlicher und stimmlicher Eigenschaften kann tiefe Einblicke in die geistige Verfassung eines Menschen vermitteln. Seine Stimme, ihre Höhe, Lautstärke, Weichheit oder Schroffheit, wie viel oder wie wenig jemand spricht, all das dient als genaues Messinstrument, um die psychische Verfassung eines Menschen und sogar Persönlichkeitsmerkmale zu bestimmen.

Die Werke zahlreicher Anthropologen, einschließlich der bekannten Forschungen von Desmond Morris, lieferten die Grundlage zum Entschlüsseln des Gesichtsausdrucks und damit zum besseren Verständnis menschlicher Kommunikation. Diese Informationen helfen uns, das Verhalten der Menschen besser zu verstehen, was wiederum einen tieferen Einblick in ihren Charakter vermittelt. Ebenso eröffnet uns die Fachliteratur, die sich mit Körpersprache und Verhalten der Menschen beschäftigt, einen ganz neuen Zugang, das menschliche Wesen zu verstehen, der sich vom bloßen Zuhören wesentlich unterscheidet.

Beobachtet man einen Menschen kontinuierlich über einen längeren Zeitraum im Hinblick auf seine vier grundlegenden Ausdrucksmöglichkeiten – Körper, Gesicht, Stimme und Sprechhabitus –, so kann man genau herausfinden, welcher Persönlichkeitstyp diesem Menschen am besten und welcher ihm am wenigsten entspricht. Wenn wir anhand dieser vier Kommunikationswege den wahren Kern der Menschen erkennen, sind wir in der Lage, uns erstens selbst besser wahrzunehmen und zweitens zu entscheiden, wem wir uns zuwenden und von wem wir uns besser abwenden sollten, damit wir unsere Lebensqualität erhöhen.

Die Technik in diesem Buch basiert auf empirischem Zahlenmaterial, das ich von Tausenden von Klienten in mehr als zwanzig Jahren zusammengetragen habe. Es waren Klienten, denen ich geholfen habe, ihre Kommunikationsfertigkeiten zu verbessern. Sie stammen aus sehr unterschiedlichen Gesellschaftsschichten und Altersgruppen, einige von ihnen waren psychisch und seelisch angeschlagen oder sogar ernsthaft krank. Ich hatte es mit sehr begabten, geistig gesunden und ausgeglichenen Menschen zu tun, mit Sportlern, Ärzten, Therapeuten, Architekten, Unternehmern, Anwälten und Politikern. Des Weiteren habe ich mit berühmten Prominenten wie Dustin Hoffman, Julio Iglesias, Andy Garcia, Dolly Parton, Nicolas Cage, Sean Connery, Keanu Reeves, Rene Russo, Melanie Griffith und Marlee Matlin gearbeitet.

Meine Klienten haben gelernt, effektiv zu kommunizieren, ihr öffentliches Auftreten und ihre Stimmqualität haben sich verbessert, sie haben schlechte Sprechgewohnheiten korrigiert, sich einen Akzent zu- oder einen Dialekt abgelegt und größeres Selbstvertrauen gewonnen. Sie haben sowohl auf beruflicher als auch auf privater Ebene gelernt, besser zu kommunizieren.

Während meiner Arbeit in Beverly Hills und New York habe ich jedoch nicht nur Sprechweisen analysiert, sondern bei allen Klienten den ganzen Menschen in Augenschein genommen. Während ich sie von Kopf bis Fuß beobachtete und Diagnose und Heilungsplan entwickelte, habe ich auf jede kleine Unregelmäßigkeit in der Sprache, auf die Art, wie sie den Kopf hielten, ihren Gesichtsausdruck, die Art, Blickkontakt zu halten, sowie ihre Art zu gehen, zu sitzen und zu stehen, geachtet. Ich habe genau zugehört und jedes Detail registriert, alles, was sie sagten und wie sie es sagten.

Darüber hinaus habe ich ihren Gesichtsausdruck und ihre Körperbewegungen studiert. Ich habe festgestellt, dass bestimmte Kombinationen des Stimmausdrucks, des Sprechhabitus, der Körpersprache und der Mimik mit bestimmten Persönlichkeitstypen korrespondieren. Es haben sich Muster herauskristallisiert, mittels deren ich 14 verschiedene Persönlichkeitstypen herausarbeiten konnte.

Durch genaues Beobachten des Äußeren meiner Klienten erhielt ich einen so guten Einblick in ihr Inneres, dass viele von ihnen glaubten, ich hätte hellseherische Fähigkeiten. Wie sonst konnte ich so viel über ihre Gefühle wissen und darüber, was sie seelisch bedrückte, obwohl sie ihre Probleme vor mir gar nicht ausgesprochen hatten?

Dank der Analyse ihres Auftretens und ihrer Sprache habe ich ihre Persönlichkeit bestimmen und eine Beurteilung ihres Seelenzustandes abgeben können. Ebenso wie das, was jemand sagt und wie er es sagt, die Wahrheit offenbart, lügen auch Körper und Gesicht nicht. Durch bloßes Zuhören und Beobachten konnte ich in der Seele meiner Klienten lesen und dadurch ahnen, was in ihnen vorging. Allein anhand der Art, wie sie dastanden und mich ansahen, hätte ich Romane über sie erzählen können.

Meine Klienten waren gewöhnlich überrascht von den Enthüllungen, die während unserer Therapiesitzungen zutage kamen. Dan, ein 48-jähriger, erfolgreicher Geschäftsmann, war völlig verblüfft, als ich ihm sagte, dass ich vermute, er sei als Kind von seinem Vater sexuell missbraucht worden. Er konnte nicht glauben, dass ich sein Geheimnis kannte, er hatte es niemandem erzählt. Aber für mich bestand kaum ein Zweifel, denn ich beobachtete wiederholt, wie er mit den Kiefern mahlte und harte und aggressive Knacklaute von sich gab. Ich merkte, wie er zusammenzuckte, wenn er von seinem Vater sprach, und wie sich seine Stimme veränderte, wenn er ihn erwähnte. Dieses detailgenaue Beobachten von Dans äußerem Verhalten ermöglichte es mir, in seinem Inneren zu lesen.

Dank dieser Technik ist es mir gelungen, nicht nur Einblick in den Charakter und die Persönlichkeit von Menschen zu nehmen, sondern auch in deren künftiges Verhalten. Ich konnte die Persönlichkeit meiner Klienten bestimmen und Rezepte entwickeln, die es ihnen ermöglichten, ihr Verhalten zu ändern und aus schädlichen Situationen auszubrechen.

Ein 37 Jahre alter Restaurantchef namens Ted, der fortwährend nuschelte und die Angewohnheit hatte, das Satzende zu verschlucken, kam zu mir in Therapie. Für einen stämmigen Mann von 1 Meter 90 wirkte seine hohe Stimme seltsam; außerdem starrte er dauernd auf seine Fußspitzen, wenn ich mit ihm redete. Immer, wenn wir auf seine Familie zu sprechen kamen, vermied er jeden Blickkontakt, hielt seinen Oberkörper nach vorne gebeugt und war akustisch kaum zu verstehen.

Ich fragte ihn, wann er das letzte Mal seine Kinder gesehen hatte. Er zuckte zusammen und erzählte mir unter Tränen, dass er schon seit Jahren nicht wisse, wo sie überhaupt wohnten. Ich riet ihm, augenblicklich einen Privatdetektiv zu engagieren, der ihm bei der Suche nach den Kindern behilflich sei, denn das sei der Grund für seine Sprechschwierigkeiten. Er musste wie ein pflichtbewusster Mann handeln, um wie ein pflichtbewusster Mann zu klingen.

Teds Sprechgewohnheiten und Körperbewegungen spiegelten seine Unsicherheit, sein fehlendes Selbstwertgefühl und die tiefe

Scham darüber, dass er seine Kinder verlassen hatte. Er befolgte meinen Rat und beauftragte einen Privatdetektiv, der seine Kinder ausfindig machte. So konnte Ted seine enge Beziehung zu ihnen wieder aufnehmen.

Kurz nachdem er seine Kinder gefunden hatte, fiel Teds Stimme – wie von selbst – um zwei Oktaven und hatte plötzlich Klangfülle. Sie verlor sich auch nicht mehr am Satzende, und er ließ beim Sprechen nicht mehr den Kopf hängen. Was ich ihm während unserer ersten Sitzung gesagt hatte, hatte sich bewahrheitet.

Befriedigend war es auch, Klienten, die später berühmte Stars wurden, in ihrem Selbstbewusstsein zu stärken. Ich konnte ihr Potenzial erahnen, als ich ihre Sprache, ihre Haltung und ihre Art, sich zu bewegen, beobachtete.

Zu ihnen gehörte auch der Schauspieler Andy Garcia. Als er meine Therapieräume betrat, habe ich sofort gespürt, dass er einmal ein berühmter Star werden würde. Er hatte einen selbstbewussten Gang, einen angenehmen Händedruck und blickte einem beim Sprechen fest in die Augen. Er war ausgeglichen und elegant, hatte einen geschliffenen Ausdruck und wirkte entschlossen und konzentriert. Er hatte »das gewisse Etwas«, wie man zu sagen pflegt. Charisma ist, was man sagt, wie man es sagt und wie man dabei aussieht – alles gleichzeitig. Körperbewegung und Mimik sind im Gleichklang – die Menschen mögen, was sie sehen und hören. Charismatische Persönlichkeiten bewirken mit ihrem Auftreten und dem Gefühl, das sie anderen in ihrer Gegenwart vermitteln, eine Art Elektrisiertheit, die Türen öffnet. Im Verlauf des Buches werde ich aufzeigen, wie man Menschen »liest«, die »das gewisse Etwas« besitzen.

Vor einigen Jahren wurde ich von *Newsweek* beauftragt, die Haltung von Superstars wie Tina Turner, Helen Hunt und Sharon Stone auf den Titelseiten von Topzeitschriften zu deuten.

Obwohl diese Frauen in ähnlicher Körperhaltung – die Arme in die Seiten gestemmt, Hände auf den Hüften – fotografiert wurden, waren die durch die Fotos vermittelten Botschaften ganz unterschiedlich. Sharon Stone beispielsweise schien zu locken: »Ich bin sexy, versuch doch, mich zu erobern«, während Helen Hunt einen kameradschaftlichen Ton anschlug: »Hallo Leute, ich bin eine von euch.« Tina Turners Botschaft dagegen war weibliche Stärke.

Für *Redbook* sollte ich einmal Fotos verschiedener berühmter Persönlichkeiten daraufhin untersuchen, wie es um ihre Beziehungen stand. Darunter waren auch einige Fotos von Tom Hanks und seiner Frau Rita Wilson. Der Art, wie sie einander ansahen – liebevoll und fürsorglich –, war zu entnehmen, dass sie sehr glücklich waren. Sie lehnten sich aneinander und sahen so aus, als ob sie einander sehr schätzten – was sich in ihrer beinahe 15-jährigen Ehe widerspiegelt.

In diesem Buch werde ich aufzeigen, dass jeder lernen kann, die Wahrheit über andere zu erfahren. Es ist nicht nur Therapeuten und Hellsehern vorbehalten oder Menschen, die ein gutes Gespür haben; jeder kann dies erlernen. Ich werden Ihnen Tipps geben, wie man jede einzelne Situation richtig einschätzt, und dies wird Ihr berufliches und privates Leben verbessern.

Ich werde Sie zunächst Ihre Fähigkeiten testen lassen, wie gut Sie andere und sich selbst schon einschätzen können. Sie werden lernen, jeden der vier Kommunikationswege zu entschlüsseln: die Sprache, die Stimme, die Körpersprache und den Gesichtsausdruck. Im Anschluss daran lernen Sie, wie man alle vier Kommunikationswege in ein bestimmtes Persönlichkeitsprofil einpasst, was es Ihnen wiederum erleichtern wird, Menschen und ihre Persönlichkeitsmerkmale dahingehend zu bestimmen, ob sie positive oder negative Auswirkungen auf Sie haben.

Dieses Buch kann Ihr Leben verändern; es enthält Techniken, die meine Klienten erfolgreich angewandt haben. Wie meinen Klienten kann es auch Ihnen helfen, bewusster und sicherer bei der Einschätzung anderer zu werden. Es wird Ihnen helfen, klarer zu denken, weil Sie lernen, Ihrer Intuition zu vertrauen und gute Entscheidungen im Umgang mit Menschen zu treffen – und damit Ihr Leben insgesamt zu bereichern.

1. Kapitel

Wie gut kann ich Menschen einschätzen?

Damit Sie erkennen, welches die wichtigsten Fähigkeiten sind, um die Wahrheit über jemanden herauszufinden, sollten Sie als Erstes testen, wie gut oder schlecht Sie im Augenblick andere einschätzen.

Dieser Test hilft Ihnen, sich auf einer Skala einzuordnen und abzuschätzen, wie gut Sie sich und andere kennen. Vielleicht verfügen Sie bereits jetzt über die Fähigkeit, jede Schattierung im Ausdruck eines anderen zu erkennen. Vielleicht nutzen Sie sie schon jetzt zu Ihrem Vorteil und machen kaum Fehler bei der Einschätzung anderer. Möglicherweise geht Ihnen jedoch die Fähigkeit ab, einen Menschen, den Sie durchschaut haben, mit der Wahrheit zu konfrontieren, weil Sie Angst haben, Aufsehen zu erregen. Oder es ist Ihnen wichtiger, beliebt zu sein als Recht zu behalten. Vielleicht gehören Sie aber auch zu den Menschen, die Zeichen und Signale missverstehen oder in der Deutung derselben so falsch liegen, dass Sie inzwischen eine wandelnde Zielscheibe für schlechte Beziehungen geworden sind.

Ich habe diesen Test speziell dafür entwickelt, dass Sie herausfinden, ob Sie bereits in der Lage sind, andere einzuschätzen, und wenn ja, wie gut Sie diese Aufgabe meistern.

Beantworten Sie jede Frage mit »richtig« oder »falsch«. Versuchen Sie, ehrlich zu sein. Die erste Antwort, die Ihnen einfällt, ist wahrscheinlich die richtige. Überlegen Sie also nicht weiter, sondern gehen Sie zur nächsten Frage über.

1. Immer wenn ich auf die Straße gehe, nehme ich alle Menschen um mich herum ganz genau wahr.

   ☐ RICHTIG   ☐ FALSCH

2. Immer wenn ich auf der Straße gehe, weiß ich ganz genau, ob jemand hinter oder neben mir geht.

   ☐ RICHTIG   ☐ FALSCH

3. Das Erste, was ich an einem anderen Menschen wahrnehme, ist sein Gesicht.

   ☐ RICHTIG   ☐ FALSCH

4. Ich bemerke immer, welche Kleidung jemand trägt.

   ☐ RICHTIG   ☐ FALSCH

5. Wenn ich mich mit einem Menschen oder in einer Situation nicht wohl fühle, frage ich immer, warum.

   ☐ RICHTIG   ☐ FALSCH

6. Ich stelle sofort fest, wenn mir etwas am Benehmen eines anderen missfällt, und bilde mir meine Meinung dazu.

   ☐ RICHTIG   ☐ FALSCH

7. Ich bin meistens nicht überrascht, wenn sich mein erster Eindruck bestätigt.

   ☐ RICHTIG   ☐ FALSCH

8. Wenn ich jemanden von Anfang an nicht mag, nehme ich das ernst.

   ☐ RICHTIG   ☐ FALSCH

9. Wenn ich jemanden nicht leiden kann, frage ich mich immer, was mich an diesem Menschen stört.

   ☐ RICHTIG   ☐ FALSCH

10. Wenn ich jemanden gerne mag, denke ich darüber nach, warum ich ihn mag.

□ RICHTIG □ FALSCH

11. Wenn ich jemanden, den ich gerade kennen gelernt habe, aus undefinierbaren Gründen nicht leiden kann, ignoriere ich dieses Gefühl nicht und versuche auch nicht, es darauf zurückzuführen, dass ich einen schlechten Tag habe.

□ RICHTIG □ FALSCH

12. Ich kann mich an fast alles erinnern, was Menschen zu mir gesagt haben.

□ RICHTIG □ FALSCH

13. Wenn ich mit jemandem spreche, achte ich sehr genau auf seinen Gesichtsausdruck.

□ RICHTIG □ FALSCH

14. Ich achte genau auf den Ton, den der andere beim Sprechen anschlägt, damit ich weiß, welche Gefühle ihn bewegen, wenn er mit mir spricht.

□ RICHTIG □ FALSCH

15. Ich bin nicht blöd: Ich glaube nicht alles, was man mir erzählt.

□ RICHTIG □ FALSCH

16. Ich stelle anderen Fragen und bitte sie, das, was sie gesagt haben, zu begründen. Das mache ich besonders, wenn ich anderer Meinung bin.

□ RICHTIG □ FALSCH

17. In der Regel weiß ich, ob jemand lügt oder schwindelt.

□ RICHTIG □ FALSCH

18. Ich spüre immer, wenn jemand zornig ist.
□ RICHTIG □ FALSCH

19. Ich spüre immer, wenn jemand traurig ist.
□ RICHTIG □ FALSCH

20. Ich spüre immer, wenn jemand Angst hat.
□ RICHTIG □ FALSCH

21. Ich spüre immer, wenn jemand auf mich sauer ist.
□ RICHTIG □ FALSCH

22. Ich spüre immer, wenn mich jemand gern mag.
□ RICHTIG □ FALSCH

23. Ich weiß eigentlich immer, wann jemand glücklich ist.
□ RICHTIG □ FALSCH

24. Ich weiß immer, ob mich jemand nicht leiden kann.
□ RICHTIG □ FALSCH

25. Ich weiß immer, wenn jemand überrascht ist.
□ RICHTIG □ FALSCH

26. Ich weiß immer, wenn jemand ehrlich zu mir ist.
□ RICHTIG □ FALSCH

27. Ich weiß immer, ob jemand gleichgültig ist.
□ RICHTIG □ FALSCH

28. Ich weiß, wann jemand gelangweilt ist, während ich mit ihm spreche.
□ RICHTIG □ FALSCH

29. Ich weiß immer, wann ich länger als erwünscht geblieben bin.
□ RICHTIG □ FALSCH

30. Ich meide bestimmte Menschen, die mir das Leben schwer gemacht haben.

☐ RICHTIG   ☐ FALSCH

31. Es fällt mir leicht zu beschreiben, wie jemand geht, steht oder sitzt.

☐ RICHTIG   ☐ FALSCH

32. Ich kann mich genau erinnern, in welcher Stimmung jemand beim Erzählen einer bestimmten Geschichte war.

☐ RICHTIG   ☐ FALSCH

33. Ich habe keinerlei Schwierigkeiten, mir vergangene Begebenheiten ins Gedächtnis zu rufen und mich zu erinnern, welche Gefühle ich dabei hatte.

☐ RICHTIG   ☐ FALSCH

34. Ich kann mir die Art, wie jemand gesprochen hat, leicht ins Gedächtnis zurückrufen.

☐ RICHTIG   ☐ FALSCH

35. Müsste ich die Art, wie jemand spricht, beschreiben, hätte ich keine Schwierigkeit damit.

☐ RICHTIG   ☐ FALSCH

36. Obwohl ich nicht direkt bedroht oder angegriffen wurde, habe ich schon Angst und Unwohlsein in der Nähe eines Menschen verspürt, den ich gerade erst kennen gelernt hatte.

☐ RICHTIG   ☐ FALSCH

37. Wenn wir im Urlaub sind, bemerke ich Dinge, die andere scheinbar übersehen.

☐ RICHTIG   ☐ FALSCH

38. Ich bin oft der Erste, der etwas bemerkt.
    ☐ RICHTIG   ☐ FALSCH

39. Was mir jemand gesagt hat, kann ich mir sehr gut in Erinnerung rufen.
    ☐ RICHTIG   ☐ FALSCH

40. In der Regel kann ich mich gut daran erinnern, wie ich irgendwohin komme, auch wenn ich noch nicht oft dort gewesen bin.
    ☐ RICHTIG   ☐ FALSCH

41. Ich kann meine Gefühle ohne Schwierigkeiten ausdrücken.
    ☐ RICHTIG   ☐ FALSCH

42. Es bereitet mir keine Probleme, andere wissen zu lassen, dass ich wütend bin.
    ☐ RICHTIG   ☐ FALSCH

43. Ich kann andere meine Liebe und Zuneigung spüren lassen.
    ☐ RICHTIG   ☐ FALSCH

44. Ich kann gute und schlechte Gefühle ausdrücken.
    ☐ RICHTIG   ☐ FALSCH

45. Ich nehme den Geschmack, die Konsistenz und den Duft der Speisen wahr, die ich esse.
    ☐ RICHTIG   ☐ FALSCH

46. Ich werde hellhörig, wenn jemand etwas Ungebührliches sagt.
    ☐ RICHTIG   ☐ FALSCH

47. Ich höre nicht über indirekte Komplimente und schneidende Bemerkungen hinweg und verstehe sofort, was ein Mensch mir wirklich sagen will.
    ☐ RICHTIG   ☐ FALSCH

48. Wenn ich mich über etwas freue, lache ich laut, tanze vor Vergnügen und stoße laute Schreie aus.

☐ RICHTIG   ☐ FALSCH

49. Wenn mir etwas seltsam vorkommt, stelle ich sofort eine physische Reaktion fest, wie zum Beispiel, dass es mir die Kehle zuschnürt oder ich einen Knoten im Magen verspüre.

☐ RICHTIG   ☐ FALSCH

50. Ich neige zu starkem Schwitzen, wenn es mir in einer Situation schlecht geht oder ich unter Druck gerate.

☐ RICHTIG   ☐ FALSCH

51. Ich habe festgestellt, dass ich zu viel oder zu wenig esse, wenn mich etwas emotional belastet.

☐ RICHTIG   ☐ FALSCH

52. Auch wenn andere von etwas begeistert sind, versuche ich, mich durch Gleichgesinnte nicht beeinflussen zu lassen.

☐ RICHTIG   ☐ FALSCH

53. Ich weiß immer, ob ich jemanden verärgert habe.

☐ RICHTIG   ☐ FALSCH

54. Ich weiß immer, ob mich jemand wirklich mag.

☐ RICHTIG   ☐ FALSCH

55. Ich kann das Äußere und das Erscheinungsbild eines anderen bis ins kleinste Detail beschreiben.

☐ RICHTIG   ☐ FALSCH

56. Wenn Menschen nicht nach dem handeln, was sie sagen, mache ich sie meistens darauf aufmerksam.

☐ RICHTIG   ☐ FALSCH

57. Wenn ich den Verdacht habe, dass jemand nicht die Wahrheit sagt, höre ich nicht auf, nach Einzelheiten zu fragen.
    ☐ RICHTIG ☐ FALSCH

58. Ich vergesse nie den ersten Eindruck, den jemand auf mich gemacht hat.
    ☐ RICHTIG ☐ FALSCH

59. Ich bin immer in der Lage zu sagen, in welcher Stimmung jemand ist.
    ☐ RICHTIG ☐ FALSCH

60. Ich registriere immer, wenn jemand etwas sagt, was nicht mit seinem Gesichtsausdruck und seiner Körpersprache zusammenpasst.
    ☐ RICHTIG ☐ FALSCH

Test-Auswertung

Geben Sie sich nun für jede »richtig«-Antwort einen Punkt. Für die mit »falsch« beantworteten Fragen geben Sie sich null Punkte. Errechnen Sie die Gesamtzahl der Punkte.

60 Punkte: Sie liegen richtig

Herzlichen Glückwunsch, wenn Sie alle Fragen mit »richtig« beantwortet haben! Das heißt, Sie sind schon sensibilisiert auf andere und gehen mit offenen Augen durchs Leben. Sie machen wahrscheinlich wenig Fehler bei der Beurteilung anderer, und Sie scheinen sich für gewöhnlich passend zu verhalten. Sie haben hohe moralische und ethische Werte und kümmern sich in einer ehrlichen Art und Weise um andere.

Sie beurteilen Menschen nicht nach dem Äußeren. Stattdessen sehen Sie in sie hinein. Sie sind ein sensibler Mensch, der sich um andere kümmert und dazu neigt, tiefer zu schauen und den anderen so zu sehen, wie er wirklich ist. Sie sind jemand, der etwas erreicht, eine Führungspersönlichkeit. Sie haben das Potenzial, unsere Gesellschaft mit sinnvollen Taten und guten Dingen zu bereichern.

Obwohl Sie schon 100 Prozent erreicht haben, bleibt auch für Sie noch einiges zu tun. Für Sie ist es nun wichtig, Ihre vorhandenen Fähigkeiten zu verfeinern.

40–59 Punkte: Sie haben einen guten Instinkt

Dieses Ergebnis bedeutet, dass Sie bei der Einschätzung von Menschen und Situationen meistens einen guten Instinkt haben, dass Sie aber auch Momente kennen, wo Sie sich an den Kopf fassen oder sich die Haare raufen könnten, weil Sie Ihrer Intuition nicht gefolgt sind. Sie sind streng mit sich selbst, wenn Sie etwas getan haben, dessen Konsequenzen Sie sehr wohl hätten abschätzen können. Sie betrachten sich kritisch, scheinen aber meistens ein gutes Gefühl für sich selbst zu haben. Sie mögen sich.

Was Sie brauchen, ist ein noch feineres Gespür dafür, dass Sie viel öfter Recht haben als Unrecht. Sie sollten sich verstärkt um Ihr Selbstvertrauen und Ihr Selbstwertgefühl kümmern und Ihre Führungsqualitäten weiter ausbauen. Zu Ihren Entscheidungen zu stehen ist ebenfalls ein Thema für Sie.

Sorgen Sie dafür, dass das, was Sie tun, in erster Linie Ihnen guttut und erst in zweiter Linie den anderen. Sie müssen aufpassen, dass Sie das tun, was Sie tun wollen, und nicht, was Sie glauben tun zu sollen. Unterdrücken Sie Ihre Gefühle nicht. Schauen Sie auch hinter die Fassade, wenn Sie jemanden kennen lernen. Stellen Sie gezielte Fragen, um herauszufinden, wer die anderen wirklich sind und was sie wirklich denken. Sie müssen sich verstärkt bemühen, Ihre Umgebung bewusster wahrzunehmen.

39–20 Punkte:
Sie wollen auf Nummer Sicher gehen

Sie gehören zu den Menschen, die immer auf Nummer Sicher gehen und kein Aufsehen erregen wollen. Sie hassen Streit und lieben den Status quo. Sie haben Schwierigkeiten, andere um einen Gefallen zu bitten oder Ihrem Anliegen Gehör zu verschaffen. Es ist Ihnen peinlich aufzufallen. Sie finden es schön, wenn sich jeder wohl fühlt. Sie würden es lieber anderen bequem machen und auf eigenen Komfort verzichten als umgekehrt. Sie sind kooperativ, und wenn Ihnen etwas gegen den Strich geht, tun Sie das Gefühl ab und kooperieren trotzdem, auch wenn es Unbehagen bereitet. Höchstwahrscheinlich sagen Sie nichts und niemandem etwas und leiden vor sich hin.

Wenn Sie dieses Buch lesen und beherzigen, wird sich Ihr Leben ganz sicher zum Besseren wenden. Sie gewinnen Selbstvertrauen, und keiner wird Sie mehr zum Narren halten. Sie werden lernen, sich selbst zu vertrauen, und dies wird Ihnen helfen zu erkennen, wem Sie wiederum vertrauen können. Sie werden sich an Regeln und Richtlinien halten, wodurch Sie mehr Sicherheit im Umgang mit anderen erlangen.

Wenn Sie die Ratschläge in diesem Buch befolgen, werden auch Ihre Bekannten und Freunde feststellen, dass Sie sich verändern, und man wird Ihnen Ihr neues Selbstvertrauen und Ihre gestiegene Selbstachtung mit Sicherheit ansehen.

0–19 Punkte: Sie brauchen Hilfe!

Sie brauchen dringend Hilfe! Sie haben in Ihrem Leben wahrscheinlich viele Fehler gemacht, denn Sie sind mit Scheuklappen durchs Leben gelaufen. Leider sind Sie dadurch für andere immer wieder zur Zielscheibe geworden. Sie haben eigentlich ein ruhiges, umgängliches Naturell und sehen das meiste als selbstverständlich an. Andererseits können Sie auch das Gegenteil sein: Jemand, der sehr viel Lärm um sich macht und so selbstverliebt ist, dass er die Signale der anderen überhört.

Wenn Sie zu den Menschen gehören, die diese Fehler machen, sind Sie durch ihre »Mitläufersensibilität« eher dazu prädestiniert, zu folgen als zu führen. Leider sind die Führer, denen Sie folgen, nicht immer die weisesten. Höchstwahrscheinlich sind Sie oft ausgenutzt und betrogen worden, neigen aber dazu, nicht aus Ihren Fehlern zu lernen. Inzwischen sind Sie so weit zu glauben, dass alles, was schiefgehen kann, bei Ihnen auch schiefgehen muss.

Wenn Sie ein redseliger Typ sind, dann verursachen Sie höchstwahrscheinlich zu viel Geschrei, als dass Sie anderen aufmerksam zuhören zu können. Vielleicht ist das der Grund dafür, warum Sie so viele Fehler machen.

Sie müssen die Welt um sich herum und Ihren Platz darin aufmerksamer wahrnehmen. Sie müssen Ihr Wertesystem schnellstens überprüfen, insbesondere die Art und Weise, wie Sie sich selbst und die Welt um sich herum einschätzen. Sie sollten aufhören, selbstverliebt zu sein, sich Ihre Flausen aus dem Kopf pusten und stattdessen lernen, die Menschen um sich herum genauer kennen zu lernen. Die Lektüre dieses Buches sollte für Sie erste Priorität haben, dann können Sie sich eine Menge Kummer ersparen und Ihr Leben drastisch ändern, damit Murphys Gesetz in Zukunft weniger häufig zur Anwendung kommt.

2. Kapitel

Warum es so wichtig ist, andere Menschen richtig einzuschätzen

Jeder von uns hat die angeborene Fähigkeit, die Wahrheit im anderen zu entdecken und in Harmonie mit den Gegebenheiten und der Welt um sich herum zu leben. Für die einen ist es selbstverständlich, andere Menschen einzuschätzen, andere meiden eine Beurteilung. Nicht alle Menschen sind gleich. Das ist die menschliche Natur.

- Er macht mich krank!
- Ich finde sie einfach wunderbar!
- Ich habe ihm vom ersten Augenblick an vertraut!
- Ich habe gleich gewusst, dass sie ein echtes Luder ist!
- Warum habe ich nicht auf mein Gefühl gehört?
- Ich habe doch gewusst, dass er ein Lügner ist!
- Es war Liebe auf den ersten Blick!
- Ich wusste, dass sie mir Probleme bereiten würde!
- Ich wusste, dass er mich auf lange Sicht viel Geld kosten würde!
- Ich könnte mich ohrfeigen! Warum habe ich nicht auf meinen Instinkt gehört?

Wir schätzen Menschen jeden Tag ein, ohne dass wir uns dessen überhaupt bewusst sind. Wir beurteilen, ob jemand uns guttut oder nicht, ob jemand ehrlich ist oder nicht, ob jemand in unser Leben treten soll oder nicht. Im Grunde genommen wissen wir genau, was uns gut und was uns schlecht bekommt. Es ist ganz natürlich, jemanden durchschauen zu wollen. Schwierig wird es dann, wenn wir unsere Gefühle nicht deuten und sie dadurch auch nicht zum eigenen Vorteil nutzen können. In diesem Kapitel werde ich bestimmte Situationen beschreiben, die deutlich machen, wie das (Nicht-)Einschätzen von Menschen Ihr Leben beeinflussen kann.

Menschen lassen sich in verschiedene Kategorien einteilen. Um herauszufinden, welcher Typ Mensch Sie sind, müssen Sie folgende Fragen beantworten.

1. Sind Sie entscheidungsfreudig?
   a) Sind Sie ein Macher und Führer mit einem ausgeprägten Selbstwertgefühl und hohen moralischen Werten?
   b) Wissen Sie immer genau, was Sie machen und wohin Sie wollen?
   c) Machen Sie kaum Fehler, und treffen Sie immer die richtige Wahl?
   d) Sind Sie verstimmt, wenn etwas nicht klappt?
2. Haben Sie in den meisten Situationen einen guten Instinkt?
   a) Haben Sie manchmal das Gefühl, sich ohrfeigen zu wollen, weil Sie nicht auf Ihren Instinkt gehört haben?
   b) Treffen Sie gewöhnlich die richtigen Entscheidungen?
   c) Lassen Sie sich manchmal von der Meinung anderer beeinflussen?
   d) Hören Sie anderen zu, nur um sie zu beschwichtigen oder ihnen einen Gefallen zu tun?
3. Ist es Ihnen unangenehm, Aufsehen zu erregen?
   a) Neigen Sie dazu, Dinge zu ignorieren, wenn diese falsch sind?
   b) Hoffen Sie darauf, dass sich die Dinge von alleine regeln?
   c) Wissen Sie manchmal nicht, wem Sie vertrauen sollen?
   d) Zweifeln Sie oft an sich selbst?

4. Gehören Sie zu den Menschen, die man ständig übers Ohr haut?
   a) Sind Sie geschäftlich schon oft hereingelegt worden?
   b) Haben Sie das Gefühl, dass viele Menschen Sie in Ihrem Privatleben schlecht behandelt haben?
   c) Fragen Sie sich oft: »Warum gerade ich?«, oder haben Sie schon oft gedacht: »Das kann doch nur mir passieren!«
   d) Glauben Sie, was man Ihnen sagt und was Sie lesen?

Ihre Antworten sind der Schlüssel zu Ihrem Innern

Wenn Sie alle Fragen in Szenario 1 mit Ja beantwortet haben, sind Sie ein Mensch mit überzeugenden Führungsqualitäten. Wenn Sie nur eine oder zwei Fragen mit Ja beantwortet haben, dann sind Sie nicht sehr überzeugend.

Wenn in Szenario 2 die Antwort auf alle vier Fragen ein Ja war, haben Sie einen sicheren Instinkt. Wenn Sie nur eine oder zwei Fragen bejaht haben, lässt Ihr Instinkt eine Menge zu wünschen übrig.

Wenn Sie in Szenario 3 alle vier Fragen verneint haben, nehmen Sie Ihre Umgebung bewusst wahr und stecken den Kopf nicht in den Sand. Wenn Sie zwei oder mehr Fragen mit Ja beantwortet haben, müssen Sie noch viel an sich arbeiten, um Ihre Umwelt richtig wahrzunehmen.

Wenn Sie in Szenario 4 alle vier Fragen mit Nein beantwortet haben, sind Sie kein Opfertyp und wissen immer, mit wem Sie es zu tun haben. Wenn Sie auf zwei oder mehr Fragen mit Ja geantwortet haben, sollten Sie die Augen öffnen und anfangen, Verantwortung für Ihre Entscheidungen zu übernehmen.

Machen Sie Schluss mit der Opferrolle

Wie viel Geld und Zeit haben Sie schon verschwendet, weil Sie sich für die falsche Person entschieden haben? Ein typisches Beispiel ist der Bauunternehmer, der Ihnen versichert, dass die Arbeit nur so und so viel kosten wird, Ihnen dann aber eine doppelt so hohe Rechnung präsentiert.

Denken Sie an den Bewerber, der Ihnen das beste Zeugnis, das Sie je gesehen haben, unter die Nase hält, sich später jedoch als schlampiger, unmotivierter Geselle entpuppt, der nur auf seinen eigenen Vorteil bedacht ist. Sie fühlen sich emotional und finanziell betrogen, denn das war nicht der Mensch, für den Sie ihn gehalten haben.

Wäre es nicht fantastisch, wenn wir ein Rezept hätten, das uns ermöglichte, genau vorherzusagen, wie wir mit jemandem zurechtkommen? Grundlage wäre einzig und allein die Art, wie jemand spricht, wie er schaut und wie er sich bewegt. Wäre es nicht großartig zu wissen, ob jemand unterschwellig aggressiv ist oder uns anlügt, wenn er uns seine Liebe erklärt?

Wenn Ihre neue Flamme sagt: »Es war wunderbar mit dir. Lass uns nächste Woche noch mal miteinander ausgehen«, möchten Sie dann nicht gerne wissen, ob das ehrlich gemeint ist, anstatt ängstlich auf das Klingeln des Telefons zu warten? Wüssten Sie nicht auch gerne, ob jemand Sie betrügt?

Warum ignorieren wir so häufig die innere Stimme, die uns warnt, oder das Grimmen im Bauch, das uns auf etwas aufmerksam machen möchte? Warum lehnen es die meisten von uns ab, diese Signale ernst zu nehmen? Das hängt damit zusammen, dass die meisten ihrem Gefühl Misstrauen. Dabei sollten wir nicht vergessen, dass unser Körper uns nicht belügt.

Wir vertrauen dem schlechten Gefühl in der Magengrube nicht, das uns deutlich sagt, dass dieser Mensch uns Schaden zufügen kann. Wir haben Probleme mit dem Gedanken, wir könnten in eine Situation schlittern, die für uns möglicherweise schädlich ist. Zusätzlich erschwert wird das Ganze noch durch die kurze Zeit, in der etwas entschieden werden muss – manchmal sind es nur wenige Sekunden. Das ist der Grund, warum manche immer wieder die gleichen Fehler machen: die falschen Menschen aussuchen, in die falschen Beziehungen hineingeraten und die falschen Geschäftspartner wählen.

Lebensrettende Intuition

Obwohl Kinderschänder, Serienkiller, Vergewaltiger und andere Kriminelle keine Leuchtaufschriften tragen, sagen ihre Opfer häufig, dass die Täter sich ungewöhnlich verhalten hätten. Ob es ein Körpersignal war, die Stimme oder die Art, ihr potenzielles Opfer zu fixieren – das Gefühl der Gefahr war die ganze Zeit vorhanden. Hinhören und diese Gefühle ernst nehmen kann daher sogar Ihr Leben und das Leben Ihnen nahestehender Menschen retten.

Als die 20-jährige Linda auf dem Korridor des Studentenwohnheims einen jungen Mann auf sich zukommen sah, hatte sie sofort ein ungutes Gefühl. Er versuchte sie anzusprechen und nach der Uhrzeit zu fragen. Sie tat, als sei sie sehr in Eile, und ging schnell in die Bibliothek. Dort dachte sie nicht mehr darüber nach, bis sie wieder in ihr Zimmer gehen wollte. Sie fragte drei andere Studentinnen, ob sie sich ihnen auf dem Weg anschließen dürfe.

Dies mag ihr vielleicht das Leben gerettet haben. Am nächsten Morgen sah sie den Mann, der ihr solches Unbehagen bereitet hatte, in der Zeitung. Er hatte mehrere Studentinnen vergewaltigt, bevor er in der Nacht verhaftet worden war.

Demaskierung des Schauspielers

Die 32-jährige Lehrerin Bonnie lernte David, einen 38-jährigen, hochgewachsenen, attraktiven Elektrotechniker, kennen. Er war sehr romantisch, und alles schien fast zu schön, um wahr zu sein. Dass er wenig Geld hatte und sie immer bezahlen musste, machte ihr nichts aus, denn er versicherte ihr ständig, dass er täglich einen Scheck aus Kanada erwarte. Es vergingen Wochen und Monate, aber der Scheck kam nicht; trotzdem behandelte er Bonnie wie eine Königin.

Sie trafen sich nur wochentags, denn an den Wochenenden musste er arbeiten, wie er sagte. Bei der Arbeit könne sie ihn nicht anrufen, sonst würde ihm gekündigt, daher hatte sie nur seine Handynummer. Er erzählte ihr, dass sein großes Haus gerade renoviert würde. Eines Tages würden sie zusammen in diesem Palast wohnen – aber sie sollte das Haus erst sehen, wenn es fertig war.

Weil sie über beide Ohren in ihn verliebt war, bemerkte sie sein seltsames Augenblinzeln und seinen unsteten Blick nicht. Dass er Blickkontakt vermied und seine Schultern nach oben gingen, wenn er sich wieder mal entschuldigte, fiel ihr nicht besonders auf. Sie überhörte den hohen Ton in seiner Stimme, seine häufigen »Hms« und »Ahs«, wenn sie ihm Fragen stellte.

Der Schuft war verheiratet und hatte in ihr ein Opfer gefunden, mit dem er sein Spielchen treiben konnte. Und er beutete sie rücksichtslos aus: finanziell, emotional und sexuell.

Ein fürchterliches Vorstellungsgespräch

Nina, eine gesellige 46-jährige, die nicht auf den Mund gefallen war, erzählte mir unter Tränen, wie sie eine sehr entscheidende

Aufstiegsmöglichkeit in ihrem Beruf vermasselt hatte. »Ich kann einfach nicht fassen, dass mir das passieren konnte«, versuchte sie sich zu erklären. »Ich habe kein einziges Wort herausgebracht. Es hat mir buchstäblich die Sprache verschlagen. Das ist mir vorher noch nie passiert. Ich war kaum in der Lage, meinen Namen zu sagen, geschweige denn, mein Projekt vorzustellen. Ich hatte einen völligen Blackout, ich stotterte und bekam keinen Ton heraus. Schließlich überreichte ich ihm meinen Vorschlag. Ich brauche wohl nicht zu erwähnen, dass das Treffen bald beendet war und ich den Auftrag natürlich nicht bekam.«

Als wir analysierten, was bei dem Vorstellungsgespräch geschehen war, wurde plötzlich sonnenklar, warum sie wie versteinert war. Er hatte sie keinen Deut beachtet! Vom ersten Augenblick an hatte er Nina ignoriert, sein Telefongespräch weitergeführt und sie stehen lassen, bis er fertig war. Er hatte keinen Blickkontakt zu ihr aufgenommen und so getan, als bemerke er nicht, dass jemand im Zimmer war. Nicht einmal eine Handbewegung, um Nina einen Stuhl anzubieten.

Obwohl sie ihm ihre Unterlagen mehrmals geschickt hatte, wusste er nichts über ihren Werdegang. Als sie ihm sagte, sie wolle zwei Projekte vorstellen, sagte er kalt und barsch, ohne sie anzublicken: »Eins reicht.«

Es ist kein Wunder, dass Ninas Sprechmuskulatur sich verspannte und ihr ganzer Körper sich dagegen sträubte, mit diesem unhöflichen, unaufmerksamen Menschen zu sprechen. Sie hat es genau gespürt, und ihr Körper hat entsprechend reagiert. Sie hätte das Projekt sowieso nicht bekommen, warum sich also noch bemühen? Nachdem ich ihr das erklärt hatte, beruhigte sie sich und begann zu lachen. »Dann hat mein Körper mir also signalisiert, dass ich den Mund halten und überhaupt nicht mit diesem Trottel reden soll?«, fragte sie. Wie Recht sie hatte!

Rendezvous mit dem Teufel

Annette spürte, dass mit Charly etwas nicht stimmte; aber obwohl ihre innere Stimme sie warnte, ging sie doch mit ihm aus. Sie wusste auch, dass sie nicht mit ihm in sein Zimmer gehen sollte, tat es aber trotzdem. Sie wollte nicht unhöflich sein. Dieses »höfliche« Verhalten führte zu einer Vergewaltigung.

»Ich fühlte mich so elend, und ich habe mich geschämt«, sagte sie, »ich habe es von Anfang an gewusst. Er redete so ordinär und machte alle möglichen Anspielungen, manche versteckt, andere sehr viel deutlicher. Er taxierte mich wie ein Objekt. Ich hätte es besser wissen müssen, aber ich wollte es ja so.«

Man kann Annette nicht die Schuld an der Vergewaltigung geben, und sie sollte sich auch selbst keine Vorwürfe machen. Ihr »Nein« gegenüber Charly hätte ausreichen müssen. Für die Zukunft aber wird sie lernen müssen, ihre Mitmenschen richtig einzuschätzen.

Eine ungerechte Klage

Herr Winter weiß sehr gut, wie es ist, finanziell und emotional betrogen zu werden: Seine Angestellte Patty wurde für ihn zum Albtraum. Sie war süß, bezaubernd, und er mochte ihr hinreißendes Lächeln – doch heute tut es ihm leid, nicht auf die Signale in ihrer Sprache und ihrer Stimme gehört zu haben: was sie sagte und wie sie es sagte.

Wenn Herr Winter aufmerksamer zugehört hätte, wäre ihm aufgefallen, dass Patty nur Ärger bedeuten konnte. Zum einen redete sie ununterbrochen und war außerordentlich narzisstisch. Sie war Mittelpunkt aller Gespräche, deren Hauptthema in der Regel immer das gleiche war: wie sie zum Opfer früherer Mitarbeiter und ehemaliger Chefs geworden war. Natürlich seien alle auf ihre Arbeitsleistung neidisch gewesen und hätten ihr den Erfolg nicht gegönnt.

Herr Winter konnte ihrem verführerischen Lächeln und dem Schmollmund nicht widerstehen, der Art, wie sie ihre Schultern beim Lachen nach hinten warf, und den Augen, die nach oben blickten, während ihr Kopf unten blieb. Wenn er genauer hingeschaut hätte, wäre ihm aufgefallen, dass sie nur eine Show abzog, während sie innerlich voller Kummer war und genauso gut mit einem Therapeuten hätte sprechen können wie mit einem zukünftigen Arbeitgeber.

Aber er schaute nicht hin, hörte auch nicht zu und musste die bitteren Folgen tragen. Sie kam mit den übrigen Mitarbeitern des Betriebs nicht zurecht. Am Schluss verklagte sie den Betrieb wegen sexueller Nötigung am Arbeitsplatz. Herr Winter musste auf diesem Wege lernen, dass Augen und Ohren uns nicht betrügen.

Betrogener Liebhaber

Ein 54-jähriger wohlhabender Unternehmer namens Bert hatte Liebeskummer: Er hatte sein Herz an eine Frau verloren, die ihm, wie er glaubte, untreu war.

»Sie ist einen Monat lang zu Besuch bei ihrer Schwester in Texas, und ich darf sie nur tagsüber anrufen. Offenbar kommt ihre Schwester früh von der Arbeit, geht früh zu Bett und möchte nicht durch das Telefon gestört werden«, versuchte Bert für sich eine Erklärung zu finden.

»Sie sagt zwar, dass sie mich liebt, möchte aber keine Verpflichtung eingehen. Ich habe so viel für sie getan, aber sie weiß es nicht zu schätzen. Ich mache ihr große Geschenke, und sie nimmt sie ganz selbstverständlich an. Wenn ich sie anrufe, verspricht sie immer zurückzurufen, doch sie macht es nie. Vor zwei Tagen hat sie mir auf den Anrufbeantworter gesprochen und gesagt, dass sie noch zwei weitere Wochen in Texas bleibt, weil ihre Schwester sie dringend braucht. Sie scheint immer in Eile, wenn ich sie anrufe, so als ob sie keine Zeit für mich hätte. Langsam glaube ich, dass da noch ein anderer Mann im Spiel ist.«

Bert hatte Recht. Irgendwann erwischte er die Dame in flagranti beim Lügen. Sie gab unter Tränen zu, dass sie sich tatsächlich in einen anderen verliebt hatte.

Obwohl dies sein Herz brach, war Bert zumindest darüber erleichtert, dass ihn sein Instinkt nicht betrogen hatte. Ihre Taten sagten mehr als die leeren Ich-liebe-dich-Bekenntnisse, die er von ihr zu hören bekam.

Bedenken vor der Hochzeit

Obwohl es für Brautleute vor der Hochzeit nicht ungewöhnlich ist, nervös und aufgeregt zu sein, sollten sie es sich noch einmal überlegen, ob sie wirklich in den Hafen der Ehe einlaufen wollen, wenn sich ihre Bedenken nicht legen.

Ich werde nie vergessen, wie ich Jim, einen 39-jährigen Allgemeinarzt, beraten habe, der wegen seiner Eheprobleme zu mir kam. Er sagte: »An meinem Hochzeitstag wusste ich ganz genau, dass ich den größten Fehler meines Lebens machte. Ich wusste es ab dem Moment, als wir zum Altar schritten. Mir sind die Tränen übers Gesicht gelaufen, als ich vorne stand und mein Gelübde wiederholte. Leider waren es keine Freudentränen, sondern Tränen der Angst, die mir sagten, dass das, was ich gerade machte, falsch war. Ich habe die Zeremonie bis zum Ende durchgestanden, aber ich habe es jeden Tag bereut«, schloss er.

»Wenn Sie das schon vorher gespürt haben, warum haben Sie die Hochzeit nicht abgesagt?« fragte ich ihn.

»Von der ersten Verabredung an haben wir uns immer wieder um die kleinsten Kleinigkeiten gezankt«, antwortete Jim. »Sie musste immer Recht behalten, und ich wollte das Gleiche. Sie hat immer versucht, mich zu ändern, meine Kleidung, meine Frisur, meine Manieren. Dies passierte immer häufiger, je näher der Hochzeitstag rückte.

Als ich vor dem Altar stand, musste ich immerzu an unser ständiges Hickhack denken. Ich habe gehofft, die Bedenken und die Wut auf sie würden sich legen. Ich habe versucht, mir einzureden, dass dies nur mit der Aufregung vor der Hochzeit zu tun hätte. Aber das stimmte nicht. Als wir verheiratet waren, sind unsere Streitereien noch schlimmer geworden, und sie kritisierte alles, was ich machte.«

Wäre Jim in der Lage gewesen, seine Bedenken seiner zukünftigen Frau gegenüber auszusprechen, und hätte er eine voreheliche Therapie gemacht oder die Entscheidung getroffen, nicht zu heiraten, hätte er sich bei der Scheidung eine Menge Streit, Liebeskummer, Anwaltskosten und Geldprobleme erspart.

Missgriffe im geschäftlichen Alltag

Wenn Sie einen Fehler bei der Einstellung eines Angestellten machen, dann kostet Sie dieser Fehler in der Regel zweieinhalbmal so viel wie das Jahresgehalt dieses Menschen. Wenn Sie jemanden für 30 000 Euro pro Jahr einstellen, so kostet Sie das Auswechseln dieses Angestellten letztlich 75 000 Euro, die emotionalen Kosten nicht mitgerechnet.

Marks bester Freund Gabriel hatte ihm Theresa als neue

Kraft empfohlen. Gabriel behauptete, Theresa verstehe ihre Sache und sei sicher ein großer Gewinn für die Firma. Mark mochte ihren aggressiven Ton nicht und die feindselige Art, mit der sie Fragen beantwortete. Da er sich in ihrer Gegenwart unwohl fühlte, beeilte er sich bei dem Bewerbungsgespräch. Als sie das Zimmer verließ, fühlte er sich erleichtert. Etwas später fragte er Gabriel: »Ist Theresa immer so anstrengend?«

Gabriel lachte und antwortete nur, dass sie ihre Sache verstehe. Daraufhin rief Mark Theresa an und gab ihr den Job, was sich nachträglich als einer der größten Fehler in seinem Leben herausstellte. Theresa war nicht nur feindselig und respektlos, sie stellte auch alles, was sie machen sollte, in Frage. Sie machte den anderen Mitarbeitern das Leben schwer und hatte einen negativen Einfluss auf die Stimmung im Betrieb. Die anderen litten unter der Anspannung und beschwerten sich über sie. Kunden empfanden sie als unhöflich und unmöglich, und die Verkaufszahlen gingen zurück.

Weil Mark nicht auf seine Gefühle beim ersten Treffen mit Theresa gehört hatte, bedeutete diese Entscheidung einen großen finanziellen Verlust für die Firma und einen Stimmungseinbruch im Betrieb.

Zwei Szenarien: positiv und negativ

Liebe auf den ersten Blick

Sie können sich die folgende Szene wahrscheinlich mühelos vorstellen: Steve, ein erfolgreicher Geschäftsmann und mein Klient, war Gast auf einer Cocktailparty. Obwohl er sich auf den Abend gefreut hatte, war er von seinem langen Arbeitstag müde und wollte eigentlich nur noch nach Hause. Als er auf der Suche nach seinem Sozius den Blick umherwandern ließ, geschah etwas, was den ganzen Abend veränderte.

Er erblickte eine wunderschöne Frau, die an einem Tisch am anderen Ende des Zimmers stand. Er verspürte den Wunsch, zu ihr hinzugehen und sie anzusprechen. Als er näher kam, war er ganz angetan von der Art, wie sie dastand und wie sie sich bewegte.

Er stellte sich vor, brach das Eis mit einer scherzhaften Bemerkung und machte ihr ein Kompliment, das sie umgehend mit einer schlagfertigen Antwort parierte. Er war vom Klang ihrer Stimme und der Art, wie sie ihre Oberlippe beim Sprechen kräuselte, noch mehr angetan. Am Schluss stand er ganz in ihrer Nähe, lächelte sie ununterbrochen an und blickte ihr geradewegs ins Gesicht.

In diesem Augenblick hätte es ihn nicht einmal gestört, wenn draußen eine Bombe explodiert wäre – er konnte den Blick nicht von ihr losreißen. Er wollte nichts weiter, als in ihrer Nähe zu sein und alles über sie zu erfahren. Plötzlich bemerkte er, dass ihm die Luft wegblieb.

Das Herz schlug ihm bis zum Halse, seine Kehle war wie zugeschnürt. Nach schier endlosen Minuten hatte er genügend Mut gesammelt, die geheimnisvolle Dame um ihre Visitenkarte zu bitten, die sie ihm bereitwillig gab. Er rief sie kurz darauf an, die beiden verabredeten sich, und so begann ihre Beziehung. Vor sechs Monaten haben sie geheiratet.

Haben Sie die starke positive Anziehung bemerkt, der Steve sich in Gegenwart dieser Frau nicht entziehen konnte? Seine Reaktion gleich zu Beginn, der Wunsch, zu ihrem Tisch zu gehen und mit ihr zu sprechen? Und was mit ihm geschah, als er in ihrer Nähe war? Er veränderte sich physisch, er hatte Schwierigkeiten zu atmen, Schauer liefen ihm über den Rücken, sein Herz schlug schneller. Sein Gesicht fühlte sich heiß an, er spürte, wie ihm rote Flecken auf die Wangen traten, er lächelte verstärkt, er nahm alles viel deutlicher wahr und hörte genauer zu. Seine Körperhaltung war plötzlich aufrechter, und er verspürte einen positiven Energieschub.

Langeweile auf den ersten Blick

Meine Klientin Jennifer, 38 Jahre alt und Personalleiterin, erzählte mir von einer Einladung zu einer Dinnerparty. Sie hatte den Platz neben einem Mann zugewiesen bekommen, der sie beklommen machte und ein ungutes Gefühl in ihr erzeugte. Jedes Mal, wenn er sich zu Jennifer beugte, wich sie automatisch zurück. Der Mann redete pausenlos und erzählte nur von sich selbst. Er machte negative Bemerkungen über das Essen und schlug dem Personal gegenüber einen scharfen Ton an.

Die zwei Stunden, die Jennifer auf ihrem Stuhl neben diesem giftigen, schrecklichen Menschen ausharren musste, waren die reinste Qual. Am Schluss hatte sie keine Energie mehr, und vom ständigen Zusammenbeißen der Zähne schmerzten Ober- und Unterkiefer. Ihr Nacken war steif geworden, und die Muskeln der oberen Rückenpartie taten vor Verspannung weh. Ihr Magen schien wie verknotet, ihr Kopf brummte vor Kopfschmerzen. Als die Dinnerparty vorbei war, hatte sie das Gefühl, eine Ambulanz rufen zu müssen, um nach Hause gebracht zu werden.

Was ist in diesen beiden Szenen passiert, dass Steve und Jennifer so unterschiedlich reagiert haben? Welche Signale hatte Steve erhalten, die ihn bedingungs- und willenlos zu dieser Frau auf der Party hinzogen? Und was war an Jennifers Tischnachbarn, das ihr förmlich den Magen umdrehte? Welche Gefühle wurden hier ausgelöst? Welche Signale hatte das Gehirn erhalten, um solch starke Reaktionen hervorzurufen? Was ist physisch mit den Körpern geschehen?

Wenn wir eine solche starke körperliche Wirkung verspüren, fragen wir uns meistens nicht, warum wir so fühlen, und denken nicht über die Gründe nach. Es ist nämlich so, dass den meisten von uns gar nicht bewusst ist, wie sie fühlen oder warum sie anderen gegenüber diese Gefühle hegen. Wir wissen leider nicht, dass es zu jedem Menschen eine Reihe objektiver Erklärungen gibt; man kann eine ganze Geschichte aus einer Stimme, der Art zu sprechen, einer Mimik und einer Körperbewegung herauslesen.

Die Schwingungen richtig einschätzen

Wenn uns die innere Stimme sagt, dass etwas unecht wirkt, falsch klingt oder sich schlecht anfühlt, dann hat sie höchstwahrscheinlich Recht. Hören Sie auf Ihre innere Stimme! Ihr Körper spürt es. Sie fühlen es in Ihrem Bauch. Ihre Eingeweide reagieren darauf, deshalb sollten Sie diese Gefühle beachten, denn sie sagen Ihnen die Wahrheit.

Es gibt Schurken, Fälscher und Casanovas auf der Welt. Es gibt »giftige« Menschen, die lügen, um das zu bekommen, was sie wollen. Sie sehen vielleicht fantastisch aus, sind bestens gekleidet und wortgewandt, und doch gibt es Zeichen, an denen man die Wahrheit erkennt. Sie werden diese Zeichen deuten lernen, wenn ich Ihnen aufzeige, wie man feststellt, ob jemand lügt.

Seien Sie vorsichtig: Manche Menschen sind ausgezeichnete Lügner. Manchmal kommt es einem so vor, als ob die Soziopathen dieser Welt alles richtig machten, aber wenn man genau zuhört, was sie sagen, stellt man fest, dass ihre Schwächen gerade an diesem Punkt zum Vorschein kommen. Und gerade deswegen ist es so außerordentlich wichtig, dass Sie sowohl Ihr Umfeld als auch die Menschen um sich herum jederzeit genau wahrnehmen und immer auf die vier Kommunikationswege achten: Sprache, Stimme, Körper und Gesicht.

Achten Sie darauf, was die anderen sagen, wie sie dabei aussehen und wie sich das, was sie sagen, anhört. Sehen und hören Sie nicht das, was Sie sehen und hören wollen. Sehen und hören Sie das, was tatsächlich gesagt wird. Auf lange Sicht wird Ihnen dies viel Zeit und Ärger ersparen.

3. Kapitel

Die Grundlagen zur Einschätzung von Menschen

Stellen Sie sich vor, wie wunderbar das Leben wäre, wenn Sie immer wüssten, ob jemand einen positiven oder einen negativen Einfluss auf Sie hat, ob er Sie tatsächlich gerne mag und wirklich liebt. Wäre es nicht schön zu wissen, ob einer lügt oder ob jemand wirklich nur Ihr Bestes will?

Während die meisten Menschen glauben, die innere Stimme und Instinkte seien unerklärliche Phänomene, so kann ich nur sagen, dem ist nicht so. Es sind konkrete, neurobiologische Erfahrungswerte, die man erwirbt, indem man den vier Kommunikationswegen – Sprache, Stimme, Körperbewegung und Gesichtsausdruck – ernsthafte Beachtung schenkt. Ich werde im Laufe meines Buches sehr detailliert darauf eingehen.

Andere Menschen richtig einzuschätzen ist keine Kunst. Es ist eine Wissenschaft. Es umfasst die bewusstere Wahrnehmung der Umwelt im Einklang mit den eigenen Gefühlen. Emotionen wie Angst, Zorn, Glück werden im Gehirn produziert, und das Gehirn selbst steuert, wie diese Gefühle durch die Sprache und den Gesichtsausdruck kommuniziert werden. Die Stimme, der Ton, die Körperhaltung und -bewegung eines Menschen sind das Ergebnis solcher neurobiologischer Abläufe.

Die vier Kommunikationswege

Es gibt vier Hauptkanäle der Kommunikation, die im Gehirn verarbeitet werden. Zwei von ihnen, die Sprache und die Stimme, werden über das Gehör verarbeitet, die anderen beiden, Gesichtsausdruck und Körperbewegung, über die Augen. Das folgende Kapitel gibt einen Überblick über die vier Kommunikationswege; in Kapitel 5 bis 8 werden diese im Detail erforscht.

Obwohl unterschiedliche Bereiche des Gehirns die über diese Kommunikationswege übermittelten Informationen verarbeiten, gelangt das Gehirn anhand unserer emotionalen Reaktionsweise auf diese Informationen zu seiner eigentlichen Einschätzung. Im Ergebnis werden alle Kommunikationswege gebündelt, um uns ein Persönlichkeitsprofil eines Menschen zu vermitteln.

Als Nächstes beginnt das Gehirn zu evaluieren, ob jemand aufgrund der Einschätzung, die wir uns emotional von seinem Persönlichkeitstyp machen, zu uns passt. Anhand der vier Kommunikationswege kann man jeden einzelnen der 14 verschiedenen Persönlichkeitstypen, die wir in Kapitel 9 ausführlicher besprechen werden, besser kennen lernen. Beim Entschlüsseln dieser Kommunikationswege werde ich auf die Stimme, die Sprache, die Körpersprache und den Gesichtsausdruck eingehen und erläutern, wie man diese positiv verändern kann.

Sein Urteil allein auf Äußerlichkeiten zu stützen, wie dies zu Beginn in der entsprechenden Fachliteratur geschehen ist, ist sehr gefährlich und verfestigt Vorurteile. Damit hat mein Buch nichts zu tun – es soll anderen helfen und nicht noch mehr Verwirrung stiften. Mein Buch wird Ihnen helfen, die von anderen ausgesandten Signale so zu deuten, dass Sie merken, ob diese eine gute oder schlechte Wirkung auf Sie haben. Sie werden an den anderen Eigenschaften und Verhalten entdecken, die Sie – entsprechend Ihrer eigenen Persönlichkeit – aushalten oder nicht ertragen können. So werden Sie eine Entscheidungshilfe erhalten, wer in Ihrem Leben einen Platz haben soll und wer nicht.

Die Sprache und Wortwahl

Wie Sie klingen, eröffnet nur einen unvollständigen Einblick in Ihr Inneres. Die Wörter, die Sie verwenden, und was Sie tatsächlich sagen, wenn Sie reden, sind genauso wichtig. Was wollen Menschen mit dem, was sie sagen, wirklich ausdrücken? Sind sie ehrlich? Machen sie zweideutige Komplimente, die im Grunde negative Bemerkungen sind? Klatschen und tratschen die anderen über Sie? Reden sie ununterbrochen über sich selbst? Mit welchem Vokabular formulieren sie welche Sätze? Was sagen sie zwischen den Zeilen?

Die Stimme

Am Klang der Stimme erkennt man einen Menschen. Das erfährt man täglich beim Telefonieren. Plötzlich kann man die Stimmung »hören«, in der der andere ist. Die Stimme setzt sich zusammen aus Ton und Klang. Vielleicht sind Ihnen, weil Sie bis jetzt dieser Tatsache noch keine allzu große Aufmerksamkeit geschenkt haben, nur Teilaspekte der Stimme bekannt. Dazu gehören die Stimmlage, also ob jemand eine hohe oder eine tiefe Stimme hat, die Stimmqualität, das heißt, ob jemand undeutlich spricht, das Ende des Satzes nicht mehr zu verstehen ist, ob jemand eine traurige, heisere, melodiöse, volle, langweilige, leblose, begeisterte, zornige, angriffslustige, ekelhaft süße Stimme hat usw.; außerdem die Lautstärke sowie Art und Weise des

Sprechens, das heißt Mundbewegungen, Lippenbewegungen und vieles mehr.

Die Körpersprache

Die Körpersprache ist ein persönliches Muster, das zeigt, wie jemand geht, sitzt und steht. Die Haltung des Kopfes ist ein wichtiger Faktor bei der Interpretation der Körpersprache, ebenso Arm- und Beinbewegungen. Wie viel Platz braucht ein Mensch beispielsweise beim Sitzen? Und wie nahe kommt er einem beim Sprechen?

Der Gesichtsausdruck

Jedes Gesicht hat seinen Ausdruck, und wir lesen in den Gesichtern der Menschen. Die Mimik spiegelt wider, mit welcher Haltung jemand zuhört und spricht. Blickkontakt sowie Mundbewegungen sind wichtige Bestandteile der Mimik. Hört jemand mit offenem Mund zu, oder schürzt er die Lippen? Hebt er beim Sprechen die Brauen, schweift sein Blick in die Ferne, kann er Blickkontakt nicht lange aushalten? Wenn Sie den Gesichtsausdruck anderer aufmerksam beobachten, kann Ihnen das ganz neue Möglichkeiten eröffnen, richtig zu deuten, was sie Ihnen sagen wollen. Jede dieser Verhaltensweisen spricht Bände.

Sie werden entdecken, was man aus dem Gesichtsausdruck eines Menschen über ihn erfährt. Wir werden Muster auswerten, und ich werde erklären, was es bedeutet, wenn jemand Ober- und Unterkiefer fest zusammenbeißt, einen reservierten, ausdruckslosen oder übertrieben lebhaften Gesichtsausdruck hat. Sie werden die Bedeutung von Erröten und Erblassen, von

Starren und von Gesichtszuckungen erfahren, ebenso von weit aufgerissenen Augen oder unstetig umherwandernden Blicken, geöffneten oder fest verschlossenen Lippen und gekräuselter Nase. Und Sie werden lernen, was es heißt, einen zuversichtlichen Gesichtsausdruck zu haben.

Schenken Sie dem Gehörten Beachtung

Es ist wichtig, dass Sie den in der jeweiligen Situation mitschwingenden emotionalen Ton erkennen. Sie werden in der Lage sein, den Gesichtsausdruck und die Körpersprache so zu entschlüsseln, dass Sie ganz schnell den negativen oder positiven Ton heraushören. Nur so kann man Sie nicht mehr verletzen und »emotional« ohrfeigen.

Obwohl es gut ist, offen für alles Neue zu sein, rate ich Ihnen dringend, auf der Hut zu sein bei Menschen, die Ihre Alarmglocken zum Läuten bringen. Ob Sie es wollen oder nicht, es gibt negative Menschen, die Ihnen schaden können. So ist das Leben, aber schließlich müssen wir ja nicht alle Menschen mögen und gut mit ihnen auskommen, genauso wie nicht jeder andere uns mögen muss.

Das Erste, was Sie sich fragen sollten, wenn Sie jemanden eingeschätzt haben, ist das Folgende: »Welches Gefühl habe ich in seiner Nähe, ein gutes oder ein schlechtes?« Die Antwort auf diese einfache Frage erspart Ihnen eine Menge Kummer. Viele wagen es nicht, sich eine solche Frage überhaupt zu stellen, geschweige denn die entsprechende Antwort darauf auch zu beherzigen. Wenn Sie sich in der Nähe von bestimmten Menschen ständig unwohl fühlen, ist es an der Zeit, sich zu fragen, warum Sie mit diesen Menschen überhaupt zusammen sein wollen. Wenn Sie zum Beispiel vor der Entscheidung stehen, mit jemanden eine Geschäftsverbindung einzugehen, und Sie stellen sich diese einfache Frage, werden Sie sich auf lange Sicht einen großen Dienst erweisen.

Benutzen Sie Ihren Verstand

Was die Stimme verrät

Eine vor kurzem durchgeführte Studie hat gezeigt, dass die im Gehirn angesiedelten Nerven nicht nur den Gesichtsausdruck steuern, sondern auch die Stimme. Ich nenne das »Preisgabe durch die Stimme«. Selbst wenn jemand versucht, seine Emotionen zu verbergen, werden seine wahren Gefühle sowohl durch seinen Gesichtsausdruck als auch durch seine Stimme »verraten«.

Sie und Ihre Neuro-Verbindungen

Stellen Sie sich einen Menschen vor, dessen Sprachzentrum in der linken Gehirnhälfte durch einen Schlaganfall geschädigt wurde. Ist dieses Areal einmal beschädigt, muss das Gehirn besonders schwer arbeiten und andere Gehirnbereiche aktivieren, um diesen Mangel zu kompensieren. Versucht jemand, nach einem erlittenen Gehirnschlag zu sprechen, so bereitet es ihm in der Regel große Schwierigkeiten, Wörter zu formulieren, er muss lange Pausen einlegen, und es kommt zu Wiederholungen. Ein solcher Mensch muss die richtigen neuronalen Verbindungen erst suchen, um die Worte zu hören, die Bedeutung für sich zu übersetzen und zu überlegen, was er sagen möchte. Dann müssen die Sprachareale verschiedene Nervenwege stimulieren, damit die

Gesichtsmuskeln beherrscht werden können. Ein Lügner vollführt einen ähnlichen neuronalen Tanz, was aber viel schwieriger zu erkennen ist.

Stellen Sie sich vor, Sie wären so sehr im Einklang mit Ihren Sinnen, dass Sie solche minimalen Abweichungen ohne Schwierigkeiten feststellen könnten – gleich, ob sie als blitzschnelle Veränderung im Ausdruck eines Menschen oder im Sprechmuster auftreten. Sie werden lernen, Botschaften schnell zu entschlüsseln, die andere übermitteln, ohne es zu wissen. Sogar derjenige, der bisher nie Signale deuten konnte, kann dies lernen, wenn er die vier Kommunikationswege versteht.

Wir haben nur ein Gehirn

Viele Missverständnisse werden durch gewisse Selbsthilfebücher eher aufrechterhalten denn beseitigt, insbesondere durch Sachbücher, die sich mit den Unterschieden zwischen den beiden Geschlechtern befassen. Ich beziehe mich hier vor allem auf die Diskussion über die »rechte« und die »linke« Gehirnhälfte, wobei die linke Seite gerne als das »weibliche« und die rechte Seite als das »männliche« Gehirn gesehen wird. Diese Behauptung ist nicht nur falsch, sondern geradezu irreführend. In Wirklichkeit funktioniert das Gehirn als komplexe und vielschichtige Einheit, die zwar aus zwei Gehirnhälften besteht, einer rechten und einer linken, welche jedoch keine unabhängigen Einheiten darstellen.

Das Gehirn wird von einer Außenschicht, der so genannten Großhirnrinde, bedeckt und hat vier Lappen bzw. Bereiche, die unterschiedliche Aufgaben erfüllen: Im Frontallappen finden Denkprozesse statt, der Scheitellappen registriert sensorische Eindrücke, Seheindrücke werden im Okzipitallappen verarbeitet, und der Temporallappen ist Sitz des Sprechzentrums, der Sprache und des Hörvermögens. Die Forschung hat allerdings bewiesen, dass sich viele Funktionen überschneiden.

Stimm- und Sprachmuster werden vornehmlich in der linken Seite des Gehirns gebildet, die für Wortbedeutungen und Sprache zuständig ist. Diese zwei Bereiche des Gehirns heißen Broca-Areal und Wernicke-Areal. Das limbische System, ein Bereich tief im Innern des Gehirns, welcher das sympathische und das parasympathische Nervensystem steuert, befähigt uns, auf bestimmte Stimmen und Töne und uns unbekannte Menschen spezifische emotionale Reaktionen zu entwickeln. Einige dieser emotionalen Reaktionen können positiv, andere negativ sein. Das limbische System ermöglicht uns Gefühle wie Zorn, Liebe, Erregung, Abscheu und Trauer. Bestimmte Geräusche, Töne oder Wörter können bei einem Menschen die unangenehmsten Erinnerungen hervorrufen, während der Klang oder die Worte eines anderen Menschen angenehme Gefühle erzeugen.

Nutzen Sie alle Möglichkeiten Ihres Gehirns

Wissenschaftler, die die Grundlagen der Meditation erforschten, haben festgestellt, dass wir einen Großteil unseres Gehirns gar nicht nutzen. Stimuliert werden können diese brachliegenden Bereiche durch meditative Techniken. Wenn wir die Geheimnisse des Gehirns aufdecken und mehr über seine Anatomie und Funktionsweise wissen, werden wir begreifen, dass wir in unserem Alltag produktiver arbeiten können, wenn wir bestimmte Gehirnareale aktivieren.

Indem wir das emotionale Zentrum unseres Gehirns aktivieren und nutzen, werden wir unser Leben insgesamt bereichern. Wir werden gewisse Gefahrensignale viel schneller erkennen und bestimmen können, welcher Mensch der richtige Partner für uns ist oder wer uns betrügen möchte.

Wir müssen uns bewusst machen, wie unser Gehirn funktioniert, und wir müssen lernen, für einen Denkprozess beide Gehirnhälften zu nutzen: den oberen Teil, die Großhirnrinde, mit der wir Informationen sehen und hören, und den darunterliegenden Teil, das limbische System, wo das Gesehene und Gehörte mit Emotionen versehen wird. Wenn wir uns darin üben, uns unserer Gefühle stets bewusst zu sein, tun wir schon viel dafür. Auf lange Sicht wird uns diese Übung unschätzbare Dienste erweisen.

Mit der Großhirnrinde nimmt Frau Mayer den aggressiven Unterton in der Stimme ihres Mannes wahr, in der linken Hälfte ihres Gehirns verarbeitet sie diese Information und stellt mit ihrem Verstand fest, dass er falsch interpretiert, was sie sagt. Mit diesem Teil ihres Gehirns nimmt sie die Make-up-Flecken auf dem Hemdkragen ihres Mannes wahr und die heimlichen Telefongespräche mit einer anderen Frau.

Nun folgt die zweite Stufe: Mit den tiefer liegenden Arealen ihres Gehirns ist sie in der Lage, ein Gefühl zu dem Gehörten und Gesehenen herzustellen. Sie verspürt Wut über seinen Seitensprung, Eifersucht auf eine andere Frau und Trauer über das Ende ihrer Ehe. Da sie beide Gehirnhälften benutzt, hat sie einen sehr schnellen Zugang zu ihren Gefühlen.

Lassen Sie sich nicht emotional ohrfeigen!

Die Einschätzung bzw. die Beurteilung eines Menschen hängt sehr stark mit dem Gefühl zusammen. Es reicht nicht aus, das Verhalten und den Persönlichkeitstyp zu bestimmen. Darüber hinaus müssen Sie bestimmen, ob Sie diesen Persönlichkeitstyp mögen oder nicht und welche Gefühle er in Ihnen auslöst. Sie müssen entscheiden, ob dieser Mensch weiterhin Platz in Ihrem Leben hat oder nicht.

Viel zu oft weigern wir uns, auf unsere Gefühle zu hören. Viele Menschen wissen gar nicht, wie man das anstellt. In sich hineinzuhören kann eine existenzielle Erfahrung sein, insbesondere, wenn man nicht von klein auf daran gewöhnt wurde. Manche von uns sind in Familien groß geworden, in denen es tabu war, über Gefühle zu sprechen, während dieses Thema in anderen Familien unter allen Umständen angesprochen werden musste.

Obwohl unsere neurologischen Fähigkeiten so gut entwickelt sind, dass wir darauf reagieren könnten, wenn uns etwas Gehörtes oder Gesehenes nicht gefällt, gelingt uns dies häufig nicht. Es kommt vor, dass wir erst Tage oder Wochen später eine Reaktion zeigen.

Warum reagieren die meisten von uns nicht sofort, wenn etwas nicht stimmt? Warum warten wir oftmals, bis es zu spät ist? Warum machen wir immer den gleichen Fehler bei der Partnerwahl? Wir wurden emotional geohrfeigt – durch eine Situation in die Untätigkeit getrieben.

Wenn jemand auf Sie zukommen und Ihnen unerwartet eine Ohrfeige verpassen würde, wären Sie zweifellos geschockt, vielleicht wären Sie sogar unfähig, sich vom Fleck zu rühren. Wenn Menschen emotional geohrfeigt werden, passiert genau das Gleiche, sie werden durch Grobheiten und Erniedrigungen so getroffen, dass sie sich zunächst nicht mehr rühren können. Die Reaktionen auf solche Taten erfolgen meist nicht so schnell, wie Sie es sich wünschen. Sie würden gern eine schlagfertige Antwort geben, aber das Richtige fällt Ihnen erst drei Tage später ein. Erst da haben Sie nämlich verstanden, was der andere wirklich gemeint hat.

Wenn wir emotional eine Ohrfeige erhalten, sind wir natürlich schockiert und fassungslos. Aus diesem Grund werden so viele von uns emotional taub und reagieren auf gar nichts mehr.

Mit einem solchen Freund braucht man keine Feinde mehr

Paul und Sandra kannten sich seit mehr als 15 Jahren. Sie hatten geschäftlich miteinander zu tun und behandelten sich gegenseitig immer mit Respekt. Sie unterhielten sich auch über ihre Familien und quatschten gerne miteinander; sogar Weihnachtsgeschenke und Einladungen zum Abendessen tauschten sie aus.

Oft scheute Paul keine Umstände, um Sandra einen Gefallen zu tun. Dies geschah sogar ziemlich häufig. Er war es auch, der ihr von einer freien Stelle in einer neuen Firma erzählte. Sie bekam die Stelle und erhält nun das Dreifache ihres vorherigen Gehalts.

Paul wusste schon gar nicht mehr, wie oft er alles stehen und liegen gelassen hatte, um Sandra zu helfen, obwohl es ihm keinen Vorteil brachte. Das störte ihn aber nicht, denn er war ein Freund, ein guter Mensch. Und so verhalten sich Freunde und gute Menschen eben. Außerdem war er davon überzeugt, dass sich Sandra in einer ähnlichen Situation ebenso verhalten würde.

Eines Tages bat Paul tatsächlich auch um einen Gefallen. Er wollte, dass Sandra jemanden anrief, den er beruflich kannte. Paul würde sie als Referenz angeben, und sie wiederum sollte ein paar Nettigkeiten über ihn sagen, damit er in seinem Beruf weiterkam. Das wäre alles gewesen.

Als Paul Sandra um diesen Gefallen bat, bemerkte er, wie Sandras Rücken steif wurde, die Unterlippe nach unten sackte, die Stirn sich in Falten legte und ihre Augenbrauen sich zusammenzogen. Dann räusperte sie sich, und Paul wusste plötzlich ganz genau, dass sie dieses Telefongespräch nie machen würde. Er hatte Sandras Lebensqualität verbessert, indem er ihr von der freien Stelle erzählt und ihr unzählige Male geholfen hatte, aber sie war zu selbstsüchtig, um das Gleiche für ihn zu tun. Diese Erfahrung war für Paul eine emotionale Ohrfeige.

Das Eifersuchtsmonster mit den gelben Augen schlägt wieder zu!

Monica und Julie waren von Kindheit an befreundet. Eines Tages erzählte Monica ihrer Freundin freudestrahlend, dass sie heiraten würde. Sie glaubte, ihren Augen und Ohren nicht trauen zu können, als Julie mit sachlich-monotoner Stimme erwiderte: »Wie schön für dich.« Dann schluckte Julie heftig und lächelte gequält.

Übersetzt heißt dies: »Ich bin so eifersüchtig auf dich, dass ich es nicht aushalte. Ich denke nur an mich, und dein Glück ist mir egal!« Monica hat die Botschaft verstanden. Sie fühlte sich wie betäubt. Sie wusste nicht, was sie tun oder sagen sollte. Sie war emotional geohrfeigt worden.

Ähnlich wie den Menschen in den oben beschriebenen Szenen ergeht es jedem von uns: Der Schock betäubt uns in einem Maße, dass wir das Erlebnis selbst verdrängen. Wenn wir später erfassen, was tatsächlich geschehen war, spüren wir den peinigenden Schmerz. Manchmal sind wir allerdings nicht in der Lage, diesen Schmerz auszuhalten, und ziehen es vor, ihn zu verdrängen. Wir tun so, als wäre nichts passiert. Wenn wir das jedoch nicht ändern, machen wir uns im wahrsten Sinne des Wortes krank.

Die Zeichen spüren

Viele von uns sind wahrscheinlich nicht besonders überrascht, wenn wir etwas Unangenehmes vorausahnen und dies dann tatsächlich eintritt. Wenn wir bewusst auf Mimik, Körpersprache, Stimme und Sprache eines Menschen achten, wissen wir ganz genau, was geschehen wird. Wir wissen, dass wir entlassen werden, bevor die Kündigung überhaupt ausgesprochen ist. Wir können es im Tonfall unseres Chefs oder sogar an der Stimme der Sekretärin ablesen.

Als Lola, die Sekretärin seines Chefs, Carl am Telefon begrüßte, wusste er, dass sein Chef ihn bald entlassen würde. Früher hatte sich Lola immer gefreut, wenn sie mit Carl telefonieren konnte. Nun war ihre Stimme sehr verhalten und hatte einen scharfen Ton.

Er ahnte, dass es nur eine Frage der Zeit war, bis ihm die schlechte Nachricht mitgeteilt würde. Er stellte auch fest, dass der physische Abstand zwischen ihm und seinem Chef plötzlich zunahm. Vorher hat ihm sein Chef öfter mal auf die Schulter oder den Rücken geklopft. Jetzt schaute er ihn fast nicht mehr an. Er hatte einen strengen Gesichtsausdruck, insbesondere um Augen und Mund. Plötzlich wusste er nicht mehr, was er mit Carl besprechen sollte, während ihm früher bei jeder Begegnung eine Flut von Sätzen über die Lippen gekommen war. Obwohl er enttäuscht war, überraschte es Carl keineswegs, als man ihm sagte, dass seine Dienste nicht länger benötigt würden.

Er war darauf vorbereitet, denn er hat sein ganzes Gehirn benutzt und die Gesamtsituation richtig eingeschätzt. Er wusste, was auf ihn zukommen würde. Er gebrauchte die Areale seines Gehirns, um die negativen Signale von Chef und Sekretärin wahrzunehmen. Und sein Gehirn sagte ihm auch, welche Gefühle durch diese Situation ausgelöst wurden.

Je schneller Sie alle Möglichkeiten Ihres Gehirns nutzen, um so schneller werden Sie andere richtig einschätzen können.

4. Kapitel

Die Verbesserung der Fähigkeit, andere Menschen einzuschätzen

Finden Sie heraus, ob Sie wissen, was nötig ist, um andere richtig einzuschätzen. Es folgt eine Reihe von Fragen mit je zwei möglichen Antworten. Suchen Sie sich die Antwort aus, mit der Sie sich am meisten identifizieren.

1. Wie gehen Sie mit Ihrer Vergangenheit um?
   a) Aus zurückliegenden Erfahrungen lernen Sie sehr schnell.
   b) Sie verdrängen die Vergangenheit und betrachten jede Situation für sich und unabhängig von Vorerfahrungen.
2. Wie gut hören Sie anderen zu?
   a) Sie hören jemandem genau zu und wägen jedes Wort ab.
   b) Sie vergessen häufig, was andere Ihnen sagen, erinnern sich aber an den Grundgedanken.
3. Wie aufmerksam sind Sie?
   a) Sie registrieren jedes Detail und achten auf alles um sich herum.
   b) Sie ignorieren Kleinigkeiten, scheinen aber das Gesamtbild zu erfassen.
4. Wie drücken Sie Ihre Gefühle aus?
   a) Sie können Ihre Gefühle frei ausdrücken.
   b) Obwohl Sie sich Ihrer Gefühle bewusst sind, drücken Sie diese nicht immer frei aus und behalten sie oft für sich.
5. Wie begegnen Sie anderen?
   a) Sie scheinen alle Menschen um sich herum zu mögen und zu akzeptieren.

b) Sie sind eher ein vorsichtiger Typ, der vielen Menschen nicht traut.

6. Wie verhalten Sie sich in schwierigen Lebenssituationen?

a) Sie wissen, dass Sie zu den Siegern gehören, egal was geschieht.

b) Sie stellen Ihr eigenes Überleben oft in Frage, wenn bestimmte negative Dinge passieren.

7. Was macht Sie glücklich?

a) Sie haben immer eine große Freude an den kleinen Dingen des Lebens.

b) Sie sind nur glücklich, wenn große und aufregende Dinge in Ihrem Leben geschehen.

8. Wie bewusst nehmen Sie andere Menschen wahr?

a) Sie wissen immer, mit wem Sie es zu tun haben.

b) Oft haben Sie keine Ahnung, mit was für einem Typ Mensch Sie es zu tun haben, und sind enttäuscht.

9. Wie wach und aufmerksam sind Sie in beruflichen Dingen?

a) Sie haben mehr gute als schlechte berufliche Entscheidungen getroffen.

b) Sie haben mehr schlechte als gute berufliche Entscheidungen getroffen.

10. Wie treffen Sie Entscheidungen?

a) In der Regel treffen Sie Ihre Entscheidungen allein und richten sich nur nach sich selbst.

b) Gewöhnlich treffen Sie Ihre Entscheidungen erst nach Rücksprache mit anderen und richten sich häufig nach deren Ratschlägen.

11. Wie sehen die Beziehungen aus, die Sie zu anderen haben?

a) Sie haben eine Menge enger, persönlicher und freundschaftlicher Bindungen.

b) Sie haben eine Menge lockerer Bekanntschaften, meiden aber zu engen Kontakt.

Die Bedeutung Ihrer Antworten

Wenn die Aussagen, die auf Sie zutreffen, mehrheitlich zur »a«-Gruppe gehören, sind Sie bereits auf dem Weg zum ausgezeichneten Menschenkenner. Wenn Sie elf »a«-Antworten gehabt haben, dann sind Sie ein außergewöhnlicher und scharfsinniger Mensch mit ausgeprägter Intuition und geschultem Bewusstsein, der es weit bringen wird.

Neun oder zehn »a«-Antworten sind immer noch ein guter Schnitt.

Mit sechs bis acht »a«-Antworten sind Sie durchschnittlich im Einschätzen anderer, und etwas Training würde Ihnen nicht schaden.

Alle, die zwischen drei und fünf »a«-Antworten angekreuzt haben, brauchen noch viel Übung, bis sie andere Menschen richtig einschätzen können. Sie haben öfter Fehler gemacht, als Ihnen lieb ist, und haben nicht die leiseste Ahnung, warum Sie immer wieder die gleichen Fehler begehen.

Wer weniger als drei »a«-Antworten gegeben hat, hat große Probleme. Solche Menschen laufen nämlich mit Scheuklappen herum und scheinen immer wieder die Opfer anderer zu werden. Dass ihr Selbstbewusstsein darunter gelitten hat, versteht sich von selbst.

Die zehn Charakteristika ausgezeichneter Menschenkenner

Menschen, die andere gut einschätzen können, vertrauen auf ihre Intuition. Im Folgenden beschreibe ich ein paar Eigenschaften, die solche Menschen haben:

1. Sie lernen aus vergangenen Erfahrungen und bemühen sich, den gleichen Fehler ein zweites Mal zu vermeiden. Sie können sich sehr gut an ihre Gefühle in schlechten Situationen erinnern. Die negative emotionale Reaktion ist so stark, dass sie dafür sorgen, dass sie sich nicht wiederholt.

2. Sie passen genau auf, was die anderen sagen, wie sie dies tun und wie sie dabei aussehen. Das erleichtert es ihnen ungemein, sich genau an das Gesagte zu erinnern.

3. Sie nehmen Reaktionen der anderen immer wahr. Sie beobachten deren Körperbewegungen, Gesten und Mimik. Auf diese Weise wissen sie genau, wie alle zueinander stehen.

4. Sie fürchten sich nicht, die gesamte Palette ihrer Gefühle auszudrücken, angefangen von Liebe über Angst bis Langeweile, und sie wissen immer genau, welche Gefühle sie in der jeweiligen Situation haben.

5. Sie nehmen das, was um sie herum geschieht, so bewusst wahr, dass sie dadurch oft vermeiden können, in lebensbedrohliche Situationen zu geraten.

6. Sie wissen, dass sie zu den Siegertypen gehören, und fühlen sich deshalb sicher. Sie wissen, dass sie nicht nur überleben werden, sondern dass es ihnen dazu noch sehr gut gehen wird, weil sie es verstehen, sich mit Leuten zu umgeben, die sie fördern.

7. Sie achten auf kleine Details, behalten das Gesamtbild im Auge und können auch die kleinsten Freuden des Lebens genießen.

8. Sie haben ein sehr gutes Gedächtnis, das sie trainieren, indem sie ihre Umwelt genau beobachten und wissen, mit wem sie es zu tun haben.

9. In der Regel treffen sie mehr richtige als falsche berufliche Entscheidungen. Die Risiken, die sie eingehen, sind kalkulierbar und gut durchdacht, da sie sich anderer Möglichkei-

ten und Optionen bewusst sind. Sie lassen sich nicht von Gruppendruck beeinflussen.

10. Sie haben ehrliche und gefestigte Freundschaften und tiefe zwischenmenschliche Beziehungen, weil sie die Reaktionen anderer ernst nehmen. Sie sind in der Lage, ihre Gefühle und Stimmungen auszudrücken, was Beziehungen ebenfalls festigt. Da sie ein geschärftes Bewusstsein haben, neigen sie in ihrem Leben weniger dazu, sich Freunde oder Partner auszusuchen, die ihnen schaden oder großen Kummer bereiten könnten.

Vergessen Sie nicht, Wissen ist Macht. Nun, da Sie erfahren haben, was einen Menschen ausmacht, der seiner Intuition vertrauen und andere richtig einschätzen kann, fahren Sie mit der Lektüre fort. Sie werden feststellen, dass sich Ihr Verständnis dessen, was andere wirklich meinen und wer sie wirklich sind, gewaltig verbessern wird. Je aktiver Sie Ihr Wissen umsetzen, umso leichter wird es für Sie, Angeber von echten Könnern schon in den ersten zehn Sekunden zu unterscheiden. Man wird glauben, Sie hätten einen Röntgenblick.

In diesem Kapitel werde ich eine Vielzahl von Übungen darlegen, die Ihnen dabei helfen, Ihre Fähigkeiten als Menschenkenner zu verfeinern. Diese Übungen sollen Ihr Bewusstsein für andere entwickeln und Ihren Blick auf Ihre eigenen Fähigkeiten schärfen. Je mehr Sie dies üben, desto besser werden Sie andere einschätzen können und wissen, was sie tatsächlich denken. Je weiter Sie diese Fertigkeiten entwickeln, desto mehr Einsichten werden Sie haben – und Einsicht bereichert letztlich Ihr eigenes Leben.

Innehalten, die Augen aufmachen und die Ohren spitzen

Diese drei einfachen Dinge haben wir in der Grundschule gelernt, als man uns die Verkehrsregeln beibrachte. Man hat uns gelehrt, am Straßenrand stehen zu bleiben, nach Autos zu schauen und auf weitere Autos zu hören. Ohne diese drei einfachen Regeln hätten wir in große Gefahr geraten können.

Warum verfahren wir im Umgang mit Menschen nicht genauso? Wenn wir uns nicht die Zeit nehmen innezuhalten, zu beobachten und zuzuhören, laufen wir Gefahr, verletzt zu werden. Wir könnten emotional angegriffen, ja zerstört werden.

Die meisten von uns hätten zwischenmenschliche Katastrophen vermeiden können, wenn sie sich die Zeit genommen hätten, einen Augenblick lang innezuhalten, die Gesichts- und Körperbewegungen des anderen zu beobachten und auf das, was sie sagten und wie sie es sagten, zu hören. Sinnvoll ist auch, auf sich selbst zu hören: »Wie geht es mir mit diesem Menschen? Gut? Schlecht?«

Wenn wir lernen innezuhalten, die Augen offen und die Ohren gespitzt zu haben, ehe wir uns in private oder geschäftliche Beziehungen stürzen, müssen wir keine weiteren unruhigen Nächte verbringen, in denen wir unsere Fehlentscheidungen heftig bereuen.

Die nachfolgende Übung ist ein erster Schritt. Zu Anfang mag diese Übung seltsam anmuten, aber mit der Zeit wird Sie Ihnen ganz natürlich vorkommen, und Sie werden in fast jeder Situation in der Lage sein, die Menschen schneller einzuschätzen.

Übung 1: Reise nach Jerusalem

Um einen Prozess zu verstehen, ist es wichtig, ihn in einzelne Schritte zu zerlegen und Stufe um Stufe zu betrachten. Erinnern Sie sich noch an das Spiel »Reise nach Jerusalem« aus Ihrer Kindheit? Sie liefen um kleine Stühle und hörten einer im Hintergrund laufenden Melodie zu, die sie vielleicht mitsummten. Plötzlich brach die Musik ab, und Sie sollten wie erstarrt stehen bleiben. Sie haben vor Freude gequiekt, wenn Sie zufällig vor einem Stuhl zum Stehen kamen; wenn nicht, ist wohl Ihr Herz tiefer gerutscht bei diesen ersten Enttäuschungen, denen noch viele weitere in Ihrem Leben folgen sollten. Vielleicht haben Sie auch Tränen vergossen, wenn Sie bemerkten, dass Sie nicht vor einem Stuhl standen, denn das bedeutete schließlich auch, dass Sie nicht mehr mitspielen durften. Der Augenblick des Erstarrens erlaubte Ihnen festzustellen, ob Sie einen Stuhl hinter sich hatten und somit im Spiel blieben oder aber ausgeschieden waren. Das Gleiche gilt für das Leben allgemein: Sie müssen einige Sekunden lang innehalten und geistig erstarren, wenn Sie einen anderen Menschen treffen, um die Situation abzuschätzen und festzustellen, wer dieser andere wirklich ist.

Denken Sie an das Spiel »Reise nach Jerusalem«, wenn Sie jemanden neu kennen lernen. Halten Sie inne, und erstarren Sie für eine Sekunde! Nehmen Sie sich die Zeit festzustellen, ob hinter Ihnen ein gedachter Stuhl ist: Steht hier ein emotional gefestigter Mensch oder jemand, dem man das Fundament unter den Füßen wegziehen kann? Nehmen Sie sich die Zeit zu entscheiden, wer dieser Mensch wirklich ist.

Gehen Sie wie folgt vor: Sagen Sie sich im Geiste: »Stillstehen!« Atmen Sie etwa zwei Sekunden kurz durch den Mund ein, um dann etwa für zwei Sekunden zu verharren. Beim Ausatmen lassen Sie alle Vorurteile über den Menschen vor Ihnen los, damit Sie alle Informationen objektiv mit Ihren Sinnen aufnehmen können.

Schauen Sie diesem Menschen direkt ins Gesicht, während Sie nun zwei Sekunden lang durch die Nase einatmen. Halten Sie Ihren Atem zwei Sekunden an, und atmen Sie dann durch den Mund wieder aus, derweil Sie genau beobachten.

Während der andere mit Ihnen spricht, fahren Sie mit dieser Atemübung fort, bis Sie außer Atem sind und wieder Luft holen müssen. Während Sie drei Sekunden lang durch die Nase einatmen, achten Sie genau darauf, was der Mensch mit seinem Körper, seiner Haltung, seinem Oberkörper, seinen Armen, Händen und mit dem Gesicht macht. Atmen Sie durch den Mund aus, und achten Sie darauf, was der andere gerade sagt und wie er es sagt.

Wenn Sie jetzt wieder durch den Mund einatmen, achten Sie auf Ihre Gefühle, die sich diesem Menschen gegenüber einstellen. Welche Gefühle erzeugt er bei Ihnen: gute oder schlechte?

Übung 2: Der Beobachter

Im Folgenden stelle ich Ihnen eine sehr gute Übung vor, die Sie bei der nächsten Party, bei der Sie nur wenige Leute kennen, ausprobieren könnten. Als Erstes müssen Sie sich entspannen. Tun Sie so, als ob Sie Darsteller in einem Spielfilm beobachten würden. Das hilft Ihnen einerseits, etwaige Unsicherheiten abzulegen, und andererseits, Ihren Kopf frei zu machen und sich für die nun auf Sie einströmenden Gefühle zu wappnen.

Betrachten Sie den Raum objektiv. Sehen Sie sich die Einrichtung an: das Mobiliar, den Teppich, die Wände. Nun beobachten Sie die Menschen im Raum. Lassen Sie sich Zeit, überfordern Sie sich nicht. Beobachten Sie jeden Einzelnen, wie er sich bewegt und wie er mit anderen spricht. Verfolgen Sie ganz genau, wie Ihr Körper reagiert, und deuten Sie die physischen Reaktionen als Antworten. Wie verändert sich Ihr Atem? Bleibt er rhythmisch? Atmen Sie schwer? Verringert sich Ihre Atemaktivität? Geht Ihr Atem schnell? Ihre physische Antwort in Form des Atems ist das Signal, ob Sie sich gut oder schlecht unter diesen Menschen fühlen. Besonders aussagekräftig ist Ihr Atem, wenn Sie versuchen, sich bewusst zu entspannen, zwei Sekunden lang durch den Mund einatmen, die Luft zwei Sekunden lang anhalten und zehn Sekunden lang langsam ausatmen. Dies sollten Sie immer machen, bevor Sie anfangen, andere Menschen zu studieren.

Während Sie die Menschen beim Vorbeigehen beobachten, ordnen Sie ihnen das erste Eigenschaftswort zu, das Ihnen einfällt und das diesen Menschen beschreibt, wie zum Beispiel »glücklich« oder »komisch« oder »blau«. Es ist egal, wie seltsam diese Assoziation einem anderen vorkommen mag, solange sie nur für Sie stimmig ist. Danach überlegen Sie, ob es ein positives oder negatives Wort war – fragen Sie sich selbst, ob Sie, während Sie den Menschen beobachteten, ein positives oder ein negatives Gefühl verspürten.

Mit dieser Übung kann man das Gehirn trainieren, die Wahrnehmungs- und die Gefühlsseite vollständig miteinander zu verknüpfen.

Übung 3: Emotionale Bewusstheit

Nachdem Sie neue Leute kennen gelernt, einige Zeit mit ihnen verbracht und sich die Frage gestellt haben, ob sie ein positives oder negatives Gefühl ausgelöst haben, gehen Sie noch einen Schritt weiter und bestimmen, welche Gefühle es im Einzelnen waren. Fragen Sie sich: Fühle ich mich glücklich? Traurig? Zornig? Voller Mitgefühl? Hasserfüllt? Geliebt? Gelangweilt? Abgestoßen? Lebendig? Tot? Voller Energie? Ausgelaugt? Sexuell attraktiv? Schrecklich?

Wenn Sie die passende Antwort gefunden haben, stellen Sie sich noch eine weitere Frage: Warum lässt diese Person mich so fühlen? Nehmen wir zum Beispiel Juan, den Sie gerade kennen gelernt haben und der Ihnen ein gutes Gefühl gibt. Sie sehen sich die obige Liste an und stellen fest, dass er Ihnen das Gefühl gibt, attraktiv zu sein. Nun ist es wichtig herauszufinden, warum er Ihnen dieses Gefühl vermittelt. Möglicherweise war es die Art, wie er Ihnen in die Augen sah, ohne nur eine Sekunde den Blickkontakt zu unterbrechen, während er mit Ihnen sprach, und die schönen Worte, die er Ihnen sagte.

Andererseits stellen Sie vielleicht fest, dass Carrie einen negativen Einfluss auf Sie hatte und Sie sich in ihrer Nähe absolut schlecht fühlten. Wenn Sie nun in der obigen Liste nachlesen, werden Sie möglicherweise erkennen, dass Sie sich emotional so ausgelaugt fühlen, weil Carrie ununterbrochen redete und Ihnen eine tragische Leidensgeschichte nach der anderen auftischte. Sie hat so schnell und ausgelassen gesprochen, dass Sie danach für eine Ruhepause reif waren.

Innehalten, hinschauen, auf die eigenen Gefühle hören und sich damit auseinandersetzen, warum jemand einen negativen Einfluss auf Sie haben könnte, veranlasst Sie vielleicht, dermaßen auf der Hut zu sein, dass Sie niemandem mehr die Tür öffnen, der nicht in Ihr Leben gehört. Sie sollten sich die Zeit nehmen, die eigenen Gefühlen zuzulassen, denn nur so können Sie sich Kummer ersparen.

Übung 4: Fotografisches Gedächtnis

Rufen Sie sich ein Ereignis oder eine Reise ins Gedächtnis zurück, die zwischen sechs Monaten und einem Jahr zurückliegt und die Sie auf Fotos oder noch besser auf einem Video festgehalten haben. Schauen Sie sich die Fotos noch nicht an. Schreiben Sie zuerst auf einem Blatt Papier alles auf, was Sie noch über das Ereignis oder die Reise wissen.

Nehmen wir einmal an, Sie haben eine Kreuzfahrt gemacht. Versuchen Sie sich zu erinnern, was Sie an den einzelnen Tagen der Kreuzfahrt angehabt haben und wohin Sie gefahren sind. Erinnern Sie sich an so viele Einzelheiten wie nur möglich, beginnend mit den Hüten, die Sie getragen haben, bis hin zur Farbe des Nagellacks, falls Sie sich die Nägel lackiert haben.

Beschreiben Sie die Menschen, die Sie getroffen haben, in allen Einzelheiten. Versuchen Sie sich ihre Namen ins Gedächtnis zu rufen und ihre Kleidung. Hatten sie vielleicht irgendwelche besonderen Merkmale? Haben sie seltsame Dinge oder etwas Ungewöhnliches getan? Was haben Sie gegessen und getrunken?

Nachdem Sie alles im Detail aufgeschrieben haben, schauen Sie sich die Fotos oder das Video an. Suchen Sie nach Einzelheiten, und vergleichen Sie, wie viel Sie davon schon aufgeschrieben haben. Wie oft war das richtig? Wie gut war Ihr Langzeitgedächtnis bei dieser Gelegenheit?

Viele Leute beschweren sich über ihr mangelndes Erinnerungsvermögen. Ich glaube nicht, dass die meisten Menschen ein schlechtes Gedächtnis haben – es sei denn, sie haben einen neurologischen Defekt oder die regelmäßige Einnahme von Medikamenten beeinträchtigt ihr Gedächtnis. Die meisten wissen nur nicht, wie sie ihr Gedächtnis trainieren können, um es zu verbessern. Je mehr Sie daran arbeiten, Ihre Umwelt bewusst wahrzunehmen, umso deutlicher werden Ihnen die Gegenwart und die Vergangenheit im Gedächtnis haften bleiben. Ihr Erinnerungsvermögen wird sich gewaltig verbessern.

Machen Sie diese Übung in sechs Monaten noch einmal, nach einem schönen Ereignis, das Sie ebenfalls auf Fotos oder Film festgehalten haben. Schreiben Sie alles auf, an das Sie sich erinnern, und überprüfen Sie anhand der Foto- und Filmbelege, wie gut Ihre Erinnerung war. Sie werden überrascht sein, um wie viel besser Ihr Gedächtnis auf lange Sicht wird, wenn Sie diese Übung regelmäßig machen.

Wenn Sie das nächste Mal Menschen auf einem Foto anschauen, die Sie schon gut kennen, aber noch besser kennen lernen wollen, achten Sie sorgfältig auf deren Gesichts- und Körpersprache. Suchen Sie nach Signalen wie zum Beispiel, in welchem Abstand sie voneinander stehen. Achten Sie darauf, ob sie einander zugewandt sind. Beobachten Sie, ob sie steif und unbeweglich wirken. Machen sie den Eindruck, als ob es ihnen Unbehagen bereite beieinanderzustehen? Lächeln sie angespannt, oder wirkt ihr Lächeln unecht? Scheinen sie sich am falschen Ort zu befinden? Geht ein Gefühl der Verlegenheit von ihnen aus? Welche Gefühle haben Sie, wenn Sie sich das Foto ansehen? Macht es Sie glücklich oder traurig, oder bringt Sie das Foto zum Lachen? Sehen die Menschen darauf so aus, als ob es ihnen gut ginge? Wenn Sie sich darin üben, Menschen genau zu studieren, und die oben genannten Fragen beantworten, üben Sie sich im Lesen zwischen den Zeilen.

Das Studieren von Fotos berühmter Persönlichkeiten in Zeitschriften ist eine weitere gute Übung. Achten Sie darauf, wie nah oder fern sie von anderen stehen, und schauen Sie auf Gesichtsausdruck und Haltung. Ob Sie sich die Fotos Ihrer Lieblingsstars, Familienmitglieder oder sogar Fotos von sich selbst ansehen, spielt keine Rolle: Sie werden mehr erfahren, als Worte über Menschen und deren Beziehungen zu anderen sagen können.

Übung 5: Wir gehen ins Kino

Das Studieren großer Schauspieler auf der Leinwand kann Ihre Fähigkeit, andere einzuschätzen, verbessern. Berühmte Schauspieler schaffen es mit Leichtigkeit, die Zuschauer so zu faszinieren, dass man gerne vergisst, dass sie nur schauspielern. Der Kinogänger fühlt sich wie in einer anderen Welt, in einer Fantasiewelt, in der der Schauspieler tatsächlich lebt.

Wenn Sie sich einen dieser großen Filme angeschaut haben, belassen Sie es nicht dabei. Sehen Sie sich den Film noch einmal an, und beobachten Sie, ob Sie beim zweiten Mal auf Dinge stoßen, die Sie beim ersten Mal übersehen haben. Sie werden überrascht sein, was Sie noch alles entdecken.

Übung 6: Lassen Sie den Ton weg

Leihen Sie sich ein Video aus, und beobachten Sie einen guten Schauspieler mit abgedrehtem Ton. Allein durch den Gesichtsausdruck und die Körpersprache erfahren Sie viel über den Schauspieler. Das Thema wird nicht durch Worte vernebelt. Sehen Sie sich die gleiche Szene noch einmal an, diesmal aber mit Ton. Achten Sie darauf, wie viel mehr Information Sie nun erhalten und was für einen Unterschied das macht.

Wenn Sie herausfinden wollen, ob eine Politgröße im Fernsehen die Wahrheit sagt, brauchen Sie nur den Ton abzuschalten. Beobachten Sie ihre Körpersprache, und schon wissen Sie Bescheid. Greift sie sich oft an den Mund, oder berührt sie häufig die Augen? Wenn ja, kann dies ein unbewusster Versuch sein, den Ausdruck so zu manipulieren, um die Wahrheit zu verschleiern.

Durch die Beobachtung der Körpersprache lernen Sie, sich

auf die Feinheiten des Gesichtsausdrucks, der Schulterbewegungen, Gesten und Mimik zu konzentrieren. Selbst wie jemand sitzt und geht, kann sehr aufschlussreich sein.

Je öfter Sie diese Übung machen, umso mehr werden Sie lernen. Sie werden gezwungen, den emotionalen Zustand anderer, der sich durch ihr äußeres Benehmen ausdrückt, bewusster wahrzunehmen.

Übung 7: Achten Sie auf den Text

Liedtexte bieten eine weitere Möglichkeit, auf das zu hören, was andere sagen wollen. Man kann sich angewöhnen, mehr auf Worte zu achten und weniger auf den Klang.

Die meisten überhören die Worte und neigen dazu, sich in die Melodien zu versenken. Konzentriert man sich dagegen auf den Text, wird man gezwungen, sich mit der Botschaft auseinanderzusetzen, die das Lied vermitteln will. Möglicherweise verstehen Sie nicht alles. Aber je häufiger Sie sich das Lied anhören, umso besser werden Sie verstehen, worum es in dem Lied geht.

Diese Hörübung können Sie zu Hause, im Auto und in der Freizeit machen. Sie wird Ihnen helfen, bei Gesprächen mit anderen aufmerksamer zu sein. Auf diese Weise werden Sie ein besserer Zuhörer.

Übung 8: Die Fliege an der Wand

Sind Sie schon einmal auf einem Fest gewesen, wo Sie niemanden kannten und sich deshalb unwohl fühlten? Ich verrate Ihnen eine Methode, mit der Sie sich wie zu Hause fühlen können. Setzen Sie sich einfach irgendwohin, und hören Sie zu. Sie müssen kein Wort sagen. Öffnen Sie nur die Augen und konzentrieren sich auf das, was die anderen sagen.

Für gewöhnlich bin ich dagegen, Gespräche anderer Leute zu belauschen, aber in diesem Fall mache ich eine Ausnahme. So lange Sie das Gehörte nicht als Waffe gegen den anderen einsetzen, können Sie ruhig zuhören.

Tun Sie dies aufmerksam und unvoreingenommen, achten Sie auf den Tonfall in den Stimmen der anderen. Achten Sie auch darauf, wie laut oder wie leise sie sprechen. Haben ihre Stimmen einen aggressiven oder einen sanft modulierten Ton? Wie sprechen sie miteinander? Kanzeln sie andere ab, verwenden sie sarkastische Bemerkungen oder machen sie bissige Einwürfe? Konkurrieren sie miteinander, zieht jemand eine verbale Ein-Mann-Show ab? Klingen sie, als ob sie sich tatsächlich respektierten und wirklich liebten? Kann man echte Zuneigung oder Feindseligkeit heraushören?

Durch die akustische Beobachtung der Gespräche anderer werden Sie so gute Hörfertigkeiten entwickeln, dass Sie in der Lage sein werden, zwischen den Zeilen zu lesen, wenn andere sprechen. Der Klang und die verwendeten Worte verraten Ihnen viel über diese Menschen.

Übung 9: Tischnachbar im Restaurant

Das Beobachten in öffentlichen Räumen ist nicht nur sehr unterhaltsam, sondern gibt uns auch tiefe Einblicke in menschliche Beziehungen. Je mehr Erfahrung Sie bei der Beobachtung fremder Menschen im Umgang miteinander sammeln, indem Sie deren Körper, Gesicht, Stimme und Worte studieren, desto besser können Sie die gewonnenen Fertigkeiten für Ihr eigenes Leben verwenden.

Stellen Sie sich vor, Sie beobachten gerade ein Paar an einem Tisch. Die Frau lässt ihren Blick im Raum umherschweifen und drückt den Rücken fest an die Stuhllehne, während der Mann redet. Er hingegen beugt sich zu der Frau hinüber. Je weiter der Abend voranschreitet, desto deutlicher wird, dass die Frau an dem Mann nicht interessiert ist, sich aber sehr schwer tut, es ihm zu sagen. Er ist der »Angreifer«, was seine Körpersprache und Mimik demonstrieren.

Wenn Sie sehr viele Paare beobachtet haben, werden Sie feststellen, dass der Einhaltung eines bestimmten räumlichen Abstands, einer bestimmten Kopfhaltung, einem Gesichtsausdruck oder einer Arm- und Handbewegung eine wichtige Bedeutung zukommt.

Wenn Sie das nächste Mal in ein Restaurant gehen, versuchen Sie, etwas eher zu kommen, damit Sie sich an die Bar setzen können. Ich finde, dies ist einer der besten Aussichtsplätze. Auch beim Mittag- oder Abendessen allein lassen sich Fertigkeiten, andere einzuschätzen, bestens trainieren. Viele, die auf Geschäftsreise sind, scheuen sich, allein in ein schönes Lokal zum Essen zu gehen, und bestellen sich stattdessen lieber etwas aufs Zimmer. Das ist nun nicht mehr nötig. Jetzt haben Sie etwas, mit dem Sie sich beschäftigen können – ein Überangebot an Menschen, die sich studieren lassen. Je mehr Sie üben, desto besser werden Sie im Einschätzen anderer.

Wenn es Ihnen unangenehm ist, allein zu sein, machen Sie eine Übung, die Ihre Anspannung verringert. Atmen Sie drei Sekunden durch den Mund ein, und halten Sie dann die Luft drei Sekunden an. Atmen Sie anschließend so schnell aus, wie Sie nur können. Wiederholen Sie diese Übung noch dreimal, und Sie werden sich viel entspannter fühlen. Warum? Weil Ihr Gehirn mit mehr Sauerstoff versorgt wird, was die Anspannung lindert.

Das Beobachten von Menschen lässt sich überall üben: am

Flughafen, beim Spaziergang im Park oder wenn Sie irgendwo in der Schlange stehen.

Übung 10: Schalten Sie Nebengeräusche ab

Bevor Sie anfangen, einen anderen Menschen kennen zu lernen, müssen Sie Ihre eigene Mitte, zu sich selbst finden. Es gibt viele Möglichkeiten, die Ruhe, die Sie dafür benötigen, zu schaffen. Egal, ob Sie durch Meditation oder auf anderem Weg in Kontakt mit Ihrem spirituellen Ich kommen wollen, das Ziel ist immer dasselbe: Sie müssen »mentale Nebengeräusche« ausmerzen, damit Sie sich auf Ihr Gegenüber konzentrieren können. Sie müssen den Alltagslärm wie etwa Straßen-, Baulärm oder Babygeschrei ausblenden.

Um das zu bewerkstelligen, wenden Sie die oben beschriebenen Atemübungen an. Zuerst atmen Sie drei Sekunden lang durch die Nase ein, halten den Atem drei Sekunden an, dann atmen Sie langsam wieder zehn Sekunden durch die Nase aus. Machen Sie diese Atemübung zehnmal hintereinander – Sie werden überrascht sein, wie entspannt Sie sind. Der Lärm wird Sie nicht mehr stören, und Ihre Probleme werden Ihnen weit weg scheinen.

Mit dieser Übung lassen sich auch unangenehme Dinge aus der Vergangenheit schnell vergessen und Ereignisse, die erst kurze Zeit zurückliegen, rasch beiseiteschieben. Viele Menschen können ihre Vergangenheit nicht abstreifen und beschäftigen sich mit ihr auch in der Gegenwart. Dadurch fehlt es ihnen an Konzentration und dem klaren Blick, der nötig ist, um anstehende Probleme zu lösen und andere Menschen einzuschätzen. In der Folge machen sie mehr Fehler bei der Beobachtung und Beurteilung von Menschen und Situationen.

Nehmen wir einmal an, Sie hatten einen kleinen Streit mit Ihrer Freundin und gehen im Anschluss daran zu einem wichtigen Geschäftstermin. Das zornige Gefühl begleitet Sie. Da Ihnen der Zorn noch im Nacken sitzt, ist die Wahrscheinlichkeit groß, dass Sie auf Ihre Geschäftspartner negativ reagieren.

Blenden Sie also den mentalen Lärm aus, und Sie werden glücklicher, gesünder und erfolgreicher sein.

Teil 2

Die Beherrschung
der vier Kommunikationswege

Einleitung: Checkliste zum Einschätzen Ihrer Mitmenschen

Nachdem Sie die Übungen zum Einschätzen der Menschen gemacht haben, sind Sie bestens darauf vorbereitet zu analysieren, wie sich ein Mensch in allen vier Kommunikationsbereichen darstellt: Sprache, Stimme, Körpersprache und Gesichtsausdruck. In den Kapiteln 5 bis 8 werde ich auf Ihre Ergebnisse genau eingehen; augenblicklich ist es nur wichtig, gewisse Charakteristika bei den Menschen, die Sie gerade studieren, gemäß ihrem Vorhandensein entweder mit einem »Ja« oder einem »Nein« zu kennzeichnen.

Sprache

Lispeln	☐ JA	☐ NEIN
Umgangssprache	☐ JA	☐ NEIN
Sarkastische Ausdrücke	☐ JA	☐ NEIN
»Ich hab nur Spaß gemacht«	☐ JA	☐ NEIN
Begrenzter Wortschatz	☐ JA	☐ NEIN
Einfache Grammatik	☐ JA	☐ NEIN
Tratschen	☐ JA	☐ NEIN
Insiderbegriffe	☐ JA	☐ NEIN
Fluchen	☐ JA	☐ NEIN
Abwerten der eigenen Person	☐ JA	☐ NEIN
Ständiges Reden über sich selbst	☐ JA	☐ NEIN

Verraten von wichtigen Informationen	☐ JA	☐ NEIN
Schulmeistern	☐ JA	☐ NEIN
Verlegenheitswörter wie »eigentlich« oder »weißt du«	☐ JA	☐ NEIN
Reden um den heißen Brei	☐ JA	☐ NEIN
Unterbrechen	☐ JA	☐ NEIN
Verwenden von großen Worten	☐ JA	☐ NEIN
Wortkargheit	☐ JA	☐ NEIN
Mangelndes Vertreten des eigenen Standpunkts oder Äußerungen wie »Ich weiß nicht«	☐ JA	☐ NEIN
Bruchstückhaftes Sprechen	☐ JA	☐ NEIN
Unfertige Sätze	☐ JA	☐ NEIN
Schmeichelnde Kommentare	☐ JA	☐ NEIN
Feuchte Aussprache	☐ JA	☐ NEIN
Gekünstelte Sprache	☐ JA	☐ NEIN
Großzügiger Umgang mit Komplimenten	☐ JA	☐ NEIN
Worte, die Taten Lügen strafen	☐ JA	☐ NEIN
Worte, die im Einklang mit den Taten sind	☐ JA	☐ NEIN
Häufiges Kichern oder Lachen	☐ JA	☐ NEIN
Seltsamer Inhalt	☐ JA	☐ NEIN

Stimme

Zittrig	☐ JA	☐ NEIN
Hart, rau	☐ JA	☐ NEIN
Winselnd	☐ JA	☐ NEIN
Gehaucht oder schmeichelnd	☐ JA	☐ NEIN
Nuschelnd	☐ JA	☐ NEIN
Laut	☐ JA	☐ NEIN
Das Ende der Sätze verschluckend	☐ JA	☐ NEIN

Übertrieben artikuliert	☐ JA	☐ NEIN
Gewollt süß	☐ JA	☐ NEIN
Leblos, langweilig	☐ JA	☐ NEIN
Zu leise	☐ JA	☐ NEIN
Zu laut	☐ JA	☐ NEIN
Zu lange pausierend	☐ JA	☐ NEIN
In abgehacktem Stakkato-Ton	☐ JA	☐ NEIN
Angriffslustig	☐ JA	☐ NEIN
Frenetisch, manisch	☐ JA	☐ NEIN
Stotternd und stammelnd	☐ JA	☐ NEIN
Zu schnell	☐ JA	☐ NEIN
Zu langsam	☐ JA	☐ NEIN
Zornig, gereizt	☐ JA	☐ NEIN
Am Satzende ansteigend, fragend	☐ JA	☐ NEIN
Zu tief	☐ JA	☐ NEIN
Zu hoch	☐ JA	☐ NEIN
Begeistert	☐ JA	☐ NEIN
Wohlklingend	☐ JA	☐ NEIN

Körpersprache

Haltung

Selbstbewusst	☐ JA	☐ NEIN
Zu wenig Abstand wahrend	☐ JA	☐ NEIN
Zu große Distanz haltend	☐ JA	☐ NEIN
Hin und her schaukelnd	☐ JA	☐ NEIN

Arme und Hände

Wildes Fuchteln mit den Armen	☐ JA	☐ NEIN
Übertriebene Handbewegungen	☐ JA	☐ NEIN
Zu fester Händedruck	☐ JA	☐ NEIN

Zu weicher Händedruck	☐ JA	☐ NEIN
Unbewusstes Anfassen von Gegenständen	☐ JA	☐ NEIN
Sichtbare Selbstverstümmelung	☐ JA	☐ NEIN
Gebeugte Haltung	☐ JA	☐ NEIN
Übertrieben gerade Haltung	☐ JA	☐ NEIN

Bewegungen

Abgehackte Stakkato-Bewegungen	☐ JA	☐ NEIN
Hoch aufgerichtete Haltung	☐ JA	☐ NEIN
Ungeschickte, schwerfällige Bewegungen	☐ JA	☐ NEIN
Zu schnelles Gehen	☐ JA	☐ NEIN
Zu langsames Gehen	☐ JA	☐ NEIN
Lärm beim Gehen	☐ JA	☐ NEIN
Schlurfender Gang	☐ JA	☐ NEIN

Gesichtsausdruck

Selbstbewusste Miene	☐ JA	☐ NEIN
Augenzucken	☐ JA	☐ NEIN
Starren	☐ JA	☐ NEIN
Weit aufgerissene Augen	☐ JA	☐ NEIN
Schnellende Blicke	☐ JA	☐ NEIN
Blicke nach oben	☐ JA	☐ NEIN
Blicke nach unten	☐ JA	☐ NEIN
Rollen mit den Augen	☐ JA	☐ NEIN
Lippenlecken oder Lippenbeißen	☐ JA	☐ NEIN
Unpassendes Lachen oder Lächeln	☐ JA	☐ NEIN
Zusammengebissene Zähne, angespannte Kiefer	☐ JA	☐ NEIN
Leblose, gelangweilte Miene	☐ JA	☐ NEIN
Sehr belebter Ausdruck	☐ JA	☐ NEIN

Falsches Lächeln	☐ JA	☐ NEIN
Zusammengepresste Lippen, verkniffenes Lächeln	☐ JA	☐ NEIN
Erröten oder Erbleichen	☐ JA	☐ NEIN
Stirnrunzeln	☐ JA	☐ NEIN
Zusammengezogene Brauen	☐ JA	☐ NEIN
Schielen	☐ JA	☐ NEIN
Nasekräuseln	☐ JA	☐ NEIN
Schräglegen des Kopfes	☐ JA	☐ NEIN
Hängenlassen des Kopfes	☐ JA	☐ NEIN
Nach vorne geschobener Unterkiefer	☐ JA	☐ NEIN
Zurückwerfen des Kopfes	☐ JA	☐ NEIN

5. Kapitel

Der Schlüssel zur Sprache

Das Entschlüsseln der Sprachsignale

Damit Sie effektiv analysieren können, was ein Mensch sagt, müssen Sie 31 Eigenschaften unter die Lupe nehmen, die Rückschlüsse auf seine charakteristischen Persönlichkeitsmerkmale zulassen.
Beantworten Sie die folgenden Fragen mit Ja oder Nein.

1. Macht der andere abfällige Bemerkungen, die er durch »Das war doch nur ein Scherz!« abzuschwächen versucht, wenn er Ihre negative Reaktion auf die Bemerkung feststellt?
2. Ist er sich der Bedeutung seiner Wortwahl nicht bewusst, und scheint er beim Sprechen in jedes Fettnäpfchen zu treten?
3. Scheint er allem, was Sie sagen, zu widersprechen? Sucht er Streit?
4. Schmälert der andere Sie?
5. Redet und redet er, als ob er nicht mehr aufhören wollte?
6. Scheint er immer zu tratschen und Geschichten über andere zum Besten zu geben?
7. Hüpft er von einem Thema zum anderen, sodass man ihm kaum folgen kann und nicht versteht, was er gerade meint?
8. Redet er ununterbrochen über sich selbst und schenkt Ihnen kaum Interesse während des Gesprächs?
9. Überschwemmt er Sie mit einer Flut von Fragen zu Dingen, die ihn im Grunde genommen nichts angehen?

10. Erzählt er Ihnen mehr, als Sie wissen wollen?

11. Spricht er nicht offen, weicht aus und redet um den heißen Brei herum, kommt er nicht zum eigentlichen Thema und braucht eine Ewigkeit, um Ihnen etwas zu erzählen?

12. Ist er taktlos und schockierend offen, wenn er spricht?

13. Mindert er sich selbst herab und gibt sich zurückhaltend beim Sprechen?

14. Antwortet er auf jede Frage mit »Ich weiß es nicht«?

15. Erwischen Sie ihn immer wieder beim Lügen oder Schwindeln?

16. Lispelt er oder hat Schwierigkeiten, Zischlaute korrekt auszusprechen?

17. Verwendet er immer wieder Insiderausdrücke und Worte eines Sprachbereichs oder einer ethnischen Gruppe, obwohl Sie vielleicht nicht verstehen, was er sagt?

18. Verwendet er saloppe Umgangssprache?

19. Hält er sich mit Nebensächlichkeiten auf, die wenig oder gar nichts mit dem augenblicklichen Thema zu tun haben?

20. Stammelt oder stottert er beim Sprechen?

21. Nuschelt er?

22. Spricht er bruchstückhaft, sodass es schwer fällt zu verstehen, was er sagen will?

23. Spricht er zögerlich und wägt seine Worte sorgfältig ab, bevor er etwas sagt?

24. Beschwert er sich andauernd?

25. Geizt er mit Worten? Muss man ihm jedes Wort aus der Nase ziehen?

26. Wirkt er herablassend beim Sprechen? Hat man das Gefühl, er hielte einen Monolog, anstatt in Dialog zu treten?

27. Versucht er einen durch beleidigende Worte aufzustacheln?

28. Fängt er immer wieder mit den gleichen Geschichten an und hackt auf Dingen herum?

29. Unterbricht er andere oft? Lässt er Sie nicht zu Ende sprechen oder gar nicht erst anfangen?
30. Verwendet er immer wieder Flüche?
31. Ist er an dem, was Sie zu sagen haben, nicht interessiert?

Die Auswertung

Wenn Sie alle Fragen mit Ja beantwortet haben, hatten Sie ein Gegenüber mit »negativen« Sprachgewohnheiten. Je mehr Ja-Antworten Sie gegeben haben, umso negativer wirkt der Mensch auf Sie.

Nachdem Sie jetzt die Sprache dieses Menschen analysiert haben, geht es darum, die Antworten zu deuten und sie in das Puzzle einzufügen, das letztlich das Persönlichkeitsprofil eines Menschen ergibt.

Was die Sprache verrät

Ausgehend von meinen beiden beruflichen Hauptbereichen – Beratungspsychologie und Kommunikationsstörungen – habe ich mehr als 20 Jahre lang die Bedeutung und die Feinheiten der menschlichen Stimme und Sprache untersucht. Ich habe dabei ein neues, auf wissenschaftlicher Grundlage basierendes Konzept entwickelt, das ich »die verräterischen Signale der Sprache« nenne.

Dabei handelt es sich um eine Technik, mittels deren Sie Menschen schnell und genau einschätzen können, ohne dass Sie sich einzig auf Instinkt und Intuition verlassen müssen. Genauso wie der Wissenschaftler Paul Ekman von der kalifornischen Universität in San Francisco »die verräterischen Signale der Mimik« untersucht hat, um den wahren emotionalen Zustand eines Menschen visuell zu bestimmen, habe ich Verräterisches in Stimme und Sprache studiert, um auditiv zu untersuchen, wie ein Mensch klingt. Diese Methode gestattet Ihnen, bestimmte Stimm- und Sprachcharakteristika so auszulegen, dass Sie Menschen sehr schnell einschätzen.

In diesem Kapitel werde ich einige bekannte Sprach- und Sprechmuster erläutern, damit Sie wissen, was sie bedeuten, wenn jemand sie benutzt.

Sie werden lernen, Menschen zu verstehen, die diese Muster verwenden, insbesondere, wenn Sie sich – wie später in diesem Buch – ein Bild von deren Persönlichkeitsprofil machen.

Sie werden erfahren, wie Menschen durch das, was sie sagen, kommunizieren und was das Gesagte über sie selbst aussagt, aber auch, was es bedeutet, wenn jemand sarkastische Seitenhiebe macht, von einem Thema zum andern springt, ständig unterbricht oder unfähig scheint, den Mund zu halten.

Sie werden die Eigenschaften von Menschen kennen lernen, die bruchstückhaft sprechen und Sätze nicht vollenden. Mit dem Wissen über solche »verräterischen Signale der Sprache« können Sie die Vertrauenswürdigkeit, das Selbstwertgefühl, die Spielbereitschaft, die Egozentrik, die emotionale Reife und den psychologischen Zustand eines Menschen bestimmen.

Spitzen Sie die Ohren

Mein Kollege Dr. Paul Cantalupo pflegte immer zu sagen, wenn man Menschen lange genug reden lasse, sagten sie einem alles, was man über sie wissen muss – und zwar wirklich alles.

Er meinte damit, dass die Kunst, ein guter Zuhörer zu sein, uns herausfinden lässt, wer jemand wirklich ist, indem man ihm erlaubt, wichtige Dinge über sich selbst zu offenbaren. Menschen, die riskante und unangemessene Dinge preisgeben, sind nicht in der Lage, etwas für sich zu behalten. Sie können es deshalb nicht, weil sie keine Grenzen kennen. Wenn solche Menschen Ihnen ihre intimsten Geheimnisse bis ins kleinste Detail erzählen, tun sie damit kund, dass sie mit psychischen Problemen belastet sind. Und darüber sollten Sie Bescheid wissen.

Alles, was Sie wissen müssen, und mehr

Vor einiger Zeit suchte ich einen Presseagenten. Eine der Kandidatinnen, mit denen ich ein Gespräch führte, stellte mir nicht eine Frage zu meiner Arbeit und meinem beruflichen Werdegang, sondern erzählte mir stattdessen von ihrem eigenen Privatleben und wie sehr sie in einen Mann verliebt war, den sie gerade erst kennen gelernt hatte. Sie fragte mich andauernd um Rat, was sie tun und sagen sollte, um diesen Mann dazu zu bringen, sich in sie zu verlieben. Im Laufe des Gesprächs stellte sich allerdings heraus, dass sie verheiratet war und in ihre langweilige Ehe etwas Schwung bringen wollte.

Ich hatte keine Lust, mich in ihre persönlichen Probleme hineinziehen zu lassen, und schlug deshalb vor, sie solle einen Psychologen heranziehen. Dann lenkte ich das Gespräch wieder auf den eigentlichen Grund unseres Treffens. Nach kurzer Zeit hielt sie mitten im Satz inne und sagte: »Wissen Sie, ich liebe ihn wirklich sehr. Ich weiß einfach nicht, was ich tun soll. Er ist so selbstlos, fürsorglich und lieb. Ich bin ganz anders, weil ich aus einer anderen Familie komme, und deshalb ist er genau der Richtige für mich.«

Ich versuchte, höflich zu bleiben, und sagte, dass ein jeder in seinem Leben tut, was er tun muss, und seine Entscheidungen selbst zu treffen hat. Ich versuchte ein drittes Mal, das Gespräch auf meine Öffentlichkeitsarbeit zu lenken. Aber zu diesem Zeitpunkt hatte sie schon verraten, wer sie war – ein unsicherer, unkonzentrierter Mensch. Mir wurde klar, dass sie dringend Zuwendung benötigte. Von meinem Agenten, der Öffentlichkeitsarbeit für mich machen sollte, erwartete ich etwas anderes.

Ihre Mitmenschen sagen Ihnen alles, und Sie erhalten die Informationen, die Sie benötigen, indem Sie lediglich zuhören und zwischen den Zeilen lesen.

Die wahre Seite der Geschichte

Meine Freundin Andrea lernte Bob, einen gut aussehenden, wohlhabenden Unternehmer mittleren Alters, kennen und mochte ihn auf Anhieb sehr. Er steckte in einer schwierigen Scheidung und erzählte Andrea viel von seiner schrecklichen Noch-Ehefrau. Ihm zufolge war sie eine Geldverschwenderin, zudem kalt und frigide. Er erzählte Andrea sogar, dass seine zukünftige Exfrau beim Geschlechtsverkehr vom Einkaufen und Wäscheaufhängen geredet habe. Andrea erwähnte mir gegenüber diese Geschichten, während sie gleichzeitig ein Loblied auf Bob sang.

Ich riet Andrea, die Frau nicht voreilig zu beschuldigen, denn schließlich gehörten zu einer Geschichte immer zwei. Außerdem war ich der Meinung, dass es von schlechtem Geschmack zeugte, seiner neuen Partnerin intime Details aus einer vergangenen Beziehung aufzutischen. Ich sagte Andrea: »Vielleicht war seine Frau deshalb mehr am Einkaufen als an Sex interessiert, weil sie spürte, dass etwas nicht in Ordnung war. Vielleicht hat er ihr einfach nie das Gefühl gegeben, dass sie schön und attraktiv ist. Vielleicht war Bob ein selbstsüchtiger, egozentrischer Mann, der die Bedürfnisse seiner Frau nicht erkannte, und dies war ihr einziger Ausweg, mit der Gesamtsituation fertig zu werden.«

»Vielleicht hast du Recht«, sagte Andrea. »Ich habe es noch nie von dieser Seite betrachtet.«

Sie wollte, dass ich Bob kennen lernte, und eines Tages gingen wir miteinander essen. Bob zog ständig über seine Exfrau her, und zwar in den schlimmsten Tönen. Sein zweitliebstes Thema war Geld und wie teuer alles sei.

Er verriet uns damit verbal viel über seine Sparsamkeit, und als die Rechnung kam und er diese mit Akribie durchsah, war dies nur ein zusätzlicher Beweis für seinen Geiz. Er rief den Ober noch einmal an den Tisch und sagte, dass er nicht vorhabe, den »kalten« Kaffee zum Abschluss des Abendessens zu bezahlen. Schließlich gab er dem Kellner ein mickriges Trinkgeld.

Er strahlte Kälte und Knauserigkeit aus, was man auch in seinem Gesichtsausdruck und dem Klang seiner Stimme wahrnehmen konnte. Er sprach in weinerlichem Tonfall, und es war schwer, ihm zuzuhören. Er gehört zu den Menschen, die nur nehmen und nur funktionieren, wenn sie über sich selbst und ihr Geld sprechen dürfen.

Er hat uns alles gesagt, was wir wissen müssen. Demnach war es nicht verwunderlich, dass seine Frau im Kaufhaus nach der Erfüllung ihrer Wünsche suchte, denn im Schlafzimmer gab es diese Möglichkeit wohl nicht.

Was Worte verraten

Versuchen Sie zu bestimmen, welches verbale Muster Ihr Gegenüber befolgt. Macht die Person ständig andere schlecht, oder scheint sie permanent von ihren Mitmenschen ausgebeutet zu werden? Achten Sie darauf, wie oft sie damit angibt, jemanden übers Ohr gehauen zu haben. Ist sie voller Rache, wenn sie über andere spricht? Ist sie immer das Opfer? Wird sie von anderen betrogen? Befindet sie sich ständig in irgendeinem Konflikt mit anderen?

Der Inhalt dessen, was Menschen sagen, spricht Bände über die jeweilige Persönlichkeit. Reden sie von Dingen, die sie Ihnen eigentlich nicht sagen dürften, sondern nur ihren Therapeuten? Menschen, die Sie gerade erst kennen gelernt haben und die Ihnen die intimsten Dinge aus ihrem Leben erzählen, kennen keine persönlichen Grenzen; sie besitzen leider kein Urteilsvermögen. Es ist natürlich etwas anderes, wenn Sie mit jemandem sehr gut befreundet sind. Aber über Ehebruch oder die Bettgewohnheiten seiner Exfrau zu reden sagt viel über jemanden, besonders wenn man diesen Mann erst vor kurzem kennen gelernt hat.

Hier sind einige Interpretationen der gebräuchlichsten Sprach- und Sprechmuster.

1. Der große Zauberer der Kommunikation

Menschen, die mit sich im Reinen sind, wissen genau, was man zu anderen sagt. Sie sind mit netten Worten und Sätzen, mit Kosenamen, Aufmunterungen und höflichen Ausdrücken großzügig. Sie sind aufrichtig, ihre Antworten sind echt und kommen von Herzen.

Sie sind ehrlich und denken, bevor sie den Mund aufmachen – so verhindern sie, ins Fettnäpfchen zu treten. Sie sind sich immer bewusst, was sie sagen und mit wem sie sprechen. Sie meinen, was sie sagen. Sie sind prägnant, kommen zum Kern, und es ist nicht schwer, sie zu verstehen. Es gibt keine versteckten Botschaften.

Sie haben die Anliegen des Menschen, mit dem sie sprechen, im Auge und nicht ihre eigenen. Daher sind sie ausgezeichnete Zuhörer. Es ist ihnen wichtiger, interessiert zu erscheinen als interessant zu wirken.

Zauberer der Kommunikation haben nicht den Drang, im Mittelpunkt zu stehen. Sie sind selbstbewusst und müssen niemandem etwas beweisen.

Sie benutzen gerne diplomatische Worte oder Sätze wie etwa »Vielleicht ist dies in Ihrem Interesse?«, oder: »Wir könnten doch ...« Während des Gesprächs entwickeln sie ein Gespür für Zusammenarbeit und Harmonie, weil sie nach dem gemeinsamen Nenner suchen. Sie sind sensibel und sicher.

2. Der Scherzbold

Jeder sagt mit seinen Äußerungen viel über sich selbst und wie er tatsächlich denkt. Wer sarkastische Bemerkungen macht oder Grobheiten von sich gibt und anschließend sagt: »Das war ja nur ein Scherz«, spricht Bände.

Auch wenn diese Scherzbolde sagen, sie wollten eigentlich nur einen kleinen Witz machen und die anderen aufheitern, offenbaren sie Feindseligkeit und Eifersucht. Wer andere auf diese Weise ärgert, versucht vielleicht etwas zu verbergen, das ihm Sorgen bereitet, wie etwa das Abnehmen oder Älterwerden. So jemand gehört zu den Menschen, die nicht geradewegs auf Dinge zugehen, sondern negative Gefühle nur unter dem Deckmantel verletzenden Humors ausdrücken können. In Wirklichkeit signalisiert dies unterdrückten Zorn auf andere, auf sich selbst oder auf das Leben im Allgemeinen.

»Nimm noch ein Stück Kuchen, das bekommt dir gut«, sagte Simon zu seiner Freundin, und fügte schnell hinzu: »Das war nur ein Scherz.« Simon war aber gar nicht nach Scherzen zumute. Es machte ihm nämlich sehr viel aus, dass seine Freundin Betty im Augenblick so zunahm, denn die Frau mit den zehn Kilo Übergewicht war nicht die Frau, in die er sich verliebt hatte. In seinem Innern lehnte er ihr übermäßiges Essen ab und wünschte sich die schlankere Version von Betty zurück. Doch er konnte nicht geradeheraus sagen: »Ich habe eine Wut auf dich, weil du so viel zugenommen hast, und ich finde dich nicht mehr so anziehend wie früher, als du schlanker warst.«

Man mag Sie wirklich nicht

Connie war eine schöne Frau, die für ihr Alter großartig aussah. Zu ihrem 45. Geburtstag hatte sie mehr als fünfzig Gäste zum Feiern eingeladen. Zwei »Freundinnen« spotteten ohne Pause über ihr Alter. Sie hörten nicht auf, scheinbar unschuldige Scherze darüber zu machen, »dass sie aus dem Rennen sei«. Sie machten sich lustig über sie, erklärten ihr, dass sie eine alte Schachtel und ausrangiert sei.

Zuerst beachtete Connie diese Bemerkungen nicht. Sie reagierte leichtherzig und beschwingt und bat sie lachend, aufzuhören, was die beiden allerdings nicht taten. Irgendwann ärgerte sie sich schließlich und war verletzt.

»Connie, was hast du denn, sei doch nicht so. Verstehst du denn keinen Spaß? Wo bleibt dein Sinn für Humor? Wir scherzen doch nur!«, sagten die »Freundinnen«.

Nein, Connie sah und hörte die beiden Hyänen nicht scherzen. Was durchschimmerte, waren Feindseligkeit, Zorn und Eifersucht. Sie hörte aus den Worten der beiden nur Gemeinheiten und schmerzliche Seitenhiebe heraus, nicht etwas Nettes wie: »Heute wirst du 45. Herzlichen Glückwunsch! Du siehst fantastisch aus und hast die schönste Zeit noch vor dir. Du bist eine wunderbare Freundin – bleib, wie du bist!«

Connie nahm ihre Gefühle bezüglich der Scherze ernst und ging der Wahrheit auf den Grund. Diese Frauen waren neidisch auf sie. Sie waren voller feindseliger Gefühle ihr gegenüber, und ihre Worte verrieten ihre wahren Emotionen. Sie bedienten sich der Scherze, um ihre wahren Absichten zu verbergen: Connie das Älterwerden zu vermiesen.

Sarkastische Worte und Bemerkungen verletzen uns alle. Menschen, die Ihnen gegenüber sarkastische Bemerkungen machen, und dann sagen: »Es war doch nur ein Scherz«, mögen Sie nicht oder sind eifersüchtig.

Sie sind unsicher und erleben sich in Konkurrenz mit Ihnen. Was immer sie sagen, denken Sie daran, sie scherzen nicht. Sie meinen jedes Wort ernst.

3. Die verbal Unbewussten

Diese Menschen sind nicht unintelligent. Sie sind sich nur mancher Dinge nicht bewusst. Das ist die Ursache dafür, dass sie sowohl im privaten als auch im beruflichen Umfeld immer wieder anecken. Möglicherweise leben Sie in einer längst vergangenen Zeit und haben gesellschaftliche Veränderungen nicht wahrgenommen, oder sie sprechen ungehobelt und geben dauernd Flüche von sich, weil sie ein begrenztes Vokabular haben.

Ich habe vor kurzem einen Herrn kennen gelernt, der zwischen siebzig und achtzig Jahre alt war. Er hatte einen leichten

Schlaganfall erlitten und brauchte bei der Wiederherstellung seiner Kommunikationsfertigkeiten etwas Unterstützung.

Er erzählte mir, dass er einen »Farbigen« eingestellt hatte. Die Verwendung dieses Begriffs verriet mir sogleich eine ganze Menge über ihn: Seine Zeit war vorüber, auch wenn er einmal ein sehr erfolgreicher Geschäftsmann gewesen sein mag. Niemand, der auch nur ein bisschen soziales Bewusstsein hat, würde heute einen so abwertenden Begriff verwenden. Sein begrenztes Vokabular spiegelte sein geringes Bewusstsein dessen wider, wie sehr sich die Welt verändert hatte. Für mich war es kein Wunder, dass er und sein Sohn, der nun Chef der Firma war, große Probleme hinsichtlich der Firmenleitung miteinander hatten. Der alte Mann lebte in der Vergangenheit und war Jahrzehnte hinter der Zeit zurück.

Menschen, die Worte verwenden, die politisch nicht mehr korrekt sind, sprechen Bände über sich. Ich erinnere mich, dass ich einmal einen Arzt als Klienten hatte, der die Praxisassistentinnen in seiner Praxis als »seine Mädchen« bezeichnete. Mir zeigte das, dass er seine Angestellten nicht achtete, was letztlich auch für die hohe Fluktuation bei seinem Personal verantwortlich war. Später habe ich dann erfahren, dass dieser Arzt vor Frauen im Allgemeinen keinen großen Respekt hatte.

4. Der ewige Kontrahent

Leute, die allem widersprechen, sind geltungssüchtig und fühlen sich so bedroht, dass sie immer angeben müssen, um ihre Position zu verbessern. Indem sie andere brüskieren, lassen sie verbal durchscheinen, dass sie sie nicht respektieren. Sie erleben sich als Konkurrenten und fühlen sich durch sie bedroht oder können sie nicht leiden.

Dieses Verhalten trifft man häufig bei Geschwistern an, die kurz hintereinander geboren sind, oder auch bei Paaren, die nicht harmonieren.

Ich war einmal bei einem Ehepaar zum Abendessen eingeladen, bei dem die Frau ihrem Ehemann ununterbrochen widersprach. Es war ein ungewöhnlich unangenehmes Erlebnis ... Durch das Widersprechen wollte sie zeigen, wer in der Ehe die Hosen anhatte.

Als er zum Beispiel von ihrer Reise nach Europa erzählte, erwähnte er, dass er Stühle aus der Zeit Ludwigs XIV. gekauft hatte. »Das waren keine historischen Stühle!«, rief die Frau. »Das waren billige Kopien, alte, heruntergekommene Stühle. Ich habe ein Vermögen für das Aufpolstern ausgeben müssen. Nun sehen sie halbwegs anständig aus!«

Als Nächstes erzählte der Mann, wie gut es ihm in Florenz gefallen hatte. »Florenz?!«, rief seine Frau. »Du hast Florenz doch gehasst und konntest es kaum erwarten, wieder abzureisen! Du hast immer gesagt, dass du die Nase voll hast von diesem ganzen Kunstpapier und den kleinen Läden, in denen es hergestellt wird. Und außerdem war dir alles zu teuer. Du bist nicht einmal in das Museum gegangen, wo man Michelangelos David ansehen kann, ich bitte dich!«

Der inzwischen rot angelaufene Ehemann erwiderte: »Also das war doch der Tag, an dem ich eine Lebensmittelvergiftung hatte und im Bett bleiben musste.«

»Du hattest keine Lebensmittelvergiftung!«, widersprach die Ehefrau. »Du hast am Abend zuvor einfach Unmengen gegessen. Sie hätten sehen sollen, was dieser Mann alles verschlungen hat, Schüsseln von Pasta!«

Der arme Mann konnte kein Bein auf den Boden bringen. Egal, was er sagte, seine Ehefrau musste ihn den ganzen Abend über vorführen, indem sie immer das Gegenteil behauptete. Ihm war das furchtbar peinlich, wie allen anderen auch, die mit am Tisch saßen. Die Besserwisserin, mit der er verheiratet war, fühlte sich zwar mächtig und überlegen – aber es verriet gleichzeitig, dass sie unsicher, primitiv und respektlos war.

Schließlich konnte ich die Situation nicht mehr länger ertragen, entschuldigte mich höflich und ging. Mir war klar, dass die Frau den Mann ablehnte, und so war es für mich keine Überraschung, als ich ein Jahr später erfuhr, dass sich das Paar getrennt hatte. Ich wusste, dass eine solche Beziehung, in der so viel Konkurrenz und Respektlosigkeit herrschte, auf Dauer nicht funktionieren konnte.

Die nächste Lebenspartnerin des Mannes war übrigens eine nette Frau, die das, was er zu sagen hatte, schätzte und nicht im Traum daran dachte, ihm ständig zu widersprechen, schon gar nicht vor anderen.

5. Der Schlechtmacher

Leute, die jeden schlecht machen, sind den ewigen Kontrahenten ähnlich, da sie andere nicht respektieren, extrem eifersüchtig sind und sich bedroht fühlen. Diese unsicheren Menschen müssen andere herabsetzen, um sich besser zu fühlen. Sie brauchen Herrschaft und Macht, um sich wohl zu fühlen.

Nehmen wir einmal an, Sie haben eine Gehaltserhöhung erhalten, und bekommen anstelle von »Herzlichen Glückwunsch!« oder »Ich freue mich für dich« zu hören: »Ach, in dieser Firma hat es schon immer automatische Gehaltserhöhungen zur Arbeitnehmermotivation gegeben.«

Oder sie haben nach einer strengen Diät ganz schön abgenommen und hören nicht etwa: »Ich weiß, man braucht sehr viel Disziplin und Willenskraft zum Abnehmen«, sondern: »Du hast aber viel abgenommen! Du siehst ja ganz schlecht aus! Bist du etwa krank?« Egal, was man sagt – ein Schlechtmacher wird immer ein Haar in der Suppe finden.

Diese Menschen können sich selbst nicht leiden, deshalb versuchen sie, den anderen ein noch schlechteres Gefühl zu vermitteln. Vor Publikum mögen sie das Herunterputzen ganz besonders, denn es verleiht ihnen ein Gefühl von Stärke.

Menschen, die andere abkanzeln, verwenden in der Regel absolute Ausdrücke, wie zum Beispiel »niemals« und »immer«. Sie neigen dazu, im Leben nur zwei Möglichkeiten gelten zu lassen: Schwarz und Weiß, Ja und Nein. Auf ihrer Farbpalette der Wünsche gibt es keine Nuancen. In ihrer Art zu sprechen legen sie eine Arroganz an den Tag, die uns wissen lässt, dass es nur einen Weg gibt, nämlich ihren.

Es ist schwer, mit diesen Menschen in ein Gespräch zu kommen, denn sie halten meistens Monologe. Sie reden über die anderen hinweg anstatt mit ihnen und sind nicht besonders an dem interessiert, was die anderen zu sagen haben. Sie akzeptieren deren Meinung nicht und neigen zur Besserwisserei. Sie sind fürchterlich schlechte Zuhörer, denn sie sind so beschäftigt mit dem, was sie sagen, dass sie keine Zeit und Energie haben zuzuhören.

6. Die Quasselstrippe

»Halt den Mund! Bitte hör doch auf!«, ging es Jeff durch den Kopf, als er Lori zum ersten Mal mit zu seinen Eltern nahm. Er wollte, dass Lori einen guten Eindruck machte, aber um nichts in der Welt war sie bereit, ihr Schnattern einzustellen. Man hatte fast das Gefühl, sie habe sich nicht in der Hand.

Menschen, die ununterbrochen reden müssen, sind gesellschaftlich schwierige Fälle. Obwohl ihre Redseligkeit am Anfang bezaubernd sein kann, wird es nach einer Stunde langweilig. Es reicht aus, um jeden gesunden Mensch zum Wahnsinn zu treiben, wenn sie sich etwa breitest darüber auslassen, wie sie das Spülbecken putzen. Im Allgemeinen ist es ihnen egal, ob der andere überhaupt Zeit hat, sich mit ihnen zu unterhalten.

Diese Menschen sind in der Regel so mit sich beschäftigt, dass sie keinen blassen Schimmer haben, wie sie auf andere wirken. Sie stellen häufig Fragen und beantworten diese selbst, bevor die anderen überhaupt eine Chance dazu haben. Man kann sie einfach nicht zum Schweigen bringen, denn Schweigen erzeugt bei ihnen Panikgefühle und Unwohlsein. Es ist, als hätten sie einen inneren Motor, den man nicht abstellen kann.

Sie reden, um sich selbst zu trösten und zu beruhigen. Es hält sie davon ab, sich negativen Dingen oder tiefer gehenden Gefühlen zu stellen. Sie lieben es, sich sprechen zu hören, und oftmals haben sie ein narzisstisches Element in ihrer Persönlichkeit. Die Freude, sich sprechen zu hören, ist ihnen wichtiger als das Unbehagen, das sie dadurch anderen bereiten.

Plappermäuler haben auch Schwierigkeiten, Telefongespräche zu beenden. Sie sind sich dessen nicht bewusst, sodass es manchmal einer Grobheit oder eines deutlichen Wortes bedarf, um ihnen zu sagen, sie sollten aufhören. Im schlimmsten Fall hilft nur Auflegen.

Es ist ihnen nicht bewusst, wie sehr ihr ununterbrochenes Gequassel anderen auf die Nerven geht; sie sind viel zu sehr mit sich selbst beschäftigt, um diese Botschaft zu hören. Sie beachten nonverbale oder versteckte Zeichen nicht, die ihnen verärgerte Zuhörer unter Umständen geben. Ihnen das Reden mit lauten, deutlichen Worten zu verbieten ist manchmal das Einzige, was sie für kurze Zeit zum Schweigen bringt. Sie scheinen sich nicht unter Kontrolle zu haben, denn Sie müssen wieder anfangen zu reden. Selbst wenn man ihre Gefühle verletzt, machen sie nur eine kurze Pause und legen dann wieder los. Ganz gleich, wie lange diese Menschen in unserer Nähe sind, sie sind ermüdend.

Quasselstrippen haben in ihrer frühkindlichen psychischen Entwicklung sehr häufig Schaden genommen und müssen vielleicht deshalb in ihrem Erwachsenenleben so viel reden. Eine Erklärung für dieses Verhalten findet sich in der Phase der Sprachentwicklung, die im Alter von dreieinhalb bis vier Jahren stattfindet, eine Phase, in der Kinder ständig mit anderen und sich selbst sprechen. In diesem Zeitraum fragen sie immer wieder »Warum?«, auch wenn man ihnen ständig Antworten gibt. Sie machen das nicht nur, um Aufmerksamkeit zu erheischen, sondern auch, um sich selbst sprechen zu hören und ihre neuerworbenen Sprachfähigkeiten zu testen.

Im Erwachsenenalter machen sie keine psychische Entwicklung mehr durch, sondern bleiben im Sprachmuster eines Vierjährigen verhaftet. Ihr notorisches Reden ist unter Umständen ein psychischer Mechanismus, der Tränen des Alleingelassenwerdens und Verlassenwerdens abwehrt. Sie müssen immer in der Nähe anderer sein, suchen verzweifelt Zuhörer. Und wenn niemand da ist, sprechen sie eben mit sich selbst und denken sich nichts dabei.

Während einer psychotherapeutischen Behandlung wird oft entdeckt, dass erwachsene Quasselstrippen als Kinder häufig allein waren. Sie waren entweder Schlüsselkinder, die stundenlang allein gelassen wurden, oder sie wurden psychisch vernachlässigt, da Eltern oder Geschwister sie nicht beachteten. Um sich selbst in ihrer leeren Umwelt zu unterhalten, mussten sie anfangen, ununterbrochen zu reden. Ihr flottes Mundwerk ist Mittel und Weg, um sich zugehörig zu fühlen.

Manchmal kann man übermäßige Gesprächigkeit auch auf Drogenkonsum, geistige Verwirrtheit oder neuronale oder genetische Syndrome zurückführen. Man sollte sich deshalb bewusst sein, dass manche Plappermäuler möglicherweise unter ernsthaften Störungen leiden.

7. Die Klatschbase

Menschen, die Klatsch und Tratsch verbreiten, können sich nicht beherrschen. Sie reden deshalb über andere, weil sie mit sich selbst nicht im Reinen sind. Klatschbasen sind nicht selten hinterlistig und doppelzüngig, sie wollen mit anderen befreundet sein, hauptsächlich, um Informationen aus ihnen herauszubekommen, die sie wiederum an Dritte weitergeben. Ein Geheimnis können sie nicht für sich behalten – alles, was sie erfahren, werden sie weitergeben.

Die meisten Klatschbasen sind eifersüchtige Menschen, die danach trachten, Sie zu verletzen oder zu zerstören. Jeden, mit dem sie wetteifern, versuchen sie auf diese Art verbal auszulöschen. Schon Sigmund Freud hat gesagt: »Neid trachtet nach Zerstörung.«

Da sie neidisch sind, werden sie jede nur denkbare Anstrengung unternehmen, um der Reputation anderer zu schaden, indem sie persönliche Dinge, die eigentlich nicht weitergesagt werden sollen, weitererzählen. Merken Sie sich das über Klatschbasen: Diejenigen, die Ihnen Klatsch erzählen, werden auch Klatsch über Sie weiterverbreiten.

Sie dachten vielleicht, Sie hätten etwas Freundliches gesagt, und sind ganz erstaunt, dass der, dem Sie es sagten, etwas anderes daraus gemacht hat. Nur so nebenbei haben Sie vielleicht gesagt: »Donna verhält sich eigenartig.« Als Nächstes dürfen Sie sich Donnas Gezeter anhören, weil Sie angeblich versucht haben, Donna schlecht zu machen. Sie versuchen, sich zu verteidigen, doch Donna ist verletzt und wütend. Dabei waren Sie gar nicht derjenige, der etwas Schlechtes über Donna gesagt hat – es war die Klatschbase. Und nun erzählt diese Tratschtante überall herum, dass Sie gesagt hätten, Donna sei komisch.

Da solche Klatschbasen alles mit Adleraugen und gespitzten Ohren beobachten, sollten Sie vorsichtig sein mit dem, was Sie sagen. Sie drehen einem oft die Wörter im Mund um und geben diese Version als prickelnde Neuigkeit weiter.

8. Der ewige Themenhüpfer

Diese Menschen schaffen es nur kurz, aufmerksam zu sein. Sie langweilen sich schnell und scheinen von Natur aus narzisstisch. Glücklich sind sie nur, wenn sich das Gespräch um sie dreht. Meist lenken sie Unterhaltungen in die Richtung, die ihnen passt. Dies kann sehr anstrengend sein, denn man vermag ihnen kaum zu folgen. Sie neigen dazu, selbstsüchtig und manipulativ zu sein, weil sie das Gespräch dorthin dirigieren, wo ihre eigenen Bedürfnisse und Interessen am besten befriedigt werden.

9. Ich, mein, mich

Diese Narzissten suchen keinen freundlichen und netten Gedankenaustausch, sondern leiden unter dem Zwang, immer über sich selbst reden und sich mitteilen zu müssen, wie großartig sie sind. Sie wollen immer und überall im Mittelpunkt stehen. Sie können auch Scherzkekse sein, die nicht aufhören, Witze zu reißen und Geschichten zu erzählen, um nur ja im Rampenlicht zu stehen.

Auch wenn sich ihre Geschichten toll anhören, sind diese

Menschen innerlich unsicher. Wenn nicht die Augen aller auf sie gerichtet sind, werden sie alles nur Erdenkliche unternehmen, um wieder in den Mittelpunkt zu gelangen, ganz gleich, was die anderen denken oder fühlen. Sie sind extrem selbstsüchtig und egozentrisch. Ihr Hauptanliegen besteht darin, andere spüren zu lassen, wie toll sie sind, und sie unternehmen fast alles, um dieses Ziel zu erreichen. Sie reden ununterbrochen über sich selbst, ihre Kinder, ihre Familien. Sie prahlen, um sich in ihren eigenen Köpfen einen Wert zu verschaffen.

Ununterbrochenes Reden über sich selbst ist ein Zeichen tiefer Unsicherheit, ein Manko in der persönlichen Entwicklung. Menschen, die immer nur von sich reden, scheinen zu glauben, sie seien etwas Besseres. Tatsächlich aber spiegeln sie bloß ihre eigene Leere und Unsicherheit wider. Sie sind wie Kinder, die über die Entwicklungsphase eines Zweijährigen nie hinausgekommen sind. Sie glauben immer noch, dass sich die Welt um sie dreht. Wenn Sie versuchen, einem Zweijährigen ein Spielzeug wegzunehmen, wird sich das Kind zu wehren versuchen, indem es schreit, weint oder einen Wutanfall bekommt. Das Gleiche gilt für den »Ich, mein, mich«-Gesprächstypen. Versuchen Sie ja nicht, diesen Leuten das Thema zu entreißen! Sie werden aufbegehren, zornig werden und schimpfen, weil man ihnen ins Wort fällt. Es ist ihnen gleichgültig, ob andere eine eigene Meinung haben.

Ein mir bekannter wohlhabender Unternehmer ist in dieser »Ich«-Phase stecken geblieben. Alles, was er sagt und tut, dreht sich um ihn. Seine Mitmenschen bezeichnen ihn als Egomanen, was er auch bereitwillig zugibt. Was die anderen aber nicht wissen, ist, dass dieser Mann eine schwierige Vaterbeziehung hatte. Sein Vater kümmerte sich kaum um ihn. Selbst wenn der Sohn etwas gut gemacht hatte, zum Beispiel im Sport oder in der Schule – sein Vater beachtete ihn nicht.

Als Erwachsener wird dieser junge Mann deshalb nie genug haben, egal, wie viel Geld er verdient. Auch wenn eine Frau ihn mit Liebe überschüttet, wird es ihm nie reichen. Er ist bestrebt, sich nie wieder übersehen zu lassen. Jetzt lässt er jeden wissen, dass er da ist, und sorgt dafür, dass sich die Gespräche um ihn drehen.

Wenn Sie also das nächste Mal häufig »ich« im Gespräch hören, werden Sie nicht zornig, und halten Sie diesen Menschen nicht für einen arroganten, selbstsüchtigen Snob. Hinter der Fassade verbirgt sich viel Unsicherheit.

10. Der Gschaftlhuber

Ähnlich wie die Klatschbasen erleben diese Menschen wenig aufregende Dinge in ihrem eigenen Leben, deshalb wollen sie alles über das Leben anderer wissen. Meist sehen sie sich als Konkurrenten, sind sehr manipulativ und grob und an keinem anderen interessiert. Sie fragen ihren Mitmenschen Löcher in den Bauch, sind aber mit den Antworten, die sie erhalten, nicht zufrieden. Und fahren deshalb weiter und weiter.

Gschaftlhuber überrumpeln andere und bringen sie dadurch in die Defensive – diese bekommen das Gefühl, antworten zu müssen, wenn sie beispielsweise gefragt werden: »Wie viel hat das gekostet?«, »Ist das Ihre natürliche Haarfarbe?« oder »Warum haben Sie mit Ihrem Freund Schluss gemacht?«

Da die meisten Menschen keine persönlichen Fragen stellen, sind wir nicht darauf vorbereitet, solche Fragen zu beantworten, und erzählen automatisch, was die anderen wissen wollen. Im Nachhinein würden wir uns am liebsten ohrfeigen: »Warum habe ich das alles erzählt?« Wenn es Ihnen schon so ergangen ist, sollten Sie sich keine Schuld geben. Durch ihr grobes, freimütiges und unsensibles Vorgehen haben die Gschaftlhuber Sie geradezu überrumpelt.

Viele dieser übereifrigen Menschen sind höchstwahrscheinlich in der Entwicklungsphase eines Dreijährigen stecken geblieben, denn sie stellen persönliche Fragen, ohne zu überlegen, ob dies angemessen ist. Ein Dreijähriger kann fragen: »Wann bekommst du endlich ein Baby?«, einem 33-jährigen steht dies selbstverständlich nicht mehr zu.

11. Der Alleserzähler

Es gibt Leute, die Ihnen alles sagen werden, egal, ob Sie es hören wollen oder nicht. Sie sind außerordentlich unsicher und können sich nicht abgrenzen. In ihrem Wunsch, sich mit anderen zu verbünden, erzählen sie die intimsten Details aus ihrem Leben und bemerken nicht, dass diese Verhaltensweise die anderen befremdet. Oftmals werden sie zur Zielscheibe des Spottes derjenigen, denen sie sich anvertrauen.

Auch diese Menschen sind über die Entwicklungsphase eines zwei- bis fünfjährigen Kindes nicht richtig hinausgekommen, ein Alter, in dem Kinder alles erzählen, angefangen mit den Essgewohnheiten bis hin zum Ins-Töpfchen-Machen. Gewöhnlich werden Kinder für dieses Verhalten gelobt, die Eltern sagen »guter Junge« oder »braves Mädchen«. Aber sobald Kinder in die Schule gehen, bemerken sie sehr schnell, dass man über gewisse Themen nicht spricht, wie etwa die Toilette. Im Alter von fünf bis sechs lernen Kinder von Gleichaltrigen und Lehrern, dass bestimmte Dinge der Privatsphäre angehören. Wenn also Erwachsene ihre höchst privaten Dinge anderen gegenüber offenbaren, suchen sie noch die gleiche Bestätigung wie kleine Kinder.

Anitas Mann, der auch 25 Jahre lang ihr Chef war, starb vor

einiger Zeit ganz plötzlich. Als sie nach 18 Jahren Ehe auf einmal nach einem neuen Partner suchen musste, war sie überfordert. Offensichtlich wusste Anita nicht, wie sie sich als Single benehmen sollte, es passierte ihr ein Fehler nach dem anderen. Sie ließ sich mit Männern ein, die versuchten, die junge wohlhabende Witwe auszunehmen.

Als ihre Therapeutin war ich nicht überrascht, dass Anita mir ihre intimsten Erfahrungen bis ins kleinste Detail schilderte; bei mir waren ihre Geständnisse gut aufgehoben.

Eines Tages war ich jedoch mit mehreren Leuten, die auch Anita kannten, zum Mittagessen verabredet, und diese fingen an, sich über Anitas Geständnisse lustig zu machen. Ich hatte gedacht, ich sei die Einzige, der diese intimen Details aus Anitas Sexleben bekannt waren, aber auch Mary und Susan, Lisa, James und sogar Kevin wussten davon, ganz zu schweigen von jenen Leuten, denen diese es wiederum weitererzählt hatten ...

Anitas enorme Unsicherheit, die Unfähigkeit, sich abzugrenzen, ihr fehlendes Gespür dafür, dass man nicht alles erzählen kann, nur um sich mit anderen zu verbünden, machten sie zum Gespött und zum gefundenen Fressen für Klatsch und Tratsch.

12. Der Ausweicher

Wenn Menschen nicht direkt sind und etwas nicht auf den Punkt bringen können, treten leicht Missverständnisse auf. Frauen scheinen hierfür anfälliger zu sein als Männer.

Wenn jemand große Worte verwendet, um einfache Dinge zu sagen, kann er in Beziehungen nicht wiedergutzumachenden Schaden anrichten. Menschen, die um den heißen Brei herumreden, neigen dazu, sich nicht festzulegen, haben große innere Angst und Unsicherheiten und wollen kein Aufhebens machen.

Sie ziehen den Status quo vor und ergreifen nur selten die Initiative für bedeutende Veränderungen.

Manchmal denken sie, dass sie das, was sie sagen wollen, auch vermitteln können, aber leider trifft das nicht immer zu. Ein prägnantes Beispiel für diese Fehleinschätzung konnte man im Zusammenhang mit dem Golfkrieg beobachten. April Glaspie, die frühere Botschafterin im Irak, berichtete im Senat, sie habe bei ihrem Treffen in Bagdad mit Saddam Hussein, kurz bevor dieser in Kuwait einmarschierte, eine harte Linie verfolgt. Das Telefax jedoch, in dem sie dem Kabinett von ihrem Treffen mit Saddam berichtete, zeigte einen weichen, versöhnlichen Ton gegenüber dem Diktator, etwas, was vielen Senatoren auffiel. Tatsächlich sagte der inzwischen verstorbene Senator Alan Cranston öffentlich, dass eine »deutliche Warnung gegenüber Saddam Hussein zu diesem Zeitpunkt nicht nur den Einmarsch in Kuwait verhindert hätte, sondern auch viele Tote und Zerstörung«.

13. Der Offenherzige

Es ist fantastisch, schnell zur Sache zu kommen, aber es gibt Menschen, die sind zu schnell und völlig undiplomatisch. Es scheint ihnen nicht bewusst zu sein, wie ihre Worte und Kommentare auf andere wirken.

Sie denken sich nichts dabei, jemandem auf den Kopf zuzusagen, dass er Unrecht hat oder unbeliebt ist. Entweder haben diese Menschen grundlegende Anstandsregeln nicht gelernt, oder sie sind psychisch in der Entwicklungsphase eines vier- bis sechsjährigen Kindes stecken geblieben. Kinder in diesem Alter sagen, was ihnen gerade durch den Kopf geht, ohne über die Konsequenzen ihrer Worte nachzudenken. Sie können mitten auf der Straße herausposaunen, dass jemand zu dick ist oder dass er stinkt.

Ehrlichkeit ist gut und schön, doch schonungslose Offenheit im Erwachsenenleben kann Beziehungen zerstören. In vielen Fällen, in denen Erwachsene schonungslos ehrlich sind und auf die Gefühle anderer keine Rücksicht nehmen, geschieht dies mit Absicht. Möglicherweise sind sie Tyrannen, die ihre Offenheit als Einschüchterung benutzen, um die anderen klein zu halten. Viele Sporttrainer benutzen diese Taktik, um ihre Spieler einzuschüchtern und sie dadurch zu besseren Leistungen anzuspornen. Aber in den meisten Fällen, in denen brutale Offenheit exerziert wird, schüchtert es Menschen nicht nur ein, sondern befremdet und blockiert sie. Vielen bleiben solche Worte ein Leben lang im Gedächtnis.

14. Der Zurückhaltende

Gesprächsteilnehmer, die sich extrem zurückhalten, leben in Angst. Im Grunde genommen fürchten sie sich vor ihrem eigenen Schatten. Anstatt »Verzeihung« zu sagen und dann ihre Frage zu stellen, sagen sie regelmäßig: »Bitte, es tut mir furchtbar leid, dass ich Sie belästigen muss«, oder: »Es ist mir schrecklich peinlich, Ihre kostbare Zeit in Anspruch zu nehmen, aber ...«

Solche Menschen leiden unter geringem Selbstbewusstsein und möchten um keinen Preis auffallen. Sie verhalten sich so, weil sie nicht daran glauben, dass sich irgendjemand die Zeit nehmen könnte, mit ihnen zu sprechen. Sie wollen nichts von sich preisgeben und niemanden aufregen; sie halten es nicht aus, von anderen beurteilt zu werden, und hassen es, im Rampenlicht zu stehen. Sie fühlen sich viel wohler im Hintergrund.

Höchstwahrscheinlich werden sie im Leben nicht weit kommen, weil sie sich nicht für das einsetzen, was ihnen rechtmäßig zusteht, und sich rasch einschüchtern lassen. Wenn Sie einen solchen Menschen für seine akademischen Leistungen loben, erhalten Sie vermutlich folgende Antworten: »Dazu braucht man nicht viel Hirn«, oder: »Das hätte jeder geschafft«. Sie machen sich selbst und ihre Leistungen immer ganz klein.

Ein Gespräch mit solch unsicheren Personen ist nicht selten frustrierend, denn sie sind so damit beschäftigt, sich selbst zu rügen und herabzusetzen, dass die anderen keine Chance haben, sie wieder aufzubauen. Sie akzeptieren kein ehrliches Lob – von niemandem.

Befinden sich solche Menschen in einer Situation, in der alle Augen auf sie gerichtet sind, geraten sie gewaltig unter Druck und bekommen Angst. Selbst wenn sie sehr intelligent sind und viel zu bieten haben, halten sie ihr Wissen zurück und sagen nichts.

Dagegen liegt es ihnen, »rationale Gründe« dafür zu finden. Man erkennt dies an Äußerungen wie: »Na ja, was ich zu sagen gehabt hätte, hätte sowieso dumm geklungen, deshalb bin ich froh, dass ich meinen Mund gehalten habe.« Sie tun alles Erdenkliche, um Kritik an ihrer Person zu vermeiden, sind aber anderen gegenüber sehr kritisch. Im Grunde verweisen sie mit ihrer Kritik an anderen auf sich selbst.

Wenn Sie das nächste Mal jemandem ein Kompliment machen und er es nicht annimmt, sondern sich stattdessen miesmacht, sollten Sie daran denken, dass dieser Mensch wahrscheinlich sich selbst quält.

Noch ein warnendes Wort: So jemand ist oft unterschwellig aggressiv. Obwohl er vielleicht verständlicherweise zornig ist, wird er es Ihnen niemals verraten und daher zu versteckten Hieben Zuflucht nehmen.

15. Der Nichtswisser

Es gibt Menschen, die Probleme haben, zu irgendetwas zu stehen – ihre eigene Meinung eingeschlossen –, aus Angst, jemanden zu verletzen. Da sie nur selten in der Lage sind, einen eigenen Standpunkt zu vertreten, neigen sie dazu, sehr zurückhaltend zu sein, um nur ja kein Aufsehen zu erregen. Andere Menschen und das Leben im Allgemeinen schüchtern sie ein.

Ich war einmal zu einer Dinnerparty eingeladen, bei der der Mann neben mir auf jede Frage mit »Ich weiß es nicht« antwortete. Nach geraumer Zeit fragte ihn niemand mehr nach seiner Meinung. Es war sogar so, dass keiner mehr mit ihm sprach, weil wir uns so über ihn ärgerten. Gegen Ende des Abends fragte er mich, ob ich einen Literaturagenten oder einen Verleger kennen würde, denn er habe eine großartige Idee für ein neues Buch.

Seine Frage verblüffte mich. Für mich war es vollkommen ausgeschlossen, den Mann irgendjemandem weiterzuempfehlen, solange er nichts von sich preisgab.

Ich antwortete ihm, dass ich kein gutes Gefühl dabei hätte, ihn einem Verleger zu empfehlen, und erklärte ihm auch, warum: Ich hätte den ganzen Abend über versucht, ihn näher kennen zu lernen, doch jedes Mal, wenn ihm eine Frage gestellt wurde, habe er stereotyp geantwortet mit: »Ich weiß es nicht.« Ich sagte ihm, dass mir dies Unbehagen bereite. Meiner Meinung nach habe er etwas zu verbergen – er profitiere von anderen, ohne etwas von sich preiszugeben.

Er antwortete, dass er über die Dinge, über die wir gesprochen hatten, nicht nachgedacht habe und – falls er eine andere Meinung gehabt haben sollte – niemanden hätte verärgern wollen. Ihm war nicht bewusst, dass er dies gerade durch sein stilles Zurückhalten seiner Meinung getan hatte. Daraufhin ließ ich ihn noch wissen, wenn er Schriftsteller werden und für sein Buch werben wolle, müsse er zu bestimmten Themen auch eine Meinung haben. Da ich genau das bei ihm vermisst hätte, bereite es mir Unbehagen, meine Verlagsverbindungen an ihn weiterzugeben. Er nahm all dies sehr offen auf und bedankte sich später noch einmal bei mir dafür, dass ich ihm die Augen geöffnet habe. Er meinte, seine »Ich weiß es nicht«-Antworten seien vielleicht der Grund, dass er es im Leben nicht weiter gebracht hätte. Wie Recht er hatte!

Im Übrigen fallen auch notorische Ja- und Nein-Sager in diese Kategorie. Wenn man mit anderen Menschen in Beziehung treten will, muss man ihnen ein Echo geben, und »Ja«, »Nein« und »Ich weiß nicht« reichen dafür nicht aus. Solche Antworten zeugen von einem geizigen, unsicheren Menschen, der Angst hat und deshalb mit seiner Meinung hinterm Berg hält. Eine solche Person kann man nur schlecht aushalten, und noch schwieriger ist es, ihr zu vertrauen.

16. Der Lügner

Wenn jemand zu Ihnen sagt »Um ganz ehrlich zu sein« oder »Ich würde Sie niemals anlügen«, könnte Ihr erster Gedanke sein: »Warum sagt er mir das? Vielleicht lügt er doch. Warum sonst sollte er so etwas sagen?«

Ihr Instinkt würde Sie in diesem Fall nicht trügen, denn solche verbalen Bestätigungen werden von Leuten benutzt, die nicht ehrlich sind. Achten Sie gerade auf solche Bemerkungen, wenn Sie herausfinden wollen, ob jemand lügt.

Menschen, die nicht ehrlich sind, können sich sowohl verbal als auch physisch verraten. Vielleicht zögern sie am Anfang des Satzes, damit sie ihre Gedanken verarbeiten und sich zurechtlegen können, was sie später sagen wollen. Vielleicht benutzen sie auch Füllwörter wie »ähm« und »hm«. Wenn sie sich fürchten, wiederholen sie möglicherweise Worte oder ganze Sätze wie etwa: »Ich mache ... ich mache oft Gymnastik« oder wiederholen Teile von Wörtern: »Ich ha... ich habe sie wirklich geliebt.« Zu solchen Verzögerungen und Repetitionen kommt es mitunter deshalb, weil Menschen, die im Begriff sind zu lügen, gerade diese Frage oder Antwort nicht erwartet haben. Sie hatten sich die geplante Lüge vorher vielleicht noch nicht zurechtgelegt.

Leute, die nicht geradeheraus sind, nicht zum Kern kommen oder mehr über sich erzählen, als man hören will, sagen manchmal auch nicht die Wahrheit. Den vorsichtigsten Lügner kann man am besten an einem »Freud'schen Versprecher« erkennen. Freud hat dieses Phänomen das erste Mal in seinem 1901 erschienenen Buch *Zur Psychopathologie des Alltagslebens* beschrieben. Im Grunde kann man sagen, dass Menschen sich verraten, wenn sie wichtige und bekannte Namen vergessen oder etwas von sich geben, was sie nicht sagen wollten, wie zum Beispiel: »Ich hätte gern ein Glas Sex ... ich meine, Sekt.« Durch einen Freud'schen Versprecher wird oft ein versteckter Wunsch sichtbar. Die Frau hatte möglicherweise mehr als nur ein Gläschen Sekt im Hinterkopf, was sie durch ihre Bemerkung deutlich zum Ausdruck gebracht hat.

Das Lügen-Syndrom tritt auch in Form von übermäßigen Komplimenten auf. Wenn die Komplimente zu überschwänglich sind, ist die Gefahr groß, dass dahinter keine ehrlichen Absichten stecken. Obwohl jeder gerne Komplimente bekommt, legt niemand Wert darauf, zu viel der Nettigkeiten zu hören oder bevormundet zu werden. Leute, die einem Honig um den Bart schmieren, wollen immer etwas.

Schon Konfuzius prägte den Spruch: »Traue niemals einem Menschen, der sich einschmeichelt.« Gemeint sind Opportunisten, die einen wie eine heiße Kartoffel fallen lassen, sobald sie jemanden treffen, der ihnen besser liegt oder ihrer Sache dienlicher ist. Dann behandeln sie einen wie Luft.

Unsichere Personen müssen sich dadurch ein Gefühl von Wichtigkeit verschaffen, dass sie versuchen, andere zu manipulieren. Deswegen lügen sie ständig – entweder um sich aufzubauen oder um Macht über andere auszuüben. Sie tun alles, damit die anderen nicht erfahren, wer sie in Wirklichkeit sind. Sie erfinden Geschichten über ihr Leben oder das Leben anderer, um interessant zu klingen oder sich ihre machtvolle Position zu bewahren.

Mit dem Lügner verwandt ist der Flirter. Er manipuliert andere, um herauszufinden, auf wen er anziehend wirkt und wie weit er gehen kann. Ich habe kein Problem mit Flirtern, solange sie das, was sie sagen, auch meinen. Ein ehrlicher Mensch, der Sie mit Komplimenten und dann auch noch mit Einladungen überhäuft, mag ja ganz in Ordnung sein. Aber mit Leuten, die einen Flirt dazu benutzen, das eigene Ego zu stärken und andere zu manipulieren, muss man vorsichtig sein. Sie machen sich einen Spaß daraus, mit allen erdenklichen sexuellen Anspielungen und Versprechen zu locken, die sie jedoch nie wahr machen. Sie versprechen einem fest, anzurufen, tun es aber nie. Sie wollen lediglich ausprobieren, wie sexy, bezaubernd und anziehend sie wirken.

Lügner leben ständig in der Angst, dass jemand die Wahrheit über sie herausfinden könnte. Das ist auch der Grund, warum sie so viele Komplimente machen. Meist verausgaben sie sich verbal, haben aber wenig Interesse daran, andere wirklich kennen zu lernen. Ihre Worte sind ein Mittel, argwöhnische Mitmenschen abzulenken und auf Distanz zu halten.

17. Der Lispler

Lispler neigen zur Unreife, wahrscheinlich weil sie eine psychische Blockade in der frühkindlichen Entwicklungsphase erfahren haben; Ähnliches gilt für Menschen, die höhere Stimmlagen haben.

Dr. Paul Cantalupo hat über einen längeren Zeitraum lispelnde Erwachsene beobachtet und herausgefunden, dass sie oft psychisch genau in jener Entwicklungsphase stecken geblieben sind, in der Zischlaute normalerweise erlernt werden. Und Menschen, die andere Laute falsch aussprechen, sind häufig in jener Altersphase stecken geblieben, in der sich diese Laute entwickelten. In den mehr als 25 Jahren seiner Tätigkeit hat er die Erfahrung gemacht, dass einige der jungen Frauen, die lispeln, in ihrer Kindheit sexuell belästigt worden sind, und zwar just in der Phase, in der sich diese Zischlaute hätten entwickeln sollen.

Es mag ja noch süß klingen, wenn jemand als Kind lispelt oder Buchstaben nicht aussprechen kann, doch als Erwachsener hört sich das nicht gut an. Studien belegen, dass lispelnde Erwachsene als faul, nachlässig und weniger intelligent eingestuft werden. Wir müssen bei der Beurteilung von Erwachsenen mit solchen Sprachfehlern jedoch vorsichtig sein, da es verschiedene Zahn- und Kieferprobleme gibt, die die Ursache sein können. Deshalb müssen wir zuerst ausschließen, dass das Lispeln auf Zahnstellung oder Kieferprobleme zurückzuführen ist.

18. Der Ethno-Freak

Stolz auf das eigene Erbe und seine Wurzeln zu sein ist eine lobenswerte Sache, weniger lobenswert ist es aber, so in seiner

Ursprungskultur aufzugehen, dass andere, die nicht den gleichen kulturellen Hintergrund haben, sich unwohl fühlen.

Egal ob jemand Türkisch, Serbisch, Russisch, Griechisch, Spanisch, Französisch oder Englisch in seine Alltagssprache einflicht, es ist schlicht unhöflich, Menschen anderer kultureller Herkunft durch eine bestimmte Wortwahl zu brüskieren. Der Schlüssel für gute Kommunikation liegt im Finden einer gemeinsamen Sprache.

Wer unbekannte Ausdrücke verwendet, grenzt den anderen damit aus, und das ist nicht fair. Es mag seine Berechtigung haben, wenn man bei Menschen des gleichen kulturellen Hintergrunds gewisse Insiderausdrücke gebraucht. Es ist aber unangebracht, mit anderen Leuten so zu sprechen, denn das befremdet und schließt sie aus.

19. Der Prolo

Menschen, die sich salopp und umgangssprachlich ausdrücken, tun dies, um dazuzugehören. Sie möchten demonstrieren, dass sie cool sind, weil sie die modernsten Ausdrücke der Gegenwart benutzen. Die Wahrheit über das Slang-Syndrom ist jedoch, dass sie gerade bei dem Versuch, »hip« und »in« zu klingen, niemals ganz hip und in sind, weil das Versuchen an sich »uncool« ist und sich Slang von Augenblick zu Augenblick verändert, sodass sie der Zeit immer leicht hinterherhinken.

Menschen, die sehr viele Slangausdrücke verwenden, haben den tiefen Wunsch dazuzugehören. Sie sprechen deshalb so, um anderen den Weg in ihre vermeintliche In-Gruppe zu versperren, ganz ähnlich, wie das englische Cockney eine Art Code war, den die meisten Engländer der Oberschicht nicht verstanden. Wer konnte schon wissen, dass »Fleischteller« die eigenen Füße bedeutete, mit »Braunbrot« ein Toter gemeint war, mit »Onkel Ned« ein Laib Brot und mit »Lillian Gish« ein Stück Fisch. Die Menschen aus der Arbeiterklasse fühlten sich dadurch als etwas Besonderes und Einmaliges.

20. Der ewige Ausflüchter

Hüten Sie sich vor Menschen, die Ihnen mehr erzählen, als Sie wissen wollen, oder die immer eine Ausrede bereit haben: Unter Umständen sagen sie nicht die Wahrheit.

Gina vermutete, dass ihr Ehemann sie nach zehnjähriger Ehe betrog. Wenn er spät nach Hause kam, hatte er zwar immer eine Ausrede parat. Dennoch war sie beunruhigt und kam in meine Praxis, um sich Rat zu holen. Sie wollte wissen, ob er sie über seinen Verbleib wohl belog. Ich sagte ihr, sie solle ihn beim nächsten Mal fragen, wo er gewesen sei, und darauf achten, ob sie eine direkte Antwort erhalte oder ob er Ausflüchte gebrauchte. Sie befolgte meinen Rat und erhielt die folgende Antwort:

»Ach, ich bin noch zum Laden gefahren, um dir ein Geschenk zu kaufen, und dann hab ich bemerkt, dass kein Sprit mehr im Tank war. Weil sie kein Wechselgeld hatten, musste ich zu Fancy's rüberfahren, um welches zu holen.

Und du wirst es nicht glauben, wen ich dort getroffen habe: meinen alten Armeekameraden Joe, den ich seit fast zwanzig Jahren nicht mehr gesehen habe. Er sah nicht besonders gut aus, und als ich ihn darauf ansprach, erzählte er mir, dass er sich gerade von seiner Frau trennt. Außerdem hat er einen Sohn, der mit dem Gesetz in Konflikt geraten ist und im Moment eine Jugendstrafe absitzt.

Der arme Kerl war so am Boden zerstört, dass ich ihn auf ein

Bier eingeladen habe, um ihn etwas aufzumuntern. Als ich gehen wollte, habe ich meine Schlüssel nicht mehr gefunden. Wir haben gemeinsam etwa eine Stunde lang auf den Knien am Boden gesucht. Wir haben zwar eine ganze Menge Zeug am Boden gefunden, aber meine Schlüssel nicht.

Auf der Toilette hab ich sie dann gefunden, aber als ich wieder hinauswollte, hat die Tür geklemmt. Ich kam so lange nicht raus, dass sich mein Freund irgendwann Sorgen gemacht hat. Er kam mich suchen und musste fast die Tür einschlagen, damit ich rauskonnte. Diese Toilettentüren sind so alt, man glaubt es nicht.«

Ginas Ehemann schweifte in seiner Lügengeschichte so oft ab, dass es ganz offensichtlich war, dass sie mit ihrem Verdacht Recht hatte. Er hatte ein Verhältnis mit einer anderen Frau. Gina hatte ihn nur gefragt, wo er gewesen war, und er log ihr das Blaue vom Himmel herunter, um sein schlechtes Gewissen über sein fast dreistündiges Fernbleiben zu kaschieren. Schließlich fragte Gina ihn frei heraus, ob er ein Verhältnis habe. Er gab es unumwunden zu.

Menschen, die nur Ausflüchte machen, verlieren den Überblick über das, was sie sagen. Sie reden ohne Ende, drehen eine Redeschleife nach der anderen, nur um die Tatsache zu verbergen, dass sie die schlichte Wahrheit nicht sagen wollen.

21. Der Stotterer

Jeder hat schon mal gestottert oder gestammelt, als er unter Druck und unsicher war oder sich eingeschüchtert fühlte. Das Stottern besteht häufig aus einem Zögern, einer langen Pause und einer Wiederholung von Wörtern oder Silben. Von Stotterern nimmt man gerne an, sie seien nervös, scheu und ängstlich und sagten nicht die Wahrheit. Ob dies stimmt, hängt immer von den Umständen ab, wann sie stottern, wie schwer ihr Stottern ist und wie es sich zusammensetzt.

Es ist schon viel über Stotterer geschrieben worden, und die Meinungen zu diesem Thema gehen weit auseinander. Einige Fachleute vertreten die Auffassung, dass chronisches Stottern auf psychische Ursachen zurückgeführt werden kann, andere sind davon überzeugt, dass Stottern in der frühen Kindheit geprägt wird. Eine dritte Gruppe führt Stottern auf genetische Erbanlagen zurück, und ein weiterer Kreis vertritt die Meinung, es sei ein Resultat von allen drei Bedingungen. Viele Logopäden können sich, weil es so unterschiedliche Auffassungen gibt, nicht einmal auf die Therapieform einigen. Das Problem bereitet den betroffenen Menschen großen Kummer und bringt sie immer wieder in peinliche Situationen, ganz gleich, welche Ursache ihr Stottern hat.

Ich behaupte keinesfalls, dass Personen mit chronischen Stotterproblemen Lügner sind. Es ist jedoch wahr, dass Menschen, die unter normalen Umständen fließend sprechen, beim Reden zögern, lange Pausen machen und Wörter oder Silben wiederholen, wenn sie sich in Lügengeschichten verwickeln.

Der Psychologe Paul Ekman, der sich mit sprachlichen Täuschungsmanövern auseinandergesetzt hat, beschreibt Menschen, die zu große und zu häufige Pausen machen. Wenn sie an der Reihe sind zu sprechen, zögern und stottern sie zu oft, wie zum Beispiel: »Ich, ich, ich meine, meine wirklich …«, oder sie benutzen nur Teile von Wörtern wie etwa: »Es hat mir wir… wirklich gefallen.« Ekman bleibt dabei, dass lange Denkpausen beim Sprechen Anzeichen von Unehrlichkeit sind, weil Lügner, ehe sie anfangen zu sprechen, ihre wahren Gefühle meistens noch gar nicht kennen oder noch nicht entschieden haben, was sie sagen wollen. Folglich ist es schwierig, das Gesagte zu vermitteln.

Viele reagieren mit Ablehnung, wenn solche Verhaltensmuster an den Tag gelegt werden. Sie spüren tief im Innern, dass etwas an der Sache faul ist – dass diese Stotterer vielleicht nicht ehrlich sind. Sie wissen nicht genau, was es ist, aber sie spüren, dass etwas nicht echt klingt. Sie kennen Verhaltensweisen, die mit Lügen in Verbindung gebracht werden, intuitiv und wollen deshalb mit Stotterern vielleicht nichts mehr zu tun haben, weder beruflich noch privat.

Das ist auch der Grund, warum Stotterer leider von so vielen Menschen abgelehnt werden, auch wenn sie keine Lügner sind. Offenbar erzeugt ihre Sprechweise falsche Assoziationen im neurobiologischen Mechanismus ihrer Mitmenschen.

22. Der Nuschler

Menschen, die nuscheln, leiden häufig an mangelndem Selbstwertgefühl. Sie sind zurückhaltend, schüchtern und ängstlich und nuscheln, weil sie meinen, was sie zu sagen hätten, sei nicht wichtig. Sie fühlen sich unsicher und wollen sich mit ihrer Sprache verstecken. Nuscheln kann aber auch eine Art verbaler, verdeckter Aggression sein, indem nicht alles gesagt wird, was ihnen auf der Seele liegt.

Fehlende Selbstachtung und Selbsteinschätzung gelten als die Hauptursachen von Nuscheln. Nuschler schämen sich nicht selten ihrer Herkunft und ihres Unvermögens wegen. Sie ziehen es vor, unauffällig im Hintergrund zu bleiben, damit niemand sie entdeckt. Um keinen Preis wollen sie im Scheinwerferlicht stehen.

Da man sie immer wieder auffordert, doch etwas lauter zu sprechen oder das Gesagte zu wiederholen, sind sie jedoch automatisch im Rampenlicht. Es ärgert sie, wenn sie nicht verstanden werden, sie ärgern sich aber auch, wenn sie ins Rampenlicht gerückt werden, wo sie doch lieber im Hintergrund geblieben wären. Dadurch entsteht zwischen Zuhörer und Nuschler eine Spannungssituation. Deshalb gilt es, einen mitfühlenden und keinen harschen Ton anzuschlagen, wenn wir Nuschler bitten, lauter zu sprechen.

23. Der Zerstückler

Manchen Gesprächspartnern kann man nur schwer folgen, weil sie in Bruchstücken reden. Solche Menschen sind in der Regel geistig oder emotional gestört. Vielleicht leiden sie unter Funktionsstörungen des Gehirns, haben Stoffwechselprobleme, reagieren auf Medikamente oder haben ernst zu nehmende psychiatrische Probleme wie etwa Schizophrenie.

Wenn jemand ausschließlich fragmentarisch spricht, ist er nicht im Lot mit sich selbst. Es ist normal, wenn Kinder, die sprechen lernen, nur in Bruchstücken reden. Für Erwachsene ist dieses Sprachmuster jedoch nicht normal, und wir spüren, dass etwas nicht stimmt. Bruchstückhaftes Reden spiegelt sich oft in abgehackten, ruckartigen Körperbewegungen wider.

Der israelische Physiologe Moshe Feldenkrais beschreibt in seinem Klassiker *Die Entdeckung des Selbstverständlichen,* dass solche Körperbewegungen impulsiv und unvollständig sind, weil ein Teil des Körpers angespannt ist, während ein anderer gleichzeitig locker ist. Ähnlich verhält es sich beim Sprechen: Ein Teil des Sprachmusters ergibt einen Sinn, während der andere keinem linearen Gedankenmuster entspricht; Sprache und Gedanken sind wirr und konfus. Zusätzlich existiert meist fast kein Blickkontakt, wie bei Menschen, die geistesabwesend sind. Häufig ist dieses abnormale Sprachmuster bei schizophrenen Klienten zu finden, wo Betonung einzelner Wörter und Sätze sowie Schnelligkeit und Rhythmus der Sprache nicht zueinanderpassen.

Meiner Freundin Beth war es wichtig, dass ich ihren neuen Freund Robert kennen lernte. Zu unserem Treffen, das wir daher arrangierten, kam er zwei Stunden zu spät. Beim Gespräch ergab sein Beitrag keinen Sinn; seine Sätze waren unzusammenhängend und wiesen keinen roten Faden auf, sodass es mir schwer fiel, seinen Gedanken zu folgen.

Als er kurz zur Toilette verschwand, fragte mich Beth aufgeregt nach meiner Meinung. Ich war ehrlich und sagte: »Entweder nimmt er Drogen, oder er hat eine andere schlimme Krankheit.« Seine Worte ergaben keinen Sinn. Beth wurde wütend und machte sich mit Robert rasch auf, als dieser wieder hereinkam.

In der darauffolgenden Nacht rief sie mich heulend an: »Du hattest Recht, er hat Drogenprobleme. Und mir hat er gesagt, er ist clean. Aber in seiner Wohnung habe ich gesehen, wie er und seine Freunde mit Drogen hantierten. Da bin ich gegangen. Ich dachte immer, seine ungewöhnliche Kreativität sei der Grund für sein seltsames Sprechgebaren.«

Seien Sie auf der Hut, wenn Sie jemanden so sprechen hören. Einige der Ursachen können sehr gravierend sein. Ein solcher Mensch kann möglicherweise seine Talente und Begabungen nicht harmonisch lenken.

Man darf allerdings nicht vergessen, dass einige Menschen unlogische Gedanken- und bruchstückhafte Sprachmuster aufweisen, weil sie aufgrund psychischer Störungen Psychopharmaka nehmen müssen.

24. Der Zauderer

An früherer Stelle habe ich erläutert, wie bestimmte Verzögerungen beim Sprechen mit dem Gehabe eines Lügners in Verbindung gebracht werden können. Menschen kommen unter Umständen ins Zögern, wenn sie damit beschäftigt sind, eine Lüge zu erfinden. Ein Zauderer kann jedoch auch ein scheuer und unsicherer Mensch sein, der keinen Fehler machen möchte, oder ein Perfektionist, der beim Sprechen alles richtig machen will.

Des Weiteren gibt es jene, die sich aus Arroganz und Machtgelüsten Zeit lassen. Sie lassen andere warten, bis sie fertig sind. Diese Sprachzauderer sind machtgierige Personen, die glauben, was sie zu sagen haben, sei extrem wichtig. Ihre langen Pausen zwingen die anderen, auf ihre geistigen Glanzleistungen unverhältnismäßig lange zu warten. Es ist Manipulation, drei Minuten für etwas in Anspruch zu nehmen, was normalerweise in drei Sekunden gesagt werden kann.

Versucht man Zauderer zu unterbrechen, nehmen sie das schlichtweg nicht zur Kenntnis und fahren fort, als wäre nichts geschehen.

Will man einen Zauderer einordnen, muss man noch andere nicht zu unterschätzende Faktoren kennen. Nicht alle lügen oder sind arrogant und machtgierig. Heutzutage, wo so viele Menschen stimmungsstabilisierende Medikamente einnehmen, ist eine neue Form der Sprachstörung aufgetreten. Es ist nicht ungewöhnlich, auf Menschen zu treffen, die mitten im Satz den Faden verlieren und nicht mehr wissen, was sie sagen wollten. Wenn dies öfter vorkommt, könnte es auf die Einnahme von Medikamenten zurückzuführen sein. Es kann aber auch ein Anzeichen einer ernsthaften neurologischen Störung wie zum Beispiel Demenz sein.

25. Der ewig Unzufriedene

Ewig Unzufriedene sind die ultimativen »Opfer«, die meinen, die Welt schulde ihnen etwas. Sie jammern, klagen und beschweren sich ohne Unterlass über alles und jeden. Ihre Gespräche kreisen immer darum, was ihnen angetan wurde oder wie schlecht es ihnen mal wieder geht.

Ob es ihre Gesundheit oder ihre Beziehungen zu anderen Menschen sind, sie schreien nach Aufmerksamkeit, indem sie Hilfe suchen. Wenn aber jemand versucht, Hilfe anzubieten, findet er keine Beachtung. Diese Menschen haben an allem und jedem etwas auszusetzen. Sie sind selbstzerstörerisch und undankbar, neigen dazu, sich ständig Sorgen zu machen und in längst vergangenen Zeiten zu leben. Selbst kurze Unterhaltungen mit ihnen kosten viel Energie, da sie ihr Gegenüber psychisch auslaugen und es fertig bringen, jeden auf ihren schlechten Gemütszustand einzupendeln.

Zeigen Sie ihnen Alternativen auf, so antworten sie mit Sicherheit: »Ja, aber …« Sie werden immer Gründe parat haben, warum sie ihre Probleme nicht lösen können. Sie scheinen ihren Opferstatus zu genießen. Diese Haltung macht hilfsbereite Kollegen wütend und zornig, da ihre Anstrengungen zwangsläufig wirkungslos bleiben.

26. Der Einsilbige

Sehr ruhige Menschen haben etwas Beunruhigendes an sich, weil es so schwer ist, in Erfahrung zu bringen, was sie wirklich denken. Sie halten mit ihrer Meinung und ihren Gedanken hinterm Berg. Dadurch werden sie verdächtig, und man neigt dazu, ihnen nicht zu trauen.

Machen Sie eine Bemerkung wie etwa: »Sie haben aber ein tolles Auto«, dann antworten sie mit: »Ja, das stimmt.« Fragen Sie nach der Marke, so erhalten Sie zur Antwort: »Toyota Supra.« »Wie finden Sie das Auto?«, wollen Sie nun wissen. »Gut«, werden Sie hören. »Warum haben Sie sich für dieses Auto entschieden?«, fragen Sie weiter. »Es hat mir halt gefallen.« Aus diesen Menschen werden Sie nichts anderes herausbringen als kurze Antworten. Sie sind keine begabten Gesprächspartner, die von sich aus eine Unterhaltung beginnen oder auf Gesprächsthemen eingehen.

Nicht selten haben wortkarge Personen psychische Probleme. Sie neigen zu extremer Zurückhaltung und Unsicherheit; sie kapseln sich ab und unterdrücken ihre wahren Gefühle. Neuen Menschen, Ideen und Unternehmungen gegenüber sind sie sehr verschlossen.

Sie sind reserviert und bleiben für sich, denn sie hassen es, von anderen abhängig zu sein. Lieber sind sie Einzelgänger. Aufgrund ihrer Beziehungsunfähigkeit leben sie in ständiger Angst und vermeiden jegliche Konkurrenz. Zwingt man sie zum Sprechen, erleben sie dies als Strafe. Deshalb reden sie auch nur, wenn man sie anspricht oder wenn *sie* sprechen wollen. Oft handelt es sich um sture Menschen, die mit ihrer verdeckt aggressiven Sprachverweigerung andere dominieren wollen.

Viele sind sehr nachtragend und hegen tiefe Feindseligkeit und Zorn in ihrem Innern. Sie scheinen schwach, duckmäuserisch und ruhig, aber das ist ein Irrtum. Sie sind vielmehr Furcht erregend, weil sie ihre Gefühle so sehr unter Kontrolle haben, dass sie eines Tage unausweichlich explodieren müssen.

In den meisten Fällen ziehen sie sich aufgrund eines Traumas in ihr Schneckenhaus zurück, weil sie Angst haben, verletzt zu werden. Sie weigern sich, am Leben teilzunehmen, distanzieren sich emotional und können mit Veränderung nicht umgehen. Sie verwenden immer wieder die gleichen Sätze und Worte wie etwa »Na klar«, »Okay«, »Ich vermute mal« oder »Ich weiß es nicht«. Sie rechtfertigen ihre kurzen Antworten damit, andere redeten zu viel, sodass sie mit Worten sparen wollten. Sie meiden andere und versuchen ihre Haltung zu verteidigen. Weil sie sich oft hoffnungslos und in ihrem Lebensstil gefangen fühlen, sagen sie herausfordernd: »Warum müssen mich die anderen mögen?« Dadurch wird die Kommunikation noch weiter eingeschränkt.

27. Der Herablassende

Diese Alleswisser hören nie zu, reden nicht *mit* anderen, sondern über sie hinweg. Wie Professoren oder Dozenten sprechen sie abgehoben oder machen intellektuelle Bemerkungen. Sie sind Sprachsnobs, die durch ihre herablassende Art anderen das Gefühl zu vermitteln versuchen, minderwertiger zu sein. Oftmals sprechen sie übertrieben deutlich oder extrem langsam, als ob sie es mit einem Kind zu tun hätten.

Sie verwenden gerne Worte, die andere befremden oder unter Druck setzen, wie etwa »Du solltest« oder »Es wäre besser, wenn …«, sie geben anderen damit das Gefühl, nicht respektiert zu werden. Sie sprechen so herablassend, um sich selbst aufzuwerten und sich überlegen zu fühlen. Sie stehen nicht mit beiden Beinen im Leben.

Oft sind sie unhöflich und haben wenig Respekt vor anderen, was sich darin ausdrückt, dass sie sich nicht darum kümmern, ob der andere etwas sagen will. Sie müssen unaufhörlich reden und erklären, predigen und mit intellektuellen Begriffen um sich werfen, damit sie gehört werden. Unterbricht man sie – und sie werden oft unterbrochen –, werden sie in der Regel wütend und ziemlich aufgebracht, weil sie dies unweigerlich als Angriff interpretieren. Auf der anderen Seite können sie sich schnell absondern, wenn es für sie langweilig oder uninteressant wird.

Mit diesen Menschen kann man nur schwer kommunizieren, weil sie machthungrig sind und darüber hinaus der Meinung, dass ihre Sicht der Dinge die einzig richtige ist.

28. Der Aufhetzer

Verbale Aufhetzer oder Einmischer versuchen, Unruhe zu stiften, indem sie andere reizen. Solche Menschen ziehen ihre Befriedigung daraus, Dinge zu sagen, die andere mit Sicherheit aufregen. Sie führen ein so unglückliches Leben, dass sie versuchen, das Leben anderer ebenso unglücklich zu machen. So provozieren sie, machen Anspielungen und stochern auf dem Grund der Seele. Nehmen wir an, jemand ist glücklich verheiratet und weiß, dass seine Beziehung auf felsenfestem Untergrund steht. Und doch schaffen es Hetzer, auch diesen zu verunsichern und ihm Zweifel einzureden:

»Oh, ich bin überzeugt, dass Tom dich wirklich anbetet und ein treuer Ehemann ist, obwohl ich ihn gestern Nachmittag mit Marcie zusammen gesehen habe«, hören Sie vielleicht, oder: »Ich gehöre nicht zu denen, die schnüffeln, aber sollte Theo nicht für dich arbeiten und nicht für Willy? Ich habe gesehen, wie er in seinem Büro Akten gewälzt hat.«

Solche Menschen sind doppelzüngige Heimlichtuer, die unbedingt auf Kosten anderer ihren Spaß haben wollen. Sie sind besessen davon, ihre Nase in anderer Leute Angelegenheiten zu stecken und Ratschläge zu verteilen. Sie sind Unruhestifter mit dem klaren Ziel, anderen etwas zu erzählen, was diese aufregt und unglücklich macht.

29. Der Nörgler

Nörglern geht es in erster Linie um Kontrolle. Sie wollen sicherstellen, dass etwas erledigt wird, und fragen deshalb immer wieder nach, ob es schon gemacht wurde. Sie werden – um sicherzugehen – wiederholt nachhaken. Um dafür zu sorgen, dass man sie beachtet, werden sie andere so lange ärgern, bis diese tun, was sie von ihnen wollen.

Es sind Kontrollmenschen, die liebend gern kritisieren. Macht jemand schließlich das, was der Nörgler will, fordert er mehr. Er wird nicht mit Kritik sparen und klarzumachen versuchen, warum es noch nicht reicht. Nörgler erkennt man an ihren Fragen: »Warum machst du das nur immer wieder?«, »Warum hebst du deine Socken nie auf?«, »Warum sagst du immer entweder oder?«

Nörgeln ist der Hauptgrund dafür, dass Ehepaare Therapien machen und sich scheiden lassen. Es ist ein wechselseitiges Machtspiel, bei dem es keinen Sieger gibt. Würden beide aufhören zu nörgeln, könnten sie über viele Gemeinsamkeiten reden, und es gäbe weniger Dinge, über die sie traurig oder wütend sein müssten.

30. Der Unterbrecher

Gemäß Umfragen ist dies das schrecklichste Sprachverhalten überhaupt: Beinahe 90 Prozent der Befragten konnten es gar nicht leiden, wenn sie beim Sprechen unterbrochen wurden. In der Tat lösen Menschen, die anderen ins Wort fallen, eine ganze Reihe feindseliger Gefühle aus, weil sie den anderen nicht erlauben, ihre Gedanken und Ideen zu Ende zu bringen.

Unterbrecher sind eindeutig Kontrollmenschen, die unbedingt die Führung eines Gesprächs an sich reißen wollen. Ihre Unhöflichkeit ist ein Zeichen dafür, wie selbstvergessen und gedankenlos sie sind. Sie beenden ihren Einwurf auch dann, wenn der Unterbrochene sichtbar ärgerlich wird, und es ist ihnen gleichgültig, ob sie ihn verletzt haben oder nicht.

Wie diejenigen, die von einem Thema zu anderen springen, müssen die Unterbrecher das Gespräch unter Kontrolle haben. Da sie selbstsüchtig sind, ist der Wunsch, ihr Anliegen zu vermitteln, von überdimensionaler Wichtigkeit. Es ist ihnen sogar wichtiger als die persönliche Beziehung zu der Person, mit der sie sprechen. Sie müssen immer das letzte Wort haben, sonst sind sie nicht zufrieden. Sie wollen das Geschehen jederzeit dominieren und brauchen dabei viel Aufmerksamkeit.

Tief in ihrem Innern sind sie eigentlich ängstlich; weil sie sich selbst schlecht beherrschen können, versuchen sie, alles andere zu beherrschen, einschließlich der Gespräche.

31. Der Flucher

Wer beim Sprechen flucht, will entweder »in« oder stark erscheinen. Wenn es dem Gegenüber Spaß macht, dieselben Flüche in seine Sprache einzubauen, kann es Menschen miteinander verbinden. Oft ist es auch ein Verteidigungsmechanismus, um andere in Schach zu halten. Mitunter fluchen Leute wegen der ungeheueren Wirkung: Sie wollen vielleicht herausfinden, wie andere damit umgehen, oder auch nur schockieren, wie einer meiner Klienten. Als er in meine Praxis kam, wollte er mich zuerst testen. Er versuchte, mich mit einer Flut von schmutzigen Wörtern zu schockieren.

Ich zahlte es ihm aber mit gleicher Münze heim. Obwohl die Verwendung von Flüchen nicht gerade mein Stil ist, ließ ich ein paar seiner schmutzigen Wörter in unser ansonsten sehr freundlich verlaufendes erstes Gespräch einfließen.

Sobald er diese Wörter hörte, huschte ein fröhliches Lächeln über sein Gesicht. »Ich mag Sie. Sie sind cool«, sagte er. Von da an waren wir Verbündete. Er hatte mich auf die Probe stellen wollen und war überrascht, dass ich nicht puritanisch war und ihn nicht verurteilte. So konnte er sich in meiner Gegenwart wohl fühlen.

Viele Maulhelden und Kontrollmenschen fluchen, um Macht zu gewinnen. Nicht selten wollen sie damit genauso wie mein rebellischer Klient testen, wie weit sie gehen können. Sie benutzen ihre Sprache, um Aufmerksamkeit zu erregen, um ihre Dominanz zu beweisen und um eine Reaktion zu provozieren. Sie ähneln fünf- bis sechsjährigen Kindern, die aus der Schule nach Hause kommen und ihren Eltern sagen, sie sollen »sich verpissen«, wenn diese ihnen etwas auftragen, was sie nicht tun wollen.

Die Eltern sind schockiert und sauer. »Sag so etwas nie wieder!« Das Kind kann es nicht fassen, dass dieses kleine Wort eine solch immense Wirkung hat. Von nun an assoziiert es Macht mit diesem Wort, weil es die Erfahrung gemacht hat, dass dieses Wort eine starke – wenn auch negative – Reaktion erzielt. Im Laufe ihrer Entwicklung lernen Kinder schnell, dass solche Wörter eine ungeheure Machtwirkung haben, und werden sie als solche benutzen.

Ich erinnere mich an einen Mann, der ziemlich angetan von mir war. Ich fand ihn ebenfalls anziehend – bis er anfing zu fluchen. Eigentlich wollte er mich nur auf die Probe stellen, um zu erfahren, ob ich ihn auch mochte, wenn er ein schlechtes Verhalten an den Tag legte. Es stellte sich jedoch heraus, dass ich ihn nicht mehr so gern mochte wie vorher, denn dieses profane Verhalten verriet mir, dass er insgeheim mit sich nicht im Reinen war.

In meinem Beruf habe ich dieses Verhalten tolerieren können, um eine persönliche Beziehung aufzubauen. In meinem Privatleben hingegen war dafür kein Platz. Ich wollte keinen Mann, der mir beweisen musste, wie hart und männlich er war. Es war mir peinlich. Es verriet mir auch viel über das Urteilsvermögen dieses Mannes: Das war nämlich völlig unterentwickelt. Obwohl er mich kaum kannte, traute er sich, in meiner Gegenwart wie ein Berserker zu fluchen. Dabei konnte er gar nicht wissen, ob mich das verletzen würde, und zudem hatte er nicht bemerkt, dass man auf diese Art und Weise bestimmt keine Frau erobert.

Mir wurde auch klar, dass ich diesen Mann nie meinen Kollegen hätte vorstellen können, denn ich hätte mir nie sicher sein können, dass er sich nicht auch dort danebenbenommen hätte. Wenn er so wenig Gespür zeigte, dass er in meiner Gegenwart fluchte, würde er dann nicht dieselben Flüche auch in Gegenwart anderer benutzen? Das wäre für alle Betroffenen peinlich geworden, und das wollte ich nicht riskieren.

Nachdem wir nun die Sprache analysiert haben, wenden wir uns als Nächstes der Stimme zu.

6. Kapitel

Der Schlüssel zur Stimme

Das Entschlüsseln der Stimmsignale

Um die Stimme eines Menschen zu analysieren, muss man sich 19 Klangelemente vor Augen führen.

1. Klingt die Stimme zu hoch?
2. Spricht der Mensch so leise, dass man Schwierigkeiten hat, ihn zu verstehen?
3. Klingt seine Stimme bebend oder zittrig?
4. Spricht er zu laut?
5. Klingt der andere frenetisch oder manisch?
6. Spricht er zu schnell?
7. Klingt er zornig und aufgebracht?
8. Spricht er abgehackt, hölzern und geschraubt?
9. Haben seine Laute eine »angriffige« Qualität?
10. Wird seine Stimme am Ende eines Satzes immer leiser, sodass man ihn kaum noch verstehen kann?
11. Klingt die Stimme weinerlich und näselnd, obwohl er die Kiefer beim Sprechen bewegt?
12. Klingt seine Stimme weinerlich und näselnd, wenn er mit beinahe unbewegtem Kiefer spricht?
13. Klingt er schroff und rau?
14. Klingt er langweilig, öde und leblos?
15. Klingt er zuckersüß und übertrieben lebhaft?
16. Hebt er die Stimme am Satzende?

17. Spricht er langsam und bedächtig und betont manche Wörter mit zu viel Nachdruck?
18. Spricht der Mensch mit gekünstelter, aufreizend klingender Stimme?
19. Spricht er mit tiefer, wohlklingender, begeisternder Stimme?

Genau wie ein Tropfen Blut einem Arzt alles verraten kann, was physiologisch in einem Menschen vorgeht, so kann ein einziger Ton in der Stimme enthüllen, was psychologisch in diesem Menschen vorgeht.

Schon der berühmte griechische Arzt Galen pflegte zu sagen: »Die Stimme ist der Spiegel der Seele.« Wie Recht er hatte. Die Stimme ist ein wichtiges Messinstrument dafür, wie sich jemand fühlt und die Welt um sich herum empfindet. Was man denkt und fühlt, äußert sich in der Stimme und der Wortwahl.

Um die Wahrheit über jemanden zu erfahren, ist es unabdingbar zu analysieren, wie dieser Mensch spricht und was er sagt. Aus diesem Grund ist die Analyse der Stimme ein wesentlicher Bestandteil bei der Bestimmung des Persönlichkeitsprofils eines Menschen.

Der Klang einer Stimme spricht Bände über den Seelenzustand, die geistige Gesundheit und, was noch wichtiger ist, die Gefühle, die jemand seinen Mitmenschen gegenüber hegt.

Auch Sie können höchstwahrscheinlich allein daran, wie sich ein geliebter Mensch am Telefon meldet, erkennen, in welcher Stimmung er ist. Schuld daran ist ein Ton, der für Fremde kaum wahrnehmbar, für einen nahestehenden Menschen jedoch unüberhörbar ist.

Was im Herzen und im Kopf vorgeht, spiegelt sich in der Regel in der Stimme wider. Wer deshalb lernt, den Klang der Stimme richtig zu interpretieren, wird sich im menschlichen Zusammenleben in Zukunft sehr viel leichter tun.

Sie hören zum Beispiel am Tonfall eines Menschen, dass dieser in einer schlechten Stimmung ist, und möchten vielleicht lieber Abstand nehmen, ihn mit freundlichen Worten aufheitern oder fragen, warum er so schlecht gelaunt ist. Dadurch hätte der andere Gelegenheit, sich zu öffnen und sein Herz auszuschütten. Die Tatsache, dass Sie so viel Gespür für die Signale der Stimme haben, gibt Ihnen die Möglichkeit, neue Wege der Kommunikation zu gehen.

Ehe man damit beginnt, die Signale der Stimme zu entschlüsseln, sollte man jedoch einen Blick auf gewisse Eigenheiten der menschlichen Kommunikationsfähigkeit werfen.

Die Stimme lügt nicht

Die Stimme ist das Rohr, das unsere innersten Gedanken und Gefühle nach außen leitet. Da sie mit jenen Teilen des Gehirns verknüpft ist, die mit dem Empfinden in Verbindung stehen, ist es schwer, Veränderungen in der Stimme zu verbergen, die durch Gefühle entstanden sind. Weil diese beiden untrennbar miteinander verbunden sind, ist es nicht verwunderlich, wenn jemand, der hoffnungslos, zornig und frustriert ist, auch so klingt. Umgekehrt klingt die Stimme belebter und schwungvoller, wenn jemand glücklich ist.

»Ich freue mich ja so für dich, wirklich, ich freue mich«, sagte Andrea, als sie erfuhr, dass Terrys Verlobter ihr einen Antrag gemacht hatte. Andrea äußerte diese Worte in einem traurigen, monotonen Tonfall, kein freudiges Jauchzen, keine Aufregung für ihre angeblich so gute Freundin war in ihrer Stimme zu vernehmen. Es war ganz klar, dass sie nicht meinte, was sie sagte. Sie freute sich ganz und gar nicht für Terry.

Studien haben gezeigt, dass wir Persönlichkeitsmerkmale und

die Wahrnehmung eines Menschen von seinem Stimm- und Sprechmuster ableiten. Wir glauben nämlich, dass Menschen mit wohl tönenden Stimmen intelligenter, beliebter oder erfolgreicher im Leben und deshalb geeigneter als Partner sind. Wir glauben auch, dass sie freundlicher, sexuell attraktiver, selbstbewusster und glaubwürdiger sind. Wir helfen ihnen eher als anderen und neigen auch dazu, sie für unschuldig und einer Straftat kaum fähig zu halten.

Menschen mit Sprachproblemen hingegen stoßen in ihrem Leben auf Ablehnung und mangelnde Akzeptanz. Obwohl man Frauen, die zum Beispiel lispeln, noch als »süß« einstuft, gelten sie im Vergleich zu Frauen, die nicht lispeln, als weniger intelligent und weniger kompetent. Menschen mit lauten Stimmen gelten als Angeber und weniger liebenswert im Vergleich zu jenen, deren Stimmen leiser sind.

Zahlreiche Studien haben die Wirkung der Stimme in Bezug auf die äußere Wahrnehmung untersucht. Eine der Studien zeigte, dass Stotterer und Stammler schlechter eingestuft werden als Menschen ohne diese Behinderungen, ganz gleich, wie sie aussahen. Ebenso wurde aufgezeigt, dass der Eindruck einer näselnden Sprechweise durch Gesichtsentstellungen noch verstärkt wurde. In meiner Doktorarbeit konnte ich nachweisen, dass die Art und Weise, wie jemand spricht, signifikanten Einfluss auf die Art und Weise hat, wie derjenige aussieht und auf andere wirkt. Leute mit Gesichtsanomalien, aber einer schönen Sprechstimme wurden als körperlich attraktiver eingestuft als solche, die ein Sprachproblem hatten.

Bei der Einschätzung, wie ästhetisch jemand aussieht, spielte der Grad der Sprachbehinderung dann überhaupt keine Rolle mehr. Umgekehrt wurden die vormals als attraktiv eingestuften Menschen als unattraktiv eingestuft, sobald eine Sprachstörung bei ihnen festgestellt wurde.

Wir haben es alle bereits erlebt: Wie viele von uns haben schon den perfekten Fremden am anderen Endes des Raums gesehen – bis er den Mund aufmachte und all unsere Träume zerstört wurden. Die Frau mit der süßen Mickey-Mouse-Stimme oder der Mann mit der hohen Softy-Stimme sind doch nicht die Richtigen für uns. Auch wenn es oberflächlich scheinen mag, es ist nun einmal die Realität, und wir müssen uns damit abfinden, denn die Wahrnehmung der Stimme ist eine neurobiologische Erfahrung. Wir alle reagieren auf Töne mit dem Bauch, man mag eine Stimme, oder man mag sie nicht, man kann sie aushalten oder eben nicht.

Das gilt natürlich auch für den Klang Ihrer Stimme. Von den alten griechischen Philosophen über jede wichtige Religion bis hin zu den Schriften von Freud herrscht Einigkeit darüber, dass unsere innersten Gedanken sich im Tonfall und im Sprachmuster widerspiegeln. Die heutige Wissenschaft bestätigt diese Beobachtungen, und auch ich kann ihnen nur beipflichten.

Wir wissen alle, dass sich Kopf-, Rücken- und Magenschmerzen, Hautkrankheiten, Geschwüre, sogar Tumore, Krebs und Herzerkrankungen einstellen können, wenn Menschen ihre Gefühle nicht ausdrücken und das, was ihnen emotionales Unbehagen bereitet, zu leugnen und zu verstecken versuchen. Allein am Klang der Stimme können wir in der Regel erkennen, ob jemand aufgrund eines ungelösten Problems unter Spannung steht. Oft klingt die Stimme gefühllos, der Stimmmuskel ist angespannt und die Stimmhöhe schwankt bedenklich.

Stimmsignale werden durch den Klang, den Tonfall und das Stimmmuster erzeugt. Es lassen sich Charakteristika definieren, mit deren Hilfe das Einschätzen anderer Menschen schneller und systematischer vonstatten geht, ganz gleich, ob man jemandem gegenübersitzt oder am Telefon mit ihm spricht.

Wir können den emotionalen Zustand eines anderen meis-

tens mit einer Zufallsgenauigkeit von 60 bis 65 Prozent einschätzen. Der Prozentsatz ist noch steigerungsfähig, wenn man
sehr aufmerksam zuhört. Die nötigen Informationen werden
vom emotionalen Teil des Gehirns, dem limbischen System, aufgenommen, in der analytischen linken Hälfte des Gehirns und
sogar in der rechten Hälfte gespeichert und bei Bedarf abgeru-
fen. Durch immer während Übung lässt sich dieses intuitive Erfassen der Stimme eines anderen immer mehr verbessern, sodass
man schließlich dieser intuitiven Wahrnehmung voll vertrauen
kann.

Ausnahmen bei Stimmsignalen

Einige stimmliche Eigenarten haben nichts mit der Persönlichkeit eines Menschen oder seinem emotionalen oder psychischen
Zustand zu tun, sondern sind erlernt oder ererbt.

So entwickeln manche zum Beispiel schlechte Sprach- und
Sprechgewohnheiten aufgrund von negativen Rollenvorbildern
und Angewohnheiten. Ein Kind redet vielleicht laut und schreit
die anderen Kinder oder sein Haustier an, weil es einem Elternteil nacheifern will, der in diesem Ton mit ihm spricht. Andererseits könnte das Kind auch einen Gehörschaden haben, der
lautes Sprechen bewirkt, oder eine Störung im Stimmmechanismus, die zu einer Überanstrengung bei der Lautbildung führt.

Wenn es um die Bestimmung von Sprach- und Sprechmustern
geht, müssen organische Ursachen deshalb immer mit berück-
sichtigt werden. Im Nachfolgenden gehe ich auf einige dieser
Störungen ein, damit Sie, sollten Ihnen Menschen mit diesen
Störungen begegnen, darauf vorbereitet sind.

Neurologische Störungen

Eine neurologische Störung kann Ursache für eine näselnde und zittrige oder eine fast nicht hörbare, langsame und schwerfällige Stimme sein (wie bei Muhammed Ali aufgrund seiner Parkinson'schen Krankheit).

Es gibt weitere neurologische Störungen (wie etwa Gehirnlähmung oder Little-Krankheit), die die Koordination des Atemmit dem Stimmmechanismus erschweren, wodurch die Betroffenen unerwartet und plötzlich einen lauten Ton hervorstoßen, um am Schluss des Satzes wieder so leise zu werden, dass man sie kaum noch verstehen kann. Auch einzelne Formen von Stottern sind auf neuromotorische Störungen zurückzuführen.

Kieferanomalien

Eine Kieferanomalie oder eine Okklusionsstörung der Zähne kann zu Problemen bei der Zungenstellung, beim Schlucken und sogar zu Lispeln führen.

Gehörprobleme

Neben bestimmten Akzenten oder Dialekten kann ein Gehörschaden die Ursache für die falsche Aussprache gewisser Laute sein.

Ein Hörschaden kann aber ebenso dafür verantwortlich sein, dass jemand zu leise spricht, da er wahrscheinlich an neurosensorischer Taubheit leidet. Wenn jemand dagegen zu laut spricht, ist möglicherweise eine aufgrund einer Mittelohrentzündung entstandene Schall-Leitungsschwerhörigkeit die Ursache dafür.

Zahn- und Mundprobleme

Manche Menschen nuscheln oder klingen näselnd, weil sie sich der Form und des Zustands ihrer Zähne schämen und deshalb beim Sprechen den Mund nicht weit genug aufmachen.

Wer mit Wolfsrachen oder einer Mund-Rachen-Spalte geboren wurde, näselt ebenfalls, da sich beim Sprechen der Rachen nicht mit dem weichen Gaumen verbindet.

Akzent, Dialekt und Kultur

Ein nasaler Klang kann auch geografisch bedingt sein; ebenso kann zu lautes Sprechen einen kulturellen Hintergrund haben. Zu beobachten ist dies häufig bei Chinesen aus der Provinz Kanton, die ihre gewohnte Intonation beibehalten, wenn sie eine Fremdsprache sprechen. Für unsere westlichen Ohren klingt ihre Sprechweise laut und aggressiv, und wir erleben sie als brüllende und zornige Gesprächsteilnehmer, obwohl sie im Grunde vollkommen ruhig und gelassen sind. Auch leises Sprechen kann kulturell bedingt sein: Leise sprechende Japanerinnen sind bei japanischen Männern sehr beliebt, ein Sprechmuster, das im Westen eher auf Verärgerung stößt.

Die Stimme am Satzende zu heben, ist ein weiteres kulturelles Phänomen, das beispielsweise bei den Schweden zu beobachten ist. Es kann aber auch eine Masche sein, die man etwa bei Teenagern antrifft, die unbedingt »cool« klingen und von Gleichaltrigen akzeptiert werden wollen.

Bei der Einschätzung eines Menschen und bei der Entschlüsselung seiner Stimme sollten also immer auch geografisch bedingte Gründe in Betracht gezogen werden.

Anatomische, physiologische und pathologische Gründe

Heiserkeit kann durch ein Geschwür auf den Stimmbändern oder durch Polypen, Knoten und Krebs entstehen. Stimmbänder nehmen allerdings auch infolge exzessiven Alkohol- und Nikotingenusses schweren Schaden, was ebenfalls zu Heiserkeit führt. Meckernde Töne entstehen, wenn Menschen ihre Stimmbänder absichtlich schonen, weil ihnen das Sprechen Schmerzen und Unbehagen bereitet.

Mitunter ist eine heisere Stimme ein Hinweis auf Störungen der oberen Atemwege, wie etwa bei Asthma, Bronchitis und chronischen Lungenerkrankungen. Solche Störungen sind oft Auslöser dafür, dass die betreffenden Menschen nicht gleichzeitig atmen und sprechen können. Sie atmen in der Regel mehrmals ganz flach, anstatt einmal tief einzuatmen, um einen Ton zu halten – sehr zum Verdruss anderer, doch leider ist dagegen noch kein Kraut gewachsen, ebenso wenig wie gegen chronisches Husten. Probleme in den oberen Atemwegen können auch für eine zu schnelle Sprechweise verantwortlich sein.

Schmerzen im hinteren Halsbereich können Husten- und Erstickungsanfälle auslösen; jemand, der darunter leidet, wird versuchen, sein Anliegen so schnell wie möglich loszuwerden, was ebenfalls zur rasanten Sprechweise führt.

Eine sehr hohe Stimme deutet auf einen zu kleinen Sprechapparat, eine mögliche Verwachsung oder eine ernsthafte Schädigung des Kehlkopfs hin.

Menschen, die unter einer Stimmstörung, das heißt unter einer Krankheit leiden, bei der die Stimmbänder überdehnt oder gelähmt sind, sprechen schwerfällig und abgehackt.

Drogen

Menschen, die Drogen nehmen, sprechen in der Regel ebenfalls schwerfällig und abgehackt. Nicht selten stoßen sie dazwischen immer wieder einen lauten Ton hervor, was auf mangelnde Koordination zwischen Atem- und Sprechapparat schließen lässt.

Wer Drogen oder Stimmungsaufheller nimmt, neigt dazu, langsam zu sprechen und immer wieder Pausen einzulegen, was aber auch auf Störungen im Kurzzeitgedächtnis hinweisen kann. Bei Epileptikern und Menschen mit bipolarer Störung führen bestimmte Medikamente zur Beeinträchtigung des Kurzzeitgedächtnisses sowie zu Veränderungen der Stimme.

Beruhigungsmittel und Heroin können Ursache für langsames und schwerfälliges Sprechen sein, während Amphetamine und Kokain für gewöhnlich zum schnellen Sprechen führen. Die Einnahme von Kokain zerstört jedoch die innere Nasenschleimhaut, wodurch Luft entweicht, was einen näselnden Klang beim Sprechenden erzeugt. Ein weiteres untrügliches Zeichen ist ständiges Nasehochziehen und Schnäuzen, was ebenfalls zur näselnden Sprechweise beiträgt.

Bevor Persönlichkeitsmerkmale und Verhalten von Menschen analysiert werden, muss jeder dieser Faktoren in Betracht gezogen werden.

Wenn wir auf den Klang einer Stimme hören, müssen wir entscheiden, ob der andere augenblicklich unter großem Stress und Anspannung steht. Daher ist es sinnvoll, einen Menschen über einen längeren Zeitraum und wenn möglich in einer Vielzahl von Situationen zu beobachten.

Stimmsignale analysieren

Die Stimme lässt sich anhand von vier Kategorien analysieren: (1) Höhe (hoch oder tief); (2) Lautstärke (leise, laut, am Satzende nicht mehr hörbar); (3) Qualität (zitterig, rau, rauchig, unvermittelt laut, winselnd, näselnd, hauchig); und (4) Stil (begeistert-manisch, zu schnell, zornig, abgehackt und bruchstückhaft, langweilig und leblos, zuckersüß, sexy und flirtend, zu langsam, wohlklingend, am Ende des Satzes ansteigend, voll, mitfühlend).

Stil

1. Die tiefe, volle, einnehmende und enthusiastische Stimme

Eine wohlklingende Stimme ist ein Ohrenschmaus. Tiefe Stimmen gelten sowohl bei Männern als auch bei Frauen als ein Attribut, das uns für die betreffenden Menschen einnimmt. Wir halten sie für intellektuell, attraktiv und emotional gefestigt.

Eine lebhafte Stimme zieht die Aufmerksamkeit durch ihren begeisterten und temperamentvollen Ton auf sich. Eine angenehme Stimme muss sowohl hoch und tief als auch laut und leise sein können sowie von der Klangfarbe her gefallen. Die Stimme transportiert Liebe, Zorn, Freude, Mitgefühl, Traurigkeit, Angst und Zweifel. Ihr Klang lässt andere Menschen aufhorchen und lädt sie zum Zuhören ein. Sie ist stark und kann die gewünschte Botschaft ohne Anstrengung übermitteln.

Der Klang einer Stimme zieht andere an wie ein Magnet, denn er zeigt den Menschen im besten Licht. Ein Klang, in dem Selbstvertrauen mitschwingt, vermittelt Zuversicht und Vertrauen. Menschen mit solchen Stimmen erleben wir als glaubwürdiger, attraktiver, intelligenter und vertrauenswürdiger. Sie haben ihr Leben im Griff, ihre Stimmen schwanken und zittern nicht. In sich gefestigte Menschen sprechen mit einer solchen Stimme, und sie sprechen mit Herz und Verstand. Sie sind ehrlich und integer.

Richard Burton, so heißt es, habe mit seiner vollen, sonoren Stimme die ganze Tonleiter rauf und runter sprechen können und deswegen interessant geklungen. Seine Stimme ließ ihn nicht nur glaubwürdig klingen, sondern verlieh ihm auch Sexappeal.

Frauen mit einer wohlklingenden Stimme und einem begeisterten Tonfall sind anderen Frauen in Bezug auf Attraktivität deutlich voraus. Ihre ansteckende, überschäumende Art zu sprechen vermittelt den Eindruck, sie seien freundlicher, glaubwürdiger, begabter und anziehender als Frauen, die diesen Tonfall nicht haben.

Wer so spricht, wirkt auf andere anziehend, weil die anderen sich in seiner Nähe wiederum als glücklicher und besser gelaunt erleben.

Stimmhöhe

2. Die zu hohe Stimme

Menschen mit hoher Stimme, ganz gleich ob Mann oder Frau, werden häufig als unreif, asexuell, zögerlich, unsicher, schwach und zornig eingestuft. Wenn ein Mensch sexuell erregt ist, wird die Stimme tiefer, man nimmt also an, dass jemand mit hoher Stimme seine Sexualität verneint oder blockiert.

Ich habe als Therapeutin mehreren jungen Frauen geholfen, zu einer tieferen Stimme zu finden. Fast jede dieser Frauen, deren Stimme zu hoch war, hatte negative sexuelle Erfahrungen gemacht, darunter sexuelle Belästigung in Kindheit oder Jugend.

Nicht selten ist das daraus resultierende Trauma so schwerwiegend, dass es emotionale Entwicklung verhindert und zu einer Blockade in dieser frühkindlichen Phase führt. Mein Kollege und Freund, der Psychiater und Psychoanalytiker Dr. Paul Cantalupo, ist in seinen 25 Berufsjahren genau zu dieser Erkenntnis gelangt. Er vertritt die Ansicht, dass die emotionale Entwicklung durch das von den Klientinnen erlittene Trauma verhindert wurde und sie sich deshalb stimmlich nie weiterentwickelten.

Eine ehemalige Klientin namens Juana, die mit Englisch und Spanisch zweisprachig aufgewachsen war, ist ein Paradebeispiel dafür. Juana hatte eine volle, tiefe und sonore Stimme, die Zuversicht ausstrahlte. Sie war sprachlich gewandt und konnte sinnlich und erotisch klingen. Im Englischen arbeitete sie als Synchronsprecherin, und da sie fließend Spanisch sprach, wollte sie ihre Fähigkeiten auch im spanischen Markt einsetzen.

Als man ihr beim Casting sagte, ihre Stimme sei zu hoch, kam sie in meine Praxis. Sosehr wir uns auch bemühten und unzählige Techniken ausprobierten, wir schafften es nicht, dass sie im Spanischen tiefer sprach. Sprach sie Englisch, hatte sie eine wunderbar tiefe, fließende Stimme. Etwas passte nicht zusammen … Eines Tage fragte ich sie, ob sie in ihrer Kindheit ein Trauma erlebt habe.

Sie fing an zu weinen und erzählte von ihrer Vergewaltigung durch eine Bande junger Burschen, als sie von Mexiko in die USA kam. Damals war sie ein junges Mädchen, das aus lauter Scham niemandem etwas von dieser Vergewaltigung sagte. Ich war die Erste, der sie sich anvertraute.

Das Trauma hing mit ihrer Muttersprache zusammen, was sich in ihrem Spanisch in der hohen Stimme eines kleinen Mädchens widerspiegelte. Im Englischen zeigte es sich nicht, diese Sprache assoziierte sie nicht mit dem Trauma.

Wer eine hohe Stimme hat, wird nicht ernst genommen, egal,

ob Mann oder Frau. Diese Menschen werden als schwächer, weniger intelligent und weniger kompetent eingeschätzt als solche mit volltönender Stimme. Wenn jemand nervös ist oder kein Selbstbewusstsein hat, verkrampfen sich die Stimmbänder und erzeugen dadurch einen hohen Ton.

Tatsache ist auch, dass bei zornigen Menschen die Stimme höher wird. Dr. Paul Ekmans Studien in Sachen Emotionen zeigen, dass bei 70 Prozent seiner Klienten die Stimme höher wurde, wenn sie sich aufregten. Für mich ist es daher naheliegend, dass Menschen, die ständig mit hoher Stimme sprechen, in einem fortwährenden Zustand von Angst, Zorn und Furcht leben.

Ich habe schon mit Tausenden von Klienten an diesem Problem gearbeitet. Bei den Übungen für Stimm- und Sprechapparat, die ich mit ihnen mache, geht es um den schrittweisen Aufbau des Selbstvertrauens. Dieses psychologische Training ist die Ausgangsbasis, wenn Menschen ihrem Leben eine neue Richtung geben wollen.

Abschließend lässt sich sagen, dass es mit dem richtigen Stimmtraining und der individuell auf den betroffenen Menschen zugeschnittenen Psychotherapie möglich ist, eine zu hohe Stimme in eine tiefere, wohlklingende umzuwandeln.

3. Die sehr tiefe Stimme

Menschen mit dickeren Stimmbändern und einem großen Sprechapparat können mit tiefer Stimme sprechen. Im Allgemeinen klingt eine tiefe Stimme angenehmer, und zwar bei Männern und Frauen gleichermaßen. Wird die Tonhöhe allerdings mit Gewalt um eine Oktave gesenkt, wirkt dies gekünstelt, und der Klang der Stimme wird als unecht und snobistisch empfunden.

Männer, die sehr unsicher sind, bemühen sich oft, mit tiefer Stimme zu sprechen. Sie möchten ernst genommen werden und sind der Meinung, dass sie mehr Macht ausstrahlen, ihnen mehr

Respekt entgegengebracht wird und man ihnen bewusster zuhört, wenn sie mit tiefer und lauter Stimme sprechen.

Eine meiner Klientinnen schenkte ihrem Freund zum Geburtstag eine Beratungsstunde, in der er seine Sprach- und Kommunikationsfertigkeiten mit mir analysieren sollte. Zuerst wehrte er sich gegen eine Beratung, da er überzeugt war, eine wunderbare Stimme zu haben und nicht auf meine Ratschläge angewiesen zu sein. Aber da seine Freundin bezahlt hatte, kam er schließlich doch zu dem vereinbarten Termin. Er war sicher, dass seine Freundin ihm dieses Geschenk nur deswegen gemacht hatte, weil sie ihm schmeicheln wollte. Er dachte, sie sei von seiner Stimme so hingerissen, dass sie ihn nur in die Beratung geschickt hatte, damit er von fachlich qualifizierter Seite bestätigt bekam, welch wunderbaren Klang seine Stimme besaß.

Zu Anfang der Stunde sprach er außerordentlich tief. Er gestand mir, dass seine Stimme auf Frauen anziehend wirke, weil sie so tief und sexy sei. Leider wusste er nicht, dass es genau umgekehrt war und seine Freundin ihn geschickt hatte, weil sie seine Stimme abstoßend fand. Sie war der Ansicht, dass er sich fürchterlich aufgeblasen anhörte, und sie schämte sich, wenn sie zusammen weggingen und ihnen die anderen seltsame Blicke zuwarfen. Weil sie nicht wusste, wie sie ihm die Wahrheit schonend beibringen sollte, hatte sie ihn zu mir geschickt und mir diese unangenehme Aufgabe überlassen.

Nachdem er sich auf Video gesehen und gehört hatte, fiel auch bei ihm der Groschen. Er brauchte sich gar nicht so anzustrengen, um mit »normal« tiefer und gleichzeitig natürlich klingender Stimme zu sprechen. Ich verhalf ihm zu seiner optimalen Stimmlage und ermutigte ihn, natürlich zu sprechen. Dieser Rat und ein paar Sitzungen, in denen wir sein Selbstwertgefühl verbesserten, verhalfen ihm und seiner Freundin zu einem glücklicheren Leben.

Lautstärke

4. Die zu leise Stimme

Die Leisen sichern sich die Aufmerksamkeit der anderen dadurch, dass diese sie bitten müssen, lauter zu sprechen. Im tiefsten Innern genießen sie dies und spielen mit der Macht, dass andere sich anstrengen müssen, wenn sie sie verstehen wollen. Sie verstimmen Mitmenschen, die um Wiederholung bitten müssen, sichern sich aber die Kontrolle über eine Situation, in der sie bis dahin keine Kontrolle hatten. Manch einer durchschaut sie und weiß, was er tun muss, damit diese Übeltäter lauter sprechen.

Kathy hatte die Nase voll von Marys scheinheiligem Getue, zu dem auch gehörte, dass die anderen sie bitten mussten, lauter zu sprechen. Als die beiden also in einem Meeting beisammensaßen, wo der Gruppenleiter bereits auf Marys Trick hereingefallen war, sagte Kathy: »Lassen Sie nur, sie kann nicht richtig sprechen, und man versteht ohnehin kein Wort von dem, was sie sagt. Sie können stattdessen Ihre Fragen an mich richten.«

Mary war aus dem Häuschen. Sie verlor augenblicklich die Kontrolle und fuhr Kathy im lautesten, aggressivsten Ton, den sie je an ihr vernommen hatte, an: »Was soll denn das? Natürlich kann ich richtig sprechen!« Das war das letzte Mal, dass Mary ihr schüchternes Gehabe einsetzte, zumindest in Gegenwart von Kathy.

Diese Leisen sind nicht so harmlos, wie sie nach außen zu sein scheinen. Sie sind vielmehr das Gegenteil von dem, was sie die anderen glauben machen wollen. Sie sind keineswegs immer schüchtern, unschuldig und zurückhaltend, sondern nicht selten aufbrausend und fahren aus der Haut. Das Ganze ist nichts anderes als ihr Machtspiel.

In den ersten beiden Jahrzehnten meines Berufes habe ich immer wieder gesehen, wie solche Menschen ihre Stimmen als Manipulationsmittel einsetzten – ein passiv aggressiver Mechanismus, der mit Wut und Zorn auf die psychischen Dämonen, die sie im Innern quälen, zu tun hat. Dabei handelt es sich um eine aufmerksamkeitsheischende Methode. Ich gebe Ihnen den guten Rat, sich vor Leisesprechern in Acht zu nehmen, da sie mitunter gefährlich werden können.

Wissenschaftler, die Stimmen und Emotionen untersucht haben, haben außerdem entdeckt, dass eine leise Stimme mit Traurigkeit in Verbindung gebracht werden kann. Menschen, die immer leise sprechen, sind möglicherweise von einer tiefen Trauer befallen, ebenso wie jene, die zu laut sprechen. Aber auch zurückgehaltene Wut kann Ursache der zu leisen oder zu lauten Stimme sein.

Der Leisesprecher hat mitunter ein Gefühl der Machtlosigkeit und meint, dass das, was er zu sagen hat, nicht wert ist, gesagt zu werden. Infolgedessen spricht er so leise, dass andere sich anstrengen müssen, um das Gesagte zu verstehen.

5. Die zu laute Stimme

Die Lauten verzehren sich nach Aufmerksamkeit und bellen, so laut sie nur können, um diese zu bekommen. Sie sind oftmals aufgeblasene, arrogante, anderen gegenüber gedankenlose, kontrollierende, tyrannische, rivalisierende und zornige Menschen, die viel Feindseligkeit ausstrahlen. Weil sie so unsicher sind, brauchen sie ein Publikum, ansonsten können sie nicht funktionieren.

Zwei Universitätswissenschaftler in San Francisco beschreiben eine Person, die übermäßig laut spricht, als jemanden, der eigentlich von der Seele schreien möchte: »Ich habe hier das Sagen, und du tust, was ich anordne« und damit seine tyrannische Einstellung untermauert.

Andere Untersuchungen auf dem Gebiet der Emotionen und

Stimme bestätigen meine Beobachtungen, dass eine laute Stimme mit Wut und Zorn verbunden ist. Diese lauten Sprecher sind zornige Menschen, die ihre innere Feindseligkeit anderen und sich selbst gegenüber durch laute, aggressive Töne zu Gehör bringen.

Nicht selten kommen sie aus großen Familien, in denen sie sich nur mittels lauter Stimme gegen Brüder und Schwestern durchsetzen konnten, was häufig zu einem Gefühl der Unsicherheit führt.

Sofern kein organischer Hörschaden vorliegt, oder das Mittelohr durch Flüssigkeit, Ohrenschmalz oder sonst etwas verstopft ist, gibt es keine Entschuldigung dafür, dass jemandem nicht bewusst ist, wie laut er spricht. In diesem Fall kann man fast immer davon ausgehen, dass das laute Sprechen mit Zorn und Wut in Verbindung steht. Dabei könnte es sich um zurückgehaltenen Zorn handeln oder um Wut, die unmittelbar auf das Gegenüber gerichtet ist. Je unsicherer sich der laute Redner fühlt, desto lauter wird er sprechen, was ziemlich peinlich werden kann.

Eine solche Szene erlebte ich kürzlich mit jemandem, der eigentlich nicht unsicher ist. Als ich ihn zum Abendessen in ein vornehmes Restaurant einlud, war ich entsetzt darüber, wie laut er redete, vor allem über Persönliches. Er schien dies nicht zu bemerken und ignorierte die ärgerlichen Blicke der Gäste an den anderen Tischen. Der Mann fühlte sich in dieser Situation so unsicher und eingeschüchtert, dass er durch seine laute Stimme nichts anderes vermittelte als den Hilfeschrei: »Schaut mich an, ich bin auch jemand. Beachtet mich!«

6. Leiser werden am Satzende

Wie die leise Sprechenden leiden auch diese Menschen unter mangelndem Selbstwertgefühl. Ihr Sprechmuster verrät Nachlässigkeit und einen Mangel an Kontrolle, Genauigkeit, Besonnenheit und Ausführung. Weil es ihnen an Selbstvertrauen fehlt, haben sie das Gefühl, dass das, was sie zu sagen haben, nicht wichtig ist.

Menschen, deren Stimmen gegen Ende des Satzes immer leiser werden, atmen in der Regel nicht richtig; sie atmen durch den Mund ein und atmen aus, während sie sprechen. Oft atmen sie zuerst aus und sprechen dann, was dazu führt, dass man sie nur schlecht versteht.

Im Gegensatz zu den Menschen, die immer leise sprechen, sind sie jedoch weniger manipulierend und kontrollierend. Sie fangen gut an, aber weil es ihnen an Durchhaltevermögen fehlt, bringen sie ihre Sätze nicht richtig zu Ende. Dies ist möglicherweise bezeichnend für ihr ganzes Leben – sie fangen etwas an und ziehen es nicht durch. Ich habe dies bei vielen Klienten mit diesem Sprechmuster beobachtet. Sie sind aufgrund mangelnden Selbstwertgefühls frustriert und brechen Dinge ab, bevor sie beendet sind.

Maurice bat mich um Rat bei der Vorbereitung einer Präsentation. Es war das erste Mal, dass er einen Vortrag halten sollte, und er wusste nicht, wie. Er hatte eine gute Rednerstimme, volltönend und tief, doch er neigte dazu, immer leiser zu werden, so dass er am Ende eines Satzes nicht mehr zu verstehen war. Er schluckte die Wörter einfach hinunter.

Ich fragte ihn, ob er zu den Menschen gehört, die eine begonnene Aufgabe nicht vollenden. Er lächelte und sagte: »Das ist immer so bei mir. Sie sollten meine Wohnung sehen. Sie ist in einem so schrecklichen Zustand, dass nicht einmal eine Putzfrau etwas ausrichten könnte.

Ich habe acht Jahre für mein Studium gebraucht, und meine Freunde haben schon Wetten abgeschlossen, ob ich's überhaupt jemals schaffen würde. Bei der Arbeit geht es mir genauso. Im

Grunde habe ich die Rede noch nicht einmal fertig, bei der Sie mir helfen sollen.«

Ich machte ihn darauf aufmerksam, dass sich dieses Verhalten in seiner Sprechweise widerspiegelte und wir daran arbeiten sollten. Er sollte erst anfangen zu sprechen, wenn er tief Luft geholt hatte, um mit Hilfe seiner volltönender Stimme den ganzen Satz zu Ende zu bringen. Er musste innehalten, einatmen und dann den ganzen Satz zu Ende sprechen.

Wir übten und übten, und er wurde immer besser. Am Schluss hielt er einen großartigen Vortrag. Genauso verfuhr er übrigens schließlich mit den Dingen im täglichen Leben. Indem er sein Sprechverhalten änderte, veränderte sich auch sein Leben – er brachte zum ersten Mal Dinge zu Ende.

Klangfarbe

7. Zittrig

Menschen mit zittriger Stimme sind häufig verstimmt und nervös. Sie machen sich allzu viele Gedanken darüber, was andere von ihnen halten oder was geschehen könnte. (Wichtig zu wissen ist an dieser Stelle, dass es stimmungsstablisierende Medikamente gibt, die die Stimme zum Vibrieren bringen, weshalb es nötig ist zu unterscheiden, ob das Zittern der Nervosität oder Medikamenten zuzuschreiben ist.)

Menschen, deren Stimme vibriert, haben nicht selten Angst vor dem Leben. Sie sind zögerlich und scheuen sich davor, etwas anzufangen und durchzuziehen, weil sie Angst vor den Folgen haben. Auf das, was jemand sagen und was passieren könnte, reagieren sie mitunter neurotisch, ja sogar paranoid. Für sie zählt in erster Linie die Zukunft, worüber sie die Gegenwart und vor allen Dingen den Alltag vergessen. Sie fürchten ständig, den Boden unter den Füßen zu verlieren, was sich im Zittern ihrer Stimme bemerkbar macht, und sie sind kaum in der Lage, den Alltag zu bewältigen.

Wenn man diese Menschen in die Enge treibt, erröten sie häufig bis in die Haarwurzeln. Ihre Sprechmuskeln spannen sich an, und ihre Stimme beginnt zu zittern. Ihr Antrieb ist die Angst, und sie wollen um alles in der Welt dazugehören. Sie hungern nach Anerkennung.

Meine Klientin Chelsea sehnte sich verzweifelt nach Bestätigung, weil sie nie die Anerkennung ihres Vaters erfahren hatte. Da sie sich nach unserer Arbeit nicht mehr ganz so viele Gedanken darüber machte, was die anderen über sie dachten, war sie zum ersten Mal auch in der Lage, die Sprechmuskeln zu entspannen. Dies führte dazu, dass ihre Stimme nicht mehr zittrig und nervös klang, andere Menschen immer häufiger ihre Nähe suchten und sich in ihrer Gesellschaft wohl fühlten.

8. Aggressiv

Menschen, die mit ihrer Stimme andere »angreifen«, sind oft zornig, aggressiv und rivalisierend. Durch wiederholte laute verbale Ausbrüche machen sie sich bemerkbar. Solche Ausbrüche gleichen kleinen feindseligen Attacken, Hass- und Zornausbrüchen, die im Laufe einer Unterhaltung auf andere niedergehen, und verletzen den Zuhörer, der die stimmliche Heftigkeit nicht mit dem Thema des Gespräches in Einklang bringen kann.

Wenn beispielsweise etwas so Unschuldiges wie die Aktivitäten am vergangenen Wochenende zur Debatte stehen, attackiert der Stimmtäter mit einem verbalen Artilleriefeuer, gerade so, als wäre er auf dem Schlachtfeld gewesen und hätte alle möglichen Qualen erlitten, wenn es im Grunde ein angenehmes Wochenende war. Zorn und Feindseligkeit spiegeln sich eben im Ton seiner Stimme wider.

Diese Menschen rivalisieren mit anderen und halten stets Ausschau nach Mitteln und Wegen, um den »Gegner« zu schlagen, und sei es nur im einfachen Gespräch. (In diesem Fall ist der Gesprächspartner der Gegner.) Sie müssen also zuerst angreifen, um gehört zu werden. Auf diese Weise haben sie den Eindruck, im Vorteil zu sein.

9. Näselnd und klagend

Menschen, die mit einem näselnden Jammern behaftet sind, werden nur selten ernst genommen. Sie werden häufig unfairerweise als weniger intelligent eingestuft als ihre nicht jammernden Mitmenschen. Ihre unangenehme Stimme macht sie unbeliebt, es hört sich an, als würden sie sich ständig beklagen – was sie in der Regel auch tun. Der Ton in ihrer Stimme verrät Unzufriedenheit. Befragungen zufolge zählt dieses Sprechverhalten zu den sieben unbeliebtesten überhaupt. Fast 70 Prozent aller Befragten fanden es abstoßend.

Nasale Lamentierer klingen stets so, als wollten sie etwas von einem oder seien mit irgendetwas unzufrieden. Weil sie in der Regel die Zielscheibe des Spotts ihrer Mitmenschen sind, sind sie entweder extrem zurückhaltend und verbal aggressiv, oder sie haben gelernt, mitzulachen und ihre stimmliche Eigenart zu ihrem Vorteil einzusetzen. In Film und Fernsehen gibt es immer wieder Rollen, die von den Akteuren eine solche Stimme verlangen. Oftmals reizen Lamentierer auch zum Lachen.

10. Rau und krächzend

Eines Abends hörte ich auf einer Party einen Mann mit einer rauen und krächzenden Stimme. Die Stimme löste ein unangenehmes Gefühl in mir aus. Mein erster Gedanke war, dass mit diesem Mann bestimmt nicht gut Kirschen essen ist. Später erfuhr ich, dass er ein schwieriger Mensch war, den niemand mochte;

ich konnte nicht umhin, mit anzuhören, wie seine Kollegen sich über ihn unterhielten. Offensichtlich war er ein böser, tyrannischer Mann, der immer alle und alles beherrschen wollte. Das habe ich mir gedacht, sagte ich zu mir selbst. Er war ein rauer Krächzer: aggressiv, beherrschend und tyrannisch.

Diana hatte einen Mann kennen gelernt und führte mir seine Stimme auf dem Anrufbeantworter vor. Der Mann hatte sie um ein Rendezvous gebeten, aber sie wusste nicht recht, was sie von ihm halten sollte. Sie konnte nicht sagen, weswegen, aber sie hatte ein komisches Gefühl. Nachdem ich mir seine Stimme angehört hatte, wusste ich warum: Sie klang rau und krächzend und tat in den Ohren weh. Obwohl er Kosenamen wie »meine Liebe« und »Spatz« benutzte, klang seine Stimme unangenehm. Diana bat um meine Meinung.

Ich sagte ihr, dass er für mein Dafürhalten viel Zorn aufgestaut hatte und zu den kommandierenden Menschen gehörte, ein Tyrann eben. »Genau!«, rief sie. »Genau! Deswegen hab ich dieses komische Gefühl im Magen. Er ist ein Tyrann. Er tyrannisiert Kellner, seine Kinder und sogar mich. Er ist zornig und beklagt sich andauernd. Wenn er sich nicht über seinen Partner beklagt, dann über seine Exfrau oder seine Kinder. Um ehrlich zu sein, hab ich's satt. Er muss immer Recht haben. Er ist nicht zufrieden, wenn er nicht alles unter Kontrolle hat.«

Diana war ein Licht aufgegangen. Sie wusste nun, dass er nicht der richtige Mann für sie war.

Dieser Typ von Persönlichkeit wird in der Kindheit geformt. Eine informelle Studie in mehreren Kindergärten und Vorschulen förderte zutage, dass Kinder mit rauen, krächzenden Stimmen von ihren Lehrern als zornig und als Unruhestifter eingestuft wurden. Außerdem waren sie bei ihren Mitschülern nicht beliebt.

11. Gewollt sexy und verführerisch

Menschen, die in verführerischen Tönen mehr hauchen als sprechen, spielen in den meisten Fällen ein Spiel. Besonders enttäuschend ist es, wenn sie mit anderen so reden, nachdem sie gerade mit einem selbst so gesprochen haben. Es ist unaufrichtig, manipulierend und beleidigend. Solche Menschen glauben, andere »verführen« zu können, damit diese tun, was sie wollen. Sie haben oft ein übersteigertes Ego und sind der Meinung, es stehe ihnen zu, andere zu ihrem Vorteil zu gebrauchen. »Häuchler« werden zu Recht mitunter nicht ernst genommen und als nicht vertrauenswürdig angesehen.

Man weiß sofort, dass Menschen mit dieser betörenden Stimme nicht echt sind, wenn sie diesen Ton anschlagen. Man beobachtet immer wieder, dass sie plötzlich mit ganz normaler Stimme sprechen, wenn niemand reagiert.

Ein mir bekannter Zahnarzt stellte eine dieser Frauen mit hauchiger Stimme als Sprechstundenhilfe ein. Er war der Meinung, sie trage zu seinem Ansehen bei. Seine Klienten mochten die neue Sprechstundenhilfe jedoch nicht. Sie hielten sie einfach nicht für kompetent und trauten ihr nicht zu, einen Termin richtig einzutragen oder die Abrechnungen richtig zu machen.

Andere Untersuchungen haben hauchige Stimmen mit fehlender Selbstbehauptung und mangelndem Selbstvertrauen in Verbindung gebracht. Wahrscheinlich war das ein weiterer Grund, warum die Sprechstundenhilfe so schlecht bei den Klienten ankam.

12. Wahnsinnig und manisch

Alice redet wie ein D-Zug, mit unheimlicher Energie, als wäre ihr Mund ein Maschinengewehr. Sie ist anstrengend und befindet sich immer in einer Krise. Für sie ist das Leben eine emotionale Achterbahn. Ihr Katze ist entlaufen, sie lässt einen warten, weil sie kein Taxi bekommen hat, sie hat ihre Scheckkarte verloren und wichtige Papiere auf der Bank vergessen.

Sie ist immer in Schwierigkeiten und feuert ihre Neuigkeiten als verbale Kugeln direkt ins Gesicht ihres Gegenübers. Auf den ersten Blick erscheint Alice süß und faszinierend, interessant und aufregend. Manch einer mag sich schon auf Alice im Wunder-was-als-Nächstes-geschieht-Land gefreut haben. Aber diese stetige Kugelhagel-Kommunikation ermüdet alle, die sie zu ertragen haben, ganz schnell.

Solche Menschen sind anmaßend, beherrschend und müssen immer im Mittelpunkt der Aufmerksamkeit stehen. Der Himmel stehe Ihnen bei, wenn Sie versuchen, selbst in den Mittelpunk zu gelangen oder die eigenen Schwierigkeiten zum Besten zu geben. Dann können Sie sicher sein, dass dieser Mensch nicht viel Mitgefühl zeigt. Er wird stattdessen versuchen, das Gespräch wieder an sich zu reißen, oder aber dem anderen, der nicht aufhört, von sich zu sprechen, über den Mund fahren. Sein Standpunkt ist: Wen kümmern schon die anderen?

Donna erfuhr dies, als sie versuchte, Alice von ihrem Schmerz zu erzählen, weil ihr Mann sie wegen seiner Sekretärin verlassen hatte. Alice war keine Hilfe – stattdessen erzählte sie in allen Einzelheiten von einem Mann, der sie betrogen hatte. Sie zeigte kein Mitgefühl und ließ Donna kaum zu Wort kommen. Schließlich wurde Donna wütend, und es kam zu einer Auseinandersetzung: Alice beschuldigte Donna, undankbar zu sein, wenn sie, Alice, doch zu »helfen« versuchte …

Solche Menschen haben sich in der Regel nicht unter Kontrolle, sie versuchen vielmehr zu manipulieren und sind selbstsüchtig. Wenn sich nicht alles um sie dreht, kennen sie kein Mitgefühl. In einer Beziehung zu ihnen gibt es kein Nehmen und Geben. Wahrscheinlich haben sie tiefe emotionale Probleme, die sie angehen sollten.

Untersuchungen haben gezeigt, dass Leute, die rasend schnell sprechen, meist aufgestauten Zorn und Wut in sich tragen. Sie scheinen sich andauernd über andere zu ärgern oder im Streit mit ihnen zu sein. Möglicherweise hängt dieses rasante Sprechen aber auch mit einem chemischen Ungleichgewicht im Körper zusammen, wie es bei Menschen vorkommt, die an bipolarer Störung leiden. Das heißt aber nicht, dass alle, die wahnsinnig schnell sprechen, an dieser Störung leiden.

Dieses Sprechmuster hat jedoch auch eine positive Seite: Es reißt andere mit. Es dient dazu, andere zu motivieren, sich anzuschließen und mitzumachen. »Powerredner« sind Anführer, die die Gabe haben, alles interessant klingen zu lassen. Sie sind anregend, weil sie mit einer scheinbar grenzenlosen Energie und Begeisterungsfähigkeit gesegnet sind.

Das einzige Problem dabei ist, dass sie oft nicht wissen, wovon sie reden, weshalb es im eigenen Interesse nicht immer schlau ist, ihrem Rat zu folgen. Seien Sie deshalb vorsichtig, wenn solche Menschen versuchen, Sie zu etwas zu überreden.

13. Schnell und hastig

Menschen, die zu schnell sprechen, sind äußerst ängstlich, nervös und vielleicht sogar zornig. Untersuchungen haben gezeigt, dass sie zu Unsicherheit und mangelndem Selbstwertgefühl neigen. Das schnelle Sprechen könnte der unbewusste Versuch sein, etwas schnell hinter sich zu bringen, weil sie im Grunde ihres Herzens nicht glauben, dass andere an dem, was sie zu sagen haben, interessiert sein könnten. Wenn sie mehr Selbstbewusstsein hätten, würden sie sich mehr Zeit nehmen und den anderen die Möglichkeit geben zu hören, was sie Wichtiges zu sagen haben. So jemand gehört nicht selten zum Persönlichkeitstyp A, das heißt, es handelt sich um eine betriebsame, ehrgeizige Person, die meist aggressiv und hastig spricht.

Schnelles Sprechen gehört zu den acht unbeliebtesten Kommunikationsmustern, mehr als 65 Prozent der in einer Studie Befragten äußerten sich negativ über Leute, die zu schnell sprachen. Laut Psychologen tragen solche Menschen dazu bei, dass andere sich unwohl fühlen.

Viele Schnellredner stammen aus großen Familien, ebenso wie die Lautredner, die sich im großen Kreis der Geschwister Gehör verschaffen mussten. Schnellredner haben stets das Gefühl, wie der Blitz reden zu müssen, um alles zu sagen, bevor sie unterbrochen werden.

Studien haben ebenfalls gezeigt, dass sie dazu neigen, Wut und Zorn eher zum Ausdruck zu bringen. Vielleicht entsteht in einem konkurrierenden Umfeld wie großen Familien und Großstädten tatsächlich mehr Stress und Konkurrenz, was zu einer schnellen Sprechweise führt.

14. Aufgeregt und nervend

Es kommt nicht darauf an, was man sagt, sondern wie man es sagt, oder: Der Ton macht die Musik. Man braucht nur jemanden freundlich um etwas zu bitten, und schon tut er, was man von ihm will. Schwingt jedoch in der Stimme des Bittenden ein negativer Ton mit, wird der andere rebellieren, es kommt zu einem verbalen Schlagabtausch oder, schlimmer noch, zu einer handgreiflichen Auseinandersetzung. Schon in der Bibel steht: »Die Macht des Wortes liegt auf der Zunge.« Es liegt auch in dem Ton, den jemand anschlägt.

Nervende Stimmen haben Menschen, die sich als Opfer fühlen, die nach Auseinandersetzungen und Problemen trachten. Sie sind jederzeit bereit, mit dem Finger auf andere zu zeigen, sie sind die ewigen Verlierer, die permanent das Gefühl haben, betrogen zu werden, und immer nach einem Schuldigen suchen. Menschen mit einer quengeligen Stimme wirken häufig herausfordernd. Was sie mit dem Ton in ihrer Stimme ausdrücken ist: »Versuch nur, mir zu widersprechen, dann wirst du schon sehen, wie ich dich fertig mache!« Der Ton in ihrer Stimme führt zu einer hitzigen Reaktion bei anderen, da diese das Gefühl haben, grundlos herausgefordert zu werden. Da ihr Ton nicht selten etwas Weinerliches an sich hat, vermitteln sie ihren Mitmenschen auch noch das Gefühl, sie hätten diese »Armen« verletzt.

Eine solche Sprechweise ist ganz und gar unleidlich und verrät eine ungute Veranlagung. Menschen, die so sprechen, fordern andere ständig heraus und ergehen sich in endlosen Streitereien. Wenn ihnen jemand nicht Recht gibt, sind sie überzeugt, dass der andere im Unrecht ist. Im Grunde vermittelt der Ton in ihrer Stimme die Botschaft: »Du brauchst erst gar nicht zu versuchen, mich herauszufordern – ich weiß alles! Ich habe immer Recht.«

In diesen Menschen brennt ein verbales Feuer. Wenn ihnen etwas nicht passt, schießen sofort Flammen aus ihrem Mund, die jeden und alles um sie herum verbrennen. Die beste Möglichkeit, mit ihnen umzugehen, besteht darin, sich in möglichst großer Entfernung aufzuhalten, um verbale Verbrennungen dritten Grades zu vermeiden.

15. Stockend und abgehackt

Menschen, die abgehackt und stockend sprechen, sind in der Regel nicht flexibel, sondern kleinlich, rechthaberisch und rigide. Sie können dickköpfig sein, wenig anpassungsfähig und halten nichts von Kompromissen.

Sie ähneln Grundschullehrern, die mit einem Kind in kurzen, einfachen Sätzen sprechen. Nicht selten erinnert uns ein solches Sprechmuster an die eigene Schulzeit. Kein Erwachsener möchte wie ein Kind behandelt werden, aber leider haben diese stockenden, abgehackten Sprecher keine Ahnung, dass sie genau dies tun und ihr Ton für jeden Menschen ab sieben eine Beleidigung ist.

Genau das passierte einem meiner Klienten, einem erfolgreichen Geschäftsmann, der in meine Sprechstunde kam. Im Wartezimmer traf er auf eine Klientin, eine bezaubernde Schauspielerin. Die beiden unterhielten sich, bis ich den Geschäftsmann hereinbat.

Das Erste, was er mir über sie sagte, war: »Es ist wirklich ein Jammer. Eine so gut aussehende Frau, aber sie klingt wie eine rechthaberische, kleinliche Schulmeisterin. Wenn sie noch die entsprechende Frisur und Kleidung hätte, wäre sie wirklich der Inbegriff der verknöcherten Lehrerin. Als ich sie sah, war ich zuerst hingerissen, doch als sie den Mund aufmachte, war alles hin. Ich hatte das Gefühl, als rede sie mit einem Untergebenen.«

Seine Beurteilung stimmte haargenau: Ihre Stimme sagte alles. Hätte sie gewusst, wie erfolgreich und wunderbar dieser Junggeselle war, hätte sie sich vielleicht anders verhalten, aber ich bin froh, dass sie ihr wahres Gesicht zeigte, bevor es zu mehr kam. Er hatte sie richtig eingestuft. Sie war eine herablassende, steife, voreingenommene Frau, und er hörte es an ihrer überartikulierten, abgehackten Sprechweise.

16. Näselnd, verbissen und weinerlich

Ein mit näselnder Stimme sprechender Mensch, der zudem mit zusammengebissenen Zähnen redet, ist viel zorniger, voreingenommener und lamentierender als der näselnde Mensch, der die Zähne nicht zusammenbeißt. Während Letzterer Sinn für Humor besitzt, ist der Erste vollkommen humorlos. Stattdessen beobachtet man bei ihm viel aufgestaute Wut.

Eine mit vielen Preisen ausgezeichnete Schauspielerin, die angehende Stars und Sternchen unterrichtet, fragt Schüler, die mit zusammengebissenen Zähnen sprechen, jeweils als Erstes: »Sind Sie auf Ihre Mutter oder auf Ihren Vater wütend?« Die Schauspielschüler sind zunächst betroffen und verneinen jedwedes Problem, um später, vielleicht unter Tränen, mit der Wahrheit herauszurücken. Mitunter kommt es auch sofort zu einem Zusammenbruch, wenn sich jahrelang aufgestaute Wut und Zorn einen Weg an die Oberfläche bahnen.

Die verkrampfte Kieferstellung führt zu einer nasalen Sprechweise, die alles andere als großzügig wirkt. Daher wird ein solcher Mensch eher als starr und geizig eingestuft. Nicht selten sind dies tatsächlich zugrunde liegende Persönlichkeitsmerkmale.

17. Dünn und leblos

Menschen, die so sprechen, werden als apathisch, gleichgültig, reserviert, steif und gehemmt empfunden. Häufig entspricht dies der Wahrheit: Sie unterdrücken ihre Gefühle und halten aus Angst vor Nähe eine stimmliche Distanz zu ihrem Gegenüber aufrecht.

Dieses Verhalten spiegelt gelegentlich Depression oder innere Trauer wider. Menschen, die mit ihrer Stimme geizen, besitzen wenig Selbstwertgefühl und haben Angst vor emotionaler Nähe. Weil sie fürchten, jemand könnte ihre Gefühle entdecken, versuchen sie, alle durch ihre monotone Stimme auf Abstand zu halten.

Wer sich mit einem solchen leblosen Menschen unterhält, neigt nicht selten dazu, selbst lebhafter zu sprechen, um den anderen aus der Reserve zu locken, was jedoch meistens nicht gelingt. Folglich ist man über kurz oder lang frustriert und enttäuscht über die mangelnde Gesprächsbeteiligung. Dies führt zu vielen Missverständnissen – für solche Menschen ist es äußerst schwierig, sich verständlich zu machen, da in ihrer Stimme keine Gefühle mitschwingen, die das Gegenüber interpretieren könnte.

»Der ist komisch. Ich mag ihn nicht. Ich frage mich, ob er überhaupt atmet oder ob ich's mit einem Roboter zu tun habe.«

»Ja, genau. Ich weiß nie, woran ich mit ihm bin. Genauso gut könnte man an eine Wand reden.«

So ungefähr lauteten die Kommentare, die John zufällig in der Herrentoilette über sich hörte. John besaß eine mehr schlecht als recht gehende Firma. Am meisten Probleme hatte er mit seinen Angestellten. Niemand mochte ihn, aber er hatte keine Ahnung gehabt, warum, bis er unfreiwilliger Zeuge der oben beschriebenen Unterhaltung wurde. Da wusste er, dass seine monotone, leblose Stimme die Ursache dafür war.

Menschen, die mit schwacher, lebloser Stimme sprechen, machen andere oft wütend. Keiner dringt zu ihnen durch, sie rauben jedem Energie, weil sie kein Feedback geben. Ein Gespräch sollte immer ein Geben und Nehmen sein. Wenn man die Energie aufwendet, um ein Gespräch zu führen, und nichts zurückbekommt, ist dies furchtbar frustrierend und ermüdend. Es ist daher nicht verwunderlich, wenn der Gesprächspartner eines monotonen Langweilers feindselige Gefühle hegt. Er gehört mitunter zu jenen passiv aggressiven Menschen, die viel Information zurückhalten und nicht ehrlich sind.

Wenn allerdings jemand, den Sie kennen und der vorher lebhaft gesprochen hat, plötzlich mit monotoner, lebloser Stimme spricht, können Sie davon ausgehen, dass etwas nicht stimmt. Aller Wahrscheinlichkeit nach missfällt ihm etwas, oder er ist deprimiert.

18. Zuckersüß

Menschen mit zuckersüßer Stimme sind in der Regel doppelzüngig, das heißt, sie sagen das eine und meinen etwas ganz anderes. Laura hatte eine derartige Stimme, die vor lauter klebrigen Tönen und schmeichlerischen Wörtern nur so troff.

Sie gab vor, eine loyale Mitarbeiterin einer Presseagentur zu sein, fiel ihren Kollegen jedoch bei jeder sich bietenden Gelegenheit in den Rücken. Die anderen mochten sie nicht und beschwerten sich über sie bei ihrem Vorgesetzten. Zunächst ergriff er Partei für sie, bis er schließlich einsehen musste, dass die anderen Recht hatten. Offensichtlich hatte Laura auch ihn hintergangen, indem sie seinen besten Kunden abgeworben hatte. Diesem hatte sie nämlich weisgemacht, sie könne den Auftrag besser und preisgünstiger ausführen. Sie verließ die PR-Firma schließlich und arbeitete für den angesehenen Kunden, bis der ihr wahres Naturell erkannte und sie feuerte.

Es ist schwer, jemandem zu vertrauen, der andauernd mit zuckersüßer Stimme spricht. Der anschwellende, hohe Ton verrät zurückgehaltene Wut. Ich habe solche Menschen nicht nur in meiner Praxis kennen gelernt, sondern bedauerlicherweise auch geschäftlichen Umgang mit ihnen gehabt, und kann deshalb bestätigen, dass sie tatsächlich oft wütend sind.

Sie gehören zu den passiv aggressiven Menschen, die sich scheinbar wegen nichts gegen einen wenden können. Man kann ihnen nicht trauen, weil sie, einfach ausgedrückt, unecht sind. Es ist nicht normal, ständig gut drauf, glücklich und freundlich zu sein. Jeder Mensch hegt eine ganze Reihe von Gefühlen und kennt nicht nur einen Ton, auch wenn dieser Ton angenehm scheint.

Wenn Sie also diese zuckersüßen Töne hören, sollten Sie Augen und Ohren offen halten – in diesem Kessel kocht es ganz gewaltig. Achten Sie auf Doppelbotschaften und nicht stimmiges Verhalten. Worte und Taten gehen in einem solchen Fall nicht immer Hand in Hand. Es kann nicht schaden, sich hier in Acht zu nehmen.

19. Hoch und höher werdend

Dieses Sprechmuster klingt, als würden die Sprechenden alles in Frage stellen. Selbst wenn sie einem nur den Namen nennen, klingt dies wie eine Frage:»Hallo. Ich heiße Mia? Ich bin Journalistin?« Frauen neigen mehr als Männer zu dieser Sprechweise, die vermuten lässt, dass jemand bezüglich dessen, was er sagt, zögerlich und unsicher ist. Dem Gegenüber drängt sich die Vermutung geradezu auf, dass es dem Menschen an Selbstvertrauen fehlt.

Ich hatte eine Klientin, die zwölf Jahre lang in der gleichen Firma arbeitete. Bei Beförderungen wurde sie ständig übergangen, und sie fragte sich zu Recht, warum. Irgendwann verwies sie jemand an mich, und ich wusste sofort, woran es lag. Obwohl sie die Firma in- und auswendig kannte und wusste, welche Erwartungen mit der neuen Stelle verknüpft waren, klang sie so, als sei es ihr erster Tag in dem Unternehmen. Fast jeder Satz aus ihrem Mund klang, als würde sie entweder um Erlaubnis bitten oder eine Frage stellen. Während wir uns unterhielten, erzählte sie plötzlich, dass sie gar nicht sicher sei, ob sie die größere Verantwortung und das erhöhte Arbeitspensum bewältigen könne. Sie arbeitete gern in der Firma und wollte auf jeden Fall mehr Geld, aber sie wusste nicht, ob sie wirklich nach oben wollte.

Sie war allein erziehende Mutter, und die neue Stelle bedeutete mehr Verantwortung und eine große Herausforderung. Die höher werdende, fragende Stimme am Ende eines jeden Satzes verriet eindeutig ihre Selbstzweifel.

Sobald wir in unseren Sitzungen ihr Selbstwertgefühl aufbauten, veränderte sich ihre Stimmlage ganz drastisch. Sie sprach mit tieferer Stimme, in der deutlich mehr Selbstvertrauen mitschwang. Die Stimme ging auch am Satzende nicht mehr in die Höhe. Meine Klientin wurde sich langsam sicherer, dass sie der neuen Stelle und der größeren Verantwortung gewachsen war und für ihre Kinder eine akzeptable Lösung finden würde.

Nicht alle, die am Ende eines Satzes die Stimme heben, sind unsicher und leiden unter fehlendem Selbstwertgefühl. Sie haben es sich möglicherweise bloß angewöhnt, höher zu sprechen, wie dies bei vielen Jugendlichen und jungen Erwachsenen anzutreffen ist. Sie wollen damit ihre Zugehörigkeit zu einer Gruppe demonstrieren. Daran ist zunächst nichts auszusetzen. Nur wenn man außerhalb der Gruppe so spricht, stößt man nicht immer auf Wohlwollen.

Wenn Sie selbst Kinder haben, sollten Sie diese auf keinen Fall ermutigen, diese In-Sprache zu Hause oder in der Schule zu benutzen. Wenn sie es sich nämlich zur Angewohnheit machen und dann in der »richtigen« Welt so sprechen, könnten sie damit einen sehr negativen Eindruck bei Erwachsenen hinterlassen. Die Wirkung auf ihre berufliche Zukunft können wir uns unschwer ausmalen.

20. Zu langsam und zu bedächtig

Ebenso wie der, der zu schnell spricht, ist sich der langsame Sprecher oftmals der Gefühle anderer nicht bewusst, da es ihm an Selbstwertgefühl mangelt. Er spricht vielleicht langsam und bedächtig, weil er keine Fehler machen will; andererseits könnte er auch ein Wichtigtuer und arroganter Zeitgenosse sein und jedes Wort und jede Silbe betonen, damit auch wirklich alle verstehen, was er zu sagen hat.

Selbst wenn ein solcher Mensch sieht, dass andere sich langweilen und schon mit den Augen rollen, ignoriert er das in der Regel und fährt einfach mit seinem Singsang fort. Er blendet die anderen schlichtweg aus. Selbstsüchtig und einzig darauf bedacht, sich verständlich zu machen, verschwendet er keinen Gedanken an sein Gegenüber. In gewisser Weise handelt es sich um ein Machtspiel, um eine aggressiv-unhöfliche Art und Weise, menschliche Kommunikation zu ignorieren, also um einen offensichtlich feindseligen Akt.

Solche Menschen neigen zu innerer Trauer und Selbstbezogenheit. Untersuchungen zu Gefühls- und Sprachverhalten haben zutage gefördert, dass eine langsame Sprechweise oft mit Depressionen Hand in Hand geht.

Allerdings muss man bedenken, dass Menschen bestimmter Regionen langsamer sprechen als andere. Man merkt ganz von selbst, zu welcher Sorte ein Mensch gehört, indem man darauf achtet, wie genervt man ist, wenn man ignoriert wird oder der andere einen ständig links liegen lässt. Nicht in diese Kategorie gehören Menschen, die aufgrund von neuromotorischen Problemen oder Medikamenteneinnahme langsam sprechen.

Die Stimme als Botschafter

Obwohl die Stimme Spiegel unserer Persönlichkeit ist, gibt es viele Gelegenheiten, bei denen sie die falsche Botschaft vermittelt: Die Tatsache, dass wir mit einem bestimmten Klang sprechen, kann bei anderen einen negativen Eindruck entstehen lassen, obwohl wir die negativen Persönlichkeitsmerkmale gar nicht haben.

Um zu vermeiden, dass Sie falsch eingeordnet und falsch verstanden werden, sollten Sie lernen, Ihrer Stimme den richtigen Klang und die richtige Ausdruckskraft zu verleihen. In der Folge werden Sie begeisterter und im Einklang mit Ihren Gefühlen sein, wenn Sie mit anderen kommunizieren, und diese werden Sie wiederum als interessanten und anregenden Gesprächspartner empfinden. Dies hat zweifellos Auswirkungen sowohl auf Ihr Berufs- wie auf Ihr Privatleben.

Da Sie jetzt mit den Signalen der Sprache vertraut sind, wenden wir uns der Körpersprache zu.

7. Kapitel

Der Schlüssel zur Körpersprache

Die Körpersprache ist eine Kombination aus Bewegungen, Gesten und Gehabe, die unter verschiedenen Umständen und in verschiedenen Situationen eine bestimmte Botschaft ausdrückt. Wenn Sie einem anderen Menschen genau zuhören und auf seine Körpersprache und seinen Gesichtsausdruck achten, erfahren Sie viel. Sie werden bereits nach kürzester Zeit wissen, ob der andere lügt oder die Wahrheit sagt, auch wenn er alles tut, um dies zu verheimlichen. Genauso werden Sie erkennen, ob der andere meint, was er sagt, und sagt, was er meint.

Im folgenden Kapitel gehe ich auf Körperbewegungen und ihre Bedeutung ein.

Das Entschlüsseln der Signale der Körpersprache

Um zu erkennen, was ein Mensch durch seine Körpersprache tatsächlich mitteilt, ist es unabdingbar, dass Sie ihn ganz genau beobachten und sich über bestimmte Dinge seines Verhaltens klar werden. Die folgenden Fragen sollen Ihnen dabei helfen.

1. Beugt sich der andere in Ihre Richtung, wenn er redet oder zuhört?
2. Lehnt er sich zurück, wenn er spricht oder zuhört?
3. Kommt er Ihnen zu nahe?

4. Rückt er von Ihnen ab, oder steht er zu weit weg von Ihnen?
5. Steht der andere in angenehmer Entfernung zu Ihnen?
6. Verschränkt er die Arme?
7. Wirkt er zappelig?
8. Wiegt er den Körper hin und her?
9. Klopft er mit dem Fuß auf den Boden?
10. Trommelt Ihr Gegenüber mit den Fingern auf den Tisch?
11. Ist seine Haltung steif?
12. Ist seine Haltung zu entspannt und schlaff?
13. Ist seine Haltung zwanglos und entspannt?
14. Spiegelt der andere Ihre Körpersprache wider?
15. Sitzt er zusammengesunken da?
16. Sitzt er mit vorgebeugtem Körper da?
17. Wirkt er, als ob er schauspielert?
18. Wirkt er zu reglos?
19. Ist seine Haltung offen und freundlich?
20. Wirkt er verschlossen und in sich gekehrt?
21. Hält er Kopf und Körper von Ihnen abgewandt?
22. Stützt er den Kopf auf, wenn er spricht oder zuhört?
23. Beugt sich der andere beim Zuhören nach vorne?
24. Steht er auf einem Fuß?
25. Steht sein Kragen offen, oder ist seine Krawatte zu lässig gebunden?
26. Hält er den Kopf schräg beim Zuhören?
27. Macht er beim Sprechen ruckartige Bewegungen mit dem Kopf?
28. Hält er den Kopf gesenkt?
29. Reckt er den Kopf in die Höhe?
30. Wirft er beim Sprechen den Kopf zurück?
31. Kratzt er sich am Kopf, vor allem am Oberkopf?
32. Schwitzt der andere sehr?
33. Zuckt er mit den Schultern?

34. Stemmt er die Arme in die Seiten?
35. Sind die Arme geöffnet?
36. Gestikuliert er wild?
37. Gebraucht er die Arme beim Sprechen so gut wie gar nicht?
38. Berührt er sich beim Sprechen?
39. Deutet er beim Sprechen immer wieder auf sich?
40. Verzieht er beim Sprechen die Nase, oder reibt er sie sich?
41. Reibt er sich die Augen?
42. Massiert er sich den Nacken?
43. Versteckt Ihr Gegenüber beim Sprechen die Hände?
44. Sind seine Hände zu Fäusten geballt?
45. Sind seine Handbewegungen abgehackt?
46. Deutet der andere mit dem Finger, wenn er spricht?
47. Faltet er beim Sprechen die Hände?
48. Presst er beim Sprechen die Hände zusammen?
49. Zeigen die Handflächen nach oben?
50. Gebraucht er die Hände beim Sprechen so gut wie gar nicht?
51. Wirken seine Hände beim Sprechen fahrig?
52. Spielt er mit seinem Schmuck oder seinem Haar?
53. Knabbert er an den Fingernägeln, oder zupft er an Fingern und Händen herum?
54. Lässt er die Daumen kreisen, oder spielt er mit den Fingern?
55. Wirken seine Handbewegungen stark und vorsätzlich?
56. Drückt er beim Sprechen die Fingerspitzen zusammen?
57. Hat er die Angewohnheit, Sie beim Sprechen zu berühren?
58. Berührt er Sie nie?
59. Ist die Berührung des Gesprächspartners kräftig oder sogar zu kräftig?
60. Ist sein Händedruck stark?
61. Ist sein Händedruck schwach?
62. Ist sein Händedruck zu stark?
63. Steht er beim Sprechen aufrecht und gerade?

64. Zeigen seine Fußspitzen direkt auf Sie, wenn er sitzt oder steht?

65. Wippt er beim Sprechen oder Zuhören mit dem Fuß?

66. Schlingt er beim Sprechen ein Bein um das andere?

67. Überkreuzt er beim Sprechen die Knöchel?

68. Sitzt er mit gespreizten Beinen da?

69. Hat er die Beine übereinandergeschlagen?

70. Liegt ein Knie direkt über dem anderen?

71. Sitzt er mit einem Bein untergeschlagen da?

73. Sind die Beine weit auseinandergestreckt?

74. Steht der andere auf einem Bein?

75. Hat er einen schleppenden Gang?

76. Hält er beim Gehen den Kopf gesenkt?

77. Geht er mit erhobenem Kopf und schwingt die Arme hin und her?

78. Bewegt er sich in gleichmäßigem Tempo?

79. Bewegt er sich, als ginge er auf rohen Eiern?

80. Geht der andere auf Zehenspitzen?

81. Bewegt er sich mit hastigen Schritten vorwärts?

82. Sind seine Armbewegungen abgehackt, und macht er kleine Schritte?

83. Hat er einen wippenden Gang, hält er den Kopf hoch, hängen seine Arme locker herunter?

84. Ist die Person altmodisch gekleidet?

85. Ist sie nachlässig gekleidet?

86. Kleidet sie sich nach der neuesten Mode?

87. Kleidet sie sich sexy und aufreizend?

88. Trägt der andere schreiende Farben und auffallende Muster?

89. Ist der andere langweilig gekleidet? Trägt er langweilige Farben?

90. Ist die Kleidung konservativ?

91. Kleidet er sich zu förmlich?

92. Ist er unpassend angezogen?
93. Entspricht seine Kleidung dem Anlass?
94. Wirkt er ungepflegt und unsauber?
95. Ist sein Haar gepflegt?
96. Ist seine Frisur modisch?
97. Ändert er häufig seine Frisur und seine Haarfarbe?
98. Trägt er ein Toupet, oder kämmt er das Haar über lichte Stellen?
99. Ist der andere in Sachen Kleidung pingelig?
100. Ist der oder die andere zu stark geschminkt?

Im Laufe dieses Kapitels werden Sie erfahren, was diese Zeichen bedeuten und in welcher Beziehung sie zum Persönlichkeitsprofil eines Menschen stehen.

Die Körpersprache von Prominenten

Vor einigen Jahren habe ich einen Artikel für die Zeitschrift *Cosmopolitan* geschrieben und darin eine Reihe von Schnappschüssen von berühmten Paaren analysiert. Dabei ging es darum, anhand der Körpersprache zu entscheiden, welche dieser Paare zusammenbleiben würden und welche nicht. Es waren Schnappschüsse von Jim Carrey und Lauren Holly, Brooke Shields und Andre Agassi, Pamela Anderson und Tommy Lee. Auf den Fotos war Folgendes zu sehen:

Lauren Holly hielt Jim Carreys Hand umklammert, und es sah so aus, als wolle sie ihn um alles in der Welt festhalten. Ihre Arm- und Handmuskeln waren deutlich angespannt. Auf fast allen Fotos sah Jim Carrey nicht Lauren an, sondern hielt die Augen auf die Kamera und seine Fans gerichtet. Das Paar schien gar nicht zusammenzugehören. Carrey beugte sich auch nie in ihre

Richtung. Es war eher eine Steifheit und körperliche Anspannung zwischen ihnen zu bemerken. Ich war kein bisschen überrascht, als die beiden sich etwas später trennten.

Die gleiche Steifheit und Anspannung war zwischen Andre Agassi und Brooke Shields zu bemerken. Ganz im Gegensatz dazu die Fotos von Andre und Steffi Graf: Beide scheinen entspannt, sie stehen in engem Körperkontakt, was wiederum beweist, wie vertraut sie miteinander sind.

Pamela Anderson und Tommy Lee konnten am Anfang nicht genug voneinander kriegen. Auf jedem Bild waren sie Brust an Brust oder Hüfte an Hüfte zu sehen. Beim Betrachten dieser Fotos fragte ich mich immer, ob etwas übrig bleiben würde, wenn die erste Leidenschaft nachließ. Offensichtlich nicht, denn nach einer heftigen Beziehung, die oftmals sogar gewalttätig war, haben sie sich jetzt das zweite Mal getrennt, und diesmal vielleicht für immer.

Wenn Sie das nächste Mal am Kiosk oder beim Arzt die Zeitschriften durchblättern, schauen Sie genau hin, und zwar mit geschärftem Auge. Achten Sie auf Bewegungen und Körperhaltung, und Sie werden erfahren, in welchen Beziehungen diese Menschen wirklich stecken.

Achten Sie darauf, wie nah das Paar beieinandersteht. Achten Sie auf ihre Hände, Arme und Beine. Berühren sie sich? Wirken sie angespannt oder entspannt? Stehen sie auf gleicher Höhe, oder steht einer vor dem anderen? Wenn Sie genau hinschauen, werden Sie viel bemerken. Sie werden bald wissen, dass das, was Sie lesen und hören, nicht immer der Wahrheit entspricht. Selbst wenn das berühmte Paar oder dessen Pressesprecher beteuert, dass alles in Ordnung sei, stellen Sie vielleicht fest, dass dem nicht so ist.

Der Körper lügt nicht

Der Körper verrät uns viel über uns selbst und über andere. Jede Geste, jede Pose sagt etwas aus, denn diese Signale sind der Versuch des Körpers, unterdrückte Gefühle an die Oberfläche zu bringen. So haben Untersuchungen gezeigt, dass der Blutdruck steigt, wenn man versucht, Gefühle zu verstecken.

Wie wir im letzten Kapitel gesehen haben, drückt jeder Ton, jede Geste und jede Bewegung ein Gefühl aus, auch wenn wir uns dessen nicht bewusst sind. Die Körpersprache kann verbale Äußerungen verstärken oder ihnen widersprechen, denn sie enthüllt die wahren Gefühle eines Menschen.

Auch der frühere amerikanische Präsident Richard Nixon beispielsweise demonstrierte durch seine Körpersprache, wie ihm wirklich zumute war. Wenn ihm jemand schwierige Fragen stellte, drehte er Kopf und Körper zur Seite. Er tat nichts anderes, als sich von dem Frager zu distanzieren, was ihn als vertrauensunwürdig erscheinen ließ. Man musste nur auf die Körpersprache achten, um zu wissen, dass etwas im Argen lag und Nixon etwas verbergen wollte.

Vor einigen Jahren hatte ich eine 15-jährige Klientin namens Marissa, die mich schwer beeindruckte. Ich fand nicht nur ihre Intelligenz, sondern auch ihre Körperhaltung und ihre gezielten Hand- und Armbewegungen bewundernswert. Alles zusammen drückte ein positives Selbstwertgefühl aus.

Doch all das veränderte sich schlagartig, als ihre Mutter an einem unserer Gespräche teilnahm. Es war, als sei Marissa ein anderer Mensch. Plötzlich legte sie ein vollkommen anderes Verhalten an den Tag. Sie hielt den Kopf gesenkt und vermied jeden Blickkontakt mit ihrer Mutter und mir. Sie saß ruhig da und hielt die Hände artig im Schoß gefaltet.

Ich hatte Mitleid mit Marissa, denn ich wusste ganz genau, was im Verborgenen ablief. Die bloße Gegenwart ihrer übermächtigen Mutter ließ sie wieder zum kleinen Mädchen werden. Marissa war offensichtlich eingeschüchtert, und in dem Versuch, sich ihrer Mutter unterzuordnen, büßte sie einen Großteil ihres Selbstvertrauens ein.

Als ich diesen Umstand zur Sprache brachte, gab Marissa zu, dass sie sich in Gegenwart ihrer Mutter schon lange unwohl fühlte. Ihre Mutter hatte immer etwas an ihr auszusetzen, nie konnte sie es ihr recht machen. Weil sie diesen Mechanismus jetzt durchschaut hatte, konnten Mutter und Tochter endlich miteinander reden, und irgendwann waren sie sogar in der Lage, sich gegenseitig mit dem Respekt zu behandeln, den beide verdient hatten.

Anlehnen

Wenn man einen Menschen mag, neigt man dazu, sich in seine Richtung zu lehnen. Dadurch gibt man zu verstehen, dass man an ihm und an dem, was er zu sagen hat, interessiert ist. Ist man sehr interessiert, beugt sich der Körper vor, während die Beine zurückgenommen werden. Neigt sich ein Mensch im Sitzen zur Seite, drückt er damit seine Sympathie für die Person neben ihm aus. Wenn man sie dagegen nicht mag, langweilig oder unsympathisch findet, neigt man dazu, sich zurückzulehnen.

Ich war einmal mit einer Freundin beim Mittagessen, die ein Auge auf einen der Männer in unserer Gruppe geworfen hatte. Als der Mann sich entschuldigte, um die Toilette aufzusuchen, fragte meine Freundin ganz aufgeregt, ob ich meine, sie habe Chancen bei ihm. Da ich nicht diejenige sein wollte, die ihren Traum zunichtemachte, riet ich ihr, es selbst herauszufinden: Sie solle darauf achten, wie nahe er ihr kam und ob er sich zu ihr herüberbeugte oder nicht.

Der Mann kam bald zurück, und schon nach kurzer Zeit hatte meine Freundin die Antwort auf ihre Frage. Die Chancen lagen zwischen mager und gleich null. Der Mann lehnte sich im Stuhl zurück. Als sie die Hand nach ihm ausstreckte, zuckte er zusammen. Er schien steif und sehr formell, wenn er das Wort an sie richtete, und wenn sie sprach, zeigte er nur wenig Interesse. Er war in festen Händen und an anderen Frauen einfach nicht interessiert. Meine Freundin hat er dies durch seine Körpersprache wissen lassen.

Das Überschreiten von unsichtbaren Grenzen

Menschen haben ebenso wie die Tiere ganz bestimmte Regeln bezüglich Raum und »Territorium«. Dringt ein Tier in das Revier eines anderen ein, fühlt sich dieses Tier bedroht und greift den Eindringling an. Das Gleiche gilt für Menschen. Jedes Volk hat Regeln, die festlegen, wie nahe sich Menschen beim Sitzen oder Stehen normalerweise kommen. Menschen aus Südamerika und dem Nahen Osten rücken näher zusammen als Menschen aus der westlichen Welt. Wenn Sie als Westeuropäer oder Amerikaner in einem anderen Kulturkreis verweilen, tun Sie gut daran, sich mit den örtlichen Regeln und Gebräuchen vertraut zu machen – und diese auch zu befolgen.

Für jeden Kulturkreis gilt jedoch, dass Leute, die die unsichtbare Linie überschreiten, entweder machtsüchtig oder narzisstisch sind oder aber überhaupt nicht wissen, was sie tun. Wenn Ihnen jemand im wahrsten Sinne des Wortes zu nahe rückt und anfängt, auf Sie einzureden, werden Sie höchstwahrscheinlich negativ reagieren. Sie machen vielleicht einen Schritt zurück, um sich schließlich ganz abzuwenden. Ebenso gut könnten Sie die Arme verschränken (eine unbewusste Geste, die dazu dient, sich zu schützen), zurückfahren oder den Kopf senken. Eine andere Reaktion wäre, mit dem Fuß zu trippeln oder nervös hin und her zu rutschen. Oft verändert sich auch die Stimme, sie klingt angespannt und lässt den anderen wissen, dass er sich besser zurückzieht.

Manche Menschen kommen anderen mit Absicht zu nahe, weil es diese verunsichert. Dringt man in »fremdes Territorium« ein, bedroht man damit den anderen. Er wird vielleicht zurückweichen und sich fragen, was der Eindringling im Schilde führt. Wenn einem jemand zu nahe kommt, fühlen sich die meisten Menschen unwohl. Für den Bedrohten ist die Situation negativ, auch wenn er verbal etwas anderes sagt.

Nicht zuletzt fühlt sich derjenige, dem man zu nahe kommt, vielleicht befangen, weil er unsicher wird, ob er wohl Mund- oder Körpergeruch hat. Genauso könnte er jedoch von dem Körper- und Mundgeruch des anderen abgestoßen sein. Keine negative Auswirkung hat dagegen das Näherkommen eines geschätzten Menschen; dann begrüßt man es sogar.

Wichtig zu wissen ist, dass jemand, der sich seiner selbst sicher ist und viel Selbstvertrauen besitzt, in der Regel mehr Raum einnimmt als einer, der unsicher ist und wenig Selbstvertrauen hat. Ein sicherer Mensch streckt Arme und Beine aus, wohingegen ein unsicherer Mensch dazu neigt, Arme und Beine nah am Körper zu halten, was an die Haltung eines Fötus erinnert.

Zu große Distanz

Menschen, die zu weit weg stehen, als hielten sie sich für etwas Besseres, werden häufig als arrogant und hochnäsig angesehen.

Sie wollen einem im wahrsten Sinne des Wortes nicht zu nahe kommen. Sie setzen oder stellen sich vielleicht weit weg, weil sie die anderen nicht mögen, etwas gegen deren gesellschaftlichen Status, das Gespräch, den Geruch oder das Aussehen haben. Es kann aber auch sein, dass sich Menschen, die einen großen Abstand halten, durch andere bedroht fühlen.

Synchrone Bewegungen

Wenn wir wissen wollen, ob ein anderer uns sympathisch findet, brauchen wir nur darauf zu achten, ob er unseren Bewegungen folgt. Wenn einer die Gesten des anderen imitiert (Beine übereinanderschlagen, Kinn in die Hand stützen, Hände falten usw.), kann man davon ausgehen, dass er sich zum Gegenüber hingezogen fühlt. Die Bewegungen eines anderen zu spiegeln bedeutet, dass man so sein will wie der andere.

Hin und her wippen

Dieses Verhalten drückt aus, dass der betreffende Mensch ungeduldig oder nervös ist. Erwachsene wippen vor und zurück, wenn sie sich unwohl fühlen und sich in kritischen Situationen beruhigen wollen.

Nicht ungewöhnlich ist dies bei Kindern, vor allem bei autistischen. Wiegende Bewegungen helfen, Angst abzubauen.

Wenn Erwachsene ein solches Verhalten an den Tag legen, ist das für andere in der Regel unangenehm, weil sie sich dadurch abgelenkt fühlen. Sie verlieren den Faden und vergessen, was der »Wipper« eigentlich sagen will.

Zappelphilipp

Ein Mensch, der unruhig hin und her rutscht, verrät viel über sich selbst. Er ist möglicherweise nervös und teilt seinen Mitmenschen auf indirekte Weise mit, dass er sich dort, wo er gerade ist, unwohl fühlt. Wenn er sich andauernd die Hände reibt oder mit den Füßen trippelt, ist er vielleicht reizbar oder aufgeregt und muss sich bewegen, damit er sich besser fühlt.

Leute, denen nicht wohl ist in ihrer Haut, haben unweigerlich leicht erhöhte Temperatur, was dazu führen kann, dass ihnen heiß wird und sie sich noch unwohler fühlen. Nicht selten steigt die Hitze in den Kopf, weswegen sie oft an der Krawatte oder dem Nicki-Tuch herumfingern.

Zusammenfassend lässt sich sagen, dass ein Zappelphilipp immer zum Ausdruck bringt, dass er sich in seiner Umgebung nicht wohl fühlt und gereizt ist. Ein möglicher Grund wäre, dass dieser Mensch nicht die Wahrheit sagt oder dass er seine Lebensumstände verändern will.

Den Kopf schräg halten

Wer den Kopf schräg hält, deutet damit an, dass er an dem, was der andere sagt, interessiert ist und ihm aufmerksam zuhört. Er schenkt seinem Gegenüber seine volle Aufmerksamkeit und konzentriert sich auf das Gesagte.

Vielleicht ist Ihnen schon aufgefallen, dass kleine Kinder, die noch nicht sprechen können, den Kopf schräg halten, wenn man mit ihnen redet. Sie geben damit zu erkennen, dass sie aufmerksam zuhören.

Den Kopf wegdrehen

Menschen, die etwas hören, das ihnen unangenehm ist, drehen unwillkürlich den Kopf weg. Dieses Verhalten scheint eine automatische Reaktion zu sein, um auf Abstand zu der »Quelle« des Unbehagens zu gehen.

Nicken

Menschen, die andauernd mit dem Kopf nicken, wenn andere sprechen, wollen gefallen und setzen alles daran, dass ihr Gegenüber sich wohl fühlt. Im Grunde wollen sie nichts anderes als geliebt werden. Das Kopfnicken bedeutet: »Ich bin mit allem einverstanden, was du sagst – also hab mich gern.« Nicht selten sind diese Menschen unsicher und fürchten Ablehnung.

Wenn jemand ständig den Kopf wiegt oder mit dem Kopf wackelt, drückt der Betreffende dadurch möglicherweise seine Zweifel an dem Gesagten aus. Der Kopf bewegt sich vielleicht auch deshalb hin und her, weil das, was gesagt wird, abgewogen und gleichzeitig nach einer Antwort gesucht wird.

Den Kopf senken

Wer den Kopf beim Sprechen gesenkt hält, gibt damit zu erkennen, dass er unsicher ist. Dies trifft nur bei religiösen Anlässen und Kulturen nicht zu, in denen das Senken des Kopfes ein Zeichen von Respekt bedeutet. Sonst ist, wer den Kopf gesenkt hält, möglicherweise unglücklich und depressiv oder verfügt über wenig Selbstwertgefühl.

Prinzessin Diana beispielsweise hielt früher immer den Kopf

gesenkt, wenn sie sprach. Anfänglich mag dies eine unterwürfige Geste gewesen sein, aber als sie auch später noch mit gesenktem Kopf redete, war dies eindeutig ein Zeichen dafür, dass sie unglücklich war und sich in ihrer Rolle nicht wohl fühlte.

Den Kopf nach vorne recken

Der vorgereckte Kopf ist ein Zeichen von Bedrohung. Ebenso wie beim vorgereckten Kinn kommt damit ein aggressives Verhalten zum Ausdruck, das besagt, dass die betreffende Person bereit ist, eine herausfordernde oder gar feindselige Lösung des Problems in Betracht zu ziehen. Ein Mensch, der mit Kopfschütteln oder Zurückwerfen des Kopfes reagiert, deutet damit Verachtung und Überheblichkeit an.

Sich am Kopf kratzen

Sofern der Betreffende nicht unter Läusen oder einer Kopfhautentzündung leidet, bedeutet das Kratzen am Kopf immer Verwirrung und Unsicherheit.

Als ich eines Abend mit einem Musikproduzenten an einem Stück arbeitete, bemerkte ich, dass er sich plötzlich heftig am Kopf kratzte. »Dir gefällt der Schluss des Liedes nicht, habe ich Recht?«, fragte ich.

»Ganz genau«, gab er zurück. »Ich möchte etwas anderes ausprobieren und zum Schluss hin etwas mehr Dramatik einbauen.« Wie ich ihn so beobachtete, wurde mir klar, dass er an diesem Punkt im Zweifel war. Einerseits wollte er den Schluss des Liedes verändern, andererseits befürchtete er, mich mit diesem Vorschlag zu verletzen, da mir der Song offensichtlich gefiel, wie er war.

Ich will an dieser Stelle noch ein Beispiel anführen: Stellen Sie sich vor, Sie stellen jemandem eine Frage, und dieser Jemand kratzt sich am Kopf. Damit gibt er Ihnen zu verstehen, dass er entweder die Frage nicht verstanden hat oder aber nicht weiß, was er darauf antworten soll. Es ist deshalb in beiderseitigem Interesse, wenn Sie die Frage umformulieren, damit der andere auch wirklich begreift, was Sie wollen. Außerdem hat er dann mehr Zeit, sich eine Antwort zu überlegen.

Schulterzucken

Wenn jemand mit den Schultern zuckt, heißt das meist, dass er entweder nicht die Wahrheit sagt oder ihn das Gesagte gleichgültig lässt. Genauso gut könnte er sagen: »Ich weiß nicht«, »Ich bin mir nicht sicher« oder »Das glaub ich nicht«.

Ein Mensch, der lügt, neigt in der Regel sehr schnell dazu, mit den Schultern zu zucken. In diesem Fall geschieht es nicht absichtlich und bedeutet damit etwas ganz anderes als Desinteresse und Gleichgültigkeit. Was dieser Mensch sagt, ist: »Ich spreche nicht die Wahrheit.« Schnelles Achselzucken ist ein unbewusster Versuch, cool, ruhig und gefasst zu wirken, wenn man es in Wirklichkeit gar nicht ist.

Ein Mensch, der die Schultern hochzieht und sie nicht wieder fallen lässt, signalisiert damit: »Ich bin harmlos.« Marilyn Monroe sah man oft mit hochgezogenen Schultern, womit sie ihren Sexappeal und ihre Zugänglichkeit ausdrückte.

Die Haltung

Die Körperhaltung spiegelt die Gefühle wider, die man sich und anderen gegenüber hegt. Bei einer selbstsicheren Haltung sind Rücken und Kopf gerade, die Schultern zurückgebogen, die Pobacken zusammen. Der betreffende Mensch steht sicher und bequem, das Gewicht ist gleichmäßig auf beide Füße verteilt. Beim Sitzen sind die Arme unverschränkt, und die Beine stehen bequem nebeneinander.

Menschen mit selbstsicherer Haltung fühlen sich in der Regel genauso wohl beim Einkaufsbummel mit Freunden wie bei einem formellen Empfang. Zur Verdeutlichung ihres Standpunktes gestikulieren sie lebhaft mit Händen und Armen. Sie neigen dazu, sich ganz auf andere zu konzentrieren. Auf diese Weise vergessen sie sich selbst und können besser auf die anderen eingehen. Sie strahlen ein Gefühl der Offenheit und Sicherheit aus, weswegen sie sehr beliebt sind. Eine offene und entspannte Haltung vermittelt Sympathie.

Es gibt jedoch noch andere Haltungen, die auch ganz andere Gefühle ausdrücken.

In sich zusammengesunken

Ein trauriger Mensch neigt dazu, in sich zusammenzusinken. Vornübergebeugte Schultern sind Ausdruck von Resignation, von fehlendem Selbstwertgefühl und sogar Depression. Ein solcher Mensch trägt eine schwere Last auf seinen Schultern. Wird diese Haltung zur Gewohnheit, ist sie vielleicht als Anzeichen dafür zu werten, dass jemand sich aus einer bestimmten Situation oder gar vom Leben insgesamt zurückzieht und sich nicht für seine Mitmenschen interessiert. Er geht nicht auf andere zu, son-

dern zieht sich von ihnen zurück – die Fluchtvariante des Kampf-
oder-Flucht-Verhaltens.

Herabhängende Schultern und zusammengesunkene Haltung
gehen meist mit einem eingefallenen Brustkorb einher: Weil sich
die inneren Organe nicht entfalten können, sind sie auch nicht
in der Lage, als Grundlage für einen gesunden stimmlichen Ausdruck zu dienen.

Nach vorne gereckt

Wenn der Körper mit dem Kopf zusammen nach vorne gereckt
wird, kann man davon ausgehen, dass der betreffende Mensch
zornig ist. In der Regel ist auch das Kinn nach vorne gereckt, und
mitunter sind die Hände zu Fäusten geballt. Nicht selten lässt
sich eine deutliche Muskelanspannung beobachten. Das ist eine
Angriffshaltung. Menschen, die in Eile sind und mit Kopf und
Oberkörper nach vorne gereckt durch die Gegend laufen, sind
unschwer als wütend zu erkennen.

Starr

Menschen mit steifer, ja militärischer Haltung sind nicht selten
dickköpfig und inflexibel in ihren Ansichten und Entscheidungen. Sie neigen zu Schwarz-Weiß-Denken und lassen nur ihre
Meinung gelten, etwas, was autoritäre Personen kennzeichnet.

Oft gelten sie als Snobs, als Menschen, die sich für etwas Besseres halten. Mit hocherhobenem Haupt schauen sie auf andere
hinab. Sie lieben Sauberkeit und Ordnung und fühlen sich am
wohlsten in ihrer vertrauten Umgebung.

Sendebewusst

Es gibt Menschen, die in ihrer Haltung eine Geziertheit an den Tag legen, dass sie aussehen, als spielten sie eine Rolle und schielten mit einem Auge immer darauf, ob sie beobachtet werden. Sie gehören zu der Sorte, die jemandem einen Kuss auf beide Wangen drücken und sich danach sofort umsehen, ob jemand ihnen dabei zugeschaut hat. Sie stehen gern an einer Bar und geben sich cool und in, eben ganz Teil der Szene.

Obwohl sie mitunter überheblich und arrogant wirken, sind sie im Grunde unsicher, gehemmt und befangen. Sie leben in dem narzisstischen Empfinden, dass die ganze Welt sich nur um sie dreht.

Verschlossen

Menschen, die Sie nicht mögen oder anderer Meinung sind als Sie, tun dies mit ihrer Körpersprache auf vielerlei Weise kund. Sie halten sich zwar aufrecht, signalisieren ihre Verschlossenheit jedoch dadurch, dass sie beispielsweise die Arme vor der Brust kreuzen oder im Sitzen häufig die Beine übereinanderschlagen.

Neutral

Jemand, der sich noch keine Meinung über sein Gegenüber oder eine Situation gebildet hat, faltet im Stehen häufig die Hände vor der Brust. Im Sitzen faltet er die Hände oftmals im Schoß und schlägt die Beine übereinander, um seine abwartende Einstellung kundzutun. Solche Menschen signalisieren einerseits Offenheit, indem sie Kopf und Oberkörper gerade halten und die Arme nicht verschränken, andererseits gleichzeitig Verschlossenheit, indem sie die Hände in den Schoß legen und die Beine fest zusammenpressen.

Gelangweilt

Ein Mensch, der gelangweilt und desinteressiert ist, wendet den Kopf und schließlich auch den Körper von seinem Gegenüber ab. Wo er zunächst vorgebeugt war, lehnt er sich nach kurzer Zeit zurück. Wenn er sitzt, streckt er irgendwann die Beine aus, und der Rumpf des Körpers schiebt sich in eine aufrechtere Position.

Die Finger sind verschränkt, die Hände liegen im Schoß. Wenn das Interesse weiter abnimmt, neigt sich der Kopf zur Seite und muss oft mit der Hand gestützt werden.

Ein desinteressierter Mensch liegt manchmal mehr, als er sitzt, wobei die Beine lang ausgestreckt sind. Wenn er steht, sind die Hände mit den verschränkten Fingern meist vorne, der Kopf aber ist zur Seite gedreht.

Auf Armeslänge

Auch die Art, wie jemand seine Arme gebraucht, verrät uns viel darüber, wie dieser Jemand sich fühlt. Ich werde nachfolgend mehrere Armhaltungen erklären, die Ihnen einen Einblick vermitteln, was die Arme eines Menschen verraten.

Verschränkt

Verschränkte Arme verraten eine Verteidigungshaltung, die immer dann eingesetzt wird, wenn sich jemand unwohl fühlt oder sich schützen will. Genauso gut kann sie aber bedeuten, dass der betreffende Mensch sich von anderen abgrenzen will. Wenn jemand unsicher ist, wird er unwillkürlich versuchen, weniger Raum einzunehmen.

Wenn es nicht gerade kalt im Zimmer ist, sodass man die Arme verschränken muss, um sich zu wärmen, geben Menschen mit vor der Brust verschränkten Armen zu verstehen, dass sie auf ihrem Standpunkt beharren, sich anderen Sichtweisen verschließen. Diese Haltung geht oftmals einher mit Nervosität und Anspannung oder ist Zeichen dafür, dass der betreffende Mensch etwas zu verbergen hat. Wenn Sie also jemanden sehen, der die Arme vor der Brust verschränkt, bedeutet das, dass der Mensch sich zurückgezogen hat. Zu beobachten ist diese Haltung oft bei Frauen mit großen Brüsten und bei Menschen, die mit ihrem Körper nicht glücklich sind.

In die Seite gestemmt

Sind die Hände auf die Hüften gestemmt und die Ellbogen nach außen gerichtet, bedeutet das: »Bleib mir vom Leib« und »Leg dich nicht mit mir an«. Der Anthropologe Desmond Morris bezeichnet diese Haltung als »Anti-Umarmungshaltung«. Außerdem zeigt sie Selbstvertrauen und Unabhängigkeit.

In zwangloser Umgebung kann bereits eine in die Seite gestemmte Hand bedeuten, dass man einen anderen von der Gruppe fernhalten will. Ich habe ein solches Verhalten einmal bei einer Party beobachtet. Eine Frau schien sehr besitzergreifend gegenüber ihrem neuen, attraktiven Freund. Jedes Mal, wenn eine andere Frau in ihre Nähe kam, um mit ihm zu plaudern, bedeutete sie ihr mit dem Ellbogen des rechten Arms, dessen Hand strategisch korrekt in die Hüfte gestemmt war, das Weite zu suchen: Sie drehte sich schnell herum, um die andere Frau daran zu hindern, ihm zu nahe zu kommen, und stieß sie gleichzeitig unabsichtlich absichtlich mit dem Ellbogen an. Auf diese Weise gab sie der anderen unmissverständlich zu verstehen, dass sie die Hände von ihrem Schatz zu lassen hatte.

Offen

Die Arme hinter dem Rücken zu verschränken signalisiert Offenheit. Mit einer solchen Haltung wird angezeigt, dass keine Veranlassung besteht, sich zu schützen. Man sieht eine offene Haltung häufig bei der englischen Königsfamilie, wenn diese sich im zwanglosen Gespräch mit ihren Untertanen befindet; dabei ist der Oberkörper ungeschützt, die Arme hängen locker auf der Seite – Ungezwungenheit und Lässigkeit werden ausgedrückt.

Auch Selbstvertrauen spiegelt sich darin wider. Soldaten nehmen oftmals diese Haltung ein, die Arme hinter dem Rücken verschränkt, wenn sie bequem stehen sollen. Sie sind entspannt, offen und haben nichts zu verbergen.

Gestikulierend

Im Mittelmeerraum und im Nahen Osten werden auch in ganz normalen Unterhaltungen die Arme rege zu Hilfe genommen, um im Gespräch etwas zu verdeutlichen. Im Westen bedeutet es etwas ganz anderes, wenn jemand wild gestikuliert: Ein solcher

191

Mensch ist meistens aufgebracht, sehr gefühlsbetont oder furchtbar zornig.

Emotionale Hände

Die Haltung der Hände verrät ebenfalls außerordentlich viel über die Gefühlslage eines Menschen. Im Nachfolgenden erfahren Sie, was einige dieser Handbewegungen bedeuten.

Versteckte Hände

Wenn jemand die Hände beim Sprechen versteckt – wenn er sie beispielsweise in den Taschen vergräbt –, könnte es sein, dass er wichtige Informationen zurückhält, etwas ganz Persönliches nicht preisgeben will. So fragte ich einmal meinen Freund Marty während einer Party nach dem Befinden seiner Frau. »Tja, es geht ihr gut«, antwortete er, steckte die Hände in die Taschen und wechselte das Thema. Ein paar Tage später hörte ich, dass die beiden Eheprobleme hatten und sich mit dem Gedanken einer Scheidung trugen.

Zornige Hände

Zu Fäusten geballte Hände bedeuten in der Regel, dass der betreffende Mensch seine Gefühle nicht artikuliert. Immer, wenn jemand die Hände zu Fäusten ballt, kann man davon ausgehen, dass derjenige wirklich zornig oder außer Fassung ist. Wenn dazu noch die Daumen unter den Fingern verborgen sind, fühlt der Mensch sich bedroht, eingeschüchtert oder ängstlich. Die Daumen in der Faust festzuhalten ist eine schützende Geste, ähnlich, wie wenn jemand die Arme vor der Brust verschränkt. Versteckter Zorn kommt aber ebenso zum Ausdruck, wenn jemand mit dem Finger zeigt oder abgehackte und unkoordinierte Handbewegungen macht.

Unehrliche Hände

Ein Mensch, der nicht offen und ehrlich ist, gestikuliert in der Regel nur sehr wenig, seine Hände sind eher angespannt, verkrampft oder in den Taschen vergraben. Achten Sie darauf, wie fest jemand die Hände zusammendrückt oder faltet: je fester, desto angespannter ist derjenige. Es ist so, als ob er etwas in den Griff bekommen wollte oder Schwierigkeiten hat, an der Realität festzuhalten.

Ehrliche Hände

Umgekehrt hält ein Mensch, der die Wahrheit liebt, seine Hände so, dass die Handflächen nach oben zeigen und die Finger ausgestreckt sind. Dies zeugt von Offenheit und Interesse am anderen. Er gibt damit zu verstehen, dass er aufnahmebereit und dem anderen und seinen Vorstellungen gegenüber offen ist. Die nach oben gerichtete Handfläche ist auch ein Zeichen dafür, dass man verletzlicher ist. Sieht man dagegen nur den Handrücken, bedeutet dies, dass der Betreffende weniger empfänglich und offen, sondern eher verschlossen ist.

Ausdrucksstarke Hände

Ein Mensch, der kommunikativ und von seiner Sache überzeugt ist, wird rege Hände und Arme zu Hilfe nehmen, um seinen Standpunkt leidenschaftlich zu verdeutlichen. Jemand, der von seiner Sache nicht ganz so fest überzeugt ist, lässt Hände und Arme ruhen.

Starre Hände

Ein steifer Daumen und starre, gerade oder zur Faust geformte Finger bedeuten, dass der betreffende Mensch auch in seinen Einstellungen stur und starr ist. Es ist sehr schwierig, ihn von seiner Einstellung abzubringen.

Ungeduldige Hände

Trommelnde oder beständig auf den Tisch klopfende Finger verraten Ungeduld und Nervosität. Ebenso gilt das Spielen beispielsweise mit einer Halskette, einem Armband oder den Haaren als Ausdruck von Unsicherheit, Anspannung und Nervosität. Man kann daraus schließen, dass der Mensch unsicher ist und sich an etwas Greifbarem festhalten muss, um sich wohl zu fühlen.

Malträtierte Hände

Abgekaute Nägel und Nagelhaut, Händereiben und zappelige Hände deuten ebenfalls auf Besorgnis hin. Diese unbewussten

Gesten zeigen sich, wenn Menschen unter Druck stehen, auch wenn sich die innere Anspannung im Gespräch mit ihnen nicht äußert. Ihre Gesten sind jedoch eindeutig Anzeichen für Zorn und Frustration.

Gelangweilte Hände

Wenn jemand frustriert oder gelangweilt ist, sitzt er da und dreht Däumchen, und zwar im wahrsten Sinne des Wortes. Die Finger sind verschränkt, und die Daumen kreisen umeinander. Dieses Tun ist der Versuch, die Langeweile zu vertreiben.

Sorgenfreie Hände

Wenn sich jemand wohl fühlt, sieht man dies sogleich an den Händen. Die Handbewegungen sind stark und ausdrucksvoll, fließend und harmonisch. Ein Mensch, der die Hände hinter dem Kopf verschränkt, wobei die Arme nicht angewinkelt sind, demonstriert ein Gefühl der Sicherheit und des Wohlbehagens.

Zuversichtliche Hände

Ein selbstsicherer Mensch zeigt sein Selbstvertrauen auch in seinen Gesten. Wenn die Fingerspitzen sich berühren und die Hände dabei einen spitzen Turm bilden, ist dies ein Ausdruck von Selbstsicherheit, und es ist nicht verwunderlich, dass diese Geste oftmals bei Lehrern, Priestern, Politikern, Rechtsanwälten und Medienvertretern zu beobachten ist. Auch Menschen, die verhandeln, benützen sie häufig.

Körperkontakt

Jeder Mensch braucht Berührung, so der Anthropologe Ashley Montagu in seinem Buch *Körperkontakt*. Ein kleiner Klaps auf Rücken, Schulter, Arm oder Hand zeigt uns die emotionale Unterstützung eines warmherzigen Menschen. Auch eine kurze Berührung während eines Gesprächs kann helfen, die Aufmerksamkeit auf einen wichtigen Punkt zu lenken.

Wenn die Berührungen jedoch über das übliche Maß hinausgehen, lässt sich daraus allerhand über den Berührenden ableiten. Es könnte ein Zeichen von Eifersucht und ein Kontrollversuch sein und damit ein Übergriff, den ich »aufdringliches Berühren« nenne. Es gibt auch Menschen, die viel berühren, weil sie ein starkes Bedürfnis haben, geliebt und angenommen zu werden.

Ein 53-jähriger Fotograf namens Joe berührte jeden, mit dem er zusammentraf. Männern klopfte er jovial auf den Rücken, Frauen legte er die Hand auf den Arm, wenn er mit ihnen redete. Weil Joe furchtbar unsicher war, wollte er unbewusst sicherstellen, dass er immer und überall die Aufmerksamkeit seiner Mitmenschen hatte. Aus diesem Grund musste er sein Gegenüber berühren, das unweigerlich die Ohren spitzte und zuhörte.

Manche sind jedoch weniger freundlich und versuchen, mit ihren Berührungen Macht zu demonstrieren; sie sind herablassend oder gönnerhaft denen gegenüber, die sie anfassen. Andere wiederum leiten aus ihren Berührungen ein Gefühl der Kontrolle ab, vor allem wenn sie eifersüchtig oder unsicher sind oder sich von ihrem Gegenüber bedroht fühlen. Die einzige Möglichkeit, mit ihnen umzugehen, ist, ihnen klipp und klar zu sagen, dass man nicht berührt werden will.

Selbstberührung

Wenn sich jemand ständig ins Gesicht fasst, ist es gut möglich, dass diese Person nicht die Wahrheit sagt. Sie fühlt sich vielleicht nicht wohl in ihrer Haut oder ist nicht offen. Indem sie sofort nach einer Lüge die Hände zum Mund oder zu den Augen führt, errichtet sie eine Art Schranke zwischen sich und dem Gegenüber, wie um zu zeigen, dass die direkte Kommunikation nur eingeschränkt funktioniert.

Sofern nicht jemand eine Erkältung oder eine Allergie hat, bedeutet das Zusammendrücken der Nase Unwohlsein in einer bestimmten Situation. Nehmen wir an, Sie bitten einen Mann, Ihnen beim Verrücken eines schweren Stuhls zu helfen. Dann bemerken Sie, dass seine Hand, bevor er Ja sagt, zur Nase fährt. Diese Geste signalisiert, dass er Ihnen eigentlich gar nicht helfen will. Ähnliches gilt für einen Menschen, der nach einer Äußerung seinen Mund mit der Hand bedeckt, als wolle er sagen, er habe nicht die Wahrheit gesagt oder sei nicht einverstanden mit dem, was der andere gesagt hat.

Wenn jemand sich die Augen reibt, signalisiert er damit, dass er des Gesprächs müde ist und er eigentlich nichts mehr sehen und hören will. Massiert sich jemand den Nacken, heißt das, dass er sich unwohl fühlt und vielleicht sogar die Wahrheit unterdrückt.

Mangelnde Berührungen

Menschen, die Berührungen meiden, sind in der Regel steif und darüber hinaus unsicher. Sie sind nicht selten neurotisch veranlagt und fürchten sich vor anderen Menschen. Sie mögen entweder sich selbst nicht oder andere. Oft handelt es sich um Einzelgänger, deren Welt sich nur um sich selbst dreht. Es kommt aber auch vor, dass Menschen, die Berührungen meiden, als Kinder emotional oder körperlich missbraucht wurden und ihre Vermeidungshaltung nichts anderes ist als eine Reaktion auf frühere Erlebnisse.

Harte Berührungen

Es gibt Menschen, deren Berührung so fest ist, dass es wehtut, wenn sie einen berühren oder anfassen. Eine solche Berührung drückt Konkurrenz oder versteckte Wut aus. Derartige Menschen muss man wissen lassen, dass ihre Berührung wehtut und unerwünscht ist. Am besten geht man auf Distanz.

Händedruck

Ein Händedruck kann Bände sprechen. Ein angenehmer und zugleich fester Händedruck signalisiert Zuversicht und Selbstvertrauen; dieser Mensch ist offen und hat nichts zu verbergen. Ein fester Händedruck wird mit starken Menschen in Verbindung gebracht, ein lascher Händedruck dagegen gewöhnlich mit schwachen.

Wenn jemand anstatt der ganzen Hand nur nach den Fingern greift oder sein Händedruck sich schlaff wie eine Qualle anfühlt, heißt das, dass er mit seinem Gegenüber keine Verbindung aufbauen kann. Er oder sie ist vielleicht eingeschüchtert oder fühlt sich unsicher.

Sprechende Hände

Hände können während eines Gesprächs eingesetzt werden, um das Gesagte zu unterstreichen, einen Punkt hervorzuheben, das Thema zu wechseln oder das Gespräch zu beenden. Jede Veränderung in der Haltung der Hand – zeigen, berühren, die Hand heben – hat eine bestimmte Bedeutung.

Hände sagen auch sehr viel über den Gefühlszustand aus. Ein Mensch, der zwar ruhig, aber mit geballter Faust redet, ist nicht unbedingt ehrlich. Die Faust könnte ein Zeichen seiner Wut oder sogar seiner Abneigung gegenüber dem anderen sein.

Gefühlvolle Füße

Ebenso wie die Hände eines Menschen geben auch die Füße, deren Position und die Stellung der Beine Auskunft über seinen Seelenzustand. Die Füße gehören zu den ehrlichsten Teilen des Körpers; sie verraten uns, was ein Mensch wirklich fühlt und denkt. Es ist zwar möglich, den Gesichtsausdruck, die Haltung und die Bewegungen der Hände zu kontrollieren, aber es ist äußerst schwierig, die Füße zu kontrollieren.

Ehrliche Füße

Wenn die Füße eines Menschen nebeneinander, fest auf dem Boden stehen und auf das Gegenüber gerichtet sind, kann man davon ausgehen, dass er offen, ehrlich und ausgeglichen ist.

Ruhen die Füße dagegen auf den äußeren Kanten oder auf den Fersen, könnte der Mensch auch im übertragenen Sinn ein Randständiger sein und nicht immer die Wahrheit sagen.

Zappelfüße

Wenn jemand mit den Füßen zappelt oder trippelt, ist dies Ausdruck von Ungeduld und Langeweile. Zappeln und Trippeln sind Fluchtsignale, mit denen ein Mensch buchstäblich zu verstehen gibt, dass er Reißaus nehmen will.

Fußsperre

Wer einen Fuß um das Bein schlingt, bekundet damit unbewusst, dass er nervös und unsicher ist. Ganz gleich, wie entspannt der Oberkörper ist, gilt diese Fußhaltung als ein Zeichen von Nervosität.

Gekreuzte Knöchel

Man kann davon ausgehen, dass jemand, der die Beine an den Knöcheln kreuzt, irgendetwas zurückhält, sei es ein Gefühl oder eine Information.

Die Haltung ist außerdem ein Zeichen für Anspannung. Nicht selten ist sie bei jemandem zu beobachten, der einen Harndrang verspürt und diesen zu unterdrücken versucht. Häufig sieht man sie auch bei Flugpassagieren kurz vor dem Start der Maschine.

Die Beine

Die Beinhaltung eines Menschen verrät viel. Die Stellung und Haltung der Beine gibt Aufschluss darüber, ob jemand ehrlich und selbstsicher, ehrgeizig oder unsicher ist.

Zuversichtliche Beine

Locker nebeneinander stehende Beine sind ein Zeichen für Offenheit und Selbstvertrauen. Bei einer Frau mit Rock werden die Beine aus bekannten Gründen allerdings nahe beieinander sein. Stehen die Füße fest auf dem Boden und zeigen in Richtung des Gegenübers, lässt dies auf Freimütigkeit und Ehrlichkeit schließen. Selbstvertrauen und Selbstsicherheit lassen sich ebenfalls ableiten, wenn, sowohl bei Frauen als auch Männern, die Beine übereinandergeschlagen sind, allerdings nur, wenn ein Knie direkt über dem anderen liegt.

Unehrliche Beine

Ist ein Bein oberhalb des Knies über das andere geschlagen, sucht der Mensch nach Halt und Sicherheit. Dabei kommt zum Ausdruck, dass der Betreffende keine Selbstsicherheit besitzt oder aber nicht die Wahrheit sagt.

Flüchtende Beine

Stellen Sie sich vor, jemand sitzt Ihnen gegenüber, sieht Sie an, Kopf und Oberkörper sind Ihnen zugewandt. Aber dann fällt Ihr

Blick nach unten, und Sie sehen, dass die Beine und Füße Ihres Gegenübers in eine ganz andere Richtung weisen. Daran erkennen Sie, dass Ihr Gegenüber am liebsten davonlaufen würde und im Grunde gar nicht mit Ihnen reden will. Wenn jemand eigentlich nicht mit Ihnen reden möchte, bewegen sich seine Beine ganz automatisch in Richtung Tür.

Eine weitere Geste, die zeigt, dass jemand am liebsten auf und davon rennen möchte, ist jene, bei der man sich wiederholt auf die Schenkel schlägt. Vor allem, wenn sich der Mensch auf die Außenseite der Schenkel schlägt, heißt das, dass er weglaufen möchte, aber gezwungen ist zu bleiben. Ähnlich verhält es sich, wenn jemand ständig mit dem Fuß auf den Boden trippelt.

Unabhängige Beine

Ein Mensch, der auf einem untergeschlagenen Bein sitzt, ist in der Regel entweder unabhängig, unangepasst, lässig – oder er weiß nicht, wie man sich richtig hinsetzt. Offensichtlich legt er keinen Wert darauf, was andere über ihn denken.

Dominante Beine

Ausgestreckte Beine, egal, ob übereinandergeschlagen oder nicht, signalisieren Dominanz. Ein Mensch, der so sitzt, besitzt einen starken Willen und neigt dazu, andere einzuschüchtern. Diese Haltung geht häufig mit einer gewissen Egozentrik einher.

Storchenposition

Das Stehen auf einem Bein kann, sofern keine zwingende körperliche Ursache vorliegt, für andere ganz schön entnervend sein. Sie empfinden eine solche Haltung als unbequem oder gar schmerzhaft. Jemand, der auf einem Bein steht, muss damit rechnen, dass sich sein Gegenüber mehr auf seine Haltung konzentriert als auf das, was er sagt.

Das Stehen auf einem Bein ist meist eine Angewohnheit. Nicht selten sind sich Menschen in dieser Haltung gar nicht bewusst, wie sie wahrgenommen werden. Sie weckt kaum Vertrauen oder Zuversicht.

Der Gang

Jeder Mensch hat einen charakteristischen Gang, an dem ihn eine vertraute Person wiedererkennt. Vielleicht erinnern auch Sie sich an eine Situation, in der Ihnen jemand entgegengekommen ist und Sie ihn, ohne sein Gesicht zu sehen, am Gang erkannt haben. Im Nachfolgenden werde ich auf verschiedene Gangarten und die damit verbundenen Gefühlszustände eingehen.

Der depressive Gang

Ein unglücklicher Mensch geht mit gesenktem Kopf und hängenden Schultern und starrt zu Boden. Er hebt selten den Blick und bewegt sich nur langsam.

Der von sich eingenommene Gang

Menschen, die glauben, sie seien besser als andere, bewegen sich in der Regel mit erhobenem Kinn und weit vor- und zurückschwingenden Armen. Sie scheinen andere kaum wahrzunehmen, sie gehen vielmehr davon aus, dass man nach ihnen schaut. Sie halten sich stets gerade, um nicht zu sagen steif, und ihr Gang ist entschlossen und gleichmäßig. Nicht selten machen sie ein lautes Geräusch beim Gehen, sodass ihre Schritte gut zu hören sind.

Der schüchterne Gang

Ein Mensch, der schüchtern oder sich der Gefühle anderer nicht sicher ist, neigt dazu, auf Zehenspitzen zu gehen. Oft geht er außerdem leicht vornübergebeugt und zurückhaltend. Dieser Mensch ist so leise, dass man nicht hört, wenn er ins Zimmer kommt. Sein Gang ist zaghaft und unentschlossen.

Der angespannte Gang

Ein angespannter und steifer Mensch wird natürlich auch beim Gehen angespannt und steif aussehen. Sein Gang setzt sich nicht aus fließenden, sondern aus ruckartigen Bewegungen zusammen; er macht kleine Schritte, wobei er die Arme mechanisch und starr vor und zurück bewegt.

Der zuversichtliche Gang

Zuversichtliche Menschen gehen oder schreiten in gleichmäßigem Tempo, und ihr Gang hat etwas Beschwingtes. Sie schauen den Menschen, denen sie begegnen, ins Gesicht und lächeln vielleicht. Sie gehen aufrecht mit erhobenem Kopf, und die Arme bewegen sich locker und entspannt im Rhythmus ihres Ganges.

Die Kleidung

Nicht nur die Haltung und die Bewegungen eines Menschen geben Aufschluss über ihn, sondern auch seine Kleidung.

Altmodische Kleidung

Altmodische, abgetragene und schlecht sitzende Kleidung könnte über den Träger oder die Trägerin aussagen, dass er oder sie »von gestern« ist oder aber sich nichts Besseres leisten kann.

Ungepflegte Kleidung

Wenn jemand nachlässig und unsauber gekleidet ist oder gar unangenehm riecht, kann man davon ausgehen, dass es ihm an Selbstwertgefühl fehlt oder er nicht in innerer Harmonie lebt.

Topmodische Kleidung

Menschen, die sich ständig nach der neuesten Mode kleiden und jeden Trend mitmachen, ist es sehr wichtig, was andere von ihnen denken. Sie haben in der Regel ein starkes Bedürfnis dazuzugehören, und fühlen sich unsicher, wenn sie nicht die neuesten Klamotten haben, hinter denen sie sich verstecken können.

Sexy Kleidung

Menschen, die aufreizende und freizügige Kleidung tragen, wollen in der Regel Aufmerksamkeit erregen. Am häufigsten sieht man dies in Hollywood, wo Männer und Frauen gleichermaßen gesehen und entdeckt werden wollen. Je lasziver und gewagter die Kleidung, desto wahrscheinlicher zieht man Blicke auf sich. Wenn sich jemand im Alltag so kleidet, lässt dies darauf schließen, dass er sexuell und emotional unsicher ist und auf diese Weise versucht, seine Unzulänglichkeitsgefühle zu kompensieren.

Auffallende Kleidung

Menschen, die auffallende Kleidung und schreiende Farben und Accessoires tragen, die geradezu um Aufmerksamkeit betteln, neigen ebenfalls zu Unsicherheit. Sie haben ein starkes Bedürfnis nach Anerkennung, was meist auf ein niedriges Selbstwertgefühl schließen lässt. Andererseits kann ein bisschen Farbe nicht schaden. Sie zeigt, dass der Mensch glücklich, zufrieden und wohl gelaunt ist. Farbe ist auch ein Zeichen von Kreativität.

Langweilige Kleidung

Im Gegensatz zu Menschen, die auffallende Kleidung tragen, gehören Menschen, die sich konservativ und in langweiligen Farben kleiden, zu denen, die kein Aufsehen erregen wollen. Sie sind oftmals schüchtern und scheu und wollen am liebsten in der Masse untergehen.

Überkorrekte Kleidung

Menschen, die stets makellos und überaus korrekt gekleidet sind, sind in der Regel sehr diszipliniert und gut organisiert. Nicht selten erweisen sie sich aber sogar als steif und unflexibel. Es sind Menschen, die ihre Jeans und ihre Unterwäsche bügeln, denn sie können nicht leben, wenn nicht alles sauber und ordentlich ist.

Unpassende Kleidung

Jemand, der sich zu einem bestimmten Anlass unpassend kleidet, signalisiert uns, dass er sich nicht anpassen will, ein Rebell ist, der Aufmerksamkeit braucht. Zu dieser Gruppe gehören Menschen, die mit Turnschuhen zu einer Abendeinladung kommen, Männer, die in Jeans erscheinen, wenn Anzug und Krawatte vorgeschrieben sind, und Frauen, die sich bei der Arbeit aufreizend kleiden.

Menschen, die sich unpassend kleiden, demonstrieren damit unter Umständen Streitlust und Feindseligkeit sowie das Verlangen, in bestimmten Situationen Macht auszuüben. Wenn sie dieses Verhalten durch unpassende Kleidung ausdrücken, zeigt sich darin auch ein einschüchternder Zug, der jedoch der Unsicherheit entspringt.

Geschmackvolle Kleidung

Menschen, die sich entsprechend einer Situation geschmackvoll, sauber und modisch kleiden, zeigen damit, dass sie kooperativ und offen sind. Sie neigen dazu, andere und ihre Lebensumstände zu respektieren. Sie schmücken sich gern mit einem besonderen Stück – einem Accessoire, einem qualitativ hochwertigen Teil –, um ihre einzigartige Persönlichkeit und ihr Modebewusstsein zu unterstreichen. In ihrem Fall spiegelt beides ein gesundes, positives Selbstbewusstsein wider. Ebenso könnten sie damit eine Diskussion über ihre Kleidung auslösen wollen, was wiederum dazu dient, Gespräche anzuknüpfen.

Haar- und Körperpflege

Auch ob ein Mensch gepflegt wirkt oder nicht, lässt allerlei Rückschlüsse auf seine Persönlichkeit zu.

Sauberkeit

Schlampigen Menschen fehlt es in der Regel an Selbstbewusstsein. Sie sind möglicherweise depressiv und kümmern sich nicht um die Meinung anderer. Meist leben sie in ihrer eigenen Welt und haben nicht die leiseste Ahnung davon, dass sie unter entsetzlichem Mundgeruch leiden, der andere zurückfahren lässt, oder dass sie vielleicht ein Deo benutzen sollten. Solche Menschen haben oft verklebte Augenwinkel, Essensreste im Gesicht oder Speichel in den Mundwinkeln, wenn sie sprechen.

Im Gegensatz dazu lässt Sauberkeit auf Selbstbewusstsein schließen.

Haarpflege

Männer, die ein Toupet tragen oder ihr Haar über lichte Stellen kämmen, sind unsicher und nicht offen und ehrlich. Sie neigen dazu, Dinge zu verbergen oder zumindest in Bezug auf sich selbst nicht ehrlich zu sein.

Ähnliches gilt für Frauen, die andauernd Frisur und Haarfarbe ändern. Sie sind unzufrieden mit sich selbst und auf der Suche nach ihrer Identität. Auch sie leiden unter Unsicherheit und mangelndem Selbstbewusstsein.

Männer und Frauen, die ungewöhnliche Frisuren und Haarfarben tragen, verzehren sich geradezu nach Aufmerksamkeit.

Nagelpflege

Frauen mit überlangen, unpraktischen oder grellen Nägeln wollen meistens Aufmerksamkeit erregen. Menschen, die ihre Nägel abbeißen und abnagen, sind nervös, ängstlich und unsicher. Diese Selbstverstümmelung ist eine Form der Selbstzerstörung: Sie tun nichts anderes, als ihre innere Feindseligkeit gegen sich selbst zu richten.

Überperfektes Aussehen

Menschen, die gepflegt aussehen, besitzen ein gesundes Selbstwertgefühl. Sind sie allerdings zu gepflegt, muss ihr Haar immer und zu jeder Zeit makellos frisiert sein, sind sie möglicherweise steif, unflexibel und unsicher.

So signalisieren Frauen, die ständig ihr Make-up auffrischen, Unsicherheit. Ich erinnere mich an eine Studienkollegin während einer Feueralarmübung. Die junge Frau wohnte im Studentenwohnheim und weigerte sich, ihr Zimmer ohne Make-up zu verlassen. Sie war so unsicher, dass sie lieber in den Flammen umgekommen wäre, als sich ohne Make-up, also mit nacktem Gesicht, sehen zu lassen.

Im Gegensatz dazu lassen uns Frauen, die kein Make-up tragen, wissen, dass sie entweder nichts auf ihr Äußeres geben oder aber natürlich und bewusst leben möchten.

Wir kommen jetzt zum letzten Schlüssel der Persönlichkeit, dem Schlüssel zum Gesicht.

8. Kapitel

Der Schlüssel zum Gesicht

Die Körpersprache und der Gesichtsausdrucks eines Menschen verraten uns mehr über ihn als seine Worte. Oder um es mit den Worten von Sigmund Freud zu sagen: »Wer Augen hat zu sehen und Ohren zu hören, der überzeuge sich, dass die Sterblichen kein Geheimnis verbergen können. Wessen Lippen schweigen, der schwätzt mit den Fingerspitzen; aus allen Poren dringt ihm der Verrat.«

Ein Mensch kann sich durch seine Worte und durch sein Gesicht verraten. Auch wenn jemand seine Gefühle unter einer Maske zu verstecken sucht, zeigt sich im Bruchteil einer Sekunde der echte Ausdruck. Freud ging davon aus, dass es fast unmöglich ist, seine wahren Gefühle zu verbergen.

Jahrhundertelang haben uns Gesichter Geschichten erzählt, angefangen von den Werken Rembrandts und Velázquez bis hin zu modernen Fotografien. Ein bestimmter Gesichtsausdruck kann für immer in unser Gedächtnis eingegraben sein. Wer würde beispielsweise das angstverzerrte Gesicht des kleinen vietnamesischen Mädchens Kim Phuc vergessen, das dem Napalm-Bombenangriff zu entkommen suchte? Es steht außer Frage, dass uns viele Gesichter klar vor Augen führen, was in den Menschen vorgeht.

Das Entschlüsseln der Gesichtssignale

Im Nachfolgenden habe ich einige Fragen zusammengestellt, die Sie sich beim Entschlüsseln des Gesichtsausdrucks stellen sollten.

1. Hat dieser Mensch einen steten und offenen Blick?
2. Schaut Ihr Gegenüber Sie nur selten an, wenn Sie mit ihm sprechen?
3. Lächelt der andere zurück, wenn Sie ihn anlächeln, und nickt er mit dem Kopf, wenn Sie mit dem Kopf nicken?
4. Vergrößern sich seine Pupillen, wenn er mit Ihnen spricht?
5. Bilden sich in den Augenwinkeln kleine Fältchen, wenn er lächelt?
6. Sieht er Sie mit traurigem und erloschenem Blick an, obwohl seine Mundwinkel nach oben gerichtet sind?
7. Schaut er Sie mit offenem Mund und weit geöffneten Augen an, wobei das Weiße über der Iris zu sehen ist?
8. Sind die Augen des Menschen wach und die Mundwinkel leicht nach oben gebogen?
9. Sind die unteren Augenlider verkrampft und die Augenbrauen hochgezogen?
10. Sind die Augen zusammengekniffen?
11. Schaut Ihr Gegenüber Sie lange Zeit unverwandt und mit starrem Blick an?
12. Ist sein Blick natürlich und sanft?
13. Bleibt sein Blick unverwandt auf Sie gerichtet, oder wendet der andere den Blick immer wieder anderen Dingen zu, während er mit Ihnen spricht?
14. Kneift er die Augen zusammen und runzelt die Stirn, während gleichzeitig eine Augenbraue nach oben geht, als wolle er damit seine Zweifel ausdrücken?

15. Richtet er immer wieder den Blick nach oben, während er mit Ihnen spricht?

16. Schaut er Sie immer wieder von der Seite an, anstatt Ihnen geradeheraus ins Gesicht zu sehen?

17. Schaut Ihr Gesprächspartner Sie von der Seite an und senkt den Kopf, während er mit Ihnen spricht?

18. Schaut er zu Boden und vermeidet Blickkontakt mit Ihnen?

19. Ist sein Blick offen und klar, sind die Augenmuskeln entspannt?

20. Zwinkert er ständig mit den Augen?

21. Blinzelt er übermäßig, wenn er mit Ihnen spricht?

22. Wendet der andere als Erster den Blick ab?

23. Zieht er, wenn er Sie begrüßt, die Augenbrauen in die Höhe und reißt die Augen auf?

24. Runzelt er die Stirn?

25. Drückt der andere die Augenbrauen nach unten, presst er die Lippen zusammen und bläht die Nasenlöcher auf, wenn er mit Ihnen spricht?

26. Gähnt er im Gespräch oft?

27. Haben Sie den Eindruck, als würde er hart schlucken, wenn Sie etwas erwähnen, das Sie in einem guten Licht darstellt?

28. Lächelt Ihr Gegenüber mit dem ganzen Gesicht, das heißt, entblößen sich seine Zähne, und gehen seine Mundwinkel nach oben?

29. Wirkt sein Lächeln aufgesetzt und unehrlich?

30. Lächelt der andere an der falschen Stelle?

31. Hält er sich beim Sprechen die Hand vor den Mund?

32. Beißt er sich ständig auf die Unterlippe?

33. Fährt er sich oft mit der Zunge über die Lippen?

34. Zieht er auf einer Seite den Mundwinkel hoch, und wirkt sein Lächeln deshalb verzerrt?

35. Sind seine Wangen gerötet?

36. Hat er Hängewangen?
37. Reckt er das Kinn beim Sprechen nach vorne?
38. Hat er ein fliehendes Kinn?
39. Stützt Ihr Gesprächspartner das Kinn mit der Hand?
40. Streicht er sich immer wieder übers Kinn?
41. Ist das Kinn nach oben gereckt, sodass es den Anschein hat, als sähe er auf Sie herab?
42. Reibt er sich immer wieder das Kinn oder andere Stellen im Gesicht?
43. Fasst er sich beim Sprechen oft an die Nase?
44. Kräuselt er immer wieder die Nase, wenn er mit Ihnen spricht?
45. Reckt der andere beim Sprechen die Nase in die Höhe?
46. Kratzt er sich immer wieder am Ohr?
47. Zieht er wiederholt an seinen Ohrläppchen?
48. Reibt er sich häufig das Ohr?
49. Hat er einen abwesenden oder teilnahmslosen Blick?
50. Ist sein Gesichtsausdruck lebhaft und freundlich?
51. Ist der Gesichtsausdruck beim Sprechen entspannt und gelassen?

Der tiefere Sinn dieser Fragen besteht darin, sich bewusst zu machen, was Menschen mit ihren Gesichtern tun, wenn sie mit Ihnen sprechen. Wenn Sie sich die Mühe machen, den Gesichtsausdruck und das Gehabe des anderen genau zu beobachten, werden Sie sein Gesicht in einem ganz neuen Licht sehen. Auf diese Weise werden Sie zu einem besseren Menschenkenner.

Den meisten von uns ist nicht bewusst, dass uns die Sprache des Gesichts bereits vertraut ist. Schließlich ist das Gesicht eines Menschen der Spiegel seiner Seele, es braucht keine Worte, um sich mitzuteilen. Bestimmte Gefühle haben bestimmte Gesichtsausdrücke zur Folge, welche bei allen Menschen, ungeachtet ihrer ethnischen und kulturellen Herkunft, gleich sind, das heißt, diese Gesichtsausdrücke sind universell gültig. Untersuchungen haben gezeigt, dass selbst Kleinkinder gewisse Gesichtsausdrücke wiedererkennen, sobald sie diese selbst erlernt haben.

Im Verlauf dieses Kapitels gehe ich darauf ein, was die verschiedenen Gesichtsausdrücke bedeuten und wie wir Menschen mit ihrer Hilfe kommunizieren. Ich werde anhand der vorangegangenen Fragen vorgehen, damit Sie den Gesichtsausdruck eines Menschen systematisch entschlüsseln lernen.

Zweideutiges Mienenspiel

Untersuchungen haben gezeigt, dass etwa 55 Prozent aller nonverbalen Kommunikation über den Gesichtsausdruck erfolgt. Jemand kann die richtigen Worte sagen, also genau das, was der andere hören will, und es dazu in einem einschmeichelnden, eleganten und wohlklingenden Ton sagen, der für den anderen Musik in den Ohren ist. Wenn aber der Gesichtsausdruck dem Gesagten widerspricht, wäre es besser, gar nichts zu sagen.

Vor einigen Jahren wurde ich auf einer Party mit zwei Ehepaaren bekannt gemacht. Mir fiel sofort auf, dass alle vier mit zusammengebissenen Zähnen und künstlichem Lächeln beieinanderstanden. Wenn einer das Wort ergriff, wandten die anderen die Blicke ab, obwohl das Gespräch insgesamt ganz angenehm verlief. Ich fühlte mich sehr bald unwohl in meiner Haut, da ich die Spannung zwischen den Paaren spürte. Mir blieb nichts anderes übrig, als mich zu entschuldigen und mit andern zu plaudern.

Später am Abend begegnete ich einem der beiden Paare wieder. Ich bemerkte sofort, dass sich ihre Ausstrahlung vollkommen verändert hatte. Ihre Gesichter wirkten entspannt, und beide strahlten geradezu. Ihr Lächeln schien echt zu sein. Es bestand offenbar kein Grund mehr, die Zähne zusammenzubeißen.

»Wo sind Ihre Freunde, das andere Paar?«, fragte ich harmlos. Ob ihrer Antwort war ich nicht wirklich überrascht:

»Gott sei Dank sind sie weg«, sagte die Frau. »Die beiden glauben wirklich, sie wüssten alles. Aber man weiß ja nie, ob man nicht mal mit ihnen zu tun hat. Wir haben gehört, dass Joe befördert werden soll, und dann würde er Tims Abteilung leiten. Tim ist mein Mann. Also mussten wir nett sein.«

Ihre Worte bestätigten, was ich bereits geahnt hatte. Tim und seine Frau fühlten sich unwohl im Gespräch mit Joe und dessen Frau. Je länger ich mit ihnen sprach, desto deutlicher wurde dies.

Einladende Mimik

Die Augen sind eines der stärksten nonverbalen Kommunikationsmittel. Sie lassen uns wissen, ob wir die ungeteilte Aufmerksamkeit unseres Gegenübers haben oder ob uns jemand feindselig gesinnt ist.

Woran erkennen wir, ob uns jemand wirklich mag? An der Art, wie er uns anschaut. Wenn uns jemand mag, schaut er uns öfter an. Wenn er uns sehr gerne mag, schaut er uns länger als die üblichen zwei oder drei Sekunden in die Augen, außerdem weiten sich die Pupillen. Die Erweiterung der Pupillen signalisiert uns eine positive emotionale Reaktion.

Ein Mensch, der Blickkontakt vermeidet, ist entweder furchtbar schüchtern oder hat etwas zu verbergen. Er kann einen anderen vielleicht nicht anschauen, weil er verbergen will, wie sehr er sich hingezogen fühlt. Im Gegensatz dazu ist jemand mit offenem Blick in der Regel ruhig und gelassen.

Es gibt noch mehr, woran Sie ablesen können, ob Sie einem

anderen gefallen oder nicht. Das erste Indiz ist der so genannte Kreuzblick: Ihr Gegenüber schaut nach links, lässt sodann den Blick über Ihr Gesicht gleiten, schaut dann nach rechts, lässt den Blick wieder über Ihr Gesicht gleiten, schaut nach links usw., ohne dass sein Blick jemals auf Ihrem Gesicht ruhen bleibt.

Ein weiteres Anzeichen ist, wenn die Augenbrauen Ihres Gegenübers kaum nach oben gehen. Die Gesichtsmuskeln werden locker, der Unterkiefer fällt leicht nach unten, der Mund bleibt jedoch geschlossen, wodurch die untere Hälfte des Gesichts länger wirkt. So sieht jemand aus, der Sie mag und enttäuscht ist, dass sein Interesse nicht erwidert wird.

Vielleicht kennen Sie den Ausdruck: »Nachahmung ist die ehrlichste Schmeichelei.« Wenn jemand Ihr Lächeln nachahmt, in derselben Sekunde wie Sie mit dem Kopf nickt oder genau wie Sie mit der Hand das Kinn stützt, können Sie also davon ausgehen, dass dieser Mensch Sie bewundert und mag.

Je mehr sich zwei in Mimik und Gestik gleichen, umso mehr mögen sie einander. Wenn Sie das nächste Mal ein Paar beobachten, sollten Sie darauf achten, wie sie einander nachmachen und wie sehr sie sich in ihren Gesten gleichen. Wenn sie ähnlich lächeln und gestikulieren, können Sie davon ausgehen, dass sich die beiden tatsächlich lieben oder zumindest sehr viel bedeuten.

Augen können Bände sprechen

Es war Ramonas erste Party im College. Sie war nervös und schaute sich schüchtern nach einem freundlichen Gesicht um. Ihr Blick fiel auf Kevin, der sie auch augenblicklich anlächelte. Sie schlossen Bekanntschaft und fingen an, sich zu unterhalten. Kevin ließ sie nicht aus den Augen und strahlte sie weiterhin an.

Ramona war glücklich. Sie fühlte sich wohl in seiner Gegenwart, die Unterhaltung gefiel ihr.

Plötzlich näherte sich Daniel, ein guter Freund von Kevin, den er lange nicht gesehen hatte. Daniel begrüßte Kevin überschwänglich, bedachte Ramona mit einem höflichen Kopfnicken und fing an, sich mit Kevin zu unterhalten. Trotz Kevins Versuch, Ramona in das Gespräch mit einzubeziehen, würdigte Daniel Ramona keines Blickes.

Immer wenn sie etwas sagte, schaute Daniel zur Seite. Irgendwann klingelte es bei Ramona: Daniel mochte sie nicht und wollte nicht, dass sie sich mit seinem Freund unterhielt. Je mehr wir einen Menschen mögen, desto mehr schauen wir ihn an. Oder andersherum, je mehr wir einen Menschen ablehnen, desto weniger schauen wir ihn an.

Unehrliche Augen

Wenn uns jemand anlächelt, wissen wir genau, ob das Lächeln ehrlich gemeint ist, wenn wir ihm in die Augen schauen. In einer in Boston durchgeführten Studie wurden 60 als ängstlich und gehemmt eingestufte Frauen mit einer Videokamera gefilmt. Obwohl sie vor der Kamera lächelten, sah man, dass sie ihre wahren Gefühle unterdrückten: Die zeigten sich in ihren unglücklichen, traurigen Augen.

Wenn man sich ein Foto eines lächelnden Menschen anschaut und seine Mundpartie abdeckt, können seine wahren Gefühle an den Augen abgelesen werden. Der Blick kann furchtbar traurig sein, auch wenn die Mundwinkel nach oben zeigen.

Wenn die Wangen nicht leicht angehoben und die Nase nicht verzogen ist, ist der Mensch wahrscheinlich nicht glücklich, denn ein echtes Lächeln erfasst das ganze Gesicht – vor allem die

Augen. Wenn die Stirn oder die Augenwinkel unbewegt bleiben, handelt es sich höchstwahrscheinlich um ein falsches und trügerisches Lächeln. Menschen sind manchmal unglücklich, auch wenn sie das Gegenteil beteuern.

Gefühlsbetonte Augen

Schon an den kleinsten Nuancen in den Augen und im Blick lässt sich erkennen, ob jemand glücklich, überrascht, ängstlich, gelangweilt, mitfühlend und vieles mehr ist.

Überraschte Augen

Ein Mensch, der überrascht wird, spiegelt dies in seinen Augen wider. Ein verblüffter Mensch reißt die Augen auf, sodass mehr vom Weißen im Auge zu sehen ist, die Augenbrauen gehen nach oben, der Unterkiefer fällt nach unten, und der Mund öffnet sich. Je besser Sie die Reaktionen einschätzen können, desto leichter fällt es Ihnen, Überraschung zu erkennen, vor allem, wenn Sie den Betroffenen bei einer Lüge ertappen. Wenn Sie diesen Gesichtsausdruck wahrnehmen, haben Sie Ihr Gegenüber wahrscheinlich sogar auf frischer Tat ertappt.

Angsterfüllte Augen

Die Augen eines Menschen, der Angst hat, werden ebenfalls weit offen sein. Es hat den Anschein, als seien sie aufgesperrt, damit auch die kleinste Bewegung wahrgenommen werden kann, die Gefahr bedeutet. Die unteren Augenlider sind starr, die Augenbrauen gehen hoch und schieben sich gleichzeitig zusammen, und die Lippen spannen sich zu einer waagrechten Linie.

Zornige Augen

Ein wütender Mensch starrt demjenigen, auf den er wütend ist, direkt ins Gesicht. Die Augenlider stehen dicht beieinander, was den Eindruck der zusammengekniffenen Augen vermittelt. Wenn jemand sein Gegenüber mit starrem Blick anschaut, will er es höchstwahrscheinlich einschüchtern, dominieren oder gar bedrohen.

Starrende Augen

Wenn wir einen anderen Menschen geradezu anstarren, kann dies für ihn zweierlei bedeuten, entweder einen Annäherungsversuch – der sowohl willkommen als auch nicht willkommen sein kann – oder eine feindselige Handlung. Ob Schimpanse, Gorilla, Hund oder Mensch, keiner will angestarrt werden. Wird jemand ununterbrochen angestarrt, fühlt er sich in kürzester Zeit unwohl.

Ich war vor kurzem zu einem Boxkampf eingeladen. Es war das erste Mal, dass ich so etwas aus unmittelbarer Nähe sah. Ich war verblüfft von der Art und Weise, wie die Boxer sich vor dem Kampf anstarrten, und mir wurde klar, dass dies ein gegenseitiger Einschüchterungsversuch war.

Hinterlistige Menschen neigen ebenfalls dazu, andere anzustarren; im Gegensatz zu anderen haben sie einen durchdringenden Blick. Sie sind meisterliche Lügner und verstehen es, ihre Angst zu überspielen, indem sie andere anstarren.

Zweifelnde Augen

Wenn jemand die Augen zusammenkneift, gleichzeitig die Stirn runzelt und dazu noch eine Augenbraue hochzieht, ist es mehr als wahrscheinlich, dass dieser Mensch Zweifel hegt an dem, was er gerade hört. Diesen Gesichtsausdruck findet man oft bei Menschen, die eine Entscheidung in Frage stellen.

Ungläubig-staunende Augen

Wenn jemand »seinen Augen nicht traut«, richtet er sie nach oben, meist geradewegs zur Decke. Ein Ausdruck des ungläubigen Erstaunens breitet sich über das Gesicht aus, wenn jemand nicht glaubt, was sein Gegenüber sagt oder alles um sich herum in Zweifel zieht. Er will und kann nicht glauben, was er soeben gesehen und gehört hat.

Schüchterne Augen

Wenn ein Mensch schüchtern oder peinlich berührt ist, neigt er dazu, seinem Gegenüber einen Seitenblick zuzuwerfen, anstatt ihm offen in die Augen zu schauen.

Auch beim Flirten tritt ein solches Verhalten auf, wobei der Betreffende sein Gegenüber von der Seite anschaut und dabei Kopf und Augen gesenkt hält, fast wie ein verwirrtes oder befangenes Kind.

Der Anthropologe Desmond Morris nennt ein solches Verhalten widersprüchlich, denn es signalisiert »kühne Schüchternheit«, zwei Begriffe, die sich gegenseitig ausschließen. Kurz gefasst handelt es sich um die Unfähigkeit, einem anderen geradewegs in die Augen zu blicken, kombiniert mit einem bescheidenen Blick. Dies kann entweder als angenehm oder irritierend empfunden werden.

Traurige, beschämte Augen

Ein trauriger, peinlich berührter oder beschämter Mensch neigt dazu, direkten Blickkontakt zu vermeiden, und zieht vielleicht sogar noch die Augenbrauen zusammen. Wenn jemand Blickkontakt abbricht, ist er in der Regel traurig oder unterwürfig.

Unschuldige Augen

Ein Mensch, der nicht die Wahrheit sagt, vermeidet direkten Blickkontakt; im Gegensatz dazu ist unser Blick offen und direkt, wenn wir von uns selbst und unserer Sache überzeugt sind, besonders nach einer falschen Anschuldigung. In einem solchen Fall entspannen sich die Augenmuskeln und machen es so möglich, dass wir unserem Gegenüber mit offenem Blick begegnen.

Augenzucken

Wenn wir Dinge tun, die wir besser lassen sollten, findet unser Körper Mittel und Wege, um uns zu zeigen, dass etwas nicht in Ordnung ist. Ich hatte einmal eine Klientin, die mit einem Mann verlobt war, der ganz und gar nicht zu ihr passte. Er war Alkoholiker, und sie musste ihn ständig in Wirtshäusern suchen. Fast zeitgleich mit ihrer Verlobung kam es bei der Frau zu einem nervösen Augenzucken. Es hörte erst wieder auf, als sie sechs Monate später die Verlobung löste. Eine andere Klientin hatte eine Tochter, deren Auge nervös zu zucken anfing, als sie in die Anwaltskanzlei ihres dominanten Vaters eintrat. Als sie eine neue Stelle suchte, hörte das nervöse Augenzucken von einem Tag auf den andern auf.

Ein Augenzucken ist nichts anderes als eine Muskelkontraktion, ein Krampf, der in der Regel von Spannung und Stress ausgelöst wird. Wenn es also bei Ihnen zu einem solchen Zucken kommt, sollten Sie Ihre Lebensumstände hinterfragen. Es könnte sich um ein Warnsignal handeln, weil Sie übermäßig unter Stress leiden.

Ständig blinzelnde Augen

Ständig blinzelnde Augen sind meist ein Zeichen von Nervosität und Unsicherheit. Eine meiner Klientinnen, eine Nachrichtensprecherin, blinzelte während ihrer Fernsehauftritte andauernd. Obwohl sie ihre Arbeit gut machte, war sie in Sorge um die Verlängerung ihres Vertrages. Ihre Angst, möglicherweise bald ohne Arbeit dazustehen, äußerte sich in dem Augenblinzeln.

Nach langen Gesprächen über ihre Arbeit, in denen wir auch Alternativen für den Fall durchspielten, dass ihr Vertrag nicht verlängert würde, fing sie an, sich zu entspannen. Als sie das nächste Mal im Fernsehen auftrat, war das ständige Blinzeln fast gänzlich verschwunden. Ihr Vertrag wurde schließlich übrigens um drei Jahre verlängert.

Ständiges Blinzeln tritt auch bei Menschen auf, die nicht die Wahrheit sagen oder sich nicht sicher sind, ob man ihnen glaubt.

Ausweichende Augen

Wenn jemand sein Gegenüber nicht direkt anschauen kann, stimmt etwas nicht mit ihm. Gründe dafür können sein, dass der Betreffende seinen Gesprächspartner nicht mag, sich nicht für ihn interessiert, sich unsicher fühlt oder sogar Angst vor ihm hat. Auch Menschen, die lügen, versuchen in der Regel, jeglichen Blickkontakt zu vermeiden. Sie leiden unter Schuldgefühlen und haben Angst, man könnte es ihnen ansehen.

Jemanden nicht anschauen können heißt jedoch noch lange nicht, dass man lügt. Manche Menschen weichen dem Blick anderer aus, weil sie ihre wahre Identität nicht preisgeben wollen. Ebenso könnte es ihnen an Selbstwertgefühl fehlen, weshalb sie wegschauen und hoffen, dass ihr Gegenüber dies nicht merkt.

Augenbrauensprache

Wenn Sie wissen wollen, ob Ihr Gegenüber Sie mag, achten Sie auch auf seine Augenbrauen. Wenn Ihnen jemand zum ersten Mal begegnet und dieser Jemand lächelt, werden seine Augenbrauen »blinken«, das heißt, sie gehen schnell nach oben und dann wieder nach unten. Diese Gesichtsbewegung ist meist nur einmal zu sehen und geht immer mit einem Lächeln einher. Wir neigen dazu, unsere Augen weiter zu öffnen, wenn sich unsere Aufmerksamkeit erhöht. Wenn unser Gegenüber das Gleiche tut, sind wir garantiert auf dem richtigen Weg: Dann wissen wir, dass er sich für uns interessiert. Wenn es allerdings nicht zu einem Blinken kommt, lassen wir den anderen offensichtlich kalt.

Zusammen- und in die Höhe gezogene, finstere Brauen

Wenn jemand sein Gegenüber nicht mag oder Angst hat, wird er automatisch die Brauen zusammenziehen, das heißt, er zieht die Brauen in die Höhe und im selben Moment zur Mitte hin. Auch das ist laut Desmond Morris ein widersprüchlicher Ausdruck, weil die Muskeln die Brauen gleichzeitig nach oben und nach unten ziehen. Dieser Ausdruck spiegelt gemischte Gefühle wie Trauer, Schmerz, Zorn und Angst wider.

Wer die Brauen in die Höhe zieht, ist entweder verdutzt, oder er zweifelt. Die Brauen zu senken, was eben den Eindruck der finsteren Brauen erweckt, signalisiert Wut und Zorn.

Lippen lügen nicht

Der Sinn dessen, was jemand sagt, äußert sich nicht unbedingt in den Worten, die über seine Lippen kommen, sondern in der Art, wie der Mund dabei eingesetzt wird. Sowohl Lippen wie Hals und Wangen lassen Rückschlüsse auf die Gemütsverfassung eines Menschen zu.

Echtes Lächeln

Ein Lächeln ist eines der schönsten und wertvollsten Geschenke, die wir einem anderen Menschen machen können. Wenn wir wirklich lächeln, zeigen die Mundwinkel nach oben, zwischen den geöffneten Lippen scheinen die Zähne durch, die Wangen schieben sich nach oben, und um die Augenwinkel bilden sich kleine Lachfältchen.

Wenn Sie die Wirkung eines Lächelns testen wollen, brauchen Sie nur jemanden aus vollem Herzen anzulächeln und zu beobachten, was geschieht. Versuchen Sie es auch, wenn Sie gerade nicht glücklich sind und Ihnen nicht nach Lachen zumute ist. Verziehen Sie das Gesicht zu einem Lächeln, und denken Sie an etwas, was Sie in der Vergangenheit schmunzeln ließ. Versuchen Sie sich an einen glücklichen Moment in Ihrem Leben zu erinnern, und halten Sie diese Erinnerung fest. Und jetzt lächeln Sie. Sie werden überrascht sein von der positiven Wirkung.

Lächeln ist ansteckend. Wenn Sie lächeln, werden die anderen höchstwahrscheinlich ebenfalls lächeln, und die Anspannung, die beide Seiten gespürt haben, ist wie weggeblasen. Sie werden feststellen, dass sich die anderen öffnen und mehr auf Sie zukommen, weil sie Sie als umgänglich und kontaktfreudig einstufen.

Verkniffenes Lächeln

Ein verkniffenes Lächeln ist ein falsches Lächeln. Erinnern Sie sich, wie Sie sich als Kind weigerten, sich mit der Familie fotografieren zu lassen? Sie fühlten sich nicht wohl in Ihrer Haut, schauten deshalb auch nicht besonders glücklich und lächelten nicht. Dann sagte der Fotograf: »Bitte lächeln«, und Sie versuchten es. Waren die Fotos entwickelt, hatte es den Anschein, als würden Sie mit verkniffenem Mund lächeln, und Ihre Augen blickten immer noch unglücklich drein.

Das eben Beschriebene ist ein falsches, verkniffenes Lächeln, zu dem sich manche Menschen zwingen. Eigentlich mögen sie die Situation oder ihr Gegenüber nicht oder sind nicht gern in seiner Gesellschaft, aber um nicht unfreundlich zu wirken, ringen sie sich ein Lächeln ab. Das Ergebnis ist ein verkniffenes

Lächeln. Wenn Sie das nächste Mal jemanden mit ausdruckslosen Augen und diesem gezwungenen Lächeln sehen, wissen Sie, dass es auf keinen Fall echt ist.

Menschen mit einem solchen Lächeln verbergen ihre wahren Gefühle. Wenn jemand dieses Lächeln aufsetzt und gleichzeitig sagt: »Mach dir keine Sorgen«, oder: »Ach, es ist gar nichts« ist genau das Gegenteil wahr. Es gibt sehr wohl ein Problem, und Sie tun gut daran, sich Sorgen zu machen – es bedrückt den anderen nämlich.

Unangebrachtes Lächeln

»Warum lächelst du?«, fragte Linda. »Ich hab dir doch gerade gesagt, dass mein Vater gestorben ist. Was ist bloß los mit dir?« Das sagte Linda zu ihrer besten Freundin Carol, nachdem sie ihr erzählt hatte, dass ihr Vater verunglückt war. Carol war weder grausam noch gefühllos, sie drückte nur ihre extreme Nervosität und ihr Unbehagen in diesem traurigen Moment aus. Bedauerlicherweise zeigte sie ihre Gefühle durch ein Lächeln anstatt durch ein Stirnrunzeln.

Menschen, die in angespannten Krisenmomenten lächeln, beschwören nicht selten noch mehr Kummer und Ärger herauf. Diese Menschen sind keine Sadisten; sie zeigen lediglich ihr momentanes Unbehagen. Aber den andern hilft ein solches Verhalten leider ganz und gar nicht, sie sind eher schockiert und entsetzt darüber, weil sie es nicht verstehen.

Wenn Sie also wieder einmal jemanden lächeln sehen, der gerade etwas Unangenehmes oder Trauriges erfahren hat, wissen Sie, dass er oder sie gar nicht anders kann. Es handelt sich in der Regel um eine automatische Reaktion auf Nervosität und Unbehagen.

Gähnen

Für gewöhnlich denken wir uns nichts dabei, wenn jemand gähnt, während wir sprechen, höchstens, dass der andere sich langweilt oder müde ist. Psychologen glauben dagegen, dass es eine ganz andere Bewandtnis mit dem Gähnen hat. Es könnte sich um einen Fluchtmechanismus handeln, mit Hilfe dessen man schwierigen, schmerzlichen und stressigen Situationen aus dem Weg gehen möchte.

Wenn andere ein Thema anschneiden, über das man lieber schweigen würde, schleicht sich oft unbewusst ein Gähnen ein.

Ich hatte eine Klientin, deren Sohn der Schrecken der Schule war. Er schwänzte die Schule, wo er nur konnte, und war auf dem besten Weg zu einer Karriere als jugendlicher Straftäter. Immer wenn meine Klientin von ihrem Sohn sprach und wir auf ihre Rolle in seiner Erziehung zu sprechen kamen, konnte ich darauf wetten, dass sie unverhohlen gähnen würde. Es war fast unheimlich. Sie konnte sich nicht eingestehen, dass sie zu nachgiebig war und ihren Sohn zu oft allein ließ.

Schlucken

»Ach wirklich! Ich freue mich ja so für dich«, rief Jessica und schluckte. »Das ist ja großartig! Ein Baby! Ach ist das aufregend«, fuhr sie fort und schluckte wieder. Eine monotone Stimme und sichtbares Schlucken (wenn der Adamsapfel hoch und wieder nach unten geht) verraten uns, was der andere wirklich denkt.

Anstatt sich mit ihrer Freundin über deren Schwangerschaft zu freuen, war Jessica in Wahrheit eifersüchtig. Weil sie unter Schock stand, konnte das autonome Nervensystem die Kontrolle übernehmen. Ihr Mund wurde trocken, und sie musste schwer schlucken, um nicht an ihrer Eifersucht zu ersticken. Was sie eigentlich sagen wollte, war: »Ich bin furchtbar eifersüchtig auf dich. Du kriegst immer alles, und jetzt kriegst du auch noch ein Baby. Und ich habe weder Kind noch Mann.«

Wenn Sie wieder jemanden kennen lernen oder Sie jemandem etwas Erfreuliches mitteilen, achten Sie auf den Hals. Dort zeigt sich, was der andere in Wirklichkeit denkt. Ein hartes Schlucken in Verbindung mit einem verkniffenen Lächeln, teilnahmslosen Augen und einer leblosen Stimme ist ein todsicheres Zeichen dafür, dass dieser Mensch sich nicht freut, Sie zu sehen, ganz egal, was er verbal zum Ausdruck bringt.

Hand zum Mund

Wenn ein Kind lügt, kann man oft beobachten, wie es die Hand über den Mund legt in dem Bemühen, die Lüge, die ihm eben entschlüpft ist, zurückzunehmen. Diese Gesten werden im Laufe unseres Lebens zu natürlichen Reaktionen. Das Bedecken des Mundes mit der Hand könnte Zeichen einer Täuschung oder Irreführung sein. Wie das Kind sagt die Hand, die zum Mund fährt: »Das hätte ich nicht sagen sollen.«

Wenn ein Erwachsener beim Sprechen die Hand an den Mund oder die Lippen führt, sagt er höchstwahrscheinlich nicht die Wahrheit. Wenn Sie wissen wollen, wie Ihr Gegenüber Ihre Äußerungen aufnimmt, achten Sie darauf, ob er seinen Zeigefinger an die Lippen führt. Er würde auf diese Weise unbewusst versuchen, Sie zum Schweigen zu bringen.

Einer meiner Klienten, ein Vortragsredner, bemerkte eines Abends, dass einige Menschen im Publikum die Hand zum Mund führten. Er sprach sie direkt darauf an: »Ich weiß, dass viele von Ihnen das, was ich gerade erzählt habe, schwer zu verstehen und unglaubwürdig finden, aber wenn Sie sich die Zeit nehmen, darüber nachzudenken, werden Sie feststellen, dass es sehr viel Sinn macht.«

Er hatte kaum ausgeredet, als die Menschen im Publikum auch schon ihre Haltung und Mimik veränderten. Sie wollten ihn unbewusst nicht länger zum Schweigen bringen, sondern hörten vielmehr aufmerksam zu. Auf die Idee gebracht hatte ihn ihre Mimik.

Lippenbeißen

Sich ständig auf die Lippen zu beißen oder an den Lippen zu nagen ist nicht selten der kontrollierte Ausdruck von zurückgehaltenem Zorn und Groll, eine harmlose Geste, um Feindseligkeit zum Ausdruck zu bringen. Wer sich auf die Unterlippe beißt und gleichzeitig den Kopf schüttelt, drückt intensive Wut aus.

Die verstorbene Prinzessin Diana biss sich oft auf die Unterlippe, wie wir von vielen Aufnahmen wissen. Möglicherweise hat sie damit ihre feindseligen Gefühle gegenüber aufdringlichen Fotografen zum Ausdruck gebracht.

Lippenbefeuchten

Es gibt verschiedene Gründe, warum sich jemand immer wieder mit der Zunge über die Lippen fährt. So könnte es sein, dass derjenige nicht die Wahrheit sagt oder nervös ist. Nervosität geht oft mit trockenem Mund einher, weshalb jemand automatisch die Lippen befeuchtet, um so Speichel zu produzieren. Auch

Menschen, die viel trinken und rauchen, haben häufig trockene Lippen, die sie befeuchten müssen.

Auch wer flirtet, fährt sich manchmal mit der Zunge über die Lippen. Je nachdem, wie verführerisch und aufreizend es geschieht, kann es als Mittel dienen, auf die eigene sexuelle Attraktivität hinzuweisen.

Wangensprache

Auch die Wangen eines Menschen können sprechen. Die Bewegung der Wangen verrät uns, ob jemand wirklich glücklich oder sarkastisch ist. Bei einem echten Lächeln gehen die Wangen nach oben. Im Gegensatz dazu bleiben die Wangen bei jemandem, der ein falsches Lächeln aufsetzt, starr oder hängen sogar.

Wenn Sie wissen wollen, ob jemand sarkastisch ist, feindselige oder zweifelnde Gefühle Ihnen gegenüber hegt, brauchen Sie nur auf seine Wangen zu achten. Ist beispielsweise ein Mundwinkel zurückgezogen, so dass sich eine Falte in der Wange bildet (was aussieht wie ein verzerrtes Lächeln), können Sie sicher sein, dass Ihr Gegenüber eine Abneigung hegt und die sarkastische Bemerkung nicht lange auf sich warten lässt. Reibt sich jemand die Wange, kann dies als unbewusste Geste des Zweifels gedeutet werden.

Schließlich verraten die Wangen auch, ob ein Mensch verlegen ist oder sich gedemütigt fühlt. Sie können sich nicht nur röten, es hat manchmal sogar den Anschein, als seien sie schlaff und hingen herunter, je nachdem, wie viel Demütigung der andere erfährt.

Auch das Kinn zeigt Gefühle

Desmond Morris lehrt uns, dass wir viel über unser Gegenüber erfahren, wenn wir die Bewegungen der unteren Gesichtshälfte – des Kinns und des Kiefers – studieren.

Das wütende Kinn

Ein Mensch, der wütend und zornig ist, neigt dazu, das Kinn nach vorne zu recken, was gemeinhin als drohende oder feindselige Handlung angesehen wird. Das Vorstrecken des Kinns lässt sich gut bei kleinen Kindern beobachten, wenn sie ihren Ungehorsam bezeugen wollen. Das Erste, was sie tun, noch bevor sie Nein sagen, ist, das Kinn trotzig vorzurecken. Einige von uns bewahren sich diese Geste bis ins Erwachsenenalter. Wir recken unbewusst unser Kinn vor, wenn wir glauben, man habe uns unrecht getan, und kurz bevor wir jemandem die Meinung sagen. Im Verlauf eines Gesprächs lässt sich allein an der Stellung des Kinns erkennen, ob jemand zornig ist oder nicht.

Das ängstliche Kinn

Ein Mensch, der das Kinn einzieht, zeigt Angst. So jemand schützt sich instinktiv, wie eine Schildkröte, die sich in ihren Panzer zurückzieht. Wenn wir Horrorfilme anschauen, ziehen wir oft Kinn und Kopf ein. Wenn Sie also beobachten, wie Ihr Gegenüber zurückweicht und gleichzeitig das Kinn einzieht, können Sie ziemlich sicher sein, dass er Angst vor Ihnen hat oder sich zumindest bedroht fühlt.

Das gelangweilte Kinn

Wenn wir das Kinn in die Hand stützen, heißt das, dass wir uns zu konzentrieren versuchen, vielleicht auf den Menschen, der gerade spricht. Auch wenn die Geste nachdenklich wirkt, bedeutet das Kinn in der Hand nichts anderes, als dass sich jemand langweilt und seinen Kopf stützen muss, um sich besser zu konzentrieren.

Das konzentrierte Kinn

Wenn sich jemand leicht und sanft übers Kinn streicht, geradeso, als würde er sich über den Bart streichen, gibt er damit zu erkennen, dass er sich voll und ganz auf das, was sein Gegenüber sagt, konzentriert.

Das kritische und snobistische Kinn

Ist jemand furchtbar kritisch oder voreingenommen, neigt er dazu, mit erhobenem Kinn durchs Leben zu gehen, so als wolle er sagen: »Ich bin besser als du« oder »Du hast doch keine Ahnung«.

Das zweifelnde Kinn

Wenn jemand das, was sein Gegenüber sagt, anzweifelt, reibt er sich vielleicht das Kinn oder hält das Kinn, um nicht aussprechen zu müssen, dass er dem anderen nicht glaubt.

Die Nase verrät es

Berührt jemand seine Nase, könnte er unbewusst zu verstehen geben, dass er etwas zu verbergen hat oder schwindelt. Es könnte dieselbe unwillkürliche Bewegung sein, die Hand über den Mund zu legen, wenn man etwas gesagt hat, was man nicht hätte sagen sollen, doch stattdessen fasst man an die Nase.

Ruth hatte ihren Studienfreund Ted seit Urzeiten nicht mehr gesehen. Im Laufe der Jahre war sie ziemlich rundlich geworden, wodurch sie älter und weniger attraktiv wirkte. Während sie sich unterhielten, war es ganz offensichtlich, dass Ted nichts von dem, was er sagte, wirklich meinte. Als er sagte: »Du siehst großartig aus«, fuhr seine Hand an die Nase. Auch als er beteuerte, wie sehr ihm ihr Kleid gefalle und er sich freue, sie wiederzusehen, ging seine Hand immer wieder zur Nase. Zum Glück dauerte das Gespräch nicht allzu lange, sonst hätte Ted seine Nase weggerieben.

Haben Sie schon einmal bemerkt, dass manche Menschen die Nase kräuseln? Das bedeutet nichts anderes, als dass sie Sie nicht besonders leiden, eben nicht »gut riechen« mögen.

Wir haben alle schon einmal den Ausdruck »die Nase hoch tragen« gehört. Wenn die Nase im wahrsten Sinne des Wortes hoch getragen und der Kopf gleichzeitig nach hinten geneigt wird, kann man dies als unbewusstes Zeichen von Arroganz, Überlegenheit und der Einstellung »Ich bin besser als die anderen« werten. Diese Geste – das Gegenteil des gesenkten Kopfes einer schüchternen Person – kann außerdem Verachtung, Trotz und Dominanz zum Ausdruck bringen.

Ohrensprache

Das unbewusste Anfassen kann auch die Ohren betreffen. Wenn sich jemand mit gebogenem Zeigefinger hinterm Ohr kratzt, heißt das, dass die Person verwirrt ist, das, was sie eben gehört hat, anzweifelt oder das Gesagte vielleicht missverstanden hat.

Wenn jemand im Gespräch dauernd am Ohrläppchen zupft, kann es sein, dass derjenige dadurch etwas hinauszögern will. Vielleicht möchte er in Ruhe über eine Antwort nachdenken.

Reibt jemand das Ohrläppchen unbewusst zwischen den Fingern, sagt er damit: »Ich will das eigentlich gar nicht hören.« Diese Geste ist häufig bei einem Menschen zu beobachten, der weiß, dass der andere nicht die Wahrheit sagt. Es ist der unbewusste Versuch, das Gesagte nicht in den Gehörgang dringen zu lassen. Wenn Sie sehen, dass sich jemand das Ohrläppchen reibt, während Sie sprechen, können Sie davon ausgehen, dass er sich nicht für das, was Sie sagen, interessiert oder es einfach nicht glaubt.

Der reservierte Gesichtsausdruck

Ein reservierter oder emotionsloser Gesichtsausdruck ist der Versuch, Wut, Abneigung und Feindseligkeit zu verbergen. In jedem Gesicht spiegeln sich eine ganze Reihe von Muskelbewegungen und Gefühlen wider; wenn Sie also in ein Gesicht schauen, aus dem Sie leblose Augen und schlaffe Muskeln anblicken, müssen Sie annehmen, dass der Mensch resigniert und sich mit seiner Situation abgefunden hat.

Gefängnisinsassen legen oft diese ausdruckslose Mimik an den Tag, um damit zu demonstrieren, dass sie ihre Gefühle unter Kontrolle haben und nichts an sich heranlassen. So wirken sie weniger aggressiv und aufdringlich, halten mehr Abstand zum anderen und begeben sich nicht in die Gefahr, zum Opfer zu werden.

Menschen, die nicht wollen, dass man ihnen ansieht, wie wütend und verletzt sie sind (passiv aggressive Menschen), verhalten sich häufig so wie eben beschrieben. Sie tun alles, damit der andere nicht die Genugtuung hat zu wissen, wie sehr er sie verletzt hat.

Das ehrliche Gesicht

Ein ernsthafter Mensch, der sein Gegenüber mag, wird ihm in die Augen schauen, und zwar mit einem Gesicht, das lebendig und voller Ausdruck ist. Die Augen irren nicht ruhelos umher. Der Blick ist nicht hart und starr, sondern weich und einladend. Der Mund ist entspannt, und der Kiefer hängt locker nach unten. Die Backenzähne berühren sich nicht. In der Regel beobachtet man ein warmes, ehrliches Lächeln, bei dem die Mundwinkel nach oben gebogen, die Augenwinkel in Fältchen gelegt sind und die Augen strahlen.

Dieser Gesichtsausdruck lässt vermuten, dass der betreffende Mensch zuversichtlich, sicher, offen und kommunikativ ist – das Gegenteil von zugeschnürt und verschlossen.

Nun, da Sie mit allen vier Kommunikationswegen vertraut sind, können Sie das Gelernte in der Praxis anwenden. Im dritten Teil wenden wir uns den 14 Persönlichkeitsprofilen zu.

Teil 3

Die Ermittlung
des Persönlichkeitstyps mit Hilfe
der vier Kommunikationswege

9. Kapitel

Die 14 Persönlichkeitsprofile

Menschen einordnen

Seit Jahrhunderten wird über die Klassifizierung von Persönlichkeitszügen geschrieben. Koryphäen vom griechischen Arzt Galen über Sigmund Freud und Carl Jung bis hin zu zeitgenössischen Psychologen wie Abraham Maslow, Eric Erikson, Isabel Briggs Meyers und David Keirsey haben sich des Themas angenommen.

Andere, darunter Kathleen Hurley, Theodore Dobson, Renee Baron, Elizabeth Wagele und Don Risso haben die Theorie um das Neuneck, das so genannte Enneagramm, bereichert, um den Persönlichkeitstyp eines Menschen bildlich darzustellen. Diese neun Persönlichkeitstypen sind Helfer, Macher, Beobachter, Romantiker, Unruhestifter, Friedensstifter, Erfolgsmensch, Abenteurer und Individualist.

Seit je hat der Mensch das unstillbare Verlangen, das Rätsel der Menschheit zu lösen, das heißt herauszufinden, wer wir sind, welche Rolle wir im Universum spielen und wie wir im Vergleich zu anderen leben. Der Mensch hat gelernt, dass er das Wunder der Welt nur begreifen kann, wenn er sich selbst und andere besser versteht.

Es gibt böse Menschen, und es gibt gute und ehrenwerte Menschen. Wenn man mit den vier Kommunikationswegen vertraut ist, kann man seine Mitmenschen richtig einschätzen. Ein süßes, nach oben gerichtetes Näschen, ein kräftiges, maskulines

Kinn und gerade Zähne machen noch keine positiven Persönlichkeitsmerkmale aus. Ebenso deuten große Ohren und eine riesige, gebogene Nase noch lange nicht auf eine negative Persönlichkeit hin.

Um die Persönlichkeit eines Menschen zu bestimmen, müssen wir auf mehr als nur sein Äußeres achten. Wir müssen sein Verhalten studieren – wer er ist, wie er sich bewegt, wie er sich gibt, wie er klingt und was er sagt.

Das Persönlichkeitsprofil-Quiz

Mit Hilfe des folgenden Quiz' können Sie das grundlegende Persönlichkeitsprofil eines Menschen bestimmen. Nehmen Sie sich die 14 Kategorien vor, und beantworten Sie sämtliche Fragen in jeder Kategorie. Wenn Sie die Fragen überwiegend mit Ja beantworten, fällt ein Mensch höchstwahrscheinlich in diese Kategorie. Es müssen nicht alle Fragen mit Ja beantwortet werden, um auf einen grundlegenden Persönlichkeitstyp hinzuweisen. Versuchen Sie zu bestimmen, welche Merkmale die dominantesten sind. Halten Sie sich dabei immer vor Augen, dass ein Mensch aus mehreren Persönlichkeitstypen bestehen kann.

1. Ist der Mensch in der Äußerung seiner Gefühle sehr zurückhaltend, um sie dann in einem Wutanfall herauszulassen? Fällt es ihm schwer, eine Frage kurz und bündig zu beantworten? Hat es den Anschein, als würde das, was er verbal zum Ausdruck bringt, nicht mit seiner Körpersprache und seinem Gesichtsausdruck übereinstimmen?
2. Ist der Mensch ein Schmeichler? Äußert er sich zweideutig, oder spricht er mit erotischer Stimme? Wendet er selten den Blick ab? Berührt er sein Gegenüber oft?

3. Jammert der Mensch häufig, und scheint er von einer Krise in die andere zu schlittern? Spricht er stets in weinerlichem Ton? Läuft er ständig mit hängenden Schultern herum?

4. Gibt er nur selten Einblick in seine Gefühle? Ist er ein wortkarger Mensch, der selten von sich spricht? Ist seine Haltung steif und starr? Klingt seine Stimme monoton? Ist seine Mimik eher bescheiden?

5. Vertritt der Mensch nur selten eine eigene Meinung? Scheint er sich in der Regel der Meinung der Mehrheit anzuschließen? Will er kein Aufsehen erregen? Spricht er mit leiser Stimme, zögerlich und murmelnd? Scheint es ihm unbehaglich, wenn er um eine eigene Meinung gebeten wird, und ist dies an seiner Mimik und Gestik zu erkennen?

6. Wirkt der Mensch oft weitschweifig? Erzählt er mehr, als der andere wissen muss? Spricht er oft zögerlich?

7. Spricht er immer über sich und zeigt nur wenig Interesse an anderen Themen? Heischt er ständig nach Lob? Spricht er mit lauter Stimme, um so in den Mittelpunkt zu gelangen?

8. Macht er ständig abwertende Bemerkungen über andere, um selbst überlegen zu scheinen? Spricht er herablassend, als habe er die Weisheit gepachtet? Ist seine Haltung steif? Gibt sein Gesichtsausdruck Anlass zu der Annahme, dass dieser Mensch im wahrsten Sinne des Wortes auf andere hinabsieht und andere taxiert?

9. Kommt es häufig vor, dass dieser Mensch andere unterbricht oder ihren Äußerungen noch eins draufsetzen muss? Gibt er andauernd an, behauptet er, besser zu sein als die anderen und mehr zu besitzen als sie? Sind seine Stimme, sein Gesicht und seine Körpersprache steif und starr?

10. Äußert der Mensch sich offen und ehrlich? Spricht er mit Emotion in der Stimme, wenn er seinen Gefühlen Ausdruck

verleiht? Erscheint er aufrichtig in dem, was er sagt? Ist er ein guter Zuhörer? Ist sein Händedruck fest?

11. Spricht der Mensch mit lauter, aggressiver und überschnappender Stimme? Macht er andauernd sarkastische, negative und verletzende Bemerkungen? Ist er stur und tut so, als wisse er alles besser? Macht er viel Aufhebens davon, wenn er irgendetwas tut? Schaut er oft finster und mürrisch drein?

12. Bringt dieser Mensch jede Party in Schwung? Ist er schlagfertig und witzig? Hat es den Anschein, als müsse er immer und überall im Mittelpunkt stehen? Spricht er mit lauter, überschwänglicher Stimme? Ist er ständig in Bewegung? Braucht er viel Raum für seine Körperbewegungen?

13. Tritt der Mensch von einem Fettnäpfchen ins andere? Hat es den Anschein, als würde er reden, ohne zu überlegen, und herausplappern, was ihm gerade in den Sinn kommt? Ist er ständig mit sich und seinen Gedanken beschäftigt? Ist er barsch und zu direkt? Springt er von einem Thema zum anderen? Kann es sein, dass er sich nichts aus (ungeschriebenen) gesellschaftlichen Verhaltensregeln macht, beispielsweise wie nah er anderen kommt oder wie ausladend seine Gesten sind?

14. Ist der Mensch einfühlsam? Ist er großzügig mit Komplimenten, spricht er in höflichem Ton, und scheint er ernsthaft interessiert an dem, was andere sagen? Spricht er in der Regel positiv über andere? Meint er, was er sagt, und sagt er, was er meint? Klingt seine Stimme gesund und wohl tönend? Begegnet er anderen mit offenem und ehrlichem Gesicht? Ist er empfänglich und offen für andere? Erscheint er in Gegenwart anderer entspannt und locker?

Was Ihre Antworten bedeuten

Betrachten Sie in jeder der 14 Kategorien Ihre Ja-Antworten. Zählen Sie nach, wie oft Sie in welcher Kategorie Ja gesagt haben. Schauen Sie dann in der nachstehenden Liste der Persönlichkeitstypen, welchem Menschentyp die Kategorie mit den meisten Ja-Antworten entspricht.

Wenn Sie die Persönlichkeit eines Menschen analysieren wollen, müssen Sie ihn zunächst objektiv betrachten und erst in einem zweiten Schritt emotional. Sie sollten sich immer vergegenwärtigen, dass die wichtigste Voraussetzung für eine richtige Einordnung die Beständigkeit ist – Menschen können und werden sich ändern, und aus diesem Grund ist es wichtig, sie über einen längeren Zeitraum zu beobachten, bevor man zu einem endgültigen Ergebnis kommt. Möglicherweise hat sich jemand vor Jahren, vielleicht noch vor Monaten, so und so verhalten, und dann hat ihn plötzlich ein einschneidendes Erlebnis gezwungen, seine Lebenseinstellung zu ändern. Persönlichkeitsmerkmale können sich zeitweilig oder auch dauerhaft verändern.

1. Der passiv Aggressive
2. Der Verführer
3. Das Opfer
4. Der Eiszapfen
5. Der Schwächling
6. Der Lügner
7. Der Narzisst
8. Der Angeber
9. Der Widersacher
10. Der Geber
11. Der Tyrann

12. Der Witzbold
13. Der Unbewusste
14. Der Aufrechte

Im Nachfolgenden finden Sie eine detaillierte Analyse eines jeden Persönlichkeitstyps. Sie werden sehen, worauf Sie im Einzelnen zu achten haben – sei es in der Stimme, im Gesicht oder in der Körpersprache –, um so den Persönlichkeitstyp noch genauer bestimmen zu können.

Psychologische Überlegungen

Wenn Sie Persönlichkeitstypen analysieren, haben Sie es in der Regel mit Menschen zu tun, die seelisch relativ intakt sind. Diese Menschen leben vielleicht mit gewissen Neurosen (wie wir alle), sind aber trotzdem in der Lage, ihr Leben zu meistern.

Wichtig zu wissen ist, dass es auch Menschen gibt, die aufgrund von schwerwiegenden psychischen Störungen, wie zum Beispiel Schizophrenie, nicht in der Lage sind, ihr Leben allein in die Hand zu nehmen. Diese Menschen können jeglichen Realitätsbezug verloren haben und Dinge äußern, die für andere keinerlei Sinn ergeben. Ebenso können Gesichtsausdruck und Körperbewegungen Anlass zu der Annahme geben, dass sie sich nicht unter Kontrolle haben.

Des Weiteren gibt es Menschen, die an bipolaren Störungen leiden oder mit schweren Depressionen zu kämpfen haben. Ein Hinweis darauf ist oft eine ungewöhnliche Sprechweise, von der Geschwätzigkeit über die gepresste bis hin zur monotonen Stimme und schließlich der Verstummung. Gesichtsausdruck und Körpersprache spiegeln oft eine Störung wider, die von Hyperaktivität bis zur Bewegungslosigkeit reichen kann.

Menschen, die sich auf der Grenze zwischen dem Normalen und dem Krankhaften bewegen, so genannte Borderliner, tun sich in der Regel schwer im Umgang mit anderen. Abzulesen ist dies an dem, was sie sagen und wie sie es sagen, sowie an ihrem ernsthaften, manchmal sogar zornigen Gesichtsausdruck.

Die Auseinandersetzung mit diesen psychischen Problemen würde jedoch den Rahmen meines Buches bei weitem sprengen. Ich begnüge mich deshalb damit zu sagen, dass wir uns bewusst machen sollten, dass es solche Störungen gibt und dass wir diesen Umstand bei der Analyse von Persönlichkeitstypen niemals aus dem Auge verlieren dürfen.

Der erste Eindruck

Oft haben wir nur einmal Gelegenheit, einen Menschen zu hören und zu sehen, bevor wir ein erstes Urteil fällen müssen. Wir haben vielleicht nur eine Gelegenheit zu entscheiden, mit wem wir arbeiten oder wen wir einstellen wollen. Aus diesem Grund ist es unabdingbar, Menschen umfassend zu beobachten. Je mehr wir uns darin üben, Stimmmuster, Sprechweise, Gesichtsausdruck und Körpersprache genau zu studieren, desto einfacher wird es, einen anderen Menschen wirklich zu verstehen.

Es gehört nicht viel dazu, sich einen ersten Eindruck von einem Menschen zu machen. Manchmal braucht man dazu nur ein paar Sekunden. Das Gefährliche am ersten Eindruck ist aber, dass er in der Regel auf sehr wenig konkreter Information beruht. So kann es vorkommen, dass jemand Sie nicht mag, weil Sie ihn an eine andere Frau erinnern, die ihm vor Jahren einen Korb gegeben hat. Oder Sie erinnern Ihr Gegenüber an einen ungeliebten Verwandten oder tragen ein Kleidungsstück, das er oder sie nicht mag. Genauso gut kann es sein, dass Sie einer ethnischen Gruppe angehören, mit der Ihr Gegenüber irgendwann schlechte Erfahrungen gemacht hat. In allen Fällen ist es sehr wahrscheinlich, dass Sie falsch beurteilt werden.

Bedauerlicherweise basiert das Urteil von Menschen in der Regel auf Vorurteilen, Intoleranz und Unwissenheit. Das vorliegende Kapitel soll Ihnen dabei helfen, solche voreiligen falschen Schlüsse zu vermeiden. Es gibt Ihnen vielmehr Informationen über bestimmte Persönlichkeitstypen an die Hand, mit Hilfe derer Sie sich einen auf Genauigkeit und Wissen basierenden Eindruck bilden können.

Die 14 Persönlichkeitstypen

Anhand von Literatur auf dem Gebiet der Kommunikationswissenschaft sowie mittels empirischer Studien in meiner praktischen Tätigkeit und meiner Forschungsarbeit als Universitätsprofessorin habe ich festgestellt, dass Menschen eines bestimmten Persönlichkeitstyps sich entsprechend diesem Typ nach gewissen, sich wiederholenden Mustern verhalten und sprechen.

Sie haben möglicherweise die gleichen Beobachtungen gemacht, ohne viel darüber nachzudenken. Denken Sie einmal zurück an Ihre Schuljahre, vielleicht an einen Streit. Versuchen Sie nun, sich an jedes Lebensjahrzehnt zu erinnern und an die Menschen, mit denen Sie im Laufe Ihres Lebens Streit hatten. Rufen Sie sich ins Gedächtnis zurück, wie diese Menschen sprachen und was sie sagten. Wie haben sie Sie angesehen, und wie haben sie sich im Laufe Ihrer Beziehung verhalten? Rufen Sie sich nun die Menschen ins Gedächtnis zurück, mit denen sie fabelhaft ausgekommen sind. Versuchen Sie sich an ihre Sprechweise, ihren Gesichtsausdruck, ihre Körpersprache zu erinnern.

Sie werden feststellen, dass sich ganz bestimmte Muster herausbilden und Sie Menschen entsprechend ihrem Persönlichkeitstyp und aufgrund der Art und Weise, wie sie mit Ihnen kommunizieren, einordnen können. Sie werden erkennen, dass die tyrannischen Typen laut und abgehackt sprachen und immer mit einem Stirnrunzeln behaftet waren. Denken Sie an die zusammengezogenen Brauen, die ausladenden Bewegungen und den erhobenen Zeigefinger – alles Mittel und Wege, um andere einzuschüchtern.

Es wird Ihnen klar, dass die sprudelnden, wohl tönenden Menschen immer meinten, was sie sagten, und sagten, was sie meinten. Sie haben nie versäumt, Sie mit einem Lächeln zu begrüßen, und haben Sie beim Sprechen immer direkt angesehen. Sie haben mit Händen und Armen gestikuliert, um die Wichtigkeit dessen, was sie sagten, zu unterstreichen, und sich beim Sprechen zu Ihnen herübergebeugt. So hatten Sie den Eindruck, dass sie ernsthaft an Ihnen interessiert waren und Sie schätzten. In Ihren Augen waren sie aufrecht. Es waren ehrliche und rechtschaffene Menschen, denen die Mitmenschen wirklich etwas bedeuteten.

Sie werden feststellen, dass es mehr negative als positive Kategorien gibt. Dies hat zwei Gründe. Zum einen habe ich mehr Gewicht auf die negativen Typen gelegt, um Ihnen die Möglichkeit zu geben zu erkennen, welche Menschen Ihnen Schaden zufügen könnten und wie Sie sich schützen können. Und zum Zweiten habe ich die meisten positiven Persönlichkeitsmerkmale in der Kategorie »Der Aufrechte« zusammengefasst, weil viele das Gegenteil der negativen Merkmale darstellen.

Ich werde im Folgenden näher auf diese negativen und positiven Menschen eingehen, indem ich sie mittels der vier Kommunikationswege beschreibe – Sprache, Stimme, Körpersprache und Gesichtsausdruck. Durch die Zusammenführung aller vier

Bereiche werden Sie in der Lage sein, sich einen stimmigen Eindruck von einem Menschen zu machen. Natürlich kann man wichtige Schlüsse auch aus einem einzelnen Bereich ziehen, aber das exakteste Urteil bildet man sich, wenn alle vier Kommunikationswege gleichzeitig gedeutet werden. Nur so kann man das Wesentliche eines Menschen begreifen und erfahren, wer der andere tatsächlich ist.

1. Der passiv Aggressive

Sprache

Passiv aggressive Menschen beteuern beispielsweise, dass sie »sich wahnsinnig für einen freuen«; aber obwohl sie die richtigen Worte benutzen, freuen sie sich keineswegs. Ihre monotone Sprechweise straft ihre Worte Lügen.

Sie lassen eine sarkastische Bemerkung fallen oder werfen jemandem in aller Öffentlichkeit einen Schwachpunkt vor, von dem er ihnen im Vertrauen erzählt hat. Nicht selten folgt darauf ihr beliebtes: »Ich hab doch nur Spaß gemacht!« Ebenso kann es vorkommen, dass sie um jemanden herumscharwenzeln und ein Loblied auf ihn singen, wenn er es gar nicht verdient hat.

Manche passiv aggressiven Menschen verlieren nicht viele Worte, sagen aber, was ihnen auf der Seele liegt. Mitunter sagen sie einem ganz plötzlich die Meinung und versprühen ihr ganzes Gift, das sie anscheinend jahrelang angesammelt haben. In der Regel halten sie mit ihren wahren Gefühlen jedoch hinterm Berg und lassen ihnen nur dann freien Lauf, wenn sie schon einmal explodiert sind.

Sie gehören auch zu der Sorte Mensch, von der man nie eine klare Antwort bekommt. Sie neigen dazu, wenig zu sagen und nicht viel preiszugeben. Oft antworten sie mit »ich weiß nicht«, wenn man sie nach ihrer Meinung fragt.

Stimme

Passiv aggressive Menschen fangen in der Regel laut und heftig an zu sprechen, um dann immer leiser zu werden, sodass sie am Ende nur schwer zu verstehen sind. Oder sie sprechen von Anfang an so leise, dass man sie kaum hört. Sie wollen, dass andere sie bitten, lauter zu sprechen. Dahinter verbirgt sich nichts anderes als ein Kontrollmechanismus.

Gelegentlich sprechen sie mit hoher Stimme in einem süßlichen Ton. Dies dient der Kompensation negativer Gefühle, die für das Gegenüber gehegt werden.

Angestaute Wut wird oft auch dadurch versteckt, dass sie beim Sprechen kaum merklich die Kinnmuskeln bewegen und ihre Stimme sich näselnd anhört. Wut und Eifersucht können sich aber auch hinter monotoner Stimme, Lachen oder Husten verbergen.

Körpersprache

Passiv aggressive Menschen neigen zum häufigen Anfassen, womit sie jedoch nur ihre negativen Gefühle kompensieren. Meist zeigen sie Zeichen von Unruhe und Nervosität und rutschen hin und her, weil sie unbewusst der Situation entfliehen wollen. Trotz verbaler Artigkeiten mögen sie einen vielleicht nicht.

Mitunter wippen sie mit den Füßen, trommeln mit den Fingern auf den Tisch oder machen andere Hand- und Fußbewegungen, die darauf hindeuten, dass sie sich am liebsten auf und davon machen möchten. Auch wenn sie jemandem den Körper beim Gespräch zuwenden, kann es sein, dass ihre Füße in die andere Richtung zeigen und damit andeuten, dass sie am liebsten an einem ganz anderen Ort wären.

Wenn ihre Hände zur Faust geballt und die Daumen verborgen sind, kann man fast mit Sicherheit von feindseligen Gefühlen ausgehen. Sind die Beine beim Sitzen an den Knöcheln überkreuzt, ist dies ein Zeichen dafür, dass sie Informationen zurückhalten. Werfen sie den Kopf ruckartig zurück und reiben sich den Nacken, heißt dies, dass sie Gedanken unterdrücken.

Mitunter beugen sie sich zum anderen vor – ein Zeichen, dass sie an dem, was er sagt, interessiert sind –, nur um kurz darauf zurückzufahren, was auf ambivalente Gefühle schließen lässt. Auch ein schraubstockartiger Händedruck deutet auf negative Gefühle hin. Beim Sprechen setzen sie oft nicht die Hände ein, sondern schlingen die Arme um den Oberkörper, was als Zeichen dafür gewertet werden kann, dass sie ihre negativen Gefühle im Griff haben wollen.

Gesichtsausdruck

Passiv aggressive Menschen stellen manchmal ein zusammengebissenes, falsches Lächeln zur Schau. Weder gehen ihre Mundwinkel nach oben, noch zeigt ihr Gesicht andere Zeichen eines echten Lächelns. Häufig beißen sie sich auf die Unterlippe: ein unbewusster Versuch, Gefühle des Zorns zu unterdrücken.

2. Der Verführer

Sprache

Geübte verbale Verführer sprühen nur so vor Charme, um das zu bekommen, was sie wollen. Sie setzen ihre Verführungskräfte ein, um Macht auszuüben. Nicht selten lassen sie erotisch angehauchte Bemerkungen und Zweideutigkeiten fallen und haben wenig Bedenken, wenn es darum geht, zu übertreiben und zu schwindeln, um den anderen zu umschmeicheln. Sie geizen nicht mit Komplimenten und sagen stets das, was der andere hören will. Sie flirten andauernd und verzehren sich nach Aufmerksamkeit, weil das ihrem Ego gut tut.

Zu Anfang drehen sich die Gespräche des Verführers um die Bedürfnisse, die Sorgen und die Interessen des anderen. Je vertrauter der Verführer jedoch mit seiner verbalen Beute wird, desto mehr wendet sich seine Aufmerksamkeit seinen eigenen Bedürfnissen und Interessen zu. Der Verführer liebt es, die »Ich Armer«-Taktik anzuwenden: mit der eigenen Not um Sympathie zu werben und Aufmerksamkeit zu erregen. Er scharwenzelt um den anderen herum und macht vor nichts Halt, um zu Gefallen zu sein, weil er letztlich selbst geliebt werden will.

Verführer haben keine Gewissensbisse, wenn sie einen anderen Menschen anlügen. Wenn der andere herausfindet, dass er angelogen wurde, und den Verführer darauf anspricht, redet er sich in der Regel heraus. Er tut und sagt alles, nur um seinen Willen durchzusetzen. Hat der Verführer das, was er wollte, erreicht, macht er sich auf den Weg zur nächsten verbalen Eroberung.

Stimme

Verführerinnen sprechen meistens mit zarter und hoher Stimme, sie hauchen mehr, als sie sprechen. Manche lispeln und neigen zum Kichern. Verführer klingen volltönend und sprechen mit tiefer Stimme, um auf diese Weise sexy und anziehend zu wirken. Beide sprechen in der Regel mit leiser, einschmeichelnder Stimme, außerdem lachen sie viel.

Körpersprache

Verführer neigen den Kopf zu ihrem Gegenüber, um zu erkennen zu geben, dass sie ernsthaft interessiert sind. Sie nicken zustimmend, auch wenn sie nicht einverstanden sind. Ihr Ziel ist einzig und allein, geliebt zu werden. Nicht selten senken sie den Kopf und schauen ihren Gesprächspartner von unten herauf an.

Für gewöhnlich spiegeln sie das Verhalten derjenigen wider, mit denen sie sich unterhalten, und es ist zu beobachten, dass Verführer anderen körperlich sehr nahe kommen. Sie rücken immer näher, um zu zeigen, dass sie ihr Gegenüber attraktiv finden. Sie berühren es wie zufällig, um das Gesagte zu unterstreichen und sich Zustimmung zu sichern; manchmal dehnen sie die zufällige Berührung aus, um weiteres Interesse zu bekunden. Sie nähern sich aber auch mit dem ganzen Körper und verharren in dieser Stellung.

Verführer sind locker und fühlen sich in ihrem Körper wohl. Man beobachtet bei ihnen sowohl vorgeschobene Schultern und Becken, die Entgegenkommen signalisieren, als auch zurückgereckte Schultern, wodurch der Oberkörper mehr zur Geltung kommt. Ihr Gang ist langsam und wiegend.

Verführer neigen dazu, mit ihrem Schmuck und Haar zu spielen. So fährt eine Hand zum Dekolletee oder an die Lippen, um Aufmerksamkeit auf diese Körperteile zu lenken. Viele tragen sexy Kleidung, auch dies als Signal für zukünftige Eroberungen.

Gesichtsausdruck

Verführer wenden niemals den Blick ab. Ihr Blickkontakt hält länger an als die üblichen zwei oder drei Sekunden. Nur selten sieht man sie ohne ein Lächeln und ein Augenzwinkern.

Ihr Gesichtsausdruck ist auf vielerlei Weise verführerisch – man beobachtet zum Beispiel ein süffisantes Lächeln, einen Schmollmund in Verbindung mit einem verheißenden Blick. Oft befeuchten sie sich die Lippen, oder die vorgeschobene Unterlippe wird provokativ eingesetzt.

3. Das Opfer

Sprache

Opfer neigen dazu, sich ständig zu beklagen. Sie reden meist über Menschen, die sich in irgendeiner Misere befinden. Nichts tun sie lieber, als die Schuld auf andere zu schieben, sie selbst sind natürlich niemals schuld. Sogar wenn die Schuld eindeutig bei ihnen liegt, finden sie jemanden, dem sie sie in die Schuhe schieben können. Es kommt aber auch vor, dass sie sich selbst anklagen. Sie sehen sich als die geborenen Opferlämmer.

Stimme

Opfer neigen zu schwachen, hohen Stimmen, die sich am Satzende noch um eine halbe Stufe erhöhen. Die Stimme klingt zeitweilig gedämpft, weil sie oft undeutlich und in weinerlichem Ton sprechen. Die dahinterstehende Botschaft lautet: »Bitte tu mir nichts, ich bin doch so verletzlich.«

Die leise und monotone Stimme spiegelt eine innere Trauer wider, derentwegen sie sich macht- und hilflos fühlen. Die eintönige Sprechweise macht es den anderen schwer, mit ihnen ins Gespräch zu kommen; stets hat es den Anschein, als könnten sie sich nicht verständlich machen.

Körpersprache

Opfer sind zaghaft und unentschlossen in ihren Körperbewegungen und ihrer Haltung. Sie verschränken beispielsweise die Arme in einer Geste des Selbstschutzes. Oft neigen sie den Kopf und schauen ihr Gegenüber von unten an.

Sie werden unruhig und nervös, wenn in einem Gespräch Standpunkte zur Sprache kommen, die sie zwingen, Verantwortung für ihr Tun zu übernehmen. In diesen Fällen werden sie zappelig und schaukeln mit dem Oberkörper vor und zurück.

Nicht selten sieht man sie mit den Händen ringen, Nägel beißen oder an der Nagelhaut herumzupfen. Es fehlt ihnen gewaltig an Selbstsicherheit. Sie neigen dazu, die Arme um den Körper oder die Beine zu schlingen, weil sie sich dadurch ein wenig sicherer fühlen. Beim Sitzen schlingen sie in dem Versuch, ihr Unbehagen loszuwerden, ein Bein fest um das andere.

Gesichtsausdruck

Die Augen eines Opfers scheinen sich beim Sprechen aufgrund von Muskelanspannung um die Augenlider und Augenbrauen zu verengen. Ein Stirnrunzeln ist an der Tagesordnung. Sie vermeiden jeden Blickkontakt, was ein Hinweis darauf ist, dass sie Schwierigkeiten haben, sich zu unterhalten. Oft beißen sie sich als Zeichen von Traurigkeit und Unbehagen auf die Lippen.

4. Der Eiszapfen

Sprache

Eiszapfen sind verbal keineswegs großzügig und behalten am liebsten alles für sich, in erster Linie ihre Gefühle. Wenn sie sprechen, dann artikulieren sie meist mit Nachdruck. Der andere weiß nie, woran er bei ihnen ist, weil sie ihre Gefühle niemals preisgeben. Sie verlieren wenig Worte und äußern sich nur, wenn sie direkt angesprochen werden. Dass sie ein Gespräch beginnen, kommt höchst selten vor. Da sie ihre Gefühle nie offen zeigen, ist es schwer zu sagen, was sie denken.

Stimme

Eiszapfen sprechen meist mit monotoner Stimme, in die sich nur wenig Gefühl einschleicht. Sie sind schwer einzuschätzen, da sie Emotionen verbergen und sich äußerst korrekt verhalten.

Körpersprache

Eiszapfen sehen oft so aus, als hätten sie einen Stock verschluckt, so steif stehen sie da. Ihre mechanischen Gesten rufen bei anderen Unbehagen hervor, denn sie wirken kalt und starr. Sie bewegen sich vorsichtig und zurückhaltend und meiden jede Berührung. Wenn sie jemanden umarmen, dann meist steif und unbeholfen. Sie schlingen die Arme um den Oberkörper oder verschränken sie zumindest vor der Brust. Der Kopf ist stets hoch erhoben, ein weiteres Zeichen für ihre Verteidigungshaltung und Steifheit.

Auf den Schenkeln liegende Hände oder zu einer Spitze zusammengeführte Finger lassen darauf schließen, dass Eiszapfen über andere urteilen. Im Grunde verbirgt sich dahinter jedoch nur ihre eigene Unsicherheit. Ihr Händedruck ist meist schlaff, was auf mangelnde Bereitschaft, Beziehungen einzugehen, hindeutet. Wenn sie mit den Händen gestikulieren, sind alle Finger der Hand inklusive Daumen gerade und steif, was ebenfalls auf ihre starren Haltungen hinweist.

Eiszapfen halten Distanz, weil sie Beziehungen gerne aus dem Weg gehen. Sie fühlen sich unwohl in Situationen, die außerhalb ihrer eigenen Lebens- und Denkweise liegen.

Gesichtsausdruck

Eiszapfen tragen oft eine unbeteiligte Miene zur Schau. Meist sieht man sie mit eingezogenem Kopf, was darauf hindeutet, dass sie körperliche und seelische Bedrohungen erwarten. Nur selten lassen sie sich zu direktem Blickkontakt verleiten.

Ihr Lächeln wirkt gezwungen und riecht förmlich nach Heuchelei. Wenn ihnen etwas nicht behagt, neigen sie zum Gähnen. Außerdem sieht man sie gelegentlich heftig schlucken, wenn ein Thema zur Sprache kommt, das mit Gefühlen zu tun hat.

5. Der Schwächling

Sprache

Schwächlinge sind bezeichnenderweise Menschen, die wenig Worte verlieren. Meist schaffen sie es nicht, ihre Meinung zu äußern, da sie Angst haben, aufzufallen und irgendetwas durcheinander zu bringen. Sie neigen zur Schüchternheit. »Ich weiß nicht« ist eine ihrer typischen Aussagen. In der Regel haben sie Angst, sich auf eine Meinung festzulegen. Sie sind zurückhaltend und äußern sich über sich selbst nur negativ. Es hat den Anschein, als würden sie sich andauernd schlechtmachen. In ihrer Wortwahl spiegelt sich ihre Hoffnungslosigkeit wider; alles, was sie sagen, kommt nur zögerlich und bleibt meist in Andeutungen stecken.

Stimme

Schwächlinge sprechen mit leiser, monotoner Stimme. Die Unsicherheit in ihrer Stimme geht oft Hand in Hand mit Zögerlichkeit und Wiederholung. Sie sprechen entweder sehr langsam, um Fehler zu vermeiden, oder zu schnell, weil sie es rasch hinter sich bringen möchten oder Angst haben, sonst nicht alles sagen zu können.

Körpersprache

Schwächlinge kratzen sich häufig am Kopf, was als Zeichen von Verwirrung gedeutet werden kann. Ihr Händedruck ist schlaff und passt zu ihrer laschen Stimme. Meist sitzen oder stehen sie in zusammengesunkener Haltung, ein Zeichen für Zaghaftigkeit und Zögerlichkeit. Nicht selten wiegen sie den Oberkörper vor und zurück, was Ausdruck ihres Unbehagens ist. Die Arme verschränken sie in einer Geste des Selbstschutzes vor der Brust, schlingen sie um den ganzen Oberkörper oder halten sich an irgendetwas fest, um sich gegen Anspannung und Unwohlsein zu wappnen.

Gesichtsausdruck

Schwächlinge unternehmen große Anstrengungen, um Blickkontakt zu vermeiden, und wenden für gewöhnlich als Erste den Blick ab, sollte es doch dazu kommen.

Sie neigen zu einem verunsicherten Gesichtsausdruck, und in ihren Augen spiegeln sich Angst und Anspannung. Auch ihre zusammengezogenen Augenbrauen deuten auf Angst hin. Sie beißen sich auf die Unterlippe und ziehen das Kinn ein, was auf mangelndes Selbstvertrauen schließen lässt. Wenn man sie in die Enge treibt, erröten sie leicht.

6. Der Lügner

Sprache

Lügner schweifen leicht vom Thema ab und erzählen mehr, als der andere wissen will. Ebenso sind sie mitunter ausweichend. Weitschweifigkeit gehört zu ihrem festen Repertoire, das heißt, sie reden viel, ohne etwas zu sagen. Sie benutzen häufig Füllwörter wie »ähm«, »hm«, »tja« und ähnliche.

Lügner sind genau wie Verführer die geborenen Charmeure, wenn sie etwas erreichen wollen. Man findet unter ihnen viele Heuchler, die ihr Gegenüber in den Himmel loben, nur um es anschließend niederzumachen. Wenn sie einem etwas anvertrauen, kann man davon ausgehen, dass sie es auch anderen anvertrauen, weil sie sich dadurch wichtig fühlen.

Stimme

Lügner sprechen mit entspannter, unbelebter Stimme, weil sie sich überlegen müssen, was sie als Nächstes sagen. Es gibt aber auch Lügner mit lebhafter, sprudelnder Stimme. Für gewöhnlich sprechen sie höher, wenn sie nicht ehrlich sind.

Körpersprache

Lügner lockern vielleicht ihre Krawatte, wenn sie nicht die Wahrheit gesagt haben, Lügnerinnen führen dagegen die Hände zum Hals. Dies ist ein untrügliches Zeichen, dass sie sich ertappt fühlen. Ebenso kommt es vor, dass sie beim Sprechen die Hände verstecken, damit spielen oder mit dem Oberkörper vor und zurück wippen, um ihr Unbehagen und Unwohlsein auszudrücken. Manchmal tun sie jedoch genau das Gegenteil, das heißt, sie sitzen oder stehen wie eine Statue – zu still.

Menschen, die lügen, gestikulieren in der Regel nicht mit den Händen, da sie damit beschäftigt sind, sich eine Geschichte auszudenken, anstatt die Wahrheit zu erzählen. Es ist deshalb nicht ungewöhnlich, wenn ihre Gesten mit fortlaufendem Gespräch immer sparsamer werden.

Manchmal verraten sie ihre Füße, besonders, wenn sie schnell mit dem Fuß hin und her wippen und dadurch ihre Ungeduld zeigen. Ihre Zehen deuten mitunter in eine andere Richtung als ihr Körper, weg von dem Menschen, den sie eben anlügen. Häufig zucken sie mit der Schulter, wenn sie etwas in Abrede stellen. Lügner berühren andere oft und viel, doch handelt es sich dabei um ein feindseliges Berühren, mit dem sie die Situation unter Kontrolle zu halten versuchen.

Gesichtsausdruck

Lügner tun zweierlei mit ihren Augen: Entweder vermeiden sie jeden Blickkontakt, wenn sie mit jemandem sprechen, oder sie starren diesen unverwandt an und wenden nur selten den Blick ab. Ihr Lächeln wirkt oft gezwungen, in den Augenwinkeln bilden sich keine Lachfältchen, und ihre Lippen sind höchstens ein schmaler Strich.

Häufig blinzeln sie heftig mit den Augen, was darauf hindeutet, dass sie unsicher sind, etwas zu verbergen suchen oder einfach nur nervös sind. Es kommt vor, dass sie die Finger auf die Lippen legen oder den Mund mit der Hand bedecken, wenn sie sprechen oder zuhören.

7. Der Narzisst

Sprache
Narzisstisch veranlagte Menschen reden ununterbrochen von sich selbst und haben ein unstillbares Bedürfnis nach Lob. Sie erzählen alles Mögliche von sich, so auch Dinge, die der andere gar nicht wissen will. Nicht selten sprechen sie über vollkommen unangebrachte Themen, nur um Aufmerksamkeit zu erregen.

Die Wörter »ich« und »mein« sind ihre wichtigsten zwei Wörter. Wenn sich das Gespräch nicht um sie dreht, erlahmt ihre Aufmerksamkeit. Um sich die Langeweile zu vertreiben, lenken sie das Gespräch unweigerlich wieder in ihre Richtung.

Stimme
Narzissten sprechen oft mit lauter und unangenehmer Stimme. Sie wollen von möglichst vielen Menschen gehört werden. Ihre Stimme klingt lebhaft und dynamisch, solange sie im Mittelpunkt stehen, andernfalls klingt sie sehr viel flacher und lebloser. Wenn sich Monotonie in die Stimme einschleicht, weiß man, dass sie sich zu Tode langweilen.

Körpersprache

Die steife Haltung, die Narzissten einnehmen, dient dazu, sich als überlegen und wichtig darzustellen. Wenn sie über etwas anderes als sich selbst sprechen, lehnen sie sich zurück, sinken in sich zusammen oder stützen den Kopf in die Hände.

Beim Sitzen strecken sie oft die Beine aus, was ihren Anspruch auf viel Platz unterstreicht. Sie neigen zu ausladenden Hand- und Armbewegungen, um ihre Präsenz zu betonen. Sie nutzen auch die Berührung, um andere dazu zu bringen, ihnen Aufmerksamkeit zu schenken.

Gesichtsausdruck

Wenn man sie nicht beachtet, wirkt ihr Lächeln gezwungen. Stehen sie dagegen im Mittelpunkt der Aufmerksamkeit, ist ihr Lächeln geradezu strahlend. Man hat den Eindruck, als lebten sie auf, wenn man sie beachtet. Wenn sie nicht in den Spiegel sehen, sehen sie ihrem Gegenüber direkt ins Gesicht – allerdings nur, wenn sie über sich sprechen oder die anderen von sich sprechen hören. Wenn sich das Gespräch einem anderen Thema zuwendet, wenden sie den Blick ab, um zu zeigen, dass ihr Interesse erloschen ist.

Ihr Blick wandert unstetig umher, weil sie unablässig auf der Suche nach wichtigen Leuten und solchen sind, die ihnen Aufmerksamkeit zollen. Sie schauen sich ständig um, um zu erfahren, ob andere sie anschauen.

8. Der Angeber

Sprache

Angeber machen fortlaufend abwertende Bemerkungen, durch die sie sich den anderen überlegen fühlen. Aufgrund ihrer tief sitzenden Unsicherheit müssen sie andere herabwürdigen, damit sie sich überlegen fühlen können.

Sie neigen genau wie Tyrannen dazu, andere verächtlich zu behandeln, sie tun dies allerdings auf subtilere Art und Weise. Eine weitere Gemeinsamkeit besteht darin, dass sie mit beinahe mechanischer Steifheit in der Stimme versuchen, das Gespräch zu beherrschen.

Angeber sind typischerweise schlagfertig und haben immer eine Antwort parat. Sie sind vielseitig interessiert und stets bestens informiert. Klatsch und Tratsch ist ihr Lebenselixier, vor allem, wenn die Person, über die gesprochen wird, schlecht wegkommt. Dabei blühen Angeber geradezu auf. Sie sind darauf bedacht, die richtigen Beziehungen zu haben, um voranzukommen, weshalb man immer wieder beobachtet, wie der Angeber anderen schmeichelt, die auf der sozialen Leiter vielleicht höher stehen.

In Wahrheit liegt der Angeberei eine tiefe Unsicherheit zugrunde. Am liebsten verwendet ein Prahlhans Modewörter und Phrasen, um »cool« zu wirken, und mitunter wirft er auch mit Spezialausdrücken und Fremdwörtern um sich, wodurch er die anderen, die nicht wissen, wovon er spricht, einzuschüchtern hofft.

Seine größte Sorge ist, aus der Gesellschaft ausgestoßen zu werden und allein zu bleiben. Lieber würde er mit jemandem reden, der sozial unter ihm steht, als gar keinen Gesprächspartner zu haben. Genau wie der Narzisst braucht auch der Angeber ein Publikum, und auch er lässt immer wieder das Wörtchen »ich« in das Gespräch einfließen, womit er seine Wichtigkeit beweisen will. Wenn Angeber etwas erzählen, kommen sie nie zum Ende und ignorieren jeden, der etwas hinzufügen oder unterbrechen will. Wie Tyrannen und Narzissten beenden sie ihre Geschichten ausschließlich auf ihre Weise.

Stimme

Snobs bewegen beim Sprechen kaum den Kiefer und die Lippen, wodurch ihre Stimme einen gepressten, näselnden Klang erhält. In der Regel sprechen sie sehr überlegt, klar und deutlich, aber ohne die geringste Wärme, wodurch sie ihrem Gegenüber stets ein Gefühl von Kritik vermitteln. Ihre unbarmherzigen, kehligen Angriffe auf andere drücken darüber hinaus ein Gefühl der Ungeduld gegenüber denjenigen aus, die sie für untergeben halten.

Körpersprache

Bei Angebern beobachtet man eine steife, aufrechte, starre Haltung, wobei sie sich oft zurücklehnen, um auf die notwendige Distanz zwischen sich und den anderen hinzuweisen. So sieht man sie auch mit in die Seiten gestemmten Händen, was als weiterer Aufruf zur Einhaltung der Distanz gedeutet werden kann.

In der Regel stellen sie die Rückseite ihrer Hände zur Schau und geben damit zu verstehen, dass sie mit anderen nichts zu tun haben wollen. Sie verschränken auch die Finger, lassen jedoch den Daumen kreisen, was Langeweile ausdrückt.

Gesichtsausdruck

Das Lächeln des Angebers wirkt falsch und gezwungen, die Mundwinkel sind zurückgezogen, auf den Wangen werden Grübchen sichtbar. Dieses sarkastische Lächeln zeigt Zweifel und gleichzeitig Respektlosigkeit.

Seine Anmaßung kommt dann zum Ausdruck, wenn der Angeber das Kinn vorreckt und buchstäblich auf die anderen hinunterschaut. Nicht selten verengt er die Augen zu Schlitzen, schiebt die Augenbrauen in die Höhe und spitzt die Lippen. Auf diese Weise soll das Gegenüber am Fortfahren gehindert werden. Der Angeber wirft den Kopf nach hinten, wenn ihm das, was sein Gegenüber sagt, missfällt.

Sein Blick huscht umher, um Menschen ausfindig zu machen, die einflussreich sind und zu seinem Vorteil benutzt werden können.

9. Der Rivale

Sprache

Rivalen unterbrechen viel und versuchen stets, den anderen zu übertrumpfen. Erzählt jemand von seinem süßen Hund, erklärt der Rivale sofort, dass er auch einen Hund hat, bloß größer, mit Stammbaum und preisgekrönt.

Rivalen neigen dazu, zwischen den Zeilen zu lesen und auf alles zu achten, was gesagt wird. Selbst wenn es sich um eine gutmütige, rasch dahingesagte Äußerung handelt, bleibt es nicht aus, dass sie diese Aussage auf die Goldwaage legen. In der Regel behaupten sie immer das Gegenteil, ganz gleich, was es ist. Sollten sie wider Erwarten doch der gleichen Meinung sein, finden sie bestimmt etwas, das sie kritisieren können, oder sie setzen, sozusagen als Trumpf, noch etwas drauf.

Stimme

Rivalen reden sehr schnell, wodurch andere kaum eine Chance haben, zu Wort zu kommen. Ihre Stimme klingt meist etwas angespannt, und es schwingt ein neidischer Unterton mit.

Körpersprache

Ihre Körperhaltung ist oft steif und zeigt, dass der Betreffende eifersüchtig ist. Meist sorgen sie für eine körperliche Distanz zwischen sich und ihrem Konkurrenten. Ihr Unterbewusstsein lässt es nicht zu, dass sie eine Beziehung herstellen, weshalb sie ihrem Gegenüber kaum jemals nahe treten.

Nur wenn sie Informationen brauchen, zwingen sie sich, Beziehungen einzugehen. Dann können sie geradezu überschwänglich sein in ihrem Auf-den-Rücken-Klopfen, Händeschütteln und Umarmen, womit sie jedoch nur die Tatsache kaschieren, dass sie insgeheim feindselige Gefühle hegen. Auch wenn sie die anderen mit scheinbar freundlichen Gesten überschütten, zeigen ihre angespannten und starren Körperbewegungen die unterschwelligen Gefühle der Eifersucht und Rivalität. Der Händedruck ist mitunter so kräftig, dass die versteckte Absicht, dem anderen wehzutun, fast offen zutage tritt.

Nicht selten hampeln und haspeln sie herum, weil sie sich alles andere als wohl fühlen. Außerdem kann es sein, dass sie ihr Gegenüber ständig berühren, weil sie dominieren wollen, oder die Arme vor der Brust verschränken, weil sie sich bedroht fühlen.

Ballen sie beim Sprechen die Hände zur Faust, kann dies der Versuch sein, ihre wahren Gefühle wie Eifersucht und Rivalität zu verstecken.

Gesichtsausdruck

Die Blicke eines Rivalen huschen in der Regel im Raum umher, weil er andere Menschen ungern direkt ansieht. Nur hin und wieder wirft er einen verstohlenen Blick auf sein Gegenüber, um sich zu vergewissern, dass er noch Herr der Lage ist.

Hat er allerdings das Gefühl, dass der andere die Oberhand gewinnt, fährt er sich wahrscheinlich mit der Zunge über die Lippen oder schluckt auffällig. Häufig ist dies zu bemerken, wenn man dem Rivalen etwas Positives über sich selbst erzählt. Er ist auf keinen Fall erfreut über die gute Nachricht – tief drinnen ist er eifersüchtig und neidisch, oder, wie Freud es ausdrückte, er trachtet danach, sein Gegenüber zu zerstören.

10. Der Geber

Sprache

Geber sind offene Gesprächspartner, dazu ausdrucksstark und kommunikativ. Sie neigen dazu, sich in emotionaler Weise darüber zu äußern, wie Menschen und Situationen auf sie wirken. Sie lassen andere wissen, ob sie glücklich, traurig oder zornig sind, ob sie Zweifel hegen oder ob sie verliebt sind. Sie geben beim Sprechen viel von sich preis, indem sie ihre wahren Gefühle zeigen. Sie besitzen die Fähigkeit, das Gespräch auf das Gegenüber und dessen Erfahrungen zurückzulenken. Ihnen liegt mehr daran, sich für andere zu interessieren als interessant für andere zu sein. Geber sind uneigennützige, liebevolle Menschen.

Sie reagieren sensibel auf Fragen und Bedürfnisse anderer. Sie sind großzügig, nehmen sich Zeit, Dinge zu erklären, und geben gern hilfreiche Informationen.

Sie sind ausgezeichnete Zuhörer und singen nur selten ihr eigenes Loblied. Sie neigen zur Zurückhaltung, und es fällt ihnen nicht leicht, Komplimente anzunehmen.

Man hört sie über andere nur Gutes sagen, weil sie ein angeborenes Bedürfnis haben, zu geben und anderen wohl zu tun. Sie sind sehr ermutigend und motivierend und würden sich nie im Traum einfallen lassen, etwas Unfreundliches und Beleidigendes zu sagen. Wenn sie nichts Positives und Hilfreiches sagen können, schweigen sie lieber.

Stimme

Die Stimme eines Gebers klingt meistens gefällig und angenehm. Ihr Klang ist warm und gleichzeitig weich, lieblich und beruhigend.

Körpersprache

Geber neigen dazu, ihr Gegenüber anzufassen, ihre Berührung ist fest und direkt. Auch ihr Händedruck ist fest und warm; manchmal benutzen sie beide Hände, um jemandem die Hand zu schütteln, das heißt, sie legen eine Hand zusätzlich auf die Hand ihres Gegenübers. Damit erzeugen sie ein Gefühl des Angenommenwerdens beim anderen. Geber neigen dazu, sich beim Sprechen und Zuhören vorzubeugen, womit sie ihre Achtung für den anderen zum Ausdruck bringen.

Ihre Körpersprache und Haltung ist leicht zögerlich und zurückhaltend, beim Gehen versuchen sie eher unauffällig zu wirken. Sie gehen vielleicht leicht vornübergebeugt und mit leisen Schritten, betreten einen Raum sogar auf Zehenspitzen, um nur ja niemanden zu erschrecken.

Gesichtsausdruck

Geber schauen ihrem Gegenüber direkt in die Augen. Ihr Gesichtsausdruck signalisiert Anteilnahme und Sorge, in ihren Augen spiegeln sich Sympathie und Mitgefühl. Ihr Lächeln ist offen und ansteckend.

11. Der Tyrann

Sprache

Tyrannen trachten danach, andere mit verletzenden Worten anzugreifen. Nur selten hört man aus ihrem Mund etwas Gutes, vielmehr pöbeln sie andere hinter deren Rücken oder direkt ins Gesicht an. Eine schneidende Bemerkung, ein unerwarteter Kommentar, ein sarkastischer Seitenhieb, alles zielt darauf ab, zu treffen und zu verletzen. Angriffslustig und immer bereit zu verbalen Attacken, machen sie andere nieder und reißen sie mit ihren bissigen Bemerkungen in Stücke. Wenn sich ihnen jemand in den Weg stellt, ziehen mit Sicherheit Gewitterwolken am Horizont auf. Im Gespräch protzen sie in der Regel damit, dass sie immer das letzte Wort haben oder einem anderen den Marsch geblasen haben.

Sie zögern nicht lange, um jemandem zu sagen, wie er sein Leben zu leben hat, und geizen nicht mit ihrer Meinung, auch wenn sie keiner hören will. Sie sind selbstgerecht, stur und unnachgiebig und nur selten bereit zu Kompromissen und Entschuldigungen. Auch wenn sie offensichtlich im Unrecht sind, finden sie garantiert einen anderen, dem sie die Schuld zuschieben können, damit sie nicht selbst die Verantwortung für ihr Tun übernehmen müssen.

Sie neigen zu negativer und feindseliger Ausdrucksweise, Schimpfwörter und Flüche gehören zu ihrem Standardvokabular. Hinzu kommt, dass sie sich in krassen Verallgemeinerungen ergehen. Sie reden, wie ihnen der Schnabel gewachsen ist, sind undiplomatisch und verletzend. Sie lassen andere kaum ausreden, sondern unterbrechen vielmehr, um jedes Gespräch zu beherrschen.

Diese Menschen haben nichts anderes im Sinn, als andere zu beschuldigen. Ähnlich wie der Typ Opfer neigen auch sie zu Nörgelei und zum Aufhetzen und lassen nicht eher locker, bis sie ihr Gegenüber dazu gebracht haben, das zu tun, was sie wollen. Obwohl sie andere mit Leichtigkeit tyrannisieren, verkraften sie es nur schwer, wenn sie selbst tyrannisiert werden.

Stimme

Tyrannen haben laute, alarmierte Stimmen, so, als lauere immer irgendwo Gefahr. Ihr aggressiver Ton lässt darauf schließen, dass sie eine unsichtbare Last mit sich herumtragen, und verrät unbewusste Feindseligkeit und Wut auf andere und sich selbst.

Ihre verbalen Attacken, die darauf abzielen, andere einzuschüchtern, kommen in schnellen, abgehackten Tönen daher und lassen den ganzen Menschen ungestüm und aggressiv wirken.

Körpersprache
Tyrannen sind keine sanften Menschen. Ihr Händedruck ist grob und hart. Sie neigen dazu, alles und jeden in ihrer Umgebung niederzuwalzen. Ihr Gang wirkt schwerfällig, oft machen sie beim Gehen alle möglichen Geräusche. Ihre nach vorn orientierte Haltung versinnbildlicht ihre Aggressivität.

Gesichtsausdruck
Tyrannen sprechen meist mit gefurchten Brauen. Ihr durchdringender, stechender Blick geht einher mit aufgeblähten Nasenflügeln und harten Augen, was dem ganzen Menschen eine angespannte Mimik verleiht.

Ihre Lippen sind in der Regel zusammengekniffen oder fest aufeinandergepresst und bewegen sich beim Sprechen kaum, was auf Wut und Feindseligkeit hindeutet. Die einzige Bewegung ist das Vorschieben des Unterkiefers, ein Hinweis auf Aggression.

12. Der Witzbold

Sprache
Der Witzbold kann eine ganze Gesellschaft unterhalten, und viele Gäste scharen sich um ihn, weil er geistreich und wortgewandt ist. Obwohl es den Anschein hat, als sei das ganze Leben für ihn nichts weiter als ein Spaß, ist der Witzbold sehr empfindsam und hat ein starkes Bedürfnis, geliebt zu werden. Aus diesem Grund

tut er alles, um die anderen zu unterhalten und damit ihre Anerkennung zu erlangen.

Witzbolde und Spaßmacher sind freizügig mit ihren Komplimenten und haben immer eine passende Antwort parat. Als geistige Überflieger springen sie von einem Thema zum anderen, was sie oft wie Kinder wirken lässt. Manchmal ist es schwer, ihnen in einem Gespräch zu folgen, weil sie abschweifen, Witze zum Besten geben und vom Hundertsten ins Tausendste kommen. Auch indem sie andere häufig unterbrechen, um etwas Wichtiges anzubringen, gleichen sie Kindern.

Da ein Witzbold geliebt werden will, tut er alles, was nötig ist, damit andere sich wohl fühlen. In der Regel ist er allen gegenüber höflich und freundlich.

Stimme

Der Witzbold spricht meist mit lauter, tönender und überschwänglicher Stimme. Er lacht viel, ist gesellig und lustig. Er redet ununterbrochen, und das übermäßige und laute Reden kann sogar zu Heiserkeit führen.

Nicht selten spricht der Witzbold mit kindlicher Aufgeregtheit in der Stimme. Dank seiner überschäumenden und begeisternden Redeweise klingt selbst eine abgedroschene Erfahrung aus seinem Munde aufregend. Er legt viel Betonung und Gefühl in seine Stimme, weshalb er gut zu verstehen ist, obwohl er lebhaft und schnell spricht.

Körpersprache

Der Witzbold ist ständig in Bewegung, er steht nie still. Stillzusitzen kostet ihn fast übermenschliche Anstrengung. Er besitzt unbändige Energie und geht sogar auf Fremde zu, um mit ihnen zu witzeln und zu blödeln.

Der Witzbold berührt viel und möchte auch selbst gern berührt werden. Es scheint ihm schwer zu fallen, sich mit anderen zu unterhalten, ohne sie anzufassen oder angefasst zu werden. Da er wenig Gespür für die Privatsphäre und die Grenzen anderer hat, gerät er mitunter in Schwierigkeiten, wenn er Menschen zu nahe kommt. Immer wieder ist zu beobachten, wie jemand Stück für Stück zurückweicht, während der Spaßvogel Zentimeter für Zentimeter nachrückt und den anderen damit bedrängt.

Wenn sich solche Witzbolde unterhalten, neigen sie dazu, sich zum anderen hinzubeugen – ein Zeichen, dass sie ihn mögen. Die Sache ist bloß die, dass sie jeden mögen, dem sie begegnen. Bedauerlicherweise möchten nicht alle Menschen den Witzbold näher kennen lernen, und ihr überfreundliches Gehabe hat schon zu peinlichen Situationen geführt.

Der Spaßvogel redet mit Händen und Füßen, um das, was er sagt, zu unterstreichen. Er beansprucht insgesamt viel Platz, weil er Arme und Beine weit von sich streckt.

Gesichtsausdruck

Selbst wenn er nicht redet, steht der Mund offen, so als sei er immer kurz davor, etwas zum Besten zu geben oder sein Gegenüber zu unterbrechen. Er neigt dazu, beim Sprechen heftig zu atmen, sodass sich wie bei einem kleinen Kind die Brust sichtbar hebt und senkt.

Sein Gesichtsausdruck ist lebhaft, der Blick verweilt jedoch nicht an einem Ort, sondern wandert beim Sprechen hin und her. Blickkontakt hält er nur mit dem, der ihn wirklich schätzt.

Seine Aufmerksamkeit gilt nie nur einer Person, vor allem, wenn mehrere Menschen anwesend sind. Kommt es doch vor, dass er sich einem Einzelnen zuwendet, dann bestimmt nicht lange, denn er lässt sich leicht ablenken. Er ist der Erste, der weiß, wer vorbeigegangen ist oder einen Raum betreten hat.

13. Der Unbewusste

Sprache

Es ist nicht ungewöhnlich, dass der Unbewusste in Bruchstücken spricht, die keiner versteht. Er versucht, mehrere Gedankenstränge auf einmal auszudrücken, was ihm leider selten gelingt. Aus diesem Grund ist es schwierig, ihm zu folgen, und er wird tatsächlich häufig missverstanden. Er neigt dazu, von einem Thema zum anderen zu hüpfen, wobei das Gesagte nur für ihn selbst einen Sinn ergibt.

Es kommt außerdem vor, dass der Unbewusste genau wie ein Kind jeden Gedanken, der ihm in den Sinn kommt, sofort ausspricht, ohne vorher zu überlegen. Er wird deshalb als zu offen und unsensibel empfunden, weil er die Gefühle der anderen verletzt, auch wenn es nicht in seiner Absicht liegt. Meist tritt er von einem Fettnäpfchen ins andere, macht einen Fauxpas nach dem anderen.

Werden diese Menschen erst einmal als unbewusste Plappermäuler erkannt, begegnet man ihnen entweder mit Humor und Mitgefühl, oder man lässt sie links liegen, weil der Umgang mit ihnen einfach peinlich ist. Oft reden sie zu laut und zu viel. Wenn sie jemandem ein Kompliment machen, meinen sie es ehrlich. Doch meist übertreiben sie ihre Ehrlichkeit und lassen wenig Diskretion walten.

Ihr Gegenüber bleibt nicht selten mit hochrotem Kopf zurück, weil sie schlichtweg alles sagen, egal, wer gerade in Hörweite ist. Sie geben von sich, was ihnen in den Sinn kommt, und ob sie nur mit sich selbst oder mit anderen reden, ist ihnen egal.

Es fehlt ihnen an Takt und Höflichkeit. Mitunter lassen sie Insiderausdrücke und Fachjargon in ihre Rede einfließen, ohne Rücksicht darauf, ob die anderen sie verstehen oder nicht. Sie sind schlechte Zuhörer, weil sie sich leicht durch ihre eigenen

Gedanken ablenken lassen. Auch Anweisungen anderer folgen sie nur ungern, denn am liebsten tun sie das, was ihnen in den Sinn kommt.

Stimme

Unbewusste Redner sind in der Regel schwer zu verstehen, weil sie entweder mit monotoner Stimme brummeln oder übertrieben emotional und lebhaft sprechen. Da sie sehr von ihren eigenen Gedanken eingenommen sind, neigen sie zu Selbstgesprächen. Weil sie beim Reden kaum den Mund öffnen, klingt ihre Stimme immer ein wenig nasal. Am Satzende geht sie meist nach unten, was das Verstehen noch schwieriger macht. Auch ihre Sprechgeschwindigkeit fällt von einem Extrem ins andere – sie sprechen entweder zu schnell oder zu langsam, zu laut oder zu leise. Wenn ihnen etwas Lustiges in den Sinn kommt, können sie lauthals loslachen, ohne die anderen einzubeziehen.

Körpersprache

Ihre Körperhaltung ist meist nachlässig, weshalb man sie oft mit hängenden Schultern, gesenktem Kopf und vorgewölbtem Bauch sieht. Sie neigen dazu, anderen Menschen zu nahe zu kommen und die anderen damit zu bedrängen.

Unbewusste Menschen gestikulieren wild drauflos, sie machen ausladende Bewegungen mit Armen und Händen und beanspruchen viel Platz. Nicht selten sitzen sie mit den Füßen unter dem Gesäß oder in Yogi-Position auf dem Stuhl.

Sie gelten oft als exzentrisch und gedankenverloren, weshalb es nicht verwunderlich ist, wenn sie sich beispielsweise ihres Körpergeruchs gar nicht bewusst sind und keinen großen Wert auf äußere Erscheinung und Körperhygiene legen. Häufig verlieren sie Dinge, weil sie so unbewusst durch die Welt gehen. Sie sind der Inbegriff eines »verantwortungslosen Menschen«.

Gesichtsausdruck

Da sie immer in Gedanken versunken sind, begegnen sie ihrer Umwelt auch stets mit einem gedankenverlorenen Blick. Direkter Blickkontakt ist für sie ein Fremdwort, und nicht einmal ihren Gesprächspartner sehen sie direkt an.

Sie achten kaum auf Äußerlichkeiten. Oft sieht man sie beim Sprechen mit Spucke in den Mundwinkeln oder auf den Lippen.

14. Der Aufrechte

Sprache

Aufrechte Menschen sind großzügig, höflich und herzlich. Sie überlegen, bevor sie etwas sagen, und treten nur selten ins Fettnäpfchen. Sie sind loyal, machen gern Komplimente und meinen diese auch ehrlich. In der Regel äußern sie sich positiv und sehen das Leben von der positiven Seite. Sie stehen zu ihrem Wort und tun genau das, was sie versprechen. Das Wort »heuchlerisch« ist für sie ein Fremdwort.

Weil sie wissen, dass sie die Folgen ihres Handelns tragen müssen, verhalten sie sich dementsprechend. Sie meinen, was sie sagen, und sagen, was sie meinen. Sie nehmen die anderen so an, wie sie sind, und urteilen nicht. Weil sie sich mehr für die anderen interessieren als für sich selbst, ist ihre Aufmerksamkeit mehr nach außen als nach innen gerichtet. Sie teilen Informationen und achten darauf, dass auch in Diskussionen ein ständiges Geben und Nehmen herrscht.

Ihre Gesprächskultur ist ernsthaft, bescheiden und schlicht. Sie besitzen einen ausgeprägten Sinn für Humor und machen keine Witze auf Kosten anderer.

Sie sind nicht sarkastisch und kämen nie auf die Idee, andere verbal niederzumachen. Aufrechte Menschen sind direkt, reden nicht um den heißen Brei herum und machen sich immer verständlich. Sie sind ausgezeichnete Zuhörer und haben die Gabe, das Beste im anderen hervorzukehren. Sie sind verständnisvoll und bringen dieses Verständnis ernsthaft zum Ausdruck.

Stimme

In der Stimme einer solchen Person liegt eine ganze Palette von Gefühlen. Wenn sich aufrechte Menschen unterhalten, spiegelt der Klang das Gefühl wider, das der Situation entspricht: Wenn sie aufgewühlt, glücklich, ängstlich oder unsicher sind, drückt sich dies in ihrer Stimme aus. Der Klang und die Lautstärke ihrer Stimme verändern sich entsprechend dem Gesprächsthema.

Sie artikulieren deutlich und verständlich und sprechen mit voller, wohl tönender Stimme, in die sich immer ein Hauch ihrer Lebensfreude mischt. Sie vermittelt den Eindruck von Stärke und Kraft, weshalb andere Menschen ihnen gerne zuhören.

Körpersprache

Ihre Körperbewegungen sind leicht und geschmeidig, sie wirken einladend und angenehm auf andere. Diese Menschen scheuen sich nicht, andere anzufassen, und neigen sich im Gespräch zu ihrem Gegenüber. Sie nicken, um ihren Gesprächspartner zu ermutigen und um ihr Interesse zu bekunden. Obwohl ihre Körperhaltung entspannt ist, wirkt sie dennoch nicht lasch, sondern kräftig – Kopf aufrecht, Schultern hinten, Rücken gerade.

Sie gestikulieren viel, umarmen und berühren gern. Sie setzen Arme und Hände gezielt ein, um Interesse zu bekunden und gewisse Punkte zu unterstreichen. Beim Gestikulieren zeigen die Handflächen oft nach oben, wobei die Finger ausgestreckt sind, was darauf hinweist, dass sie nichts zu verbergen haben.

Die Beine stehen beim Sitzen nebeneinander oder sind an den Knien übereinandergeschlagen, was ein weiteres Zeichen für ihre Offenheit ist. Die Füße stehen fest auf dem Boden, das Gesicht ist dem Menschen zugewandt, mit dem sie sich unterhalten, womit sie ihre Ernsthaftigkeit unterstreichen.

Gesichtsausdruck

Aufrechte Menschen halten stets Blickkontakt mit ihrem Gegenüber, ihr Blick ist direkt und ruhig. Sie schaffen es, ihrem Gesprächspartner das Gefühl zu vermitteln, als sei er momentan der wichtigste Mensch auf der Welt.

Ihr Gesichtsausdruck ist in der Regel entspannt und offen, insgesamt also aufnahmebereit. Ihr Mienenspiel ist vielseitig, ihr Kinn entspannt, ein kleines Lächeln umspielt beim Sprechen und Zuhören ihren Mund. Wenn sie lächeln, tun sie es von Herzen, die nach oben gerichteten Mundwinkel und die kleinen Fältchen in den Augenwinkeln sind Zeichen der Freude und des Glücklichseins.

Ihr Gesichtsausdruck harmoniert mit ihren Worten. Wenn sie verärgert sind, hört man es nicht nur in ihrer Stimme, sondern sieht es ihnen auch im Gesicht an. Wenn sie jemanden mögen, vergrößern sich ihre Pupillen, und sie lächeln.

Sie werden nun erkannt haben, wie wichtig die vier Kommunikationswege – Sprache, Stimme, Körpersprache und Gesichtsausdruck – sind, will man sich ein genaueres Bild von der Persönlichkeit eines Menschen machen.

Mit Ihrem neu erworbenen Wissen sind Sie jetzt in der Lage, andere mit neuen Augen zu sehen und mit neuen Ohren zu hören. Da Ihnen nun mehr Informationen über den anderen Menschen zur Verfügung stehen, sind Sie bestens ausgerüstet, um ihn richtig zu beurteilen. Und letztlich entscheidet diese Beurteilung darüber, wie Sie dem anderen gegenübertreten und ob dieser Mensch eine Rolle in Ihrem Leben spielen darf oder nicht.

Ihr neu gewonnenes Wissen um die Persönlichkeitstypen wird Einfluss darauf haben, wie sie mit anderen kommunizieren. Ihre Erkenntnisse werden auch dafür sorgen, dass Sie in Zukunft weniger Fehler bei der Beurteilung und in den Beziehungen zu anderen machen. Eine Folge davon könnte sein, dass Sie toleranter werden und sich besser in Ihre Mitmenschen hineinfühlen können.

10. Kapitel

Den Gesamtzusammenhang verstehen

Als Wissenschaftler zum ersten Mal so wichtige Hilfsmittel wie das elektronische Mikroskop benutzten, entdeckten sie Dinge, von denen sie zuvor nicht einmal geträumt hatten. Uns geht es nicht anders: Wenn wir uns neuer, bedeutender Hilfsmittel und ihrer Anwendung bewusst werden, können auch wir von den neuen Erkenntnissen profitieren, die uns bis jetzt nicht zugänglich waren.

Wir haben nun die Möglichkeit, andere Menschen in Nahaufnahme zu betrachten, ihre Sprache, ihre Stimme, ihre Körpersprache, ihren Gesichtsausdruck und ihre Persönlichkeiten sozusagen mikroskopisch genau unter die Lupe zu nehmen. Dieses gesteigerte Bewusstsein führt nicht selten zu einem Aha-Erlebnis bei der Beurteilung des Wesens, des Charakters und des Seelenzustandes eines Menschen. Werden die Informationen, die in jeder dieser Kategorien enthalten sind, zusammengenommen betrachtet, liefert die daraus gewonnene Erkenntnis ein exaktes und umfassendes Profil des Seelenzustandes und der Persönlichkeitsmerkmale des Menschen, den wir analysieren.

Schon die alten Griechen und Römer wussten, wie wichtig es ist, rasch zu entscheiden, wer Freund und wer Feind ist, das heißt zu wissen, *vor wem man steht*. Das Überleben ihrer Völker hing davon ab. Auch in allen großen Religionen ist Menschenkenntnis ein wichtiges Thema. So basiert Konfuzius' Lehre auf dem Wissen um die verschiedenen Persönlichkeitstypen und auf der Erkenntnis der Wirkung ihres Charakters auf die Persönlichkeit.

Und im hebräischen Talmud sowie im Koran ist die Rede davon, wie wichtig es ist, jene menschlichen Eigenschaften zu erkennen, die die Beziehungen zu anderen Menschen beeinflussen.

Diese Worte sind heute genauso wie zu alten Zeiten in vielen Gotteshäusern der Welt zu lesen und zu hören. Die zugrunde liegende Botschaft erinnert die Betenden daran, dass sie immer daran denken sollen, vor wem sie stehen – vor Gott.

Wenn wir uns diese Worte zu Herzen nehmen und sie auf jeden Menschen anwenden, der in unser Leben tritt, machen wir uns viel bewusster, wer er ist und wie er unser Leben beeinflusst. Wir müssen andere sorgfältig und objektiv beurteilen und in einem zweiten Schritt die gewonnenen Erkenntnisse mit dem Gefühl verbinden, um so den Persönlichkeitstyp zu bestimmen, mit dem wir es zu tun haben. Wir müssen entscheiden, ob der andere ehrlich ist oder lügt und ob er der Mensch ist, mit dem wir uns einlassen wollen. Aus diesem Grund müssen wir so viel wie nur möglich beobachten, damit wir fundiert entscheiden können, welche Rolle ein anderer Mensch in unserem Leben spielen soll.

Die Verbindung aller vier Kommunikationswege

Die meisten von uns finden die Vorstellung spannend, in anderen Menschen zu lesen wie in einem offenen Buch. Leider neigen wir jedoch dazu, in anderen zu lesen, ohne das komplette Buch aufzuschlagen, das heißt, wir beurteilen sie nur nach einem oder zwei Kommunikationswegen – der Körpersprache beispielsweise oder dem Gesichtsausdruck.

Die in diesem Buch vorgestellte Methode ist die einzige, die es ermöglicht, einen Menschen mit Hilfe aller vier Kommunikationswege auf einmal zu deuten. Ich mache mir vier Möglichkeiten zunutze, um menschliches Verhalten zu studieren, und habe auf diese Weise eine Methode entwickelt, mit deren Hilfe sich dieses Verhalten aufgrund von Persönlichkeitstypen und Seelenzuständen systematisieren lässt. Ich habe im Verlauf des Buches immer wieder darauf hingewiesen, wie wichtig es ist, Menschen danach zu beurteilen, welche Gefühle sie in Ihnen wachrufen. Jetzt können Sie, wenn Sie sich ein Bild von anderen machen, Ihren Gefühlen wirklich trauen.

Je mehr Sie sich darin üben, sich ein genaues Bild von anderen Menschen zu machen, das heißt, sie zu erkennen, desto mehr schärfen Sie nicht nur Ihre emotionale und körperliche Wahrnehmung, sondern auch die intellektuelle und spirituelle. Das Gehirn arbeitet besser, weil Sie viele Aspekte des neurologischen und sensorischen Arsenals einbeziehen. Das Ergebnis ist, dass Sie immer öfter richtig einschätzen und entscheiden. Sie sind in der Lage, jedem Menschen gegenüberzutreten.

Vertrauen Sie darauf, die richtigen Entscheidungen zu treffen

Stimmen lügen nicht. Gesichter lügen nicht. Körper lügen nicht. Was und wie jemand etwas sagt, ist ebenfalls keine Lüge. Bedauerlich ist nur, dass Menschen sich selbst belügen.

Wenn Sie dieses Buches gelesen und sich die darin vorgestellten Hilfsmittel zu Eigen gemacht haben, gibt es jedoch keinen Grund mehr, sich selbst zu belügen. Niemand muss naiv sein oder sich weigern, der Intuition zu vertrauen, wenn er blind über die belebte Autobahn des Lebens marschiert. In beiden Fällen handelt es sich um ein gefährliches und unnötiges Risiko, das kein Mensch mehr eingehen muss.

Mit Hilfe der geschärften Wahrnehmung können Sie nun erstaunliche Einblicke in das Innere eines Menschen nehmen, dem Sie zum ersten Mal begegnen. Auf diese Weise erwerben Sie eine größere Selbsterkenntnis, mehr Mitgefühl für andere und mehr Selbstvertrauen im Privat- und im Berufsleben. Sie werden in der Lage sein zu unterscheiden, was echt ist und was nicht, und mit Sicherheit die Spreu vom Weizen trennen können.

Sie werden deshalb nicht alle Menschen mögen, und das ist auch nicht der Sinn der Sache. Ich habe bereits in meinem Buch *Mit mir nie wieder!* darauf hingewiesen, dass es Menschen gibt, die in der Tat schädlich für andere sind und deren Leben negativ beeinflussen. Andererseits gibt es natürlich wunderbare Menschen, die Ihr Leben bereichern und Ihnen Freude bereiten können.

Das Leben beinhaltet viele Wahlmöglichkeiten. Anstatt sich für das Richtige zu entscheiden und sich mit diesen Entscheidungen wohl zu fühlen, verharren die meisten von uns in einem Zustand des Unwohlseins und der anhaltenden Verwirrung. Doch von nun an können Sie Ihrem inneren Radarsystem vertrauen, das Ihnen sagt, wann Sie in Gefahr und wann Sie in Sicherheit sind.

Wenn Sie eine Entscheidung bezüglich eines Menschen getroffen haben, ist es an der Zeit, entsprechend dieser Entscheidung zu handeln. Machen Sie nicht den Fehler, immer wieder zu jemandem zurückzukehren, wenn Sie einmal beschlossen haben, ihn aus Ihrem Leben auszuschließen. Folgen Sie Ihrer Intuition, und lassen Sie sich nicht wieder mit ihm ein. Wenn Sie aufgrund von sozialen oder familiären Bindungen dazu gezwungen sind, sollten Sie auf jeden Fall immer die Augen offen halten.

Vergessen Sie nicht, dass das, was Sie sehen und hören, auch das ist, was Sie erwartet. Es ist unmöglich, jemanden nach der eigenen Vorstellung zu prägen oder einen neuen Menschen aus ihm zu machen. Menschen, die ihr ganzes Leben damit zubringen, andere verändern zu wollen, sind nur selten erfolgreich.

Manchmal weiß man, dass man sich nicht mit jemandem einlassen sollte, weil er einem nicht guttut, aber man tut es trotzdem. Dabei sollte man nicht vergessen, dass eine schädliche Beziehung nicht nur böse Gefühle, sondern sogar echte Krankheit auslösen kann. Und wenn man erkennt, dass ein anderer Mensch einen im wahrsten Sinne des Wortes in Lebensgefahr bringen könnte, sollte es nicht mehr schwer sein, diesen Menschen abzuweisen. Das eigene Wohl steht schließlich an erster Stelle.

Sie haben es in der Hand. Nutzen Sie diesen wichtigen Informationsvorsprung zu Ihrem Vorteil, und führen Sie in Zukunft ein glücklicheres, produktiveres und stressfreieres Leben.

Sich selbst erkennen

Wenn Sie dieses Buch gelesen haben, fragen Sie sich vielleicht, wie Sie sich nun selbst erkennen und herausfinden können, wie Sie auf andere wirken. Die beste Möglichkeit besteht darin, dass jemand Sie, ohne dass Sie es wissen, auf Video aufnimmt, damit Sie objektiv sehen können, wie Sie auf andere wirken.

Ich habe das Glück, mich von Zeit zu Zeit objektiv zu sehen, weil ich gelegentlich gebeten werde, im Fernsehen über die psychologischen Folgen bestimmter Ereignisse zu sprechen. Wenn ich mir die Aufzeichnungen anschaue, habe ich Gelegenheit zu beurteilen, wie ich wirke. Ich studiere meine Haltung, meine Gesten, meinen Gesichtsausdruck und meine Sprache. Dadurch erfahre ich, ob ich meinen Standpunkt glaubwürdig vertreten habe oder nicht, und wenn es etwas gibt, das mir nicht gefällt, bin ich in der Lage, dies zu analysieren.

Bedauerlicherweise haben nicht viele Menschen die Möglichkeit, sich und ihre Wirkung so zu studieren, weshalb es mitunter schwierig ist, sich selbst richtig zu erkennen. Die nächstbeste Möglichkeit besteht darin, sich zu allen Zeiten dessen bewusst zu sein, was man tut – wachsam zu sein. Tun Sie so, als beobachteten Sie sich und den Menschen, mit dem Sie kommunizieren. Achten Sie darauf, was Sie sagen und wie Sie es sagen. Versuchen Sie sich Ihre Mimik und Gestik zu vergegenwärtigen. Aber am wichtigsten ist, dass Sie die Reaktionen der Menschen auf Sie beobachten. Sitzen die anderen nahe bei Ihnen, beugen sie sich gar zu Ihnen her, oder suchen sie Abstand? Mit welchem Gesichtsausdruck reagieren sie? Schauen die anderen Sie an? Reagieren sie auf Sie, oder ignorieren sie Sie? Hat es den Anschein, als würden sie gern mit Ihnen zusammen sein und das, was Sie sagen, gerne hören? Durch die Beobachtung der anderen erkennt man letztlich auch sich selbst.

Einsicht gewinnen

Ich möchte mit meinem Buch Wissen weitergeben, damit Sie in der Lage sind, die Wahrheit über andere zu erkennen und zu erfüllteren Beziehungen zu finden. Dieses Buch zielt *nicht* darauf ab, aus dem Leser einen professionellen Manipulierer zu machen, der aus anderer Leute Neigungen, Unwissenheit und Beeindruckbarkeit Kapital schlagen will.

Indem Sie sich die Zeit nehmen innezuhalten, die Augen aufzumachen und die Ohren zu spitzen, und zwar bei jedem, dem Sie begegnen, können Sie ungeheure Menschenkenntnis gewinnen. Und wenn Sie wichtige Entscheidungen treffen müssen, sei es in Bezug auf einen neuen Partner oder einen neuen Mitarbeiter, werden Sie in der Lage sein, genaue und effiziente Antworten zu finden.

Ihre Fähigkeit, andere Menschen wahrzunehmen und einzuschätzen, wird Ihnen in Fleisch und Blut übergehen. Die Erkenntnisse, die Sie auf diese Weise erhalten, bewahren Sie vielleicht vor lebenslangem Kummer und Leid und ermöglichen Ihnen stattdessen ein erfülltes, glückliches Leben mit wertvollen Beziehungen.

Dank

Danken möchte ich als Erstes meiner wunderbaren Mutter Rosalie Glass, von der ich die Gabe der Beobachtung geerbt habe. Dankbar bin ich auch für ihre liebenden Worte und ihren steten Zuspruch, nicht nur bei der Fertigstellung des vorliegenden Buches, sondern in meinem ganzen Leben.

Mein Dank gilt ebenso Lambear, meinem Lhasa Apso, für seine häufigen Besuche und die damit verbundene Gelegenheit, eine Schmusepause einzulegen. Ich danke ihm dafür, dass er mich zum Lächeln gebracht hat und mich in der Theorie und Praxis gelehrt hat, wie Tiere kommunizieren und Menschen einschätzen.

Dank gebührt Tom Miller, meinem Lektor, weil er mir die Möglichkeit gab, andere an meinem Buch teilhaben zu lassen; Marshall Klein für seine Unterstützung und sein Vertrauen in mich; Marc Chamlin, meinem Anwalt, dass er immer seine schützende Hand über mich hält; dem verstorbenen, großartigen Dr. Paul Cantalupo, der ein treuer Freund und zum Großteil dafür verantwortlich war, dass ich meinen Doktor in Beratungspsychologie gemacht habe. Ich bin ihm dankbar für seine immerwährende Unterstützung und seine Weisheit, und für die vielen Stunden, die wir im gemeinsamen Gespräch über dieses interessante Thema verbracht haben. Ich werde unsere Freundschaft nie vergessen.

Und allen wunderbaren Menschen, die ich im Laufe meines Lebens kennen gelernt habe, die mir nahe gekommen sind und an mich geglaubt haben, ihnen allen danke ich von ganzem Herzen. Ich kann mit Worten nicht ausdrücken, wie teuer mir ihre Unterstützung und wohlwollenden Worte sind.

Weiterführende Literatur

Baron, Renee, und Wagele, Elizabeth: *Das Enneagramm leicht gemacht*. Schirner, Darmstadt 2005.

Breitman, Patti und Hatch, Connie: *Sag einfach nein und fühl dich gut*. Mosaik bei Goldmann, München 2005.

Ekman, Paul: *Gefühle lesen*. Spektrum Akademischer Verlag, Heidelberg 2007.

Feldenkrais, Moshe: *Die Entdeckung des Selbstverständlichen*. Suhrkamp, Frankfurt 1987.

Fensterheim, Herbert und Baer, Jean: *Sag nicht ja, wenn du nein sagen willst*. Mosaik bei Goldmann, München 2006.

Freud, Sigmund: *Zur Psychopathologie des Alltagslebens*. Einleitung von Riccardo Steiner. Fischer, Frankfurt 2000.

Glass, Lillian: *Mit mir nie wieder! 10 Methoden, mit Menschen umzugehen, die Ihnen das Leben schwer machen*. Mosaik bei Goldmann, München 2004.

—: *Sprich doch einfach Klartext! Wie man selbstbewusst kommuniziert und die Initiative ergreift*. Mosaik bei Goldmann, München 2005.

Keirsey, David, und Bates, Marilyn: *Versteh mich bitte. Charakter- und Temperament-Typen*. INTJ Books 1990.

Kurtz, Ron, und Prestera, Hector: *Botschaften des Körpers. Bodyreading: ein illustrierter Leitfaden*. Kösel, München, 9. Aufl. 2001.

Lieberman, David J.: *Halt mich nicht für blöd! So schütze ich mich vor Lügen aller Art im Berufs- und Privatleben*. Goldmann, München 2000.

Maslow, Abraham H.: *Motivation und Persönlichkeit*. Rowohlt, Reinbek 2000.

Montagu, Ashley: *Körperkontakt. Die Bedeutung der Haut auf die Entwicklung des Menschen.* Klett-Cotta, Stuttgart 2000.

Morris, Desmond: *Das BodyTalk System. Heilung durch die innere Weisheit unseres Körpers.* Lüchow, Stuttgart 2007.

Riso, Don Richard und Hudson, Russ: *Die Weisheit des Enneagramms.* Mosaik bei Goldmann, München 2000.

RoAne, Susan: *Sag doch einfach hallo! Wie man sich in Gesellschaft selbstbewusst bewegt und Kontakte knüpft.* Oesch, Zürich, 18. Aufl. 2002.

Rosetree, Rose: *Die Kunst, aus dem Gesicht zu lesen. Mimik und Gesichtsmerkmale in Gespräch, Verhandlung und in zwischenmenschlichen Beziehungen.* Oesch, Zürich, 2003.

Trickett, Shirley: *Endlich wieder angstfrei leben. Selbsthilferatgeber gegen Angst, Depressionen und Panikattacken.* Oesch, Zürich, 6. Aufl. 2003.

Ursing, Tim: *So baust du auf, was in dir steckt.* Mosaik bei Goldmann, München 2006.

Register

10 Jahre Mosaik
bei GOLDMANN
das Jubiläumsangebot für nur

€ 10,– [D] € 10,30 [A] | sFr 18,90*
(*empf. VK-Preis)

www.mosaik-goldmann.de

Mosaik bei GOLDMANN

Limitierte
Sonderausgaben